에스토니아어-한국어 사전
Eesti-Korea Sõnaraamat
유성호

도서출판 문예림

머리말

　에스토니아어는 발트 해 연안에 위치한 소국(小國) 에스토니아에서 100만 명 정도가 사용하는 언어다. 핀란드어 및 헝가리어와 더불어 유럽에서는 우랄 어족의 섬(島)을 이루고 있기도 하다. 그리고 그 중에서도 특히 핀란드어와 유사한 점이 많은 언어다.

　에스토니아 현지에서는 이미 우리말로 풀이가 된 에스토니아어 사전이 출간된 바 있으나, 국내에는 그러한 사전이 없었다. 이에 필자는 비전공자임에도 불구하고, 국내에서 에스토니아어를 배우고자 하는 이들의 갈증을 조금이나마 해소하겠다는 차원에서 이 사전을 집필하게 되었다.

　본 사전은 에스토니아어-영어 사전과 에스토니아어-일본어 사전을 주로 참고하여 만들었다. 어의(語義)의 전도를 막고 충실한 뜻풀이를 하려 노력했으나, 필자가 에스토니아어 전공자가 아니기 때문에 아무래도 부족한 점이 많을 것이다. 독자들의 질책을 바라며, 이 사전의 출판을 허락해 주신 문예림 측에도 감사의 말씀을 드린다.

2010년 8월, 저자 유성호

일러두기

 본 에스토니아어-한국어 사전은 에스토니아에서 사용되는 표준 현대 에스토니아어의 기본 어휘를 중심으로 약 1만 5천 어휘(표제어, 숙어, 예문 포함)를 선정하여 에스토니아어 알파벳 순으로 배열하고 그에 해당하는 한국어로 뜻풀이를 한 것이다. 본서의 편집 방침은 다음과 같다.

I. 표제어와 품사
 (1) 명사와 형용사의 표제어는 주격 단수형, 동사의 표제어는 -ma 부정사를 기준으로 했다.
 (2) 형용사의 비교급과 최상급 중 불규칙한 것은 이를 괄호 안에 혹은 표제어로 제시하였다.

II. 기호와 약어
 (1) 표제어 또는 표제어 설명 중 [ ]의 표시는 [ ]의 안의 것으로 대체 가능함을 나타내고, ( )의 표시는 생략 가능함 또는 부연 설명을 나타낸다.
 (2) 품사 및 성·수 표시

[명] 명사	[대] 대명사	[수] 수사
[동] 동사	[형] 형용사	[부] 부사
[접] 접속사	[전] 전치사	[후] 후치사
[감] 감탄사	[접두] 접두사	[소사] 소사

III. 참고 문헌

- TEA taskusõnastik Inglise-eesti / eesti-inglise, 2005
- LingvoSoft Free Online English Estonian Dictionary
  (인터넷 자료)
- 東京外国語大学, エストニア語小辞典, 2001

에스토니아어의 자모와 발음

에스토니아어에는 공식적으로 다음과 같은 27개의 알파벳이 있다.

A, B, D, E, F, G, H, I, J, K, L, M, N, O, P, R, S, Š, Z, Ž, T, U, V, Õ, Ä, Ö, Ü

이 중 F, Š, Z, Ž는 외래어에서만 나타난다. 또한 에스토니아어 알파벳에 공식적으로 포함되지는 않지만 외국어 고유 명사 표기시에는 C, Q, W, X도 쓰인다.

에스토니아어의 발음 규칙은 다음과 같다.

1) 모음
    에스토니아어의 단모음은 따로따로 발음된다. 두 개의 서로 다른 모음이 연달아 있는 이중모음은 빠른 속도로, 그러나 역시 따로따로 발음한다. 같은 모음이 연달아 있는 경우는 장모음이다.

a : /a/
ä : /æ/ (우리말의 "애" 발음과 비슷하다)
e : /e/
i : /i/
o : /o/
ö : /ø/ 우리말의 "외" 발음과 비슷하다
õ : /ɤ/ 대체로 우리말의 "어"와 비슷하다. 언어학적으로는 "후설 비원순 중고모음"으로서 혀의 위치를 뒤로, 그리고 어느 정도 높게 하고 입술은 둥글게 하지 않는 방식으로 발음한다
u : /u/
ü : /y/ 우리말의 "위" 발음과 비슷하다

2) 자음
　대체로 영어의 자음과 같은 발음이지만 예외적인 것들이 몇 가지 있다.

b, d, g는 영어의 그것보다 부드럽게 발음한다
h : 때때로 묵음이 되나 보통은 /h/로 발음을 한다. 특히 모음과 자음 사이에 혹은 두 모음 사이에 있을 때는 분명히 발음이 된다
j : 독일어에서와 같이 반모음 /j/의 발음이 난다
š : /ʃ/ 우리말의 "쉬"와 비슷한 발음이다
ž : /ʒ/ 우리말의 "쥐"와 비슷한 발음이다

3) 강세
　에스토니아어에서 강세는 항상 첫 번째 음절에 온다. 다만 외래어는 원(原)어휘의 강세를 그대로 따른다.

A

aabits [명] ABC, 초보 독본
aadamaõun [명] [해부] 결후(結喉), 후골(喉骨)
aadel [명] 귀족 (계급)
aadlik [형] 귀족의, 고귀한 ― [명] 귀족
aadress [명] 주소
aadressiraamat [명] 주소록
aafrika [형] 아프리카의 ― [명] A- 아프리카
aafriklane [명] 아프리카 사람
aaker [명] [면적의 단위] 에이커
aamen [감] 아멘
aare [명] 보물, 보석, 보고(寶庫)
aas [명] ① 고리, 루프 ② 초원, 풀밭
aasia [형] 아시아의 ― [명] A- 아시아
aasialane [명] 아시아 사람
aasima [동] 놀리다, 골탕먹이다
aasta [명] 연(年), 해; igal aastal 매년; sel aastal 올해; möödunud aastal 작년; tuleval aastal 내년, 다음 해; aasta läbi 1년 내내; mis aastal sa oled sündinud? ― olen sündinud 1977. aastal 몇 년도에 태어났니? ― 난 1977년에 태어났어
aastaaeg [명] 계절
aastakäik [명] ① 포도 수확기 ② 발행 연도
aastapäev [명] (해마다 돌아오는) 기념일
aastatuhat [명] 천년기, 밀레니엄

aastavahetus [명] 해가 바뀌는 때
aatom [명] [물리·화학] 원자
abajas [명] [지리] 후미, 내포(內浦), 만입(灣入)
abaluu [명] [해부] 견갑골, 어깨뼈
abi [명] ① 도움, 조력, 원조; abil (~에) 의하여, (~을) 써서; abi otsima 도움을 구하다; abi paluma 도움을 요청하다 ② 조수, 보조자
abielluma [동] 결혼하다
abielu [명] 결혼, 혼인
abieluettepanek [명] 청혼, 구혼, 프러포즈; abieluettepanekut tegema 청혼[구혼]하다, 프러포즈를 하다
abielurikkumine [명] 간통
abikaasa [명] 배우자, 남편 또는 아내
abiline [명] 조수, 보조자
abinõu [명] 수단, 방편, 방법, 의지가 되는 것
abipalve [명] 도움 요청
abiraha [명] 수당, 보조금; 면세금
abistama [동] 돕다, 원조하다
abitegusõna [명] [문법] 조동사
abitu [형] 무력한, 의지할 데 없는, 제 힘으로 어찌할 수 없는
abiturient [명] (학교의) 졸업생
abivahend [명] 도움; 치료책; 촉진제
abivalmis [형] 도움이 되는, 협력적인
abivägi [명] ① 강화, 증강 ② [군사] 예비 부대
ablas [형] 욕심 많은, 탐욕스러운
abonement [명] ① 구독 ② 정기권, 정기 티켓
abonent [명] 구독자
abort [명] 유산, 낙태
absoluutne [형] 절대적인; 전적인
abstraktne [형] 추상적인
absurdne [형] 어리석은, 생각이 없는; 터무니없는, 불합리한

abt [명] 대수도원장
adapter [명] [기계] 어댑터
ader [명] 쟁기
adjektiiv [명] [문법] 형용사
administraator [명] ① 관리자, 책임자, 행정가 ② (호텔의) 접수원
adopteerima [동] 양자로 삼다
adressaat [명] (우편물 등의) 수취인, 수신인
adresseerima [동] (우편물을) (~의) 앞으로 내다
adverb [명] [문법] 부사
advokaat [명] 변호사
aed [명] ① 뜰, 정원 ② 울타리
aedik [명] 우리, 울로 둘러싼 땅
aedmaasikas [명] [식물] 딸기
aednelk [명] [식물] 카네이션
aednik [명] 원예가, 정원사
aedsalat [명] [식물] (양)상추
aeduba [명] [식물] 강낭콩
aeg [명] ① 시간; aeg-ajalt 때때로; aega mõõtma 시간을 재다; aega raiskama 시간을 낭비하다; aega võitma 시간을 벌다; aja jooksul 시간이 흐르면, 그러는 동안에; mul ei ole aega 난 시간이 없어; aeg on koju minna 집에 갈 시간이다; kaua aega 오랫동안; samal ajal 동시에; head aega! 안녕히! (헤어질 때의 인사) ② 시기, 기간, 시대; a-jast ja arust 시대에 뒤떨어진, 구식의; ajast maas 시대에 뒤떨어져 ③ 날(짜)
aeglane [형] 느린, 찬찬한, 서두르지 않는; areng on olnud liiga aeglane 발전 속도가 너무 느렸다
aeglaselt [부] 천천히, 느릿느릿; ta kõndis aeglaselt 그는 천천히 걸었다
aeglustama [동] 늦추다, 지체하다

aeguma [동] ① 만기가 되다, 끝나다 ② 시대에 뒤지다 ③ [법률] 실효(失效)[소멸]하다
aer [명] (배를 젓는) 노
aeronautika [명] 항공술, 항공학
aeroobika [명] 에어로빅
aerosool [명] 에어로졸; 스프레이
aerutama [동] ① 노를 젓다 ② (비유적으로) 잡아당기다
aevastama [동] 재채기하다
Afganistani [명] 아프가니스탄
afroameeriklane [명] 아프리카계 미국 흑인
afäär [명] ① 사건, 일 ② 은밀한 일, 밀거래
aga [접] 그러나, 하지만; aga ikkagi 그렇다 하더라도; aga samas 그러나 또 한편으로는; eile oli külm, aga täna on soe 어제는 추웠지만 오늘은 따뜻하다
agar [형] 열심인, 열중하는
agent [명] 대리인, 대표자
agentuur [명] 대리점
agiteerima [동] 선동하다, 운동을 일으키다
agressiivne [형] 공격적인, 공세의
agul [명] ① 슬럼, 빈민가 ② 교외, 시외
ahastus [명] 고뇌, 비통, 비탄, 번민
ahel [명] (쇠)사슬; 족쇄, 차꼬
aheldama [동] 사슬로 매다; 족쇄[차꼬]를 채우다
ahelreaktsioon [명] 연쇄 반응
ahenema [동] 좁히다; 좁아지다
aher [형] 불모의, 메마른
ahi [명] 난로, 스토브; 오븐
ahistama [동] 괴롭히다, 걱정을 끼치다
ahmima [동] 움켜쥐다; 게걸스럽게 먹다; 꿀떡꿀떡 삼키다
ahne [형] 욕심 많은, 탐욕스러운, 탐내는
ahnepäits [명] 대식가, 폭식가, 돼지 같은 놈

ahnitsema [동] 몹시 탐내다, 탐욕스럽다
ahter [명] [항해] 고물, 선미(船尾)
ahv [명] [동물] 원숭이
ahvatlema [동] 유혹하다, 꾀다
ahvatlev [형] 유혹하는, 꾀는
ahven [명] [어류] 농어의 일종
ahvima [동] 흉내내다, 따라하다
ai [감] 아얏, 아이쿠!
aiandus [명] 원예, 정원 가꾸기
aidaa [감] [소아어] 안녕, 바이바이
aids [명] [병리] 에이즈, 후천성면역결핍증
aimama [동] ① 짐작하다, 추측하다, (~이) 아닌가 생각하다 ② 예견하다, 내다보다
aimus [명] 짐작, 추측; 예감
aine [명] ① 물질, 재료 ② 주제, 테마; 화제, 토픽
ainitine [형] (시선 따위가) 집중된, 고정된
ainsus [명] ① 단독, 하나뿐임 ② [문법] 단수(형)
ainulaadne [형] 하나뿐인, 유일한, 유(類)가 없는
ainult [부] 오직, 단지, 다만, 순전히, 전적으로, ~뿐; ainult teile kasutamiseks 당신의 사적인 용도로(만); ainult üks on alles 하나밖에 안 남았다
ainus [형] 하나뿐인, 유일한, 단지 ~뿐인, 단독의
ainuvalitseja [명] 군주, 제왕, 주권자
ainuvalitsus [명] 군주제, 군주 정치
ainuõigus [명] 독점권
aisting [명] 감각(에 의한 인식), 지각
aitama [동] 돕다, 원조하다, 손을 빌려주다; vanem vend aitas nooremat matemaatikas 형이 동생의 수학(문제)을 도와주었다; (nüüd) aitab! 이걸로 끝이야!
aitäh [감] 감사합니다; suur aitäh! 대단히 감사합니다!; aitäh abi eest 도와주셔서 감사합니다

ajajärk [명] 시대, 시기, 연대
ajakava [명] 스케줄, 시간표
ajakiri [명] 잡지, 정기 간행물
ajakirjandus [명] 언론, 저널리즘
ajakirjanik [명] 언론인, 저널리스트
ajakohane [형] ① 시기가 좋은, 때가 알맞은 ② 최신의
ajakohastama [형] 최신의
ajal [후] ~하는 동안; mängu ajal 게임을 하는 동안
ajalehenumber [명] (인쇄물의) 제 ~호[판]
ajaleheväljalõige [명] 신문 스크랩
ajaleht [명] 신문; 신문 용지; see ajaleht ilmub kaks korda nädalas 이 신문은 주 2회 발행된다
ajaloolane [명] 역사가, 역사학자
ajalooline [형] 역사의; 역사적인
ajalugu [명] 역사
ajama [동] 몰다, 내다, 충동하다, ~하게 하다
ajapikendus [명] (기한의) 연장, (시간을) 늦춤
ajastama [동] 시간을 재다
ajastu [명] 시대, 시기, 연대
ajavahemik [명] 시간의 경과; (특정한) 기간, 동안
ajaviide [명] 오락, 유흥, 놀이, 기분 전환
ajavorm [명] [문법] 시제
aje [명] (내)몰기; 추진, 충동
ajend [명] 원인, 유인(誘因), 동기
ajendama [동] (~의) 원인이 되다, 일으키다, 야기하다, 유발하다
aju [명] (두)뇌; ajusid pingutama 머리를 짜내다, 궁리하다
ajuloputus [명] 세뇌
ajurabandus [명] [병리] 뇌졸중
ajurünnak [명] 브레인스토밍 (각자가 아이디어를 내놓아 최선책을 결정하는 창조 능력 개발법)

ajutine [형] ① 일시적인, 덧없는 ② 임시의, 잠정적인
akadeemia [명] 학원, 학회, 아카데미
akadeemiline [형] 학원의, 대학의, 학술적인
aken [명] 창문; palun tee aken lahti 창문을 열어 주세요
aknalaud [명] 창턱, 창 아래틀
aknaluuk [명] 셔터, 겉창
aknaraam [명] 창틀, 새시
aknaruut [명] 창유리
akord [명] ① [음악] 화음 ② 화해, 조정, 동의
akordion [명] [음악] 아코디언
akrobaat [명] 곡예사
akrobaatika [명] 곡예, 재주넘기
aksessuaar [명] 액세서리
akt [명] ① 행위, 행동 ② 나체화 ③ 서류철, 파일
aktiivne [형] 활동적인, 활발한
aktiivsus [명] ① 활동 ② 활동적임, 활발함
aktiva [명] 재산, 자산
aktiveerima [동] 활동적으로 하다
aktsent [명] 강세, 악센트
aktsia [명] 주(株), 주식
aktsiaselts [명] 유한 책임 회사, 주식회사
aktsiis [명] 소비세
aktsionär [명] 주주(株主)
aktuaalne [형] 시사(문제)의
aku [명] 축전지
akustika [명] 음향학[상태]
akustiline [형] 청각의, 소리의, 음향의
akvaarium [명] 수족관
akvarell [명] 수채화
ala [명] ① 지역, 지방, 지대, 영토; lai ala Kirde-Eestis on
　　väga saastatud 에스토니아 북동부의 광대한 지역이 매우

오염되었다 ② 분야, 영역, 부문; mis alal sa töötad? 너는 어떤 분야에서 일하고 있니? ③ 경기 종목
alaarenenud [형] 발전이 늦은[뒤진]
alaealine [명] 미성년자, 청소년 ― [형] 미성년의
alahindama [동] 얕보다, 낮게 평가하다
alajaotis [alajaotus] [명] 세분된 부분, 일부
alakeha [명] 배, 복부
alalhoidlik [형] 보수적인, 변하지 않는
alaline [형] 지속적인, 끊임없는; 영구한
alam [명] 종속자, 하급자, 피지배자 ― [형] 지위가 낮은, 종속된, 하급의
alamkoda [명] (의회의) 하원(下院)
alandama [동] ① 낮추다, 내리다, 떨어뜨리다, 감소시키다 ② 비하하다, 굴욕감을 주다
alandlik [형] ① (지위 따위가) 낮은, 비천한 ② 복종하는, 굴종적인
alandus [명] ① 낮추기, 내리기, 떨어뜨리기, 감소 ② 비하, 굴욕감을 주기
alanema [동] 낮아지다, 내려가다, 떨어지다, 감소하다, 가라앉다, 약화되다
alasi [명] 모루
alasti [형] 벌거벗은, 나체의 ― [부] 벌거벗고, 알몸으로; alasti võtma 옷을 벗다
alateadvus [명] 잠재 의식
alates [전] ~이래로, ~부터; alates tänasest 오늘부터, 금후
alati [부] 항상, 언제나; ta saab alati ainult häid hindeid 그녀는 언제나 성적이 좋다
alatiseks [부] 영원히
alatoitumine [명] 영양 부족, 영양 실조
alatu [형] 비열한, 더러운; alatu trikk 비열한 짓
alaväärsus [명] 하위, 열등, 열세

albaania [형] 알바니아의 — [명] A- 알바니아
albiino [명] [생물] 알비노, 흰둥이, 백변종
album [명] 앨범, 사진첩
aldis [형] ~하기 쉬운, (~의) 여지가 있는
algaja [명] 신참, 신입 회원, 초심자, 풋내기
algama [동] ① (새로이) 시작하다; kool algab uuesti esmaspäeval 학교는 월요일에 다시 시작한다 ② (~에서) 비롯되다, 기원하다; jõgi algab allikast 강은 수원지에서 발원한다
algatama [동] 시작하다, 착수하다, 개시하다
algatus [명] 시작, 솔선, 주창
algeline [형] 초기의, 초보의, 기본의
algkool [명] 초등학교
algne [형] 처음의, 최초의, 시초의; 원래의
algoritm [명] [수학·컴퓨터] 연산(법), 알고리즘
algul [부] 처음에는
algupärane [형] 원래의, 진짜의
algus [명] 시작, 처음, 시초, 발단; alguseks 우선, 첫째로; alguses 처음에, 시초에; algusest peale 처음부터; sellel suurel asjal oli väike algus 이 큰 일의 발단은 작은 것이었다; filmi algus oli huvitav, aga lõpp igav 영화는 처음엔 재미있었지만 마지막은 시시했다; ta saabub mai alguses 그는 5월 초에 도착한다
alguspunkt [명] 출발점, 기점
alimendid [명] 부양료, 생활비
alistama [동] 무찌르다, 패배시키다; 정복하다, 복속시키다; 압도하다, 크게 우위를 차지하다
alistuma [동] 항복하다, 굴복하다, 압도당하다
alkohol [명] ① [화학] 알코올 ② 술, 주류
alkohoolik [명] 알코올 중독 환자, 습관성 대주가
alkohoolne [형] 알코올성의
all(a) [부] 아래로; 아래에(서), 아래층에(서); alla ajama 때려

눕히다; alla andma = **alistuma**; alla kriipsutama 밑줄을 치다; alla kukkuma 넘어지다, 떨어지다; alla käima 쇠퇴하다, 타락하다, 저하되다; alla laadima [컴퓨터] (데이터를) 다운로드하다; alla tulistama 쏘아 떨어뜨리다, 격추하다; alla vanduma 철회하다 — [전] ~ 이하(로); alla keskmise 평균 이하; alla nulli (기온 따위의) 영하 — [후] (~의) 아래에 — [형] 아래의
allahindlus [명] 할인, 디스카운트
allakäik [명] 내려감; 쇠퇴, 타락, 저하
allamäge [부] 내리받이로; allamäge minema 내리막을 내려가다
allapoole [부] 아래로; 아래에 — [전] (~의) 아래에
allavoolu [부] 하류에[로]
allee [명] ① 큰 가로, 대로 ② 골목, 통로
allergia [명] [병리] 알레르기, 과민증
allergiline [형] 알레르기(성)의
alles [부] ① 겨우, 단지, ~ 뿐; kell on alles üks 이제 1시다, 이제 막 1시가 되었다 ② 아직; mõned on alles tulemata 아직 오지 않은 사람이 있다; see dokument on veel alles 그 문서는 아직 (남아)있다
allianss [명] 동맹, 연합
allikas [명] ① 샘 ② 근원, 원천
allikavesi [명] 샘물, 용천(湧泉)
allkiri [명] 서명, 사인; allkirja andma 서명[사인]하다
allmaa- [형] 지하의
allmaailm [명] 지하 세계, 저승
allpool [부] 아래에, 아래로, 이하에 — [전] (~의) 아래에 — [형] 아래의
alluma [동] ① (~보다) 하위에 있다, 아래에 위치해 있다 ② 따르다, 복종하다
allumatu [형] 불복종하는, 따르지 않는

allutama [동] 복종시키다, 따르게 하다, (자기보다) 하위에 두다
alluv [형] 하급의, 하위에 있는, 종속된, (~에) 의존하는 ―
　　[명] 하급자, 종속자
allvee- [형] 수면하의
allveelaev [명] 잠수함
allveeujumine [명] 스쿠버 다이빙
alpinist [명] 등산가
alžeeria [형] 알제리의 ― [명] A- 알제리
alžeerlane [명] 알제리 사람
alt [후] (~의) 아래에서 ― [부] 아래에서, 아래로부터; ta tõstis pliiatsi laua alt üles 그는 연필을 책상 아래에서 주웠다; alt vedama (아래로) 낮추다 ― [명] [음악] 알토
altar [명] (교회의) 제단, 제대(祭臺)
alternatiiv [형] 대신의, 대안의 ― [명] 양자택일, 대안
alternatiivne [형] 대신의, 대안의
altkäemaks [명] 뇌물; altkäemaksu andma 뇌물을 주다, 매수하다; altkäemaksu andmine 뇌물을 줌, 매수; altkäemaksu võtma 뇌물을 받다
alumiinium [명] [화학] 알루미늄
alumine [형] 낮은, 아래의, 하부의; alumine korrus (건물의) 1층; alumine külg 아래, 밑면
alus [명] ① 기초, 기반, 기저, 토대 ② [문법] 주어
alusetu [형] 근거 없는
aluspesu [명] 속옷, 내의
aluspüksid [명] 팬츠, 속바지
alusseelik [명] 속치마, 페티코트
alussärk [명] 속셔츠
alustama [동] 시작하다, 착수하다
alustass [명] 받침 접시
amatöör [명] 아마추어, 비전문가
ambur [명] 궁수; A- [천문] 궁수자리

ameerika [형] ① 미국의, 아메리카의 ② ameerika mäed 롤러코스터 — [명] A- 아메리카; Ameerika Ühendriigid 미국
ameeriklane [명] 미국 사람
amet [명] 일, 직(職), 직업, 직책, 지위; ametisse astuma 취임하다; ametist lahkuma 퇴직하다, 퇴임하다, 자리에서 물러나다
ametirüü [명] 가운, 겉옷
ametiühing [명] 노동 조합
ametlik [형] 공(公)의, 공식의; 형식적인; ametlik teadaanne 공표
ametnik [명] 공무원, 사무관
amfetamiin [명] [약학] 암페타민 (각성제)
amfiib [명] [동물] 양서류
ammendama [동] 다 써버리다, 고갈[소진]시키다
ammoniaak [명] [화학] 암모니아
ammu [부] 이전에, 오래전에; ta elab siin juba väga ammu 그는 이미 오래 전부터 여기에 살고 있다
ammuli [부] 입을 딱 벌리고
ammuma [동] (소가) 음메하고 울다
amneesia [명] [병리] 기억 상실, 건망증
amnestia [명] 대사(大赦), 특사; 사면
amper [명] [전기] 암페어 (전류의 단위)
amputeerima [동] 절단하다, 잘라내다
amulett [명] 부적, 호부(護符)
amööb [명] [생물] 아메바
analoogia [명] 유사, 비슷함
analoogiline [형] 유사한, 비슷한, 닮은
analüüs [명] 분석, 연구; [의학] 시험, 테스트
analüüsima [동] 분석하다
analüütik [명] 분석가

ananass [명] 파인애플
anarhia [명] 무정부 상태
anarhist [명] 무정부주의자
anastama [동] 정복하다, 합병하다
anatoomia [명] 해부학
and [명] ① 선물 ② (타고난) 재능
andekas [형] (타고난) 재능이 있는
andeks andma [동] 용서하다, 용인하다
andestama [동] 용서하다, 용인하다
andestamatu [형] 용서할 수 없는
andke andeks! 용서해 주세요!
andma [동] 주다, 건네주다, 수여하다; anna mulle see raamat 나에게 이 책을 주세요; ema andis lapsele kingituse 어머니는 아이에게 선물을 줬다; kirjanikule anti auhind 작가에게 상이 주어졌다
andmebaas [명] 데이터베이스
andmed [명] 데이터, 자료, 정보
andmetöötlus [명] 데이터 처리, 정보화 과정; 컴퓨터의 사용
aneemia [명] [병리] 빈혈(증)
anekdoot [명] 일화, 기담
anemoon [명] [식물] 아네모네
anesteesia [명] [의학] 마취
anestesioloog [명] 마취사, 마취 전문 의사
angaar [명] 격납고
angerjas [명] [어류] 뱀장어
anglikaan [명] 영국 국교도
anglikaani [형] anglikaani kirik 영국 국교회, 성공회
anglosaks [명] 앵글로색슨 족의 사람
ankeet [명] 설문지, 앙케트
ankur [명] 닻; ankrus olema 정박 중이다; ankrut hiivama 닻을 감다, 출항하다

anne [명] (타고난) 재능, 자질, 소질
annetaja [명] 기증자, 기부자, 기여자
annetama [동] 주다, 기증[기부]하다
annetus [명] 기증, 기부, 기여
annus [명] (약의) 1회 투약[복용]량
annustama [동] (약을) 투약하다, 복용시키다
anomaalia [명] 변칙, 예외, 이례, 이형(異形)
anonüümne [형] 익명의, 무명의
anoreksia [명] [의학] 식욕 감퇴[부진]
anorektik [명] 식욕 부진 환자
ansambel [명] 악단, 밴드
anšoovis [명] [어류] 멸치, 안초비
Antarktika [명] 남극 (지방·대륙)
antarktiline [형] 남극의
Antarktis [명] 남극 대륙
antenn [명] 안테나, 공중선
antibiootikum [명] 항생제
antifriis [명] 부동액
antiik [명] 골동품, 고미술품
antiikne [형] 옛날의, 고풍스러운; 골동의, 고미술의
antikeha [명] [의학] 항체(抗體)
antiloop [명] [동물] 영양, 앤틸롭
antiseptiline [형] 살균의, 멸균의, 소독된
antoloogia [명] 명시 선집, 명문집
antropoloog [명] 인류학자
antropoloogia [명] 인류학
anum [명] 용기, 그릇
anuma [동] 간청하다, 애원하다
aort [명] [해부] 대동맥
apaatia [명] 냉담, 무관심, 무감동
apaatne [형] 냉담한, 무관심한

aparaat [명] 기구(器具), 장치
apellatsioon [명] [법률] 항소, 상소
apelleerima [동] [법률] 항소[상소]하다
apelsin [명] [식물] 오렌지
apelsinimahl [명] 오렌지 주스
aperitiiv [명] 아페리티프, 식전 반주(飯酒)
aplaus [명] 박수, 갈채
aplodeerima [동] 박수치다
aplus [명] 폭식, 대식
apostel [명] 사도 (복음을 전하기 위해 그리스도가 파견한 12명의 제자의 한 사람)
apostroof [명] [문법] 아포스트로피 (')
appi [부] 도우러, 돕기 위해; appi! 도와줘요!; ta tuli mulle appi 그녀는 나를 도우러 왔다
aprikoos [명] [식물] 살구
aprill [명] 4월
apsakas [명] 실수, 실책, 사고
apteek [명] 약국
apteeker [명] 약사(藥師)
araabia [형] 아라비아의; araabia keel 아랍어; araabia numbrid 아라비아 숫자 — [명] A- 아라비아
araablane [명] 아랍 사람
arbuus [명] [식물] 수박
areen [명] (원형) 경기장, 서커스장
arendama [동] 발전시키다, 확장하다
arenema [동] 발전하다, 나아가다, 진전되다
areng [명] 발전, 진전, 나아감
arengumaad [명] 제3세계
arestima [동] 붙잡다, 체포하다
aretama [동] 기르다, 양육하다
arg [형] 수줍은, 소심한, 겁 많은; araks lööma (겁을 내고)

꽁무니를 빼다
argentiinlane [명] 아르헨티나 사람
argentina [형] 아르헨티나의 — [명] A- 아르헨티나
argine [형] 평범한, 일상적인
argipäev [명] (주말이 아닌) 평일, 근무일
argpüks [명] 겁쟁이
argus [명] 겁(이 많음); 수줍음
arhailine [형] 고풍의, 예스러운
arheoloog [명] 고고학자
arheoloogia [명] 고고학
arhiiv [명] 기록 보관소
arhitekt [명] 건축가, 건축 기사
arhitektuur [명] 건축(술)
aristokraat [명] 귀족
aristokraatia [명] (집합적으로) 귀족 (계급)
aristokraatlik [형] 귀족의, 귀족적인
aritmeetika [명] 산수, 셈
Arktika [명] 북극
arktiline [형] 북극의
arm [명] ① 자비, 동정, 은혜; 사랑; armu andma [법률] 사면하다 ② 흉터, 상처 자국
armas [형] ① 친애하는, 사랑하는; 사랑스러운 ② armas a-eg! 맙소사, 이런!
armastaja [명] 연인, 애인, 사랑하는 사람
armastama [동] 사랑하다, 좋아하다, 아끼다, 소중히 여기다; mees armastab oma naist 그 남자는 자기 아내를 사랑한다; ta armastab muusikat 그는 음악을 좋아한다
armastatu [명] 사랑하는 사람
armastus [명] 사랑, 애정
armastuslugu [명] 연애 소설, 러브스토리
armastusväärne [형] 사랑스러운, 사람의 마음을 끄는

armatsema [동] 애정 행위를 하다, 남녀가 희롱하다
armee [명] 군(軍), 군대; armees teenima 군에서 복무하다
armetu [형] 불쌍한, 비참한; 초라한, 누추한
armiline [형] 흉터가 있는, 상처를 입은
armistuma [동] 상처 자국을 남기다
armsam [명] 사랑하는 사람
armuafäär [명] 연애 사건, 정사
armuandmine [명] [법률] 사면, 특사
armukade [형] 질투하는, 시샘하는
armukadedus [명] 질투, 시샘
armuke [명] 애인
armulik [형] 자비로운, 너그러운
armulugu = armuafäär
armuma [동] 사랑에 빠지다, (~에게) 홀딱 반하다; armunud olema (~에게) 반해 있다
armutu [형] 무자비한, 매정한, 가차 없는, 냉혹한
aromaatne [형] 향기로운
aroom [명] 향기, 방향(芳香)
arranžeering [명] [음악] 편곡
arreteerima [동] 체포하다
arseen [명] [화학] 비소
arsenal [명] 무기고, 군수품 창고
arst [명] 의사; palun kutsu arst kohale! 의사를 불러주세요!
arstiabi [명] 의료 서비스, 치료
arstiteadus [명] 의학
arter [명] [해부] 동맥
artikkel [명] 항목, 조항, 아이템
artišokk [명] [식물] 아티초크, 솜엉겅퀴
artist [명] 예능인; 배우
artriit [명] [병리] 관절염
aru [명] 이성, 이지, 이해; aru andma 보고하다, 설명하다;

aru pidama 논의하다, 숙고하다; aru pärime i) (~에게) 묻다, 질문하다 ii) (~에게) 해명을 요구하다; aru saama 이해하다, 파악하다; arust ära미친, 정신이 돈; ma ei saa küsimusest aru 나는 그 질문을 이해할 수 없다

aruanne [명] ① 보고; 설명 ② [회계] 대차표
arukas [형] 분별 있는, 지각 있는, 이해력이 있는, 이성적인, 현명한
arupidamine [명] 논의, 숙고
arusaadav [형] 이해하기[알기] 쉬운, 분명한, 명백한, 조리 있는; arusaadavaks tegema i) (~을) 알기 쉽게[분명하게] 하다 ii) 잘 해내다, 성공적으로 해결하다; arusaadav olema 이치에 닿다, 뜻이 통하다, 이해할 수 있다
arusaam [명] 이해, 파악
arusaamatu [형] 이해할 수 없는; 분별 없는
arusaamatus [명] 오해
arutama [동] 논하다, 토의하다; mehed arutasid seda küsimust poole ööni 남자들은 그 문제를 한밤중까지 의논했다
arutelu [명] 토론, 논쟁
arutlema [동] (의)논하다, 토의하다, 논쟁하다
arutu [형] 지각 없는, 무분별한, 어리석은
arv [명] 수(數), 숫자; 수량
arvama [동] ① (~이라고) 생각하다, 믿다, 여기다; ta arvab, et see on õige 그는 그것이 옳다고 생각한다; minu arvates peame ära minema 난 우리가 가야 한다고 생각해; ta on noorem, kui arvasin 그녀는 생각보다 젊다 ② 추측하다, 짐작하다, 가정하다; arva ära! 한번 생각[추측]해 봐! ③ 상상하다
arvamus [명] ① 의견, 견해, 관점; (~이라는) 생각, 믿음; arvamust avaldama 의견을 표명하다 ② 추측, 짐작 ③ 판단, 평가
arvamusküsitlus [명] 여론 조사

arvatavasti [부] 추측건대, 아마
arve [명] ① 계산서, 청구서, 송장(送狀) ② 계산, 거래; 계좌; arveid õiendama (~와) 거래를 청산하다[매듭짓다]; arvet avama 거래를 트다; arvet pidama 계산하다 ③ 고려; arvesse võtma 고려하다, 참작하다, 계산에 넣다; arvesse võttes (~을) 고려하면, (~의) 견지에서 생각해보면
arvelduskonto [명] 당좌 계정
arvestama [동] ① 고려하다, 참작하다, 계산에 넣다 ② 계산하다
arvestus [명] ① 고려, 참작, 계산에 넣기 ② 계산; 회계 ③ 학기말 리포트; 예비 시험
arvukas [형] 많은, 다수의, 풍부한, 막대한
arvukus [명] 많음, 다수
arvuline [형] 수의, 수적인
arvustaja [명] 비평가, 평론가
arvustama [동] 판단하다, 평가하다, 비판하다; 비평하다, 평론하다
arvuti [명] 컴퓨터
arvutigraafika [명] 컴퓨터 그래픽스
arvutimäng [명] 컴퓨터 게임
arvutioskus [명] 컴퓨터 사용 능력
arvutivõrk [명] 컴퓨터 네트워크
arvutu [형] 셀 수 없이 많은, 무수한
arvutustabel [명] [컴퓨터] 스프레드시트, 표 계산
aseaine [명] 대리, 대용
asend [명] 자세, 태도
asemel [부/전] ~ 대신에
asendaja [명] 대리인, 교체 요원
asendama [동] 대체하다, 대신하다, 대리하다
asendamatu [형] 다른 것으로 대체할 수 없는, 반드시 필요한
asesõna [명] [문법] 대명사

asetama [동] 놓다, 두다
asetäitja [명] 대리인, 부(副)~, 보조자
asfalt [명] 아스팔트
asi [명] ① (어떤) 것, 품목; võta kõik oma asjad kaasa! 자기 물건을 꼭 챙기세요! ② 일, (어떤) 점; milles asi on? 무슨 일이야? ③ 문제, 주제; asi on selles, et arstid teenivad liiga vähe 문제는 의사의 수입이 너무 적다는 것이다
asiaat [명] 아시아 사람
asitõend [명] [법률] 증거, 물증
asjaarmastaja [명] 아마추어, 애호가
asjakohane [형] 적절한, 잘 들어맞는
asjakohatu [형] 부적절한, 요점에서 벗어난, 이치에 맞지 않는
asjalik [형] 실제적인, 실용적인
asjaolu [명] 사건, 상황; (개개의) 문제, 건, 케이스
asjaosaline [형] (~에) 관계된, 연루된 ― [명] 관계자
asjatu [형] 헛된, 필요없는, 무익한, 쓸데없는; asjatult 헛되이, 부질없이
asjatundja [명] 전문가, 프로; 감정가
asjatundlik [형] (특정 분야에 대해) 많이 아는, 전문가의, 능숙한, 자격을 갖춘
asjatundmatu [형] (특정 분야에 대해) 잘 모르는, 비전문가의, 부적격자의
askeldama [동] 부산하게 움직이다
assimilatsioon [명] 동화, 융합
assimileerima [동] 동화하다, 동질화하다
assotsiatsioon [명] 협회, 단체, 조직체
aste [명] ① 발걸음, 스텝 ② 율(率), 정도, 단계, 등급
astel [명] 가시, 침, 뾰족한 것
astma [명] [병리] 천식
astmeline [형] 단계적인, 점진적인

astroloog [명] 점성가
astroloogia [명] 점성술, 점성학
astronaut [명] 우주 비행사
astronoom [명] 천문학자
astronoomia [명] 천문학
astuma [동] ① 걸음을 내딛다 ② (~으로) 들어가다; palun astuge sisse! 들어오세요!; liikmeks astuma (단체 따위에) 가입하다, (~의) 일원이 되다; neiu astus ülikooli 그 여자는 대학에 입학했다
asukas [명] 거주자, 주민
asukoht [명] 위치, 장소, 자리; 지역, 지구
asula [명] 정착지, 사는 곳
asuma [동] ① (~에) 위치해 있다; Tallinn asub mere ääres 탈린은 바닷가에 위치해 있다 ② 살다, 거주하다
asunik [명] 정착자, 식민[이주]자
asustama [동] (어떤 지역에) 사람을 살게 하다, 식민시키다
asustamata [형] (특정 지역이) 사람이 살지 않는; asustamata saar 무인도
asutaja [명] 설립자, 창설자
asutama [동] 세우다, 설립하다, 창설하다
asutus [명] 기관, 설립물
asüül [명] (정치적) 망명; asüüli taotlema 망명을 요청하다
atakk [명] 발병, (병의) 발작
ateism [명] 무신론, 무신앙
ateist [명] 무신론자
ateljee [명] 아틀리에, 스튜디오, 예술가의 작업장
atentaat [명] 암살; atentaati tegema 암살하다
Atlandi ookean [명] 대서양
atlas [명] 지도책
atleetlik [형] 운동 경기의, 체육의
atleetvõimlemine [명] 보디빌딩

atmosfäär [명] 대기(大氣)
atribuut [명] 속성, 특질
au [명] 명예, 명성, 영광; au andma 경례하다
auahne [형] 야심적인, 포부가 큰
auahnus [명] 야심, 야망
auaste [명] [군사] 계급
audients [명] 청중
audiitor [명] 회계 감사원
audiovisuaalne [형] 시청각의
audit [명] 회계 감사
auguraud [명] 펀치, 구멍 뚫는 기구
august [명] 8월
augustama [동] 구멍을 뚫다
auh [감] 멍멍 (개 짖는 소리)
auhind [명] 상(賞), 보상, 사례; auhinda andma 상을 주다
auhinnafond [명] 현상금
auk [명] 구멍, 틈; püksi põlves on auk 바지의 무릎 부분에 구멍이 나 있다
aukartus [명] 경외심, 숭상하는 마음
aukartustäratav [형] 굉장한, 이목을 끄는
aumärk [명] 훈장
aupaiste [명] 후광(後光)
aupaklik [형] 경건한, 경의를 표하는; 존경스러운
aur [명] ① 김, 수증기, 스팀 ② auru välja laskma 울분을 토하다
aura [명] 독특한 분위기, 아우라
aurama [동] ① 김[증기]을 내다, 발산하다 ② aura ära! 저리 꺼져!
aurik [명] 증기선(船)
aurumasin [명] 증기 기관
aurustuma [동] 증발하다, 기화(氣化)하다

aus [형] 정직한, 성실한, 진실된, 공명정대한; aus mäng 페어 플레이; aus küsimus nõudis ausat vastust 솔직한 질문은 솔직한 답변을 요구했다
ausalt [부] 정직하게, 성실하게, 진실되게, 공명정대하게; ausalt öeldes 솔직히 말해서
austaja [명] 숭배자, 추종자
austama [동] 존경하다, 공경하다; 숭배하다; 동경하다, 흠모하다
austatud [형] 존경할 만한, 경애하는
auster [명] [패류] 굴
austerlane [명] 오스트리아 사람
austraalia [형] 오스트레일리아의, 호주의 — [명] A- 오스트레일리아, 호주
austraallane [명] 오스트레일리아[호주] 사람
austria [형] 오스트리아의 — [명] A- 오스트리아
austus [명] 존경, 경애, 숭배, 경외; austust avaldama (~에게) 경의를 표하다, 찬사를 바치다
austusavaldus [명] 경의를 표함, 찬사
austusväärne [형] 존경할 만한
ausus [명] 정직, 고결, 올곧음
ausõna [명] 명예를 건 약속
autasu [명] 보상, (상의) 수여
autasustama [동] 보상하다, 상을 주다
autentne [형] 진짜의, 진품의
autentsus [명] 진짜임, 진품임
auto [명] 자동차; auto peale võtma (~을) 차에 태워주다
autobiograafia [명] 자서전
autogramm [명] 서명, 자필
autojuht [명] 운전 기사, 드라이버
automaat [명] 자동 장치, 기계; [군사] 자동 소총
automaatne [형] ① 자동의, 자동적인 ② 무의식적인, 부지불식

간의
automaatvastaja [명] 전화 자동 응답기
autonoomia [명] 자치(自治)
autonoomne [형] ① 자치의, 독립적인 ② [컴퓨터] 오프라인의
autopesula [명] 세차(洗車)
autoportree [명] 자화상
autor [명] 저자, 작가
autoralli [명] 자동차 경주, 랠리
autoremonditöökoda [명] 카센터, 자동차 수리[정비]소
autoritaarne [형] 권위주의의
autoriõigus [명] 저작권, 판권
autoromu [명] 고물차, 노후화된 자동차
autoõnnetus [명] 자동차 사고, 교통 사고
autsaider [명] 외부인, 제3자, 아웃사이더
auväärne [형] 존경할 만한
ava [명] 구멍, 틈
avaldama [동] 나타내다, 표현하다; 발표하다, 공표하다
avaldus [명] 발표, 공표, 표명, 언명, 선언; avaldust tegema 발표하다
avalik [형] ① 공공의, 공중의, 공적인; avalik kord 법과 질서, 치안; avalik käimla 공중 화장실 ② 공공연한, 훤히 드러난; avalik tähelepanu 널리 알려짐, 주지(周知); avalik vastuhakk 공공연한 반항[도전]
avalikustama [동] 발표[공표]하다, 드러내다, 폭로하다
avalöök [명] ① [축구] (시합 개시의) 킥오프 ② (비유적으로) 시작, 개시
avama [동] 열다, 펼치다, 풀다, 끄르다; palun avage aken! 창문을 열어 주세요; pood on avatud kella üheksast kuni kella viieni 그 상점은 9시부터 5시까지 개점한다
avameelne [형] 솔직한, 진심의, 있는 그대로 표현하는
avamine [명] 시작, 개시

avamäng [명] [음악] 서곡
avanema [동] 열리다
avangard [명] 전위(前衛), 선두, 선봉
avanss [명] 선불, 선금
avantüür [명] 모험
avar [형] 넓은, 널찍한, 광대한
avardama [동] 넓히다, 확장[확대]하다
avarii [명] 사고, 재난
avarus [명] 넓음
avastama [동] 발견하다, 찾아내다, 간파하다, 탐지하다
avastus [명] 발견, 찾아냄
avatud [부] 열려, 개방되어; avatud ööpäev läbi 24시간 열린
avenüü [명] 가로수 길
avokaado [명] [식물] 아보카도

B

baar [명] 술집, 바
baarmen [명] 바텐더
baas [명] 기초, 기부(基部), 기저, 토대
bait [명] [컴퓨터] 바이트
bakalaureus [명] 학사(學士)
baklažaan [명] [식물] 가지
bakter [명] 박테리아
balanss [명] 균형, 밸런스
baldahhiin [명] 천개(天蓋), 캐노피
baleriin [명] 발레리나, 여자 무용수
ball [명] 공
ballaad [명] [음악] 발라드
balletitantsija [명] 발레 무용수
ballett [명] 발레
ballisaal [명] 무도실[장]
Balti [형] 발트 해의
Baltimaad [명] 발트 해 연안 국가들
bambus [명] [식물] 대나무
banaalne [형] 평범한, 흔해 빠진
banaan [명] [식물] 바나나
bandaaž [명] 붕대; 탈장대
bande [명] 일단, 한 떼, 무리, 패거리; 갱
bandiit [명] 강도; 갱 단원
bandžo [명] [음악] 밴조

bangalo [명] 방갈로 (베란다가 붙은 간단한 목조 단층집)
bankett [명] 연회, 잔치
baptism [명] [기독교] 세례
barbaarne [형] 야만인의, 야만적인
barbar [명] 야만인
barett [명] 베레모
bariton [명] [음악] 바리톤
barjäär [명] 방벽, 장벽
barokk [명] [예술] 바로크 양식
baromeeter [명] 기압계, 청우계, 바로미터
barrel [명] 배럴 (159리터들이)
barrikaad [명] 바리케이드
barter(tehing) [명] 물물 교환
baseeruma [동] (~에) 기초[기반]하다
basiilik [명] [식물] 바질 (향신료)
bass [명] [음악] 베이스 (남성 저음부)
bassein [명] ① 수영장, 풀 ② [지리] (하천의) 유역
bataat [명] [식물] 고구마
beebi [명] 아기
beež [형] 베이지색의
belgia [형] 벨기에의 — [명] B- 벨기에
belglane [명] 벨기에 사람
bemoll [명] [음악] 내림표, 플랫 (♭)
bensiin [명] 휘발유, 가솔린
bensiinijaam [명] 주유소
besee [명] 머랭 (설탕과 거품 일게 한 흰자위 등을 섞은 것)
bestseller [명] 베스트셀러
betoon [명] 콘크리트
bibliograafia [명] 문헌 목록
bidee [명] 비데
biifsteek [명] 비프스테이크

biitseps [명] [해부] 이두근(二頭筋); 알통
bikiinid [명] 비키니
bilanss [명] [회계] 대차 대조표
binokkel [명] 쌍안경; 오페라글라스
biograaf [명] 전기 작가
biograafia [명] 전기, 일대기
bioloog [명] 생물학자
bioloogia [명] 생물학
bioloogiline [형] 생물학의, 생물학적인
biorütmid [명] 바이오리듬
biosfäär [명] [생태] 생물권
biseksuaal [명] 양성애자
biseksuaalne [형] 양성(兩性)의
biskviit [명] 비스킷; 스펀지 케이크
bitt [명] [컴퓨터] 비트 (정보 전달의 최소 단위)
bituumen [명] 타맥, 역청, 아스팔트
blankett [명] (기입식) 서식, 용지
blankotšekk [명] 백지 수표
blasfeemia [명] 신성 모독
blokaad [명] 봉쇄, 차단
blokeerima [동] 막다, 봉쇄하다, 차단하다
blokk [명] ① [스포츠] 차단, 방해 ② [정치] 블록
blond [형] 금발의
blondiin [명] 머리가 금발인 사람
bluff [명] 허세, 엄포
bluffima [동] 허세를 부리다, 엄포를 놓다
bluus [명] [음악] 블루스
boa [명] [동물] 보아뱀
boheemlane [명] 보헤미안 (자유 분방한 예술가)
boikoteerima [동] 보이콧하다
boikott [명] 보이콧, 구매 거부

boiler [명] 보일러, 온수 장치
bokser [명] 복서 (개 품종의 하나)
bool [명] 펀치 (물·과일즙·향료에 보통 포도주나 다른 술을 넣어 만든 음료)
boonus [명] 보너스, 상여금
bordell [명] 사창가, 매음굴
boss [명] 장(長), 보스
botaanik [명] 식물학자
botaanika [명] 식물학
botased [명] 운동화
braavo [감] 브라보!
brasiilia [형] 브라질의 — [명] B- 브라질
brasiillane [명] 브라질 사람
brauser [명] [컴퓨터] 브라우저
bridž [명] [카드놀이] 브리지
brigaad [명] 대(隊), 조(組), 팀
briis [명] 산들바람
briljantne [형] 빛나는, 찬란한, 눈부신
Britannia [명] 영국 (본토), 브리튼
briti [형] 영국의
britt [명] 영국 사람
broneerima [동] 예약하다
bronhiit [명] [병리] 기관지염
broom [명] [화학] 브롬
brošüür [명] 브로셔, 팸플릿, 소책자
brutaalne [형] 거친, 야만적인, 난폭한
bruto- [형] 총체적인, 총계의, 총~
bränd [명] 상표, 브랜드
brändi [명] 브랜디
brünett [형] 브루넷의 (백인종 가운데 거무스름한 피부·머리카락·눈을 가진)

budism [명] 불교
budist [명] 불교도, 불교 신자
bukett [명] 꽃다발, 부케
buldog [명] 불독 (개 품종의 하나)
buldooser [명] 불도저
bulgaaria [형] 불가리아의; bulgaaria keel 불가리아어 ― [명] B- 불가리아
bulgaarlane [명] 불가리아 사람
buliimia [명] [병리] 과식증
bumerang [명] 부메랑
buss [명] 버스
bussijaam [명] 버스 종점[터미널]
bussijuht [명] 버스 운전 기사
bussipeatus [명] 버스 정류장
butiik [명] 부티크 (여자용 고급 유행복이나 액세서리를 파는 가게)
börs [명] 주식[증권] 거래소
börsimaakler [명] 주식 중매인
börsispekulant [명] 주식 투기꾼
bülletään [명] 고시, 게시, 공보
bürokraat [명] 관료, 관리, 공무원
bürokraatia [명] 관료제
büroo [명] 사무소, 관청, 국(局)
büst [명] 흉상(胸像)

C

CD-mängija [명] CD 플레이어
Celsiuse järgi [형] 섭씨 온도의
C-vitamiin [명] 비타민 C

D

daam [명] 숙녀
dateerima [동] 날짜를 기입하다
datlipalm [명] [식물] 대추야자
dattel [명] 대추야자의 열매
debatt [명] 논의, 토론, 논쟁
debiilik [명] (경멸적으로) 저능아, 바보
debüüt [명] 데뷔, 첫 등장[출연]
deebet [명] [회계] 차변(借邊); deebetisse kandma (금액을) 차변에 기입하다
deemon [명] 악마, 마귀
defekt [명] 잘못, 결점, 흠
defektne [형] 결점[흠]이 있는, 모자라는, 불완전한
defineerima [동] 규정하다, 정의하다
definitsioon [명] 규정, 정의
defitsiit [명] 부족, 적자
deformatsioon [명] 변형, 왜곡
deformeerima [동] 변형시키다, 왜곡하다
degeneratsioon [명] 퇴보, 타락
degenereeruma [동] 퇴보하다, 타락하다
degradeerima [동] 지위를 낮추다, 좌천[강등]시키다, 격하시키다
degusteerima [동] 맛을 보다
dekaad [명] 10년(간)
dekaan [명] (단과 대학의) 학장
dekadents [명] 타락, 퇴폐
deklameerima [동] 읊다, 낭독[낭송]하다
deklaratsioon [명] 선언, 발표, 표명

deklareerima [동] 선언하다, 발표하다, 표명하다
dekoltee [명] 목둘레를 깊이 판 옷
dekoratiivne [형] 장식의, 장식적인
dekoratsioon [명] ① 장식 ② [연극] 무대 장치
dekoreerima [동] 꾸미다, 장식하다, 치장하다
dekreet [명] 법령, 포고
delegaat [명] 대표, 사절; 대리인, 대변인
delegatsioon [명] 대표단, 사절단
delegeerima [동] 대표로 파견하다, 권한을 위임하다
delfiin [명] [동물] 돌고래
delikaatne [형] 미묘한, 민감한
delikatess [명] 맛있는 것, 진미
delta [명] [지리] 델타, 삼각주
deltaplaan [명] 행글라이더
dementne [형] 미친, 실성한
deminutiiv [명] [문법] 지소어(語)
demokraat [명] 민주주의자
demokraatia [명] 민주주의
demokraatlik [형] 민주적인, 민주주의의
demonstratsioon [명] 실연(實演), 전시, 보여줌
demonstreerima [동] 시연해보이다, 전시하다, 보여주다
demoraliseerima [동] 문란하게 하다, 부패[타락]시키다
deodorant [명] 방취제(防臭劑)
deponeerima [동] 맡기다, 위탁하다
depoo [명] 창고, 보관소
deporteerima [동] 운반하다, 이송하다
depressiivne [형] 우울하게 만드는
depressioon [명] 우울, 의기소침
desarmeerima [동] 무장을 해제하다
deserteerima [동] (군인이) 탈영[탈주]하다
desinfitseerima [동] (살균) 소독하다

dešifreerima [동] (암호 따위를) 해독하다
despoot [명] 폭군, 독재자, 전제 군주
dessert [명] 디저트, 후식
destilleerima [동] 증류하다
destruktiivne [형] 파괴적인, 해를 끼치는
detail [명] ① 세부 사항, 세목; detailid 상세한 것; detailid-esse laskuma 상세하게 들어가다; detailselt selgitama 상세하게 설명하다 ② 부분, (구성) 요소
detailne [형] 세부적인, 상세한, 면밀한
detektiiv [명] 탐정
detektor [명] 탐지기
detonaator [명] 뇌관, 폭발 신관
detsember [명] 12월
detsibell [명] [물리] 데시벨 (음량의 측정 단위)
devalveerima [동] [경제] 평가 절하하다
diabeet [명] [병리] 당뇨병
diabeetik [명] 당뇨병 환자
diafragma [명] [해부] 횡격막, 가로막
diagnoos [명] [의학] 진단(법)
diagnoosima [동] 진단하다
diagonaal [명] [기하] 대각선
diagramm [명] 도표, 도식, 그래프
dialekt [명] 방언, 사투리
dialoog [명] 대화, 회화
diameeter [명] 지름, 직경
diapositiiv [명] [사진] 투명 양화, 슬라이드
diees [명] [음악] 올림표, 샤프 (#)
dieet [명] 다이어트, 식이요법; dieeti pidama 다이어트를 하다
diferentseerima [동] 구별하다, 식별하다
diftong [명] [언어] 이중 모음
digitaalkaamera [명] 디지털카메라

digitaalne [형] 디지털(방식)의
diiler [명] 상인, 판매업자, ~상(商), 딜러
diiselmootor [명] 디젤 기관
diislikütus [명] 디젤유(油), 디젤 연료
diivan [명] 소파
diivanilaud [명] 커피 테이블
diivanipadi [명] 쿠션
diivanvoodi [명] 침대 겸용 소파
diktaator [명] 독재자
diktatuur [명] 독재 정권
dikteerima [동] (글을) 받아쓰게 하다; 철자하다
diktor [명] 아나운서, 뉴스 캐스터
dilemma [명] 딜레마, 진퇴양난
dimensioon [명] 치수, 크기
dinosaurus [명] 공룡
diplom [명] 졸업[수료] 증서
diplomitöö [명] 졸업[학위] 논문
diplomaat [명] 외교관
diplomaatia [명] 외교(술)
diplomaatiline [형] ① 외교의, 외교적인 ② 수완이 좋은
direktor [명] 장(長), 책임자, 관리자; (학교의) 교장
dirigeerima [동] [음악] 지휘하다
dirigent [명] [음악] 지휘자
dirižaabel [명] 비행선(船)
disain [명] 디자인
disainer [명] 디자이너
disainima [동] 디자인하다
diskett [명] [컴퓨터] 디스켓, 플로피디스크
disko [명] 디스코
diskor [명] 디스크자키, 디제이
diskoteek [명] 디스코텍

diskreetne [형] 신중한, 분별 있는, 재치 있는
diskrimineerima [동] 차별하다
diskussioon [명] 토론, 논의, 토의
diskvalifikatsioon [명] 실격, 자격 박탈
diskvalifitseerima [동] 실격시키다, 자격을 박탈하다
dispuut [명] 논쟁, 토론
dissertatsioon [명] 학위 논문
dissident [명] 반대자, 의견을 달리하는 사람
distants [명] 거리, 간격, 틈; distantsi hoidma 거리를 두다, 가까이 하지 않다
distsipliin [명] 훈련, 규율, 통제
distsiplineerima [동] 훈련하다, 규율을 지키게 하다
distsiplineerimatu [형] 훈련을 받지 않은, 규율 없는
dividend [명] 몫, 배당(금)
diviis [명] [군사] 사단
dogma [명] 교의, 교리, 주의, 신조; 독단(적 주장)
dogmaatiline [형] 교의상의, 교리에 의한; 독단적인
dokk [명] 독, 선거(船渠); 조선소
doktor [명] 의사
doktriin [명] 교의, 교리, 주의
dokument [명] 문서, 서류
dokumentaalfilm [명] 다큐멘터리, 기록 영화
dollar [명] [화폐 단위] 달러
domeen [명] [컴퓨터] 도메인
domineerima [동] 지배하다; 우세하다
domineeriv [형] 지배적인; 우세한
doomino [명] 도미노
doonor [명] 기증자; 혈액 제공자, 헌혈하는 사람
doos [명] (약 따위의) 1회분(의 복용량)
doping [명] [스포츠] 도핑, 금지 약물 복용
doseerima [동] (약 따위의) 1회분을 정하다

dotatsioon [명] 보조금, 장려금
doteerima [동] 보조금[장려금]을 주다
draakon [명] 용(龍)
draama [명] 드라마, 희곡
draiv [명] [컴퓨터] 드라이브
dramaatiline [형] 극적인, 드라마틱한
dramaturg [명] 극작가, 드라마 작가
drapeerima [동] 늘어뜨리다, 치다
drastiline [형] 격렬한, 맹렬한
dress [명] 운동 선수의 보온복
dresseerija [명] 훈련시키는 사람, 트레이너
dresseerima [동] 훈련시키다
drill [명] 훈련(시키기)
drillima [동] 훈련시키다
džemm [명] 잼
džemper [명] 스웨터, 풀오버
džentelmen [명] 신사, 젠틀맨
džiip [명] 지프차
džinn [명] ① 진 (독한 술의 일종) ② 지니 (아라비아 동화 속의 요정)
džoki [명] (경마의) 기수
džungel [명] 정글, 밀림
džuudo [명] [스포츠] 유도
džuut [명] [식물] 황마(黃麻), 주트
džäss [명] 재즈
dublant [명] 스턴트맨, 대역 배우
dubleerima [동] ① 이중으로[두 배로] 하다; 복사하다 ② (다른 언어로) 더빙하다
duell [명] 결투
duett [명] 이중창, 이중주, 듀엣
duplikaat [명] 사본

duplitseerima [동] 사본을 만들다, 정부 2통으로 하다
dušš [명] 샤워; duši all käima 샤워하다
duur [명] [음악] 장조
dünaamika [명] [물리] 역학; 운동
dünaamiline [형] 역학의, 동적인
dünamiit [명] 다이너마이트
dünastia [명] 왕조, 왕가
düsenteeria [명] [병리] 이질
düsleksia [명] [병리] 난독증(難讀症)
düün [명] 모래 언덕, 사구(砂丘)

E

eakaaslane [명] 동시대인
eakas [형] 나이 든, 노년의, 늙은
eales [부] 결코 ~않다
ebaadekvaatne [형] 부적절한
ebaaus [형] 부정직한, 불공정한, 부정한
ebadiskreetne [형] 조심성 없는, 신중하지 못한, 분별 없는
ebaefektiivne [형] 비효율적인, 비능률적인
ebaharilik [형] 별난, 이상한, 보통이 아닌, 비정상의
ebahuvitav [형] 재미없는, 지루한
ebainimlik [형] 비인간적인, 야만적인
ebajumal [명] 우상, 맹목적 숭배의 대상
ebajärjekindel [형] 모순된, 비논리적인
ebakindel [형] 불안정한, 불안한; 불확실한
ebakompetentne [형] 자격이 없는, 무능한
ebakorrapärane [형] 불규칙한, 산만한, 제멋대로의, 종잡을 수 없는
ebakorrektne [형] 부정확한, 틀린, 부적절한
ebakultuurne [형] 미개한, 야만의; 세련되지 못한
ebaküps [형] 미숙한, 덜 자란, 유치한
ebalema [동] 망설이다, 주저하다, 머뭇거리다
ebalev [형] 망설이는, 주저하는, 머뭇거리는
ebalojaalne [형] 불충실한, 믿음직하지 못한
ebaloogiline [형] 비논리적인, 이치에 맞지 않는
ebaloomulik [형] 부자연스러운, 억지의
ebamaine [형] 현실에서 동떨어진, 기묘한
ebameeldiv [형] 불쾌한, 싫은, 못마땅한, 마음에 들지 않는

ebamoodne [형] 유행에 뒤진
ebamoraalne [형] 부도덕한, 방종한, 타락한
ebamugav [형] 불편한, 어색한
ebamusikaalne [형] 음조가 맞지 않는; 음치의
ebamäärane [형] 불확실한, 불분명한, 모호한
ebanormaalne [형] 비정상의
ebaoluline [형] 중요하지 않은, 하찮은, 무시해도 좋은
ebapiisav [형] 불충분한, 부족한, 미완성의
ebapopulaarne [형] 인기 없는
ebapraktiline [형] 비실용적인
ebaprofessionaalne [형] 비전문적인
ebaproportsionaalne [형] 불균형의, 부적절한, 어울리지 않는
ebapädev [형] 부적격의, 자격이 없는
ebard [명] 괴물, 기형인 것
ebareaalne [형] 실재하지 않는, 비현실적인
ebarealistlik [형] 비현실적인, 비사실적인
ebareeglipärane [형] 불규칙한
ebarentaabel [형] 이익이 없는, 벌이가 안 되는
ebaseaduslik [형] 불법의
ebaselge [형] 불명확한, 불분명한, 모호한, 뚜렷하지 않은
ebasiiras [형] 성실하지 못한, 거짓의, 가장의
ebasobiv [형] 부적절한
ebasoodne [형] 불리한, 형편이 좋지 않은
ebasoovitav [형] 바람직하지 않은
ebastabiilne [형] 불안정한, 변하기 쉬운
ebasõbralik [형] 불친절한; 비협조적인
ebasümpaatne [형] 불쾌한, 싫은, 비위에 맞지 않는
ebatavaline [형] 별난, 비범한, 보통이 아닌
ebatervislik [형] 건강하지 못한; 건강에 해로운
ebatõenäoline [형] 그럴 것 같지 않은, 의심스러운
ebatäiuslik [형] 불완전한, 결함이 있는

ebatäpne [형] 부정확한
ebausaldatav [형] 믿지 못할, 신뢰할 수 없는
ebausk [명] 미신, 불합리한 편견
ebausklik [형] 미신을 믿는, 불합리한 편견에 사로잡힌
ebaviisakas [형] 무례한, 버릇없는, 교양 없는, 예의를 지키지 않는
ebavõrdne [형] 부적절한; 균형이 잡히지 않은
ebaväärikas [형] 가치 없는, 변변치 못한, 꼴사나운
ebaõiglane [형] 불공정한; 편견에 사로잡힌
ebaõnn [명] 불운, 곤경
ebaõnnestuma [동] 실패하다, 잘못되다
ebaökonoomne [형] 낭비하는, 씀씀이가 헤픈, 경제적이지 못한
ebaühtlane [형] 고르지 않은, 조화되지 못한
ebe [명] 보풀, 솜털
edasi [부/전] 앞으로; edasi! 계속 하시오!; edasi andma 전하다, 건네다; edasi jõudma 나아가다; edasi kaebama [법률] 항소[상소]하다; edasi liikuma (앞으로) 움직이다, 나아가다, 전진하다; edasi lükkama 미루다, 연기하다, 지체시키다; edasi saatma 보내다, 전송하다; edasi viima (다음으로) 넘기다
edasine [형] 더 나아간, 그 이상의, 뒤이은
edasi-tagasi [부] 이리저리, 왔다갔다, 왕복하여; edasi-tagasi sõitma 통근하다; edasi-tagasi pilet 왕복표[승차권]
edaspidi [부] 앞으로, 금후, 이후로
edastama [동] 전하다, 전달[전송]하다; 방송하다
edel [명] 남서쪽
edela- [형] 남서쪽의
edendama [동] 진행시키다, 진전시키다
edenema [동] ① 나아가다, 전진하다, 진보하다 ② 번창하다, 성공하다
edestama [동] 앞서다, 앞지르다

edev [형] 자만하는, 과시하는, 허영심이 강한
edevus [명] 자만, 과시, 허영
edu [명] ① 진보, 향상 ② 성공; edu saavutama 성공하다; edu soovima (남이) 잘 되기를 바라다
edukas [형] 성공적인; 번창하는; edukas olema 성공적이다, 잘 되다
edumaa [명] [스포츠] 리드, 선두, 수위
edumeelne [형] 앞선, 선두에 있는
edusammud [명] 전진, 진보
edutu [형] 실패한, 잘 되지 못한
eebenipuu [명] [식물] 흑단
eel [전] (~의) 앞에
eelaimus [명] 예감, 징후
eelajalooline [형] 선사시대의
eelarvamus [명] 편견, 선입견
eelarvamuseta [형] 편견 없는, 마음이 넓은
eelarve [명] 예산, 견적, 추산
eeldama [동] ① 추정하다, 예상하다, 계산해보다 ② 전제하다, 전제 조건으로 요구하다
eeldus [명] ① 추정, 예상, 계산 ② 전제; eeldusel et ~ ~이라면, ~을 전제로 하여
eelis [명] 유리, 이익, 이점, 장점
eelistama [동] 선호하다, 더 좋아하다
eelistus [명] 선호, 더 좋아함
eelisõigus [명] 우선권
eelkool [명] 유치원, 보육원
eelkõige [부] 무엇보다도, 우선
eelkäija [명] 전임자, 선배, 앞서 간 사람
eellinastus [명] 미리 보기, 사전 검토
eelmine [형] 이전의, 앞의, 지난; eelmisel esmaspäeval 지난 월요일; eelmisel nädalal 지난 주에

eelmäng [명] 준비[예비] 행위, 서막, 서두
eelnema [동] (~ 보다) 앞서다, 먼저 오다
eelnev [형] 앞선, 먼저의, 이전의
eelnõu [명] 법안; 초안, 설계도
eelroog [명] 애피타이저, 전채(前菜) 요리
eelseisev [형] 미래의, 장래의
eelsoodumus [명] 성향, 경향
eeltellimus [명] 예약 구독
eeltingimus [명] 전제, 선행 조건
eeluurimine [명] [법률] 예비 심문
eelviimane [형] 끝에서 두 번째의
eelõhtu [명] 전날 밤, 전야(前夜)
eemal [부] 떨어져서, 저쪽에; hoia eemale! 저리 가!
eemaldama [동] 치우다, 제거하다
eemalduma [동] 물러나다, 사라지다
eemale [부] 떨어져서; eemale hoidma 피하다, 거리를 두다; eemale peletama 쫓아버리다
eemaletõukav [형] 역겨운, 혐오스러운
eemalolek [명] 결석, 부재(不在)
eemalolev [형] 멀리 떨어져 있는
eend [명] 돌출부
eenduma [동] 돌출하다, 불쑥 튀어나오다
eenduv [형] 돌출된, 불쑥 튀어나온
eepos [명] 서사시
ees [부/전] ① 앞(쪽)에; ees olema 앞서다, 리드하다; ees avanes ilus vaade 앞에 아름다운 풍경이 펼쳐졌다 ② 우선, 먼저, 앞서 ③ (~의) 앞을 막아서서, (~에) 장애[방해]가 되어 — [후] (~의) 앞에(서); auto on maja ees 자동차는 집 앞에 있다
eesel [명] [동물] 당나귀
eesistuja [명] 의장, 회의 따위를 주재하는 사람

eeskava [명] 프로그램
eeskiri [명] 규칙, 규정
eeskoda [명] 복도, 통로
eeskuju [명] 예시, 실례, 본보기, 견본, 모델; eeskujuks olema 본을 보이다, 솔선하다
eeskujulik [형] 아주 뛰어난, 탁월한; 본이 되는, 모범적인
eeskätt [부] 무엇보다도, 특히
eesliide [명] [문법] 접두사
eesliin [명] 선두, 맨 앞, 선봉
eeslinn [명] 교외, 근교
eesmine [형] 앞의, 앞선, 전의
eesmärk [명] 목표, 목적; 타겟, 대상
eesmärgiga [전] (~을) 목적으로, (~할) 작정으로
eesnimi [명] 세례명; 성(姓)에 대한 이름
eesnääre [명] [해부] 전립선
eesootav [형] 곧 올, 임박한
eesots [명] 머리 부분, 앞부분
eesotsas [전] (~의) 앞에, 첫머리에, 선두에
eespool [부] 앞에, 위에, 전에
eespool nimetatud [eespoolnimetatud] [형] 앞서 언급[기술]된
eesriie [명] 커튼
eesrindlik [형] 앞선, 앞의, 전진한
eessõna [명] ① 머리말, 프롤로그 ② [문법] 전치사
eest [부] ① 이전에 ② (~으로부터) 떨어져 — [후] ① (~의) 앞에; auto sõitis maja eest minema umbes poole tunni eest 그 차는 약 30분 전에 집 앞을 지나갔다 ② (금액과 관련하여) (~에 대한) 대가로서
eesti [형] 에스토니아의; eesti keel 에스토니아어; kas te räägite eesti keelt? 에스토니아어를 말합니까?; olen huvitatud eesti kultuurist 나는 에스토니아 문화에 흥미를 갖고 있다 — [명] E- 에스토니아; enamik Eesti elanikest

räägib kas eesti või vene keelt 에스토니아 주민 대부분은 에스토니아어 또는 러시아어를 말한다
eestkoste [명] 보호, 후견
eestkostja [명] [법률] (미성년자 등의) 보호자, 후견인
eestkõneleja [명] 대변인
eestlane [명] 에스토니아 사람
eestvedaja [명] 지도자, 장(長), 리더
eestvõitleja [명] 주창자, 주역
eesõigus [명] ① 특권, 특전 ② (도로의) 통행권
eeter [명] ① [화학] 에테르 ② eeterlik õli 정유, 휘발유
eetika [명] 도덕, 윤리
eetiline [형] 도덕적인, 윤리적인
efekt [명] 효과, 영향
efektiivne [형] 효과적인, 효율적인
ega [접] ~도 ~도 아니다[않다]; ei see ega teine 이것도 저것도 아닌; seda ei tea ei mina ega sina 그건 나도 너도 모른다
egiptlane [명] 이집트 사람
Egiptus [명] 이집트
ego [명] [심리] 자아(自我)
egoism [명] 이기주의
egoist [명] 이기주의자
egoistlik [형] 이기적인
ehe [형] 순수한, 진짜의 — [명] 장식
ehitaja [명] 세우는[짓는] 사람, 건설자
ehitama [동] 세우다, 짓다, 건축[건설]하다; nad ehitavad maja 그들은 집을 짓고 있다
ehitis [명] ① 건축, 건설, 건조 ② 건물, 건축물, 건조물
ehitus [명] ① 건축, 건설, 건조 ② 구조, 틀
ehitusfirma [명] 건설 회사
ehitusplats [명] 건축 부지

ehk [접] 즉, 말하자면; Balti ehk Läänemeri 발트 해, 즉 서쪽의 바다 (에스토니아에서는 발트 해를 "서쪽의 바다"라 부른다) ― [부] 아마, 어쩌면

ehkki [접] 비록 ~이기는 하나, 그럼에도 불구하고

ehmatama [동] 깜짝 놀라게 하다, 겁을 주다

ehmatus [명] 공포, 경악

ehted [명] 보석(류)

ehtima [동] 꾸미다, 장식하다

ehtne [형] 사실의, 실제의; 진짜의, 진정한

ei [소사] ① ~ 않다, ~이 아닌; ei ~ ega ~ ~도 ~도 아닌; ei iialgi 결코 ~않다; ei keegi 아무도 ~않다; ei kuidagi 결코 ~않다; ei midagi 아무것도 ~않다; mul ei ole aega 나는[내겐] 시간이 없다; keegi ei teadnud seda 아무도 그것을 몰랐다 ② (대답으로) 아니오; kas te oskate vene keelt? ― ei, ma ei oska vene keelt 러시아어를 할 줄 아십니까? ― 아뇨, 전 러시아어를 할 줄 모릅니다

eile [부] 어제; eile õhtul 어젯밤에, 간밤에; eile oli parem ilm kui täna 어제는 오늘보다 날씨가 더 좋았었다

eine [명] (간단한) 식사, 간식, 다과; 점심 (식사)

einelaud [명] 간이 식당

eine(s)tama [동] 식사를 하다, 점심을 먹다

eit [명] 노파, 나이 든 여자

eitama [동] 부인하다, 부정하다

eitav [형] 부정적인

eitus [명] 부정(否定)

ekipaaž [명] 선원, 배의 승무원

ekraan [명] 스크린

eks [부] ① 괜찮다, OK ② 그러면, 그래 ③ eks me näe 어디 두고 보자구

eksam [명] 시험, 고사(考査), 테스트

eksamineerima [동] 시험하다

ekseem [명] [병리] 습진
eksemplar [명] 실례, 견본, 표본
eksiarvamus [명] 그릇된 생각
eksiil [명] 추방, 망명
eksikombel [부] 실수로, 잘못하여; eksikombel pidama 실수하다
eksima [동] 실수하다, 잘못하다, 착오를 일으키다
eksimatu [형] 결코 오류가 없는, 절대 확실한
eksimus [명] 실수, 과실, 잘못, 에러
eksisteerima [동] 존재하다
eksistents [명] 존재
eksistentsiaalne [형] 존재의, 실존의
eksitama [동] 잘못된 길로 이끌다, 오도하다
eksitav [형] 잘못된 길로 이끄는, 오도하는, 속이는
eksiteel(e) [부] 잘못되어, 빗나가; eksiteele viima 방향 감각을 상실하게 하다, 갈피를 못 잡게 하다, 잘못된 길로 이끌다
eksitus [명] 실수, 잘못, 에러
ekskavaator [명] 굴착기
eksklusiivne [형] 배타적인
ekskursioon [명] 관광, 유람, 소풍
ekslema [동] 배회하다, 떠돌다, 헤매다
ekslik [형] 잘못된, 오류에 빠진
eksootiline [형] 이국적인
ekspeditsioon [명] 원정, 탐험
eksperiment [명] 실험
eksperimentaalne [형] 실험의, 실험적인
eksperimenteerima [동] 실험하다
ekspert [명] 전문가
ekspertiis [명] 전문 지식[기술]
ekspluatatsioon [명] 개발, 개척, 이용
ekspluateerima [동] ① 개발하다, 개척하다, 이용하다 ② (기계

따위를) 조작하다, 작동시키다
eksponaat [명] 전시, 전람, 진열
eksponeerima [동] 전시하다, 진열하다, 보여주다
eksport [명] 수출
eksportima [동] 수출하다
eksprompt [부] 즉석에서, 충동적으로
ekstaas [명] 무아경, 황홀경
ekstraheerima [동] 뽑다, 추출하다
ekstrakt [명] 추출물
ekstravagantne [형] 터무니없는, 엉뚱한, 기이한
ekstravert [명] 외향적인 사람
ekstravertne [형] 외향적인
ekstreemne [형] 극도의, 극단적인
ekstsentrik [명] 별난 것[사람]
ekstsentriline [형] 별난, 기이한
ekvaator [명] (지구의) 적도
ekvivalent [명] 동등한 것, 등가물, 상당하는[맞먹는] 것
ekvivalentne [형] 동등한, 상당[대응]하는, 맞먹는
elagu [감] 만세!
elajalik [형] 짐승 같은, 야만적인
elajas [명] 짐승, 야수
elama [동] 살다, 살아 있다, 생존하다; 생활하다; 머무르다, 체재하다; 거주하다; elama asuma 정착하다; kilpkonn v-õib elada väga vanaks 거북이는 매우 오래 산다; kus sa elad? — ma elan Tallinnas 어디에 살고 있니? — 난 탈린에 살아; kuidas elad? — hästi 어떻게 지내니? — 잘 지내
elamiskõlblik [형] 거주할 수 있는, 거주에 적합한
elamisluba [명] 거주[체재] 허가
elamu [명] 집, 주거지
elamus [명] 경험, 체험

elanik [명] 주민, 거주자; 점유자; 임차인; selle linna elanikest on üks kolmandik venelased 이 도시 주민의 3분의 1은 러시아인이다
elanikkond [명] 인구
elastne [형] 탄력[탄성] 있는, 신축성 있는, 잘 늘어나는
elatis [명] ① 삶, 생존 ② 생계; elatist teenima 생계를 꾸리다, 먹고 살다
elatuma [동] (~에 의존하여) 살아가다
elatustase [명] 생활 수준
elav [형] 살아 있는, 생생한, 활동적인; elavad ja surnud 산 자와 죽은 자; elava liiklusega (거리 따위가) 붐비는
elavdama [동] 생기가 넘치게 하다, 활기를 띠게 하다, 소생시키다
elavhõbe [명] [화학] 수은
elavnema [동] 밝아지다, 기운이 나다, 활기를 띠다
elavus [명] 생기, 활기, 기운
elegantne [형] 우아한, 고상한; 말쑥한
elegants [명] 우아, 고상; 말쑥함
elekter [명] 전기(電氣)
elektrijaam [명] 발전소
elektrik [명] 전기 기사
elektrikatkestus [명] 정전(停電)
elektriline [형] 전기의, 전기적인
elektripirn [명] 전구
elektriseadmed [명] 전기 제품
elektrišokk [명] 감전, 전기 충격
elektron [명] [물리] 전자(電子)
elektronpost [명] [컴퓨터] 이메일, 전자 우편
elektrood [명] 전극(電極)
elektroonika [명] 전자 공학
element [명] ① (구성) 요소, 부분 ② 전지(電池)

elementaarne [형] 기초적인, 기본적인, 초보의
elevandiluu [명] 상아(象牙)
elevant [명] [동물] 코끼리
elevil [형] 흥분된
elevus [명] 흥분
elimineerima [동] 제거하다, 없애다
elu [명] 삶, 생명; 생활, 생존; ellu jääma 살아남다; ellu äratama 의식을 소생시키다, 정신이 들게 하다; elu kallale kippuma ~의 목숨을 노리다; elu parimad aastad 한창때, 장년기; elu põletama 방탕한 생활을 하다; elu pärast surma 내세, 사후; elu sisse puhuma 활기차게 하다; elus ja terve 무사한, 괜찮은; kas sinu vanaema on veel elus? 할머니는 아직 살아계시니?; ta jutustas mulle oma elust 그녀는 내게 자신의 일생에 대해 말했다
eluaeg [명] 일생, 생애
eluaegne [형] 일생의, 전(全)생애의; eluaegne vanglakaristus 종신형
eluase [명] 거처, 사는 곳
eluiga [명] 일생; 수명
elujõud [명] 원기, 활기, 생기
elujõuline [형] 원기왕성한, 활기가 넘치는
elukaaslane [명] 배우자
elukallidus [명] 생계비
elukas [명] 동물
elukogenud [형] 세련된, 교양 있는, 세상 물정에 밝은
elukoht [명] 거처, 주거, 주소
elukorraldus [명] 생활 방식; 일상 생활
elukutse [명] 직업
elulookirjeldus [명] 이력서
elulooline [형] 전기(傳記)의
elulugu [명] 전기, 일대기

elumees [명] 난봉꾼, 바람둥이
elund [명] [생물] 기관(器官), 장기, 조직
eluohtlik [형] 생명을 위협하는
elus [형] 살아 있는, 생생한, 활기찬
elusolend [명] 살아 있는 생물
elustama [동] 정신이 들게 하다; 활기를 북돋우다
elustiil [명] 생활 양식, 라이프스타일
elusuurune [형] 실물 크기의, 등신대(等身大)의
elutark [형] 현명한
elutarkus [명] 지혜
elutruu [형] 살아 있는 것 같은, 실물과 꼭 닮은
elutu [형] 생명 없는, 비활성의
elutuba [명] 거실
eluvõimeline [형] 생존 가능한, 살 수 있는
ema [명] 어머니, 모친
emadus [명] 어머니임, 모성(母性)
email [명] 에나멜, 법랑
emakas [명] [해부] 자궁
emakeel [명] 모국어
emalaev [명] 항공모함
emamaa [명] 모국, 고국
emand [명] ① 부인, 숙녀 ② [카드놀이] 퀸
emane [형] (동물이) 암컷인
emasloom [명] (동물의) 암컷
embama [동] 껴안다, 포옹하다
embargo [명] (선박의) 입출항 금지
embrüo [명] 태아; 배(胚)
embus [명] 껴안기, 포옹
emigratsioon [명] (타국으로의) 이주(移住)
emigreeruma [동] (타국으로) 이주하다
emis [명] 암돼지

emissioon [명] 발산, 방출
emiteerima [동] 발산하다, 방출하다
emme [명] [소아어] 엄마
emotsionaalne [형] 감정적인
emotsioon [명] 감정
enam [부] ① 더욱, 보다 많이 ② [부정문에서] 더 이상 (~않다); ma ei tegele enam poliitikaga 나는 더 이상 정치에 관여하지 않는다
enamasti [부] 주로, 대개
enamik [명] 다수, 대부분, 태반
enamus [명] 다수, 우세한 쪽
enam-vähem [부] 다소, 얼마간, 그럭저럭
end(a) [대/형] 자기 자신(의), 그 자신(의); enda alla matma 압도하다; enda eest hoolitsema 자활하다, 혼자 힘으로 꾸려나가다; endale hoidma 억제하다; endale lubama (욕망 따위에) 빠지다, 탐닉하다; enda poole võitma 자기편으로 끌어들이다; endast väljas 정신이 혼란한, 극도로 흥분한; end hästi tundma 즐거운 시간을 갖다; end kehvasti tundma 몸이 편치 않다; end kokku võtma 마음을 가라앉히다; end maksma panema 우기다, 주장하다
endassetõmbunud [형] 내성적인, 자신만의 세계에 틀어박힌
endastmõistetav [형] 분명한, 자명한; endastmõistetavaks pidama 당연하게 여기다
endine [형] 이전의, 옛것의, 전(前)~, 구(舊)~
energia [명] 에너지, 원기, 활력; energiast pakatama 원기 왕성하다
energiline [형] 원기 왕성한, 에너지[활력]가 넘치는, 팔팔한
enesekaitse [명] 자기 방어, 자위(自衛)
enesekeskne [형] 자기 중심적인
enesekindel [형] 자신만만한, 확신에 찬; 건방진
enesekohane [형] [문법] 재귀(再歸)의

enesepettus [명] 자기 기만
enesetapp [명] 자살; enesetappu sooritama 자살하다
enesetunne [명] 느낌, 감각
eneseusk [명] 자신(自信)
enesevalitsus [명] 침착, 평정; enesevalitsust kaotama 자제력을 잃다
enim- [형] 최고의, 최대의
ennast [대] 자기 자신, 그 자신
ennasthävitav [형] 자멸의, 자기 파괴적인
ennasttäis [형] 자부심[자만심]이 강한
ennatlik [형] 경솔한, 속단하는, 생각이 짧은
enne [부/전] (~하기) 이전에, 미리, 먼저; enne kukke ja koitu 날이 밝기 전에, 이른 새벽에; enne mõtle, siis ütle! 말하기 전에 먼저 생각을 해라; enne sõda elas ta Eestis 전쟁 전에 그는 에스토니아에 살았었다; ma ei lahku enne, kui te tagasi tulete 난 당신이 돌아오기 전에는 떠나지 않을 거에요
enneaegne [형] ① 조숙한 ② 때 이른, 시기 상조의
ennekuulmatu [형] 전례가 없는, 금시초문의
ennneminevik [명] [문법] 대과거, 과거완료
ennetama [동] 앞서다, 앞지르다
ennetähtaegne [형] 예정보다 앞선
ennistama [동] 복구하다, 원래 상태로 하다
ennustaja [명] 점쟁이
ennustama [동] 예언하다; 점치다
ennustus [명] 예언, 예보
ensüüm [명] [생화학] 효소
ent [부/접] 그러나, 그렇기는 하지만, 그렇다고는 해도; nad kõik läksid, ent mina ei läinud 그들은 모두 떠났지만 나는 가지 않았다
entsüklopeedia [명] 백과사전

entusiasm [명] 열정, 열의
entusiast [명] 열성적인 사람, 열광자
entusiastlik [형] 열정적인, 열의가 있는
epideemia [명] 전염병
epilepsia [명] [병리] 간질
episood [명] 삽화; 에피소드
epistel [명] ① 서간, 편지 ② 강의 원고; epistlit lugema 강의하다
epitaaf [명] 비명(碑銘), 비문(碑文)
epohh [명] 신기원; (중요한 일이 일어난) 시대
era- [형] ① 개인의, 사적인 ② 시민의, 공민의, 민간의 ③ 사립의, 사설의
erafirma [명] 사기업
eraisik [명] 일반 시민
erak [명] 은자(隱者), 은둔자
eraklik [형] 은둔하는, 세상을 버린
erakond [명] 정당(政黨)
erakool [명] 사립 학교
erakordne [형] 전례가 없는, 특이한
erakorraline [형] 비상한, 비범한, 특별한
eraldama [동] 분리하다, 떼어내다, 고립시키다
eraldi [부] 분리되어, 따로 떨어져
eralduma [동] 분리되다, 떨어져 나가다, 탈퇴[은퇴]하다
eramaa [명] 사유지
eramaja [명] 개인 주택
erand [명] 예외, 이례, 특례
erandlik [형] 예외적인, 이례적인
eraomand [명] 사유 재산
erapooletu [형] 중립적인, 한쪽으로 치우치지 않은, 공정한, 객관적인, 편견 없는
erapoolik [형] 편견을 가진, 한쪽으로 치우친; erapoolik ol-

ema (~에) 편파적이다
erastama [동] 민영화하다
eratund [명] 개인 교습
eraviisiline [형] 개인의, 사적인
eraõpetaja [명] 개인 지도 교사, 튜터
ere [형] 밝은, 빛나는
eredus [명] 밝음, 빛남
erektsioon [명] 직립, 기립
ergas [형] 기운찬, 활기찬
ergutama [동] 용기를 북돋우다, 기운나게 하다, 활기차게 하다, 격려하다
erguti [명] 기운을 돋우는 음료
ergutusauhind [명] 감투상, 애석상
eriala [명] 전문, 전공
erialane [형] 전문(분야)의, 직업적인
eriefekt [명] 특수 효과
eriline [형] 특별한, 특이한
erimeelsus [명] 다름, 차이, 구분됨
erinema [동] (~와) 다르다, 구별되다
erinev [형] 다른, 상이한, 구별되는
erinevus [명] 다름, 차이, 불일치, 구별됨
eripakkumine [명] 파격 세일 상품
eristama [동] (~와) 구별하다, 차이를 두다
erisugune [형] 다른 (종류의)
eritama [동] ① 내다, 발(산)하다, 방출하다 ② [생물] 배설하다, 분비하다
eriti [부] 특(별)히; 크게, 매우; eriti meeldis talle suusatada 그는 스키 타는 것을 특히 좋아했다
eritis [명] 발산, 방출; 배설, 분비
eriväljaanne [명] 특별판
erksus [명] 활기참, 생기가 넘침

erootiline [형] 성애(性愛)의, 선정적인, 에로틱한
erosioon [명] 부식, 침식
erus [형] 은퇴한, 퇴직한; erru minema 은퇴하다, 퇴직하다
erutama [동] 흥분시키다
erutus [명] 흥분
ese [명] 사물, 물체, 물건, 대상
esialgne [형] 예비의; 임시의, 잠정적인, 가(假)~
esialgu [부] 처음에는; 우선, 당분간
esietendus [명] 첫날 밤 공연
esiisa [명] 조상, 선조
esikoht [명] 1등, 1위, 수위, 리드하는 위치
esikülg [명] 앞쪽, 전면(前面)
esilatern [명] 헤드라이트, 전조등
esile [부] ① 앞으로, 전방으로; esile kutsuma 이끌어내다, 일으키다, 야기하다, 발생시키다; esile tõstma 두드러지게 하다 ② 위로; esile kerkima 일어나다
esilinastus [명] 첫날 밤 공연
esimees [명] 의장
esimene [형] 첫째의, 최초의; esimene korrus (건물의) 1층; esimene klass (비행기 등의) 1등칸, 퍼스트클래스; esimesest pilgust 첫눈에; esimene jaanuar on uusaasta 1월 1일은 새해 첫날이다
esinaine [명] 여성 의장
esindaja [명] 대리인, 대표
esindama [동] 대리하다, 대표하다
esindus [명] 대리, 대표
esinduslik [형] 남 앞에 내놓을 만한; 나타내는, 대표하는
esinema [동] (~으로서) 나타나다
esiosa [명] 앞부분, 머리 부분
esitama [동] 내놓다, 제출하다, 제시하다, 나타내다
esiteks [부] 첫째로, 우선

esitlema [동] 소개하다, 나타내 보이다
esitlus [명] 소개, 나타내 보이기
esituli [명] 헤드라이트, 전조등
esivanem [명] 조상; 전임자; 창설자
eskadron [명] (군부대 등의) 대(隊)
eskalaator [명] 에스컬레이터
eskiis [명] 밑그림, 초고, 스케치, 디자인
eskort [명] 호위, 에스코트
eskortima [동] 호위하다
esmaabi [명] 응급[구급] 치료
esmaabikomplekt [명] 구급 상자
esmajärguline [형] 제1급의, 최고급의
esmaklassiline [형] 제1급의, 1등급의, 최고급의
esmakursuslane [명] (학교의) 1학년생
esmane [형] 최초의, 처음의
esmaspäev [명] 월요일
esmatarbekaubad [명] 일용 잡화 식품
essee [명] 에세이, 소론(小論)
essents [명] 본질, 정수, 에센스
esteetika [명] 미학(美學)
esteetiline [형] 미(美)의, 심미적인
estraad [명] 버라이어티 쇼
et [접] (종속절을 이끌어) ~라는 것은[것을], ~하기 위해; ~ 때문에; et aga (~에) 반하여, 그러나; et ei ~하지 않게; ma loodan, et ta tuleb 나는 그가 오기를 바란다; ta ütles, et ta tuleb 그녀는 오겠다고 말했다; laud oli liiga madal, et selle taha istuda 테이블이 너무 낮아서 앉을 수가 없다
etalon [명] 표준, 척도
etapp [명] (발달 등의) 단계, 기(期)
etendama [동] 공연하다

etendus [명] 공연, 쇼
etik [명] 현관, 포치
etikett [명] ① 예법, 에티켓 ② 라벨, 꼬리표
etioopia [형] 에티오피아의; etioopia keel 에티오피아어 —
　[명] E- 에티오피아
etiooplane [명] 에티오피아 사람
etniline [형] 인종의, 민족의
ette [부] 전에, 앞서, 미리; ette heitma 비난하다, 질책하다;
　ette hoiatama 미리 경고하다; ette jõudma 앞서다, 따돌
　리다; ette kandma 설명하다, 기술하다, 보고하다; ette k-
　irjutama 규정하다; ette kujutama 마음에 그리다, 상상하다;
　ette kuulutama (종교적으로) 예언하다; ette maksma 선불
　하다, 요금을 미리 내다; ette nägema 예측하다, 내다보다;
　ette tellima 예약하다; ette võtma 일을 떠맡다 — [후]
　~의 전에
etteaimatav [형] 예측할 수 있는
etteheide [명] 비난, 질책
ettekandja [명] 웨이트리스; 여자 바텐더
ettekanne [명] 설명, 기술, 보고
ettekavatsemata [형] 고의가 아닌, 무심결의, 사고로 일어난;
　ettekavatsemata tapmine [법률] 과실치사
ettekavatsetud [형] 계획적인, 고의의, 일부러 ~한
ettekirjutus [명] 규정, 규범
ettekujutus [명] 상상; 개념, 생각
ettekuulutus [명] 예언, 예측
ettekääne [명] 변명, 구실, 핑계
ettemaks [명] 선불, 선금
ettemääratus [명] 예정, 운명
ettenägelik [형] 선견지명이 있는, 멀리 내다보는, 신중한
ettenägelikkus [명] 선견지명, 신중함
ettenägematu [형] 예기치 않은

ettepanek [명] 제안, 제의
ettepoole [부] 앞으로
ettevaatamatu [형] 부주의한
ettevaatlik [형] 주의 깊은, 신중한, 조심스러운; ettevaatlik olema 조심하다, 신중하게 행동하다
ettevaatlikult [부] 조심스럽게, 신중하게
ettevaatus [명] 조심(성), 신중함; ettevaatust! 조심해!
ettevaatusabinõu [명] (미리) 조심함
ettevalmistus [명] 준비, 채비
ettevõte [명] 기업, 회사
ettevõtja [명] 기업가
ettevõtlik [형] 기업심이 왕성한, 활동적인, 정력적인
etteütlus [명] 구술(口述)
ettur [명] [체스] 졸(卒)
etüül [명] [화학] 에틸(기)
eufemism [명] 완곡어(語)
eukalüpt [명] [식물] 유칼립투스
euro [명] [화폐 단위] 유로
euroopa [형] 유럽의 — [명] E- 유럽; Euroopa Liit 유럽 연합; Euroopa Majandusühendus 유럽 경제 공동체; Euroopa Parlament 유럽 의회
euroopalik [형] 유럽의
eurooplane [명] 유럽 사람
eutanaasia [명] 안락사
evakueerima [동] 비우다, 소개(疏開)하다, 철수시키다
evangeelium [명] 복음
evangeelne [형] 복음(주의)의
evolutsioon [명] 발전, 진화

F

faabula [명] (소설・각본 등의) 줄거리, 플롯
faas [명] (변화・발달의) 상(相), 면; 단계
faasan [명] [조류] 꿩
fabritseerima [동] 꾸며내다, 지어내다, 날조하다
fagott [명] [음악] 바순, 파곳
fail [명] [컴퓨터] 파일
faks [명] 팩스
faksiimile [명] 팩시밀리
faksima [동] 팩스로 보내다[전송하다]
fakt [명] 사실, 실제
faktor [명] 요소, 요인
familiaarne [형] 익숙한, 친숙한
fanaatik [명] 열광하는 사람, ~광(狂), 팬
fanaatiline [형] 열광적인, 광신적인
fanatism [명] 열광, 광신
fanfaar [명] 팡파르, 나팔 불기
fantaasia [명] 공상, 환상
fantaseerima [동] 공상에 잠기다, 상상하다
fantastiline [형] 환상적인
fantoom [명] 환영(幻影), 허깨비, 유령
farm [명] 농장
farmaatsia [명] 약학, 조제술
faramatseut [명] 약사(藥師)
farmer [명] 농부, 농민
farss [명] 익살, 조롱, 웃기는 짓
fašism [명] 파시즘

fašist [명] 파시스트, 파시즘 신봉자
fassaad [명] (건물 등의) 정면, 앞면
fauna [명] (한 지역 또는 한 시대의) 동물군(群)[상(相)], (분포상의) 동물 구계(區系)
feminism [명] 페미니즘, 여권 신장론
feminist [명] 페미니스트, 여권 신장론자
fenomen [명] (나타나는) 현상
feodalism [명] [역사] 봉건 제도
festival [명] 축제, 축전(祝典)
fiasko [명] 대실패
figureerima [동] (특색 등을) 나타내다, 그리다
fikseerima [동] 고정시키다
fiktiivne [형] 가공의, 상상의, 허구의
filantroop [명] 박애주의자
filateelia [명] 우표 수집
filee [명] (고기의) 필레 살
filharmoonia- [형] 음악 애호의; 교향악단의
filiaal [명] 자회사, 종속 회사
Filipiinid [명] 필리핀
filipiinlane [명] 필리핀 사람
film [명] ① 영화 ② 필름
filmima [동] 영화를 촬영하다
filmimuusika [명] 영화 음악, 사운드 트랙
filmirull [명] [사진] 파트로네, 필름통
filmitrikk [명] 아슬아슬한 묘기
filosoof [명] 철학자
filosoofia [명] 철학
filosoofiline [형] 철학의, 철학적인
filter [명] 필터, 여과기, 거르개
filtreerima [동] 여과하다, 거르다
finaal [명] [스포츠] 결승전

finantseerija [명] 재정가, 재무관
finantseerima [동] 재정을 처리하다, 자금을 제공하다
finantsid [명] 재원(財源), 자금
finiš [명] [스포츠] 결승점
firma [명] 회사, 사업체
firmamärk [명] (등록) 상표
flamingo [명] [조류] 홍학, 플라밍고
flanell [명] 플란넬
flirt [명] (남녀의) 희롱, 시시덕거림, 바람피우기
flirtima [동] (이성과) 바람피우다, 시시덕거리다
floora [명] (한 지방 또는 한 시대에 특유한) 식물상(相), (분포상의) 식물 구계(區系)
flopi [명] [컴퓨터] 플로피디스크
florist [명] 꽃장수, 플로리스트
flöödimängija [명] 플루티스트, 플루트 연주자
flööt [명] [음악] 플루트
folkloor [명] 민속, 민간 전승
folkmuusika [명] 민요, 민속악
fond [명] 기금(基金)
foneetika [명] 음성학
foneetiline [형] 음성의
font [명] [인쇄] 폰트
foobia [명] [병리] 공포증
fookus [명] 초점, 포커스; fookuses 초점이 맞아; fookusest väljas 초점이 맞지 않아
foolium [명] 알루미늄 박(箔), 은종이, 포일
forell [명] [어류] 송어
formaalne [형] 정식의, 격식을 차린, 형식적인
formaalsus [명] 정규 절차, 격식, 형식적임
formaat [명] 형(型), 판(判); 사이즈
formular [명] 형식, 틀

formuleerima [동] 틀을 잡다, 조직적으로 하다
fosfaat [명] [화학] 인산염(燐酸塩)
fosfor [명] [화학] 인
fossiil [명] 화석
foto [명] 사진
fotoaparaat [명] 카메라, 사진기
fotograaf [명] 사진사, 카메라맨
fotograafia [명] 사진술, 사진 촬영
fotografeerima [동] 사진을 찍다
fotokoopia [명] 사진 복사, 프린트
fraas [명] 어구(語句), 숙어
fragment [명] 조각, 파편
fraktsioon [명] 당파, 파벌
frank [명] [화폐 단위] 프랑
frantsiis [명] 프랜차이즈, 독점 판매권
frigiidne [형] 몹시 추운, 싸늘한
friik [명] (속어로) 괴짜, 이상한 사람
friikartulid [명] (잘게 썰어 튀긴) 감자 튀김, 프렌치프라이
front [명] [기상] 전선(前線)
frontaalne [형] 정면의, 앞면의
frustratsioon [명] 좌절
fuajee [명] 로비, 휴게실
fundamentaalne [형] 기본의, 근본적인
funktsionaalne [형] 기능의
funktsioneerima [동] 기능하다, 작용하다
funktsionäär [명] 공무원, 고관
funktsioon [명] 기능, 직능
furgoon(auto) [명] 소형 밴, 용달차
fuuria [명] 악독한 여자
fänn [명] 팬, ~광(狂)
föderaalne [형] 연방(제)의

föderatsioon [명] 연방 (정부)
föön [명] 헤어드라이어
füsioloogia [명] 생리학
füsioteraapia [명] 물리 요법
füüsik [명] 물리학자
füüsika [명] 물리학
füüsiline [형] ① 육체의, 신체의 ② füüsilisest isikust ette-võtja 자영업자
füüsis [명] 체격

G

gaas [명] 기체, 가스
gaasimask [명] 방독면
gaasipedaal [명] 액셀러레이터, 가속 페달
gaasipliit [명] 가스레인지
gabardiin [명] 개버딘 (능직 방수 복지)
gaeli [형] 게일어(語)의; gaeli keel 게일어
galaktika [명] [천문] 은하
galantne [형] 용감한, 씩씩한
galeer [명] 갤리선(船)
galerii [명] 화랑, 갤러리
gallon [명] [부피의 단위] 갤런
galopeerima [동] (말(馬) 등이) 갤럽[전속력]으로 달리다, 질주하다
galopp [명] 갤럽 (말 등 네발 짐승의 전속력 질주)
gangreen [명] [병리] 괴저(壞疽), 탈저(脫疽)
gangster [명] 갱 단원, 폭력 단원
garaaž [명] 차고(車庫)
garanteerima [동] 보증하다, 확실하게 하다
garantii [명] 보증
garderoob [명] 의상실
garnison [명] [군사] 수비대, 주둔군
gaseeritud [형] 거품이 이는, 발포성의; gaseeritud vesi 소다수, 탄산수
gasell [명] [동물] 가젤 (영양의 일종)
gastronoomia [명] 미식(美食)법
geel [명] 겔 (반고체의 상태로 굳어진 물질)

geen [명] [생물] 유전자
geenius [명] 천재(天才)
genealoogia [명] 가계(家系), 혈통, 계보
geneetika [명] 유전학
geneetiline [형] 유전학적인, 유전상의
generaator [명] [기계] 발전기
generatsioon [명] 세대
genereerima [동] 발생시키다
geniaalne [형] 재기가 뛰어난, 영리한; geniaalne mõte 묘안, 훌륭한 아이디어
genitaalid [명] 성기, 생식기
genotsiid [명] 인종 청소, 대량 학살
geograaf [명] 지리학자
geograafia [명] 지리(학)
geograafiline [형] 지리학의, 지리(학)적인
geoloog [명] 지질학자
geoloogia [명] 지질학
geoloogiline [형] 지질학의, 지질학적인
geomeetria [명] 기하학
geomeetriline [형] 기하학의, 기하학적인
gepard [명] [동물] 치타
gerundium [명] [문법] 동명사
geto [명] 게토; 슬럼가
gigantne [형] 거대한
giid[1] [명] (관광 등의) 안내, 가이드
giid[2] [명] [역사] 길드, 동업 조합
giljotiin [명] 기요틴, 단두대
glamuur [명] (특히 여성의) 성적 매력
glamuurne [형] (특히 여성이) 매력적인
glasuur [명] (과자 등의) 당의(糖衣)
globaalne [형] 세계적인, 지구 전체의

gloobus [명] 구(球), 공
glükoos [명] [화학] 포도당
glütseriin [명] [화학] 글리세린
gobelään [명] 태피스트리, 벽걸이 융단
golf [명] [스포츠] 골프
golfikepp [명] 골프채, 골프 클럽
golfiklubi [명] 골프채, 골프 클럽
golfimängija [명] 골퍼, 골프 치는 사람
golfipall [명] 골프공
golfipoiss [명] 캐디
golfiväljak [명] 골프장
gorilla [명] [동물] 고릴라
graafik [명] ① 그래프, 차트, 도표 ② 스케줄, 시간표; graafikust maas 예정보다 늦게 ③ 그래픽디자이너
graafika [명] 제도법, 그래픽스
graafiline [형] 도표[도해]의, 그래프식의
graatsia [명] 우아함, 세련미
graatsiline [형] 우아한, 세련된
grafiit [명] [화학] 흑연
grafiti [명] (벽 등의) 낙서
gramm [명] [무게의 단위] 그램 (g)
grammatika [명] 문법
grammatiline [형] 문법의, 문법적인
granaat [명] [군사] 수류탄
granaatõun [명] [식물] 석류
grandioosne [형] 웅대한, 장엄한
graniit [명] [광물] 화강암
graveerima [동] 조각하다, 새기다
greip [명] [식물] 그레이프프루트, 자몽
grill(ahi) [명] 석쇠, 그릴
grillima [동] (고기 따위를) 그릴로 굽다

grillipidu [명] 바비큐
grimass [명] 찌푸린 얼굴; grimassi tegema 얼굴을 찌푸리다
gripp [명] 독감
groteskne [형] 기괴한, 괴상한, 그로테스크한
grupeerima [동] 집단으로 만들다
grupp [명] 집단, 단체, 그룹
Gröönimaa [명] 그린란드
gurmaan [명] 미식가, 식도락가
gümnaasium [명] 고등학교, 김나지움
gümnastika [명] [스포츠] 체조
günekoloog [명] 부인과 의사
günekoloogia [명] [의학] 부인과학

H

haagis [명] (자동차의) 트레일러
haagissuvila [명] (자동차로 끄는) 이동 주택
haak [명] 걸쇠, 갈고리, 훅
haakima [동] 걸쇠로 잠그다, 갈고리로 걸다; kinni haakima 훅으로 잠그다, 연결하다; lahti haakima 잠긴 훅을 끄르다 [풀다], 떼어놓다
haaknõel [명] 안전핀
haakuma [동] 맞물리다, 조화되다
haamer [명] 망치, 해머
haarama [동] 잡다, (움켜)쥐다, 붙들다
haarang [명] 급습, 불시 단속
haarav [형] 마음을 사로잡는, 매력적인
haare [명] 잡기, (움켜)쥐기, 붙들기
haarem [명] 하렘, 규방
haav [명] 상처, 부상, 외상(外傷); haava siduma 상처에 붕대를 감다
haavama [동] 다치게 하다, 부상을 입히다
haavand [명] [병리] 궤양(潰瘍)
haavatav [형] 취약한, 민감한, 상처를 입기 쉬운
haavlipüss [명] 산탄총
haavuma [동] 다치다, 부상을 입다
haavunud [형] 다친, 부상을 입은
habe [명] 턱수염; habet ajama 면도하다
habemeajaja [명] 이발사
habemeajamisaparaat [명] 면도기
habemenuga [명] 면도날

habemevesi [명] 애프터셰이브 로션
habras [형] 부서지기[깨지기] 쉬운; 얇은
hageja [명] [법률] 고소인; 검찰관
hagema [동] [법률] 기소하다
hagi [명] [법률] 소송; hagi esitama 소송을 제기하다, 고소하다
hagijas [명] 사냥개
hai [명] [어류] 상어
haige [형] 병든, 아픈, 병에 걸린; lapse kõht on haige 아이는 배가 아프다, 복통이 났다 — [명] 병자, 환자
haigestuma [동] 병에 걸리다
haigla [명] 병원, 진료소
haiglane [형] 몸이 아픈, 병든, 건강하지 못한
haigus [명] 질병
haigushoog [명] (병의) 발작, 발병
haigusnäht [명] (병의) 증후, 증상
haiguspuhkus [명] 병가(病暇)
haigustoetus [명] 질병 수당
haigutama [동] 하품하다
haigutus [명] 하품
haihtuma [동] 사라지다, 없어지다
hais [명] 냄새; 악취; haisu ninna saama (~의) 냄새를 맡다, (~을) 눈치채다
haisema [동] 냄새가 나다
haistma [동] 냄새를 맡다
haistmismeel [명] 후각(嗅覺)
hajameelne [형] 방심 상태의, 넋이 나간, 잊기 쉬운
hajuma [동] 흩어지다, 분산되다
hajutama [동] 흩뜨리다, 분산시키다
hakkama [동] ~하기 시작하다, 착수하다; poisid hakkasid palli mängima 소년들은 공놀이를 시작했다; hakkame m-

inema! 자, 갑시다!; hakkama saama 다루다, 취급하다
hakkima [동] 잘게 썰다, 다지다
hakkliha [명] 잘게 썬[다진] 고기
halama [동] 슬퍼하다, 비탄하다, 통탄하다, 울다
halastama [동] (~을) 불쌍히 여기다, (~에) 자비를 베풀다
halastamatu [형] 무자비한, 가차없는, 잔인한
halastus [명] 자비, 자애, 자선
halb [형] 나쁜; 사악한; halb õnn 불운, 액운, 징크스; halvaks minema 나빠지다, 엉망이 되다; halb kuulsus 나쁜 평판; halval arvamusel olema 나쁘게 생각하다; halvas seisundis 상태가 좋지 않아; mul on halb olla 나는 기분이 좋지 않다
haldaja [명] 관리자, 경영[운영]자, 책임자, 감독
haldama [동] 관리하다, 경영[운영]하다
haldjas [명] 요정, 엘프
haldus [명] 관리, 경영, 운영, 감독
hale [형] 비참한, 불쌍한, 불행한
haletsema [동] (~에) 동정심을 보이다
haletsus [명] 불쌍히 여김, 동정
haletsusväärne [형] 비참한, 불쌍한, 불행한
halisema [동] 비탄하다, 통탄하다, 울다
haljasala [명] 녹지(綠地)
hall[1] [형] 회색의; vanaisal on hallid juuksed 할아버지는 머리카락이 백발이다
hall[2] [명] 서리, 결빙
hallitama [동] 곰팡이가 슬다
hallitus [명] 곰팡이
halloo [감] (전화상에서) 여보세요
hallutsinatsioon [명] 환각, 환상, 환영
halo [명] [기상] (해·달의) 무리
haltuura [명] haltuurat tegema 부업으로 돈을 벌다

halvaendeline [형] 불길한, 나쁜 징조의
halvaksläinud [형] 썩은, 상한
halvakspanu [명] 경멸, 업신여김
halvama [동] 마비시키다, 무력[무능]하게 만들다
halvasti [부] 나쁘게; halvasti ehitatud (건물이) 날림으로 지어진; halvasti kohtlema 마구[거칠게] 다루다; halvasti käituma 못된 짓을 하다, 품행이 좋지 못하다; halvasti lõppema 나쁜[비참한] 결말에 이르다; halvasti organiseeritud 조직[질서]이 문란한; halvas tujus olema 기분이 나빠, 불쾌하여, 심기가 불편하여
halvatu [명] 마비 환자
halvatus [명] 마비, 중풍
halvem [형] 더 나쁜, 더 못한; halvemaks minema 더 나빠지다, 악화되다
halvemini [부] 더 나쁘게
halvemus [명] 더 나쁨, 하급, 열악
halvendama [동] 더 나쁘게 하다, 악화시키다
halvenema [동] 더 나빠지다, 악화되다
halvim [형] 가장 나쁜, 최악의
halvustama [동] 얕보다, 낮잡아 보다, 경멸하다
hambaarst [명] 치과의사
hambahari [명] 칫솔
hambaork [명] 이쑤시개
hambapasta [명] 치약
hambaprotees [명] 틀니, 의치
hambateadus [명] 치과학
hambavalu [명] 치통
hamburger [명] 햄버거
hambutu [형] 이가 없는
hammas [명] 이, 치아; hambaid krigistama 이를 갈다
hammustama [동] (깨)물다

hammustus [명] (깨)물기
hamster [명] [동물] 햄스터
hang [명] 포크; 쇠스랑
hange [명] 공급
hangeldaja [명] 상인, 장수
hangeldama [동] 거래하다
hanguma [동] 응고시키다
hani [명] ① [조류] 거위 ② haneks võtma 놀리다, 골탕먹이다
hankija [명] 공급자
hankima [동] 공급하다, 제공하다
hape [명] [화학] 산(酸)
hapnik [명] [화학] 산소
happeline [형] 산성(酸性)의
happevihm [명] 산성비
hapu [형] (맛이) 신
hapukapsas [명] 소금에 절인 양배추
hapukoor [명] 산패유(酸敗乳), 사워 크림
hapukurk [명] 피클, 절인 음식
harf [명] [음악] 하프
hargnema [동] 갈라지다, 분기하다; 풀어지다
hari [명] ① 솔, 브러시 ② 꼭대기, 마루
haridus [명] 교육, 배움; haridust andma 교육하다; nad on kõrgema haridusega 그들은 고등교육을 받고 있다
harilik [형] 보통의, 평범한; harilikult 보통
harima [동] ① 교육하다, 교화하다, 계몽하다 ② (토지를) 경작하다
harimata [형] (토지가) 경작되지 않은
harimatu [형] 교육을 받지 못한, 문명화되지 않은, 교양 없는, 무식한
haripunkt [명] 절정, 최고점, 클라이맥스; haripunkti jõudma 최고조에 달하다

haritlane [명] 지식인
haritud [형] 교육 받은, 지적인, 학식 있는, 교양 있는
harjama [동] 솔질하다
harjas [명] (솔 등의) 털
harjumatu [형] 익숙하지 않은
harjumus [명] 습관, 버릇
harjumuspärane [형] 습관적인
harjutama [동] 연습하다, 예행 연습을 하다
harjutus [명] 연습, 훈련
harmoniseerima [동] 조화시키다
harmoonia [명] 조화, 화합
harmooniline [형] 조화로운
harpuun [명] (고래잡이용) 작살
harrastama [동] 애호하다, 취미삼아 하다
harrastus [명] 취미
harta [명] 헌장(憲章)
haru [명] (나뭇)가지; (포크 따위의) 갈라진 가닥
haruharva [부] 아주 드물게, 좀처럼 ~하지 않아
haruldane [형] 보기 드문, 흔치 않은, 희귀한
haruldus [명] 드묾, 희귀
harv [형] 보기 드문, 흔치 않은, 희귀한
harva [부] 드물게, 좀처럼 ~않는; ta käib poes harva 그녀는 좀처럼 쇼핑을 하지 않는다
hasart [명] (특정한 것에 대한) 열의, 열정; 즐김, 애호
hasartmäng [명] 도박, 노름
hasartmängija [명] 도박꾼
hašiš [명] 해시시 (마약의 일종)
hauakamber [명] 지하 납골당
hauakiri [명] 비명(碑銘), 비문(碑文)
hauakivi [명] 묘비, 비석
hauavaikus [명] 쥐죽은 듯한 고요

haud [명] 무덤, 묘
hauduma [동] (알을) 품다
haug [명] [어류] 창꼬치
haukuma [동] (개 따위가) 짖다
hautama [동] 약한 불로 끓이다, 스튜 요리로 하다
hautis [명] ① 스튜 (요리) ② 찜질약, 습포제
hea [형] (비교급 : parem, 최상급 : parim 또는 kõige parem) 좋은; 선량한; heade kavatsustega 선의(善意)의; head muljet jätma 좋은 느낌[인상]을 주다[남기다]; head tegema 이익이 되다, 이득을 보다; heaks kiitma 찬성하다, 기꺼이 받아들이다; hea meelega 기쁜 마음으로, 기꺼이; heas usus 신념을 갖고; hea suuvärk 능변, 말재주; heas vormis 꼭 맞음, 적합함; hea tahe 호의; lõpp hea, kõik hea 끝이 좋으면 모든 게 좋은 것이다; head aega! 안녕, 잘 가; head isu! 맛있게 드세요!; head uut aastat! 새해를 축하합니다, 좋은 새해가 되기를; head õhtut! 안녕하세요 (저녁 인사); head ööd! 안녕히 주무세요; hea küll! 좋았어, OK!
heakskiit [명] 찬성, 찬동, 승인, (기꺼이) 받아들임
heameel [명] 기쁨, 만족; heameelt tundma 기뻐하다, 만족스러워하다
heanaaberlik [형] (이웃처럼) 친절한
heaolu [명] 복지, 복리, 행복, 안녕
heaoluriik [명] 복지 국가
heasoovlik [형] 인자한, 상냥한
heastama [동] 보답하다, 보상하다
heasüdamlik [형] 친절한, 상냥한
heatahtlik [형] 자비로운, 인정 많은, 우호적인
heategevus [명] 자비, 인정
heategevuslik [형] 자비로운, 인정 많은
heategu [명] 친절, 호의

heatujuline [형] 명랑한, 기분이 좋은
heebrea keel [명] 히브리어
heegeldus [명] 크로셰 뜨개질
heelium [명] [화학] 헬륨
heeringas [명] [어류] 청어
heerold [명] 선구자
hei [감] 야, 이봐, 어이
heide [명] (내)던지기, 투척
heidutama [동] 위협하다, 협박하다, 으르다
heietama [동] 두서없이 말하다, 허풍을 떨다
hein [명] 건초
heinapalavik [명] [병리] 건초열
heiskama [동] 끌어 올리다
heitgaas [명] 배기 가스
heitlema [동] 악전고투하다, 몸부림치다
heitlik [형] 불안정한, 변하기 쉬운
heitlus [명] 악전고투, 몸부림
heitma [동] (내)던지다, 투척하다
heituma [동] ~하고 싶지 않다, 꺼리다
hekk [명] 산울타리
hektar [명] [면적의 단위] 헥타르
helde [형] 후한, 아낌없이 주는
hele [형] (색이) 밝은, 옅은
helendav [형] 빛나는
helepruun [형] 황갈색의
helepunane [형] 주홍색의
helgiheitja [명] 탐조등, 서치라이트
heli [명] 소리, 음성
helihark [명] 소리굽쇠
helikindel [형] 방음(防音)의
helikopter [명] 헬리콥터

helikõrgus [명] [음악] 음조, 음의 고저
helilint [명] (녹음) 테이프
helilooja [명] 작곡가
helin [명] (소리가) 울림
heliplaat [명] 레코드, 음반
heliriba [명] 사운드 트랙
helisema [동] (종 따위가) 울리다
helistama [동] ① (종 따위를) 치다 ② (~에게) 전화하다; s-õber helistas mulle väga vara 친구가 이른 시각에 내게 전화를 했다
helistik [명] [음악] (장단(長短)의) 조(調)
helitu [형] 소음이 없는
helitugevus [명] (라디오 따위의) 음량, 볼륨
heljuma [동] (공중을) 떠돌다
helk [명] 불빛, 반짝임
helkima [동] 반짝이다
helkur [명] 빛을 반사하는 것
hell [형] 다정한, 애정어린
hellitama [동] 귀여워하다, 애무하다; 욕망・응석 따위를 받아주다
hellus [명] 다정함, 애정어림
helmes [명] 구슬, 유리알
Helsingi [명] 헬싱키 (핀란드의 수도)
helves [명] 얇은 조각, 박편(薄片)
hemisfäär [명] 반구(半球)
hemorraagia [명] [의학] 출혈
hemorroid [명] [병리] 치질
hepatiit [명] [병리] 간염
heres [명] 셰리, 백포도주
herilane [명] [곤충] 말벌
hermafrodiit [명] [생물] 암수한몸, 자웅동체

hernehirmutis [명] 허수아비
hernes [명] [식물] 완두(콩)
heroiin [명] 헤로인 (마약의 일종)
hertsog [명] 공작(公爵)
hertsoginna [명] 여(女)공작; 공작 부인
hetero [명] 이성애자(異性愛者)
heterogeenne [형] 이종(異種)의, 이질적인
heteroseksuaal [명] 이성애자
heteroseksuaalne [형] 이성애의
hetk [명] 순간, 잠깐; üks hetk! 잠깐만요!; oota üks hetk! 잠깐 기다려!; sel hetkel kõlas pauk 그 순간 폭음이 울렸다
hierarhia [명] 계층제, 위계
higi [명] 땀
higine [형] 땀이 찬, 끈적끈적한
higistama [동] 땀을 흘리다
higistamine [명] 발한(發汗), 땀을 흘림
hiiglane [명] 거인
hiiglaslik [형] 거대한, 굉장한
hiilgama [동] 빛나다
hiilgav [형] 빛나는, 화려한, 훌륭한, 멋진, 눈부신
hiilgus [명] 영광, 화려, 빛남
hiilima [동] 살금살금 걷다
hiina [형] 중국의; hiina keel 중국어 ― [명] H- 중국
hiinlane [명] 중국 사람
hiir [명] [동물] 쥐, 생쥐
hiirelõks [명] 쥐덫
hiivama [동] 들어올리다
hilbud [명] 시시한 것
hiline [형] ① (뒤)늦은 ② 최근의
hilinema [동] 늦다; 뒤지다, 뒤떨어지다; vabandage, et ma hilinesin 늦어서 죄송합니다; rong hilineb kümme minutit

기차가 10분 연착한다
hilinemine [명] 연기, 지연, 지체
hilja [부] 늦게(까지); hilja üleval olema 늦은 시각까지 자지 않고 깨어 있다; ta tuli alles hilja õhtul 그는 저녁 늦게야 왔다
hiljem [부] 뒤에, 후에, 나중에; hiljemalt 늦어도 (~에는)
hiljuti [부] 최근에, 일전에, 요즈음; hiljuti lugesin üht teie raamatut 나는 최근 당신의 책을 한 권 읽었습니다; hiljuti lahkunud ("최근에 죽은 사람"의 뜻으로서) 고인(故人)
hiljutine [형] 최근의, 요즘의
himu [명] 욕망, 갈망
himur [형] 호색의, 육욕의, 관능적인
himustama [동] 몹시 탐내다, 갈망하다
hind [명] 값, 가격; 가치; iga hinna eest 어떤 대가를 치르더라도; hinnad tõusid järsku 물가가 급상승했다
hindama [동] (가치를) 평가하다, 감정하다, 사정하다; (진가를) 알아보다; ekspert hindas maali väärtust 전문가가 그 그림의 가치를 평가했다; ma hindan seda lauljat väga kõrgelt 나는 그 가수를 높이 평가한다
hindamatu [형] 매우 귀중한, 값을 헤아릴 수 없는
hindi [명] 힌디어 (또는 hindi keel)
hindu [명] 힌두 사람, 힌두교 신자
hinduism [명] 힌두교
hing [명] ① 영혼, 정신 ② 사람, 개인, 인간
hingama [동] 숨쉬다, 호흡하다
hingamispäev [명] [종교] 안식일
hingekarjane [명] 목사, 성직자
hingeldama [동] 숨을 헐떡이다
hingerahu [명] 마음의 평화
hingetoru [명] [해부] 기관(氣管), 숨통
hingetu [형] 숨가쁜, 숨이 찬, 숨을 헐떡이는

hingetõmme [명] 숨, 호흡
hingeõhk [명] 숨, 호흡
hinnaalandus [명] 공제, 할인; hinnaalandust tegema 할인하다
hinnaline [형] 값비싼, 귀중한, 가치 있는
hinnang [명] (가치의) 평가, 감정, 사정; hinnangut andma (가치를) 평가[감정]하다
hinnatõus [명] (가격의) 등귀
hinne [명] 평가, 견적; (학교의) 성적; eesti keeles on minu hinne viis 나의 에스토니아어 성적은 5점이다
hipi [명] 히피
hipodroom [명] 경마장
hirm [명] 공포, 두려움, 무서움
hirmujudinad [명] 초조, 신경과민
hirmuma [동] 겁내다, 두려워하다
hirmunud [형] 겁내는, 두려워하는, 공포로 괴로워하는
hirmus [형] 무시무시한, 끔찍한
hirmutama [동] 겁을 주다, 두렵게 하다, 위협하다
hirmuvalitseja [명] 폭군, 전제 군주
hirmuvalitsus [명] 폭정, 공포[전제] 정치
hirmuäratav [형] 무시무시한, 섬뜩한, 끔찍한
hirnuma [동] (말이) 히힝하고 울다
hirv [명] [동물] 사슴
hispaania [형] 스페인의; hispaania keel 스페인어 — [명] H- 스페인
hispaanlane [명] 스페인 사람
HIV [명] [병리] 인간면역결핍바이러스
hobi [명] 취미
hobujõud [명] [기계] 마력(馬力)
hobune [명] [동물] 말(馬); hobuste võiduajamine 경마
hobuseraud [명] (말의) 편자
hobusesaba [명] 포니테일 (말꼬리 모양으로 뒤로 묶어 드리

우는 머리)
hoiak [명] 자세, 태도, 몸가짐
hoiatama [동] 경고하다, 주의를 주다; (~을 하지 말라고) 충고하다
hoiatus [명] 경고, 주의
hoidis [명] 보존, 유지
hoidistama [동] 보존하다, 유지하다
hoidja [명] ① 관리인 ② (예를 들어 칫솔 따위의) 홀더, 꽂이
hoidla [명] 저장소, 창고
hoidma [동] ① 갖고 있다, 유지하다, 보유하다, 간직하다 ② 잡다, 붙들다; hoia kõvasti kinni! 꽉 잡아! ③ 모으다, 아끼다, 저축하다 ④ (약속 따위를) 지키다 ⑤ hoia ennast! 조심해!
hoiduma [동] (~하는 것을) 피하다, 삼가다
hoiuarve [명] 저축[보통] 예금
hoiukarp [명] 저금통
hoiukassa [명] 저축 은행
hoius [명] 예금
hoiustama [동] 예금하다
hoki [명] [스포츠] 하키
Holland [명] 네덜란드
hollandi [형] 네덜란드의; hollandi keel 네덜란드어
hollandlane [명] 네덜란드 사람
homaar [명] [동물] 바닷가재, 로브스터
homme [부] 내일; homme hommikul 내일 아침; homme õhtul 내일 저녁; täna on laupäev, homme on pühapäev 오늘은 토요일이고, 내일은 일요일이다
hommik [명] 아침; hommikul 아침에; hommikust sööma 아침 식사를 하다; tere hommikust! 안녕하세요 (아침 인사); kell on üheksa hommikul 아침 9시다
hommikumantel [명] 실내복, 가운

hommikusöök [명] 아침 식사
homo [명] 남성 동성애자, 게이, 호모
homogeenne [형] 동종의, 등질[균질]의
homoseksuaal [명] 동성애자
homoseksuaalne [형] 동성애의
honorar [명] 사례금, 로열티
hooaeg [명] 계절
hooajapilet [명] 정기권
hoog [명] ① 활기, 활력, 정력, 기운 ② [의학] 발작, 경련
hoogne [형] 원기왕성한, 열렬한, 활발한
hoogustama [동] 강도를 높이다, 증대하다
hool [명] 관심, 돌봄, 배려; 주의, 조심
hooldaja [명] ① 돌보는 사람, 관리인 ② 간호사, 의료계 종사자 ③ (기계류 따위의) 수리원
hooldama [동] ① 돌보다; 간호하다 ② (기계류 따위를) 수리하다
hooldekodu [명] 요양원
hooldus [명] 관리, 유지
hoolekanne [명] (사회) 복지 사업
hooletu [형] 무관심한, 부주의한, 조심성 없는; 소홀한, 태만한, 등한시하는; 되는 대로의, 태평한
hooletus [명] 간과, 빠뜨리고 못 봄, 부주의, 실수; hooletusse jätma 간과하다, 빠뜨리고 못 보다
hoolikalt [부] 주의 깊게, 조심스럽게, 신중하게
hoolikas [형] 주의 깊은, 조심스러운, 신중한; 철저한, 정확한; 부지런한, 노고를 아끼지 않는
hoolima [동] 주의를 기울이다
hoolimata [부] ~에도 불구하고; (~을) 무시하고, 개의치 않고
hoolimatu [형] 경솔한, 부주의한, 무관심한, 생각이 없는, 되는 대로의; hoolimatult suhtuma (남을) 깔아 뭉개다, 가차 없이 무시하다

hoolitsema [동] 돌보다, 신경 쓰다, 배려하다; 시중 들다, 간호하다
hoolitsus [명] 돌봄, 시중 들기
hoone [명] 건물, 빌딩
hoop [명] 치기, 때리기, 타격
hoopis [부] 아주, 정말, 완전히; koosolekust võttis osa hoopis rohkem inimesi, kui oli arvata 회의 참가자는 예상보다 훨씬 더 많았다
hooplema [동] 자랑하다, 떠벌리다
hoor [명] 매춘부
hoorama [동] 간음하다, 사통(私通)하다
hooti [부] 때때로 생각난 듯이, 발작적으로
hoov [명] 뜰, 안마당
hoovama [동] 흘러[솟아]나오다, 분출하다
hoovus [명] 흐름, 분출, 솟아나옴
horisont [명] 지[수]평선
horisontaalne [형] 수평의, 가로의
hormoon [명] [생리] 호르몬
horoskoop [명] (점성용) 천궁도(天宮圖), 12궁도(宮圖)
horvaadi keel [명] 크로아티아어
horvaat [명] 크로아티아 사람
horvaatia [형] 크로아티아의 ― [명] H- 크로아티아
hostel [명] 호스텔, 숙박소
hostia [명] [종교] 성체(聖體); 성찬식의 빵
hotell [명] 호텔
hubane [형] 아늑한, 기분 좋은, 편안한
huikama [동] 와[야]하고 소리지르다
hukatus [명] 종말, 최후, 파멸, 황폐
hukka [부] hukka minema 타락하다; hukka mõistma i) 비난하다, 반대하다 ii) 유죄 판결을 내리다
hukkama [동] 처형하다

hukkamõist [명] 비난, 반대; 유죄 판결
hukkuma [동] 죽다, 멸망하다
hulgaliselt [부] 도매로; 대량으로
hulgas(t) [부] ~ 중에, 가운데
hulgi- [형] 도매의, 대량 판매의
hulgimüük [명] 도매, 대량 판매
hulgus [명] 떠돌이, 방랑자
hulk [명] ① 양, 총계 ② 무리, 패, 일단(一團) ③ [수학] 집합
hulkuma [동] 헤매다, 배회하다, 돌아다니다
hulkur [명] 떠돌이, 유랑자
hull [형] 미친, 돈, 제정신이 아닌; hulluks ajama (남을) 미치게[돌게] 하다; hulluks minema 미치다, 정신이 돌다 ― [명] 미친 사람
hullama [동] 뛰어놀다, 장난치며 놀다
hulljulge [형] 앞뒤를 가리지 않는, 무모한
hullulehmatõbi [명] [수의] 광우병(狂牛病)
hullumaja [명] 정신병원
hullumeelne [형] 미친, 돈, 제정신이 아닌
hullus [명] 광란, 광기, 정신 착란
humaanne [형] 인간적인, 인도적인
humaansus [명] 인간성
humal [명] [식물] 홉
humanism [명] 인문주의, 휴머니즘
humanitaarteadused [명] 인문학
humorist [명] 유머가 있는 사람
hundiisu [명] 게걸스럽게 먹음, 왕성한 식욕
hundipass [명] 해고, 파면; hundipassi saama 해고당하다
hundiratas [명] 옆으로 재주넘기; hundiratast viskama 옆으로 재주를 넘다
hunnik [명] 쌓아올린 더미, 무더기
hunt [명] [동물] 이리

hurjutama [동] 꾸짖다, 비난하다
hurraa [감] 야, 와!; 만세!
hurt [명] 그레이하운드 (사냥개의 일종)
hurtsik [명] 오두막
huul [명] 입술
huulepulk [명] 립스틱
huulik [명] (악기의) 입에 대는 부분, 주둥이
huumor [명] 유머
huumorimeel [명] 유머 감각
huvi [명] ① 흥미, 관심; huvi pakkuma 흥미롭다, 흥미를 자아내다; kas see raamat pakub sulle huvi? 이 책에 관심이 있니? ② 이익; huvides (~의) 이익을 위해서; avalik huvi 공익
huvipakkuv [형] 흥미를 자아내는, 관심을 끄는
huvitama [동] 흥미를 자아내다, 관심을 끌다; ta on huvitatud eesti ajaloost 그는 에스토니아의 역사에 관심이 있다
huvitav [형] 흥미있는, 재미있는
huvituma [동] (~에) 흥미[관심]를 갖다
huviväärsused [명] 명소, 관광지
hõbe [명] 은(銀)
hõbedane [형] 은빛의
hõbemedal [명] 은메달
hõbepaber [명] 은박지
hõbesepp [명] 은세공인
hõige [명] 외침, 함성
hõikama [동] 외치다, 큰소리로 부르다, 고함지르다
hõim [명] 친척, 친족; 부족, 종족
hõimlus [명] 친척[혈족] 관계
hõimu- [형] 친족의; 부족의
hõiskama [동] 외치다, 고함지르다
hõivama [동] ① 점령[점유]하다, 차지하다 ② (주의를) 끌다

hõlbustama [동] 완화하다, 쉽게 하다
hõljuk [명] 호버크라프트 (분출하는 압축 공기를 타고 수면 위 등을 나는 탈것)
hõljum [명] [생물] 플랑크톤
hõljuma [동] (공중을) 떠다니다; 부유(浮遊)하다
hõlmama [동] 포함하다, 끌어들이다
hõlpsasti [부] 쉽게, 용이하게
hõlpus [형] 쉬운, 간단한, 용이한
hõng [명] 냄새
hõre [형] 가는, 얇은, 마른; 희박한
hõrenema [동] 가늘어[얇아]지다; 희박해지다
hõrgutis [명] 맛있는 음식
hõõgniit [명] 필라멘트
hõõguma [동] 타다, 달아오르다, 이글거리다
hõõrduma [동] 마찰되어 닳다
hõõruma [동] ① 논쟁하다 ② 문지르다
häbe [명] [해부] 음문, 외음부
häbelik [형] 부끄러운, 수줍은
häbematu [형] 무례한, 건방진, 오만한, 뻔뻔한
häbenema [동] (~ 때문에) 부끄러워하다
häbi [명] 부끄러움, 수치; 불명예; häbi tegema 망신을 주다
häbiasi [감] 창피해라!
häbiplekk [명] 불명예, 오점
häbistama [동] 창피[굴욕]를 안겨주다, 망신을 주다
häbitu [형] 뻔뻔한, 부끄러운 줄 모르는
häbiväärne [형] 부끄러운, 창피한, 망신스러운, 수치스러운
häda [명] ① 고통, 고충, 곤경, 불행, 비참함; hädas 곤경에 빠져; hätta jätma 곤경에 빠진 사람을 내버려두다, 돌보지 않다 ② 필요 ③ (대소변이) 마려움
hädaldama [동] 불평하다, 우는 소리를 하다
hädaoht [명] 위험

hädaohtlik [형] 위험한
hädaolukord [명] 비상 사태, 위급
hädasignaal [명] 조난 호출, 구원 요청
hädavaevu [부] 간신히, 가까스로
hädavajalik [형] 긴급한; 반드시 필요한
hädavale [명] 선의의 거짓말
hädine [형] 허약한, 빈약한, 병약한
hägune [형] 흐린, 흐릿한
hägustama [동] 혼란시키다, 흐리게 하다
häire [명] ① 경보; häiret andma 경보를 울리다 ② 혼란, 장애, 고장
häirima [동] 방해하다, 혼란스럽게 하다
häll [명] 요람
hällilaul [명] 자장가
hälve [명] 이상, 변칙, 탈선, 벗어남; 실수, 에러
hämar [형] 어두침침한, 흐릿한
hämarik [명] 황혼, 땅거미, 해질녘
hämmastama [동] 깜짝 놀라게 하다; 아연하게[어리벙벙하게] 하다
hämmastav [형] 깜짝 놀라게 하는, 경악하게 하는, 믿을 수 없는
hämmastus [명] 깜짝 놀람, 경악; 아연실색
hämmeldama [동] 혼란스럽게 하다, 당혹하게 하다, 어지럽히다
hämmeldus [명] 혼란
härg [명] 황소, 수소
härjapõlvlane [명] 난쟁이
härjavõitleja [명] 투우사
härjavõitlus [명] 투우
härmas [형] 서리로 덮인, 얼어붙은
härmatama [동] 서리로 덮다, 얼어붙게 하다

härmatis [명] 서리
härra [명] 신사; ~씨 (남성에 대한 존칭)
härrasmees [명] 신사
härrastemaja [명] 대저택
hästi [부] 잘, 좋게, 훌륭하게; hästi hakkama saama 잘 대처하다; hästi läbi saama (~와) 잘 지내다, 좋은 관계를 유지하다; hästi sobima 잘 어울리다; hästi tehtud! 잘 됐어!; see kleit sobib talle väga hästi 이 드레스는 그녀에게 잘 어울린다; maga hästi! 잘 자!; kõik läheb hästi 모든 게 잘 되고 있다, 순조롭다 — [감] 좋아, OK
hävima [동] 파괴하다, 분쇄하다, 멸망시키다
hävimatu [형] 불멸의, 파괴할 수 없는
häving [명] 파괴, 파멸, 재난
hävitama [동] 파괴하다, 제거하다, 완전히 없애다, 황폐하게 하다
hävituslennuk [명] 전투기
hääbuma [동] 사라져 버리다
hääl [명] ① 목소리; 음성, 소리; häälest ära 음조[음정]가 맞지 않아; ta laulis väga heleda häälega 그녀는 아주 밝은 목소리로 노래했다 ② (선거의) 표(票)
hääldama [동] 발음하다
hääldus [명] 발음
häälekurrud [명] [해부] 성대(聲帶)
häälestaja [명] 조율사
häälestama [동] (악기 등을) 조율하다
hääletaja [명] ① 히치하이커, 자동차 편승 여행자 ② 투표자
hääletama [동] ① 히치하이크하다, 지나가는 차에 무료로 편승하다 ② 투표하다
hääletu [형] 말 못하는, 벙어리의
hääletussedel [명] 투표 용지
hääleõigus [명] 투표권, 참정권

häälikuõpetus [명] 음성학
häärber [명] 대저택
höövel [명] 대패
hööveldama [동] 대패질하다
hübriid [명] [생물] 잡종, 교배종
hüdrant [명] 소화전(栓)
hüdrauliline [형] 수력(水力)의
hügieen [명] 위생
hügieeniline [형] 위생의, 위생적인
hügieeniside [명] 생리대
hülgama [동] 버리다, 내던지다
hüljatu [명] 버림받은 사람
hüljes [명] [동물] 바다표범; 물개
hümn [명] 찬가, 찬송가
hüpe [명] 도약, 점프, 뛰어오름
hüperbool [명] [수학] 쌍곡선
hüpiknukk [명] 꼭두각시, 망석중
hüplema [동] 껑충 뛰다, 도약하다
hüpnoos [명] 최면(술)
hüpnootiline [형] 최면(성)의
hüpnotiseerija [명] 최면술사
hüpnotiseerima [동] 최면을 걸다
hüpoteek [명] 저당, 담보
hüpoteeklaen [명] 담보대출, 모기지론
hüpotees [명] 가설, 가정, 전제
hüpoteetiline [형] 가설의, 가정의
hüppama [동] 껑충 뛰다, 도약하다
hüppelaud [명] 도약대, 스프링보드
hüppenöör [명] 줄넘기 줄
hüsteeria [명] [병리] 히스테리
hüsteeriline [형] 히스테리의

hütt [명] 오두막
hüvang [명] 복지, 복리, 후생, 웰빙
hüvasti [감] 안녕, 잘 가; hüvasti jätma (~에게) 작별을 고하다
hüvastijätt [명] 작별, 고별, 이별
hüve [명] 편익, 복리(福利)
hüvitama [동] 보상하다, 배상하다
hüvitis [명] 보상, 배상
hüään [명] [동물] 하이에나
hüüatama [동] 외치다
hüüatus [명] 외침, 갑자기 지르는 소리
hüübima [동] 응고시키다, 굳히다
hüüdma [동] 외치다, 소리치다; 큰소리로 부르다; poiss hüüdis appi 그 소년은 도와달라고 큰 소리로 외쳤다
hüüdnimi [명] 별명
hüüdsõna [명] [문법] 감탄사
hüüe [명] 외침, 큰소리
hüüumärk [명] [문법] 느낌표 (!)

I

ida [명] 동쪽
idamaad [명] 동양, 동방, 오리엔트
idamaine [형] 동양의, 동방의; 동쪽의
idanema [동] 싹트다, 생겨나다, 발생하다
ideaal [명] 이상(理想)
ideaalne [형] 이상적인
idealiseerima [동] 이상화하다
idee [명] 생각, 관념
identifitseerima [동] (틀림없음을) 확인하다; 동일시하다
identiteet [명] 정체, 신원, 아이덴티티
identne [형] 동일한, 똑같은
identsus [명] 동일함
ideoloogia [명] 사상, 이데올로기
idioom [명] 숙어, 관용구
idioot [명] 백치, 바보, 멍청이
idiootlik [형] 백치[바보]의, 멍청한
idu [명] 싹, 배(胚)
iga [형/대] ① 각각의, 매(每)~, 모든; iga-aastane 매년, 해마다; iga kuu 매달; iga (jumala) päev 매일, 날마다; iga tund 매시간마다; iga asja peale meister 만물박사; igal pool 어디에나, 도처에; igast kandist 도처로부터, 사면팔방에서; igat sorti ~ 온갖 종류의 ~ ② 어느 ~도; iga hinna eest 어떤 대가를 치르더라도; igal juhul 어쨌든, 여하튼, 좌우간 ③ igaks juhuks (~한) 경우에만 ― [명] 나이, 연령
igakuine [형] 매달의, 달마다의

igand [명] 생존, 살아남음
iganenud [형] 구식의, 시대에 뒤떨어진, 케케묵은
iganädalane [형] 매주의, 주마다의
igapäevane [형] ① 매일의, 날마다의 ② 일상적인, 평범한
igatahes [부] 어쨌든, 여하튼, 좌우간
igatsema [동] 그리워하다, 동경하다
igatsus [명] 열망, 동경; igatsusega ootama 고대하다, 간절히 바라다
igav [형] 지루한, 지겨운, 따분한, 재미없는
igavene [형] ① 끝없는, 영원한 ② igavene tõbras 개자식
igaveseks [부] 영원히
igavesti [부] 영원히
igavik [명] 영원(성)
igavus [명] 지루함, 따분함
igaüks [대] 제각기, 각자, 모두; igaüks neist sai oma osa kätte 그들은 각기 자기 몫을 받았다; sellest saab igaüks aru 그건 누구라도 이해할 수 있다
ige [명] [해부] 잇몸
igihaljas [형] (식물이) 상록(常綠)의
ignoreerima [동] 무시하다
iha [명] 열망, 갈망
ihaldama [동] 몹시 바라다, 열망하다, 갈망하다
ihaldusväärne [형] 바람직한, 탐나는
ihar [형] 관능적인, 호색의
ihne [형] 인색한, 너무 아끼는, 구두쇠의
ihnuskoi [명] 구두쇠
ihu [명] (정신에 대비하여) 육체
ihualasti [형] 벌거벗은, 전라의
ihukaitsja [명] 보디가드
ihuliige [명] 사지, 팔다리
ihuma [동] 갈다

ihunuhtlus [명] 체벌
iial [부] ~한 적이 있다; (부정문에서) 결코 ~않다
iialgi [부] ei iialgi 결코 ~ 않다; ma pole iialgi valetanud 나는 결코 거짓말을 해본 적이 없다
iidne [형] 고대의, 옛적의
iidol [명] 우상
iil [명] 센 바람, 돌풍
iileks [명] [식물] 서양호랑가시나무
iiri [형] 아일랜드의; iiri keel 아일랜드어
Iirimaa [명] 아일랜드
iiris [명] [식물] 아이리스, 붓꽃
iiriskomm [명] 허튼소리, 시시한 이야기
iirlane [명] 아일랜드 사람
Iisrael [명] 이스라엘
iisraeli [형] 이스라엘의
iisraellane [명] 이스라엘 사람
iive [명] 성장, 증대
iiveldama [동] 들어올리다
iiveldus [명] 욕지기, 메스꺼움; iiveldust tekitav 역겨운
ike [명] 멍에
ikestama [동] 멍에를 얹다
ikka [부] 여전히, 아직도, 그럼에도; vanusest hoolimata käib ta ikka jalutamas 그는 고령이지만 여전히 산책을 한다; sinu kiri ei ole ikka veel kohale jõudnud 네 편지는 아직도 도착하지 않았어; ikka ja jälle 몇 번이고, 재삼재사
ikoon [명] ① (동방정교회의) 성화상(聖畵像) ② [컴퓨터] 아이콘
ila [명] 침, 군침
ilastama [동] (군)침을 흘리다
ilge [형] 더러운, 역겨운, 혐오감을 주는
illegaal [명] 불법 입국자

illegaalne [형] 불법의
illegitiimne [형] 위법의
illuminaator [명] [항해] 현창(舷窓)
illusioon [명] 환각, 착각, 망상; illusioone purustama 환상을 깨뜨리다, 환멸을 느끼게 하다
illustratsioon [명] 삽화, 일러스트레이션
illustreerima [동] 삽화를 넣다, 도해(圖解)하다
ilm [명] ① 날씨 ② (전)세계, 지구
ilma [전] ~ 없이; ma joon kohvi ilma suhkruta 나는 커피를 마실 때 설탕을 넣지 않는다; ma ei saa seda ilma sinu abita teha 나는 너의 도움 없이는 그걸 할 수 없어
ilmaasjata [부] 까닭없이; 헛되이
ilmalik [형] 세속적인, 이 세상의; (성직자가 아닌) 평신도의
ilmastik [명] 날씨
ilmateade [명] 일기 예보
ilmatu [형] 거대한, 막대한, 엄청난
ilme [명] 표정, 안색
ilmekas [형] 표현이 풍부한, 뚜렷하게 표현하는, 생생한, 명백한
ilmne [형] 분명한, 명백한, 눈에 보이는
ilmselt [부] 분명히, 명백하게
ilmtingimata [부] 틀림없이, 반드시, 꼭
ilmuma [동] ① 나타나다, 보이다; ta ei ilmunud kohale 그는 모습을 드러내지 않았다 ② 발간[출판]되다; see ajakiri ilmub neli korda aastas 이 잡지는 연 4회 발행된다
ilmutama [동] ① 드러내다, 내놓다, 보이게 하다 ② [사진] 현상하다
ilu [명] 아름다움, 미(美)
ilukirjandus [명] 소설, 허구, 픽션
ilukirjanduslik [형] 허구의, 꾸며낸 이야기의
ilukõne [명] 수사법, 화려한 문체, 미사여구

iluravi [명] 얼굴 성형술
ilus [형] 아름다운, 예쁜, 잘생긴
ilusalong [명] 미용실, 미장원
ilustama [동] (예쁘게) 꾸미다, 장식하다, 윤색하다
ilustis [명] (예쁘게) 꾸밈, 장식, 윤색
ilutulestik [명] 불꽃놀이
iluuisutamine [명] [스포츠] 피겨스케이팅
ilves [명] [동물] 스라소니
imago [명] 상(像), 이미지
imama [동] 흡수하다, 빨아들이다
ime [명] 경이, 놀라움, 기적
imeilus [형] 경탄할 만한
imelaps [명] 신동(神童), 비범한 아이
imelik [형] 이상한, 기이한
imeline [형] 놀라운, 믿어지지 않는
imema [동] 젖을 먹이다
imenduma [동] 흡수하다, 빨아들이다
imepärane [형] 기적적인, 놀랄 만한
imestama [동] 놀라다, 이상하게 여기다
imestusväärne [형] 놀라운, 경이로운
imetaja [명] [동물] 포유류
imetama [동] 젖을 먹이다
imetleja [명] 감탄[경탄]하는 사람
imetlema [동] 감탄[경탄]하다, 탄복하다
imetlus [명] 감탄, 경탄, 탄복
imik [명] 아기, 유아
iminapp [명] [동물] 빨판, 흡반
imitatsioon [명] 모조품
imiteerima [동] 흉내내다, 모방하다
immigrant [명] (외국으로부터의) 이민(자)
immigratsioon [명] (입국) 이주, 이민

immitsema [동] 스며 나오다
immutama [동] 적시다, 담그다, 스며들게 하다
immuunsus [명] 면역
impeerium [명] 제국(帝國)
imperaator [명] 황제
imperatiiv [명] [문법] 명령법
imperfekt [명] [문법] 미완료 시제
imperialism [명] 제정(帝政); 제국주의
impersonaalne [형] 비인격적인
import [명] 수입(輸入)
importima [동] 수입하다
impotentne [형] 무(기)력한
impotentsus [명] 무(기)력
improviseerima [동] 즉흥적으로[즉석에서] ~하다
impulsiivne [형] 충동적인
impulss [명] ① 충동 ② [통신] 펄스
ind [명] 열정, 열의
indeks [명] 색인, 찾아보기, 인덱스
india [형] 인도(印度)의 ― [명] I- 인도; India ookean 인도양(洋)
indiaani [형] 인디언의, 아메리카 원주민의
indiaanlane [명] 인디언, 아메리카 원주민
indialane [명] 인도 사람
indikaator [명] 지시기, 표시기
individuaalne [형] 개인의, 개인적인
indiviid [명] 개인
indoneesia [형] 인도네시아의; indoneesia keel 인도네시아어 ― [명] I- 인도네시아
indoneeslane [명] 인도네시아 사람
industrialiseerimine [명] 산업화
inertne [형] 자동력(自動力)[활성]이 없는

inerts [명] [물리] 관성, 타성
inetu [형] ① 못생긴, 추한 ② 추잡한, 더러운
infantiilne [형] 유아의, 어린아이 같은
infektsioon [명] (질병의) 감염, 전염
infinitiiv [명] [문법] 부정사(不定詞)
inflatsioon [명] [경제] 인플레이션, 통화 팽창
info [명] 정보, 자료, 지식; 세부 내용
infoleht [명] 회보, 뉴스레터
informaatika [명] 컴퓨터 과학
informatiivne [형] 정보를 제공하는
informatsioon [명] 정보, 자료, 지식; 기밀 정보
informeerima [동] 알리다, 통지하다
infotehnoloogia [명] 정보 기술
infrapunakiirgus [형] 적외선
infrastruktuur [명] 기반, 하부 조직
ingel [명] 천사(天使)
inglane [명] 잉글랜드[영국] 사람
inglanna [명] 잉글랜드[영국] 여자
inglased [명] (집합적으로) 잉글랜드[영국] 사람(들)[국민]
inglise [형] 잉글랜드의, 영국의; inglise keel 영어
Inglismaa [명] 잉글랜드
ingver [명] [식물] 생강
inhaleerima [동] 숨을 들이쉬다
inimahv [명] [동물] 유인원
inimene [명] 사람, 인간
inimkond [명] 인류, 인간
inimlik [형] 인간의, 사람의
inimloomus [명] 인성(人性), 인간성
inimolend [명] 인간
inimrööv [명] 유괴, 납치
inimsõbralik [형] 인간적인, 인도적인

inimtühi [형] 쓸쓸한, 황량한
inimvare [명] 몰락한[망가진] 사람
initsiaal [명] 머리글자, 이니셜
initsiatiiv [명] 솔선, 선창, 주도
inkubaator [명] 부화기, 인큐베이터
inkvisitsioon [명] 심리, 조사, 심문, 취조
innukas [형] 열심인, 열중하는, 열망하는
innustama [동] 고무하다, 부추기다
insener [명] 기사, 기술자, 엔지니어
inseneriteadus [명] 공학(工學)
inspekteerima [동] 검사하다, 조사하다
inspiratsioon [명] 영감, 인스피레이션
inspireerima [동] 영감을 불어넣다
installeerima [동] 설치하다
instinkt [명] 본능
instinktiivne [형] 본능적인
institutsioon [명] 기관, 시설, 설립물
instituut [명] 연구소; 대학
instrueerima [동] (간단히) 알리다, 지시하다
instruktor [명] 강사, 가르치는 사람
instruktsioon [명] 교수, 교육, 가르침
instrument [명] 기구, 도구
instseneerima [동] 각색하다, 극화(劇化)하다, 연출하다
integraal [명] määratud integraal [수학] 적분
integratsioon [명] 통합, 집성
integreerima [동] 통합하다, 전체로 합치다
intellekt [명] 지성, 지력(知力), 이해력, 사고력
intellektuaal [명] 지식인
intellektuaalne [형] 지적인, 지성의, 이지적인
intelligentne [형] 지적인, 이해력이 뛰어난, 총명한
intelligentsus [명] 지능, 이해력, 사고력, 지성

intensiivistama [동] 세게 하다, 강도를 높이다
intensiivne [형] 강렬한; 집중적인
intensiivsus [명] 강도, 세기
interaktiivne [형] 상호작용의, 서로 영향을 끼치는
interjöör [명] 안쪽, 내부
intern [명] (병원의) 인턴
internaatkool [명] 기숙 학교
internatsionaalne [형] 국제상의, 국제적인
Internet [명] 인터넷; Interneti kasutaja 인터넷 사용자; Internetis surfama 인터넷 서핑을 하다; Interneti-teenuse pakkuja 인터넷 접속 서비스 공급자
internetikohvik [명] 인터넷 카페
internetiportaal [명] [컴퓨터] 포털사이트
interpreet [명] (음악 등의) 연주자
interpreterima [동] 해석하다, 통역하다
interpunktsioon [명] [문법] 구두점, 구두법
intervall [명] 간격, 틈
intervjueerija [명] 회견[면접]하는 사람
intervjueerima [동] 회견하다, 면접하다
intervjuu [명] 면접, 인터뷰
intiimne [형] 친밀한, 친숙한
intiimsus [명] 친밀, 친숙
intonatsioon [명] 억양, 인토네이션
intransitiivne [형] [문법] 자동사의
intress [명] [경제] 이자(율)
intrigeerima [동] 음모를 꾸미다, 모의하다, 계획하다
intriig [명] 음모, 책략, 계획
introvert [명] 내향적인 사람
introvertne [형] (성격이) 내향적인
intuitiivne [형] 직관에 의한
intuitsioon [명] 직관, 직감; 통찰, 간파

invaliid [명] 장애인
invaliidsus [명] (신체 등의) 장애
invasioon [명] 침략, 침입
inventar [명] 재고품
inventuur [명] 재고 조사
investeerija [명] 투자자
investeerima [동] 투자하다
investeering [명] 투자
investor [명] 투자자
ioon [명] [화학] 이온
Iraak [명] 이라크
iraaklane [명] 이라크 사람
Iraan [명] 이란
iraanlane [명] 이란 사람
irisema [동] 들볶다, 못살게 굴다
iroonia [명] 반어(反語), 아이러니
irooniline [형] 반어적인, 빈정대는
irratsionaalne [형] 이성을 잃은, 불합리한, 무분별한
irve [명] 씩[실실] 웃기; 비웃기
irvitama [동] 씩[실실] 웃다; 비웃다
isa [명] 아버지
isadus [명] 아버지임, 부성(父性)
isalik [형] 아버지(로서)의
isamaa [명] 조국, 고국
isamees [명] 신랑 들러리
isand [명] 주인, 주(主)
isane [형] 남성의
isapoolne [형] (혈통이) 부계(父系)의
ise [대] 자기, 자신(自身); ma pean sinna ise minema 나는 그곳에 몸소 가야 한다; ta ei ole enam ta ise 그는 더 이상 그 자신이[본래의 그가] 아니다

isegi [부] ~조차, ~까지도; kõik, isegi vanurid, tulid koosolekule 노인들까지도 모두 회합에 왔다; isegi kui 비록 ~ 일지라도
isehakanud [형] 자칭하는, 자임하는
isekas [형] 이기적인
isekus [명] 이기적임
iseloom [명] 성질, 기질, 성향; ma tunnen hästi oma naise iseloomu 나는 아내의 성격을 잘 알고 있다
iseloomulik [형] 특유의, 특징적인
iseloomustama [동] 특징짓다, 특색을 묘사[기술]하다; 예시하다
iseloomustus [명] 특징[특색](의 묘사[기술])
isepäine [형] 고집 센, 완고한
iseseisev [형] 독립적인, 자치의
iseseisvuma [동] 독립하다
iseseisvus [명] 독립, 자치
iseteenindus [명] 셀프서비스
iseäralik [형] 별난, 기이한
iseärasus [명] 별남, 기이함, 독특함
isik [명] 개인, 한 사람; isiku kohta 일인당; isikut tõendav dokument 신분증
isikkooseis [명] 인원, 직원, 스태프
isiklik [형] 개인의, 개인적인; isiklikud asjad 개인 소유물, 소지품; isiklikult 직접
isiksus [명] 개성, 성격
isikupärane [형] 개인의
isikustama [동] 인격화하다, 의인화하다
isikutunnistus [명] 신분증
islam [명] 이슬람(교)
islami [형] 이슬람의
Island [명] 아이슬란드

islandi [형] 아이슬란드의; islandi keel 아이슬란드어
islandlane [명] 아이슬란드 사람
isolatsioon [명] 격리, 고립
isoleerima [동] 격리하다, 고립시키다
Issand [명] [기독교] 주(主), 하나님
issi [명] (친근한 말투로) 아빠
istandus [명] 플랜테이션, 대규모 농원
iste [명] 자리, 좌석; istet võtma 자리를 잡고 앉다
istekoht [명] 자리
istepadi [명] 쿠션, 방석
istmik [명] 엉덩이, 둔부
istuma [동] 앉다; ta istus põrandal ja vaatas televiisorit 그녀는 마루에 앉아 TV를 보았다
istung [명] 회의, 회합
istutama [동] ① (식물을) 심다, 이식(移植)하다 ② [외과] (조직을) 이식하다
isu [명] 입맛, 식욕
isuäratav [형] 식욕을 돋우는, 군침 돌게 하는
itaalia [형] 이탈리아의; itaalia keel 이탈리아어 — [명] I-이탈리아
itaallane [명] 이탈리아 사람
itsitama [동] 킥킥 웃다, 낄낄거리다
iva [명] ① 씨(앗) ② 조각, 도막, 단편 ③ 요점, 핵심

J

ja [접] 그리고, 및; ta tuli hilja tööle ja läks vara koju 그는 늦게 출근하고 빨리 귀가했다; ja nii edasi ~ 등, ~ 따위
jaaguar [명] [동물] 재규어
jaam [명] 역, 정거장
jaanalind [명] [조류] 타조
jaanuar [명] 1월
Jaapan [명] 일본
jaapani [형] 일본의; jaapani keel 일본어
jaapanlane [명] 일본 사람
jaasõna [명] "예"라는 대답, 긍정, 승낙
jaatama [동] 확언하다
jaatus [명] 확언
jada [명] 연속, 일련
jaehind [명] 소매 가격
jaemüüja [명] 소매 상인
jaemüük [명] 소매(小賣)
jagaja [명] ① 분배자 ② [수학] 제수(除數), 나눗수
jagama [동] ① (몫 따위를) 분배하다, 나누다; 쪼개다, 분할하다 ② [수학] 나누다
jagatav [명] [수학] 피제수(被除數), 나뉨수
jagatis [명] [수학] 몫
jagelus [명] 다툼, 접전, 충돌
jagu [명] ① 몫, 일부분, 1회분 ② [군사] 분대 ③ jagu saama 이기다, 쳐부수다, 타파하다, (~보다) 우위를 점하다
jagunema [동] 나뉘다, 분할되다
jah [부] 예, 그럼요; kas teie oskate eesti keelt? — jah,

oskan küll 에스토니아어를 할 줄 아세요? — 네, 할 줄 압니다
jahe [명] 추운, 차가운, 서늘한
jahikoer [명] 사냥개
jahiloom [명] 사냥감
jahimees [명] 사냥꾼
jahisaak [명] 사냥감
jahmatama [동] 깜짝 놀라게 하다, (충격 따위로) 멍하게 하다
jaht [명] ① 사냥 ② 요트
jahtima [동] 사냥하다
jahtuma [동] 차가워지다, 서늘해지다, 냉각되다
jahu [명] 밀가루
jahutama [동] 차갑게 하다, 서늘하게 하다, 냉각하다
jahutuskast [명] 아이스박스
jahvatama [동] (곡물을) 갈다, 빻다, 제분하다
jakk[1] [명] 재킷, 코트
jakk[2] [명] [동물] 야크
jalajälg [명] 발자국
jalakas [명] [식물] 느릅나무
jalakäija [명] 보행자
jalamaid [부] 곧, 바로
jalats [명] 신발, 구두
jalatsid [명] 신발류
jalg [명] 발; 다리; jalga laskma 가버리다, 떠나다; kas lähme jala? (우리) 걸어갈까?
jalgpall [명] [스포츠] 축구
jalgpallur [명] 축구 선수
jalgrada [명] 좁은 길, 보도
jalgratast [명] 자전거
jalgrattasõit [명] 사이클링, 자전거 타기
jalgrattur [명] 자전거 타는 사람

jalgsi [부] 걸어서, 도보로
jalgsimatk [명] 하이킹, 도보 여행
jalgtee [명] 보도, 보행자용 작은 길
jalgvärav [명] 작은 문
jalustrabav [형] 깜짝 놀라게 하는, 멍하게 하는
jalutama [동] 걷다, 거닐다, 산책하다
jalutuskäik [명] 걷기, 거닐기, 산책; jalutuskäiku tegema 산책하다
jama [명] 엉터리, 허튼소리
jampsima [동] 헛소리하다
jamss [명] [식물] 참마, 얌
jantima [동] 익살 부리다, 시시덕거리다, 장난치다
jantlik [형] 웃기는
janu [명] 갈증, 목마름; janu kustutama 갈증을 해소하다
janune [형] 목마른
janunema [동] 갈망하다, ~하고 싶어하다
jaoks [후] (~을) 위해서, (~의) 용(用)으로; ta kogus raha oma laste jaoks 그는 자기 아이들을 위해 돈을 모았다
jaoskond [명] 과, 국(局), 부서
jaotama [동] 나누어 주다, 분배하다
jaotusmaterjal [명] 유인물
jard [명] [길이의 단위] 야드
jasmiin [명] [식물] 재스민
jeen [명] [화폐 단위] 엔
Jeesus Kristus [명] 예수 그리스도
Jehoova [명] [기독교] 여호와 (하나님); Jehoova tunnistaja 여호와의 증인 (기독교 이단의 한 종파)
jeti[1] [명] 설인(雪人), 예티
jeti[2] [명] 제트 스키
jobu [명] 어리석은[잘 속는] 녀석
jogurt [명] 요구르트

jojo [명] 요요 (장난감)
jokker [명] [카드놀이] 조커
jonn [명] 고집 셈, 완고함, 끈질김
jonnakas [형] 고집 센, 완고한, 끈질긴
jood [명] [화학] 요오드, 옥소
joodeldama [동] 요들을 부르다
joodik [명] 술꾼, 술고래
jooga [명] 요가
joogivesi [명] 음료수, 마실 물
jook [명] 음료, 마실 것
jooks [명] ① 달리기 ② 진행, 전진
jooksik [명] 도망자
jooksja [명] 달리는 사람, 주자(走者)
jooksma [동] ① 달리다; 나아가다, 진행하다, 진전하다 ② 흐르다; tal jooksid pisarad üle põskede 그녀의 뺨에 눈물이 흘렀다
jooksuaeg [명] [동물] 발정기, 교미기
jooksurada [명] 주로(走路)
jooma [동] 마시다; ma joon palju kohvi 나는 커피를 많이 마신다
joomar [명] 술꾼
joon [명] 선, 줄, 라인
joonduma [동] (한 줄로) 정렬하다
jooneline [형] 선을 그은
joonestaja [명] 제도사(製圖士)
joonestama [동] 제도하다, 선을 긋다
joonima [동] 선을 긋다
joonistama [동] (윤곽 따위를) 그리다, 스케치하다, 선을 긋다
joonistus [명] (윤곽 따위를) 그리기, 스케치, 선 긋기
jootma [동] ① 물을 주다 ② 용접하다, 납땜하다
jootraha [명] 팁; jootraha andma (종업원 등에게) 팁을 주다

ju [소사] 물론, 요컨대; (상대방의 동의를 구할 때) ~이겠지?; sa ju tunned teda 넌 그를 알고 있겠지
juba [부] 이미, 벌써; 지금까지, 아직; ma elan Tallinnas juba kaheksa aastat 나는 탈린에 벌써 8년간 살고 있다
jube [형] 무서운, 끔찍한; 지긋지긋한, 혐오스러운
judin [명] 전율, 떨림
judo [명] [스포츠] 유도
juga [명] 폭포
jugaprinter [명] [컴퓨터] 잉크젯 프린터
jugapuu [명] [식물] 주목
Jugoslaavia [명] (구)유고슬라비아
jugoslaavlane [명] (구)유고슬라비아 사람
juha [명] [해부·생리] 도관(導管)
juhataja [명] 지도자, 지휘자, 책임자; 의장
juhatama [동] ① 지도하다, 지휘하다; 관리하다, 경영하다; 의장직을 맡다, 책임 있는 위치에 서다; dirigent juhatab orkestrit 지휘자가 오케스트라를 지휘한다 ② 인도하다, 안내하다; mine ees ja juhata teed! 앞서 가며 길을 안내해 주세요!
juhatus [명] 경영진, 이사회; juhatuse liige 경영진의 일원, 중역, 이사
juhe [명] 전선, 코드, 케이블
juhend [명] 지침, 계율, 가이드라인
juhendaja [명] 가르치는 사람, 지도자, 감독
juhendama [동] 지도하다, 이끌다, 감독하다, 가르치다
juhikabiin [명] 운전석; (비행기의) 조종석
juhiluba [명] 운전 면허
juhm [형] 어리석은, 멍청한, 둔한
juhmistama [동] (충격 등으로) 멍하게 하다
juhmus [명] 멍한 상태
juht [명] ① 지도자, 리더, 보스, 장(長); 안내자, 이끄는 사람

② 운전 기사 ③ 경우; igaks juhuks (~한) 경우에만; mitte mingil juhul 절대 안된다
juhtima [동] ① 지도하다, 감독하다, 관리하다; 안내하다, 이끌다 ② (자동차를) 운전하다 ③ raud juhib elektrit 철은 전기를 통한다
juhtkang [명] 조종 장치, 조이스틱
juhtkiri [명] (신문·잡지의) 사설, 논설
juhtkond [명] 관리, 경영
juhtlause [명] 표어, 슬로건
juhtlõng [명] (문제 해결의) 실마리
juhtmestik [명] [전기] 배선
juhtnöör [명] 지침, 지시, 가르침
juhtpult [명] 계기판; 원격 조작 장치
juhtum [명] 사건, 경우, 일어난 일
juhtuma [동] (사건 등이) 일어나다, 발생하다
juhus [명] 우연한 기회; 요행수
juhuslik [형] 우연한
juhuslikult [부] 우연히, 어쩌다가; juhuslikult kohtama 우연히 마주치다
julge [형] 대담한, 용감한
julgema [동] 대담하게도 ~하다, ~할 용기[배짱]가 있다
julgeolek [명] 안전
julgestus [명] 보호, 안전 보장
julgus [명] 자신감, 배짱, 용기
julgustama [동] 용기를 북돋우다
julm [형] 잔인한, 무자비한, 야만적인
julmus [명] 잔인, 무자비, 야만
jultumus [명] 거만, 건방짐, 뻔뻔함
jultunud [형] 거만한, 건방진, 뻔뻔스러운
jumal [명] 신(神), 하느님, 하나님; jumala eest! 제발, 부디, 아무쪼록; jumal küll! 원, 이런, 어머나!; jumal tänatud! 아

아, 고마워라!
jumalanna [명] 여신(女神)
jumalateenistus [명] 예배, 참배
jumalateotus [명] 신성모독
jumaldama [동] 숭배하다
jumalik [형] 신(神)의, 신성한, 성스러운
jume [명] 피부색
jumestus [명] 화장, 메이크업
jupp [명] 동강, 토막
juriidiline [형] 법적인, 법률상의
jurisdiktsioon [명] 사법[재판]권
jurisprudents [명] 법학
jurist [명] 법률가, 변호사
just [부] 정확히, 바로, 꼭; mitte just 반드시 그렇지는 않다; mitte just eriti 확실하지 않다; just vastupidi 정반대로; just õigel ajal 제때, 시간에 맞춰
jutlus [명] 설교
jutlustaja [명] 설교자
jutlustama [동] 설교하다
jutt [명] 이야기; juttu ajama 이야기를 나누다
jutuajamine [명] 대화, 회화, 이야기(하기)
jutukas [형] 이야기하기 좋아하는, 수다스러운
jutumärgid [명] [문법] 따옴표, 인용 부호
jutusaade [명] (TV 등의) 토크쇼
jutustama [동] 말하다, 이야기하다
jutustus [명] 이야기, 스토리
jututuba [명] [컴퓨터] 채팅 룸
jutuvada [명] 잡담하다, 재잘거리다
juubel [명] 희년(禧年), 50년제
juudi [형] 유대인의, 이스라엘 사람의
juuksed [명] 머리카락; juukseid lõikama 머리를 자르다, 이

발하다
juuksehari [명] 헤어브러시, 머리 빗는 솔
juukseklamber [명] 헤어클립
juukselakk [명] 헤어스프레이
juukselõikus [명] 이발
juuksenõel [명] 헤어핀
juuksepalsam [명] 정발제
juuksur [명] 미용사
juuksuritöökoda [명] 미용실
juuli [명] 7월
juuni [명] 6월
juur [명] 뿌리
juurde [후] ~으로; mine akna juurde! 창가로 가라!; ma läksin vanaema juurde külla 나는 할머니 집을 찾아갔다
juurdekasv [명] 증대, 확장, 늘어남
juurdepääs [명] 접근, 진입
juurdepääsutee [명] 진입로
juurdlema [동] 면밀하게 조사하다
juurdlus [명] 면밀한 조사
juurduma [동] 뿌리를 내리다
juures [후] ~에, ~ 옆에; seisa akna juures 창가에 서라; ta elab oma vanemate juures 그녀는 부모와 함께 살고 있다
juurest [후] ~으로부터; naine läks mehe juurest ära 부인은 남편 곁을 떠났다
juurikas [명] (식물의) 뿌리줄기, 땅속줄기
juurima [동] 뿌리를 뽑다, 근절하다
juurutama [동] 실행하다
juurvili [명] 채소
juust [명] 치즈
juut [명] 유대인
juveel [명] 보석

juveelid [명] 보석류, 장신구
juveliir [명] 보석 상인
jõehobu [명] [동물] 하마
jõekallas [명] 강변; 강둑
jõekarp [명] [패류] 홍합
jõesäng [명] 강바닥, 하상(河床)
jõevähk [명] [동물] (유럽산) 가재
jõgi [명] 강, 하천
jõgikond [명] (하천의) 유역
jõhkard [명] 야만인
jõhker [형] 거친, 무례한; 잔인한, 야만적인
jõhkrus [명] 거칢, 무례함; 잔인, 야만
jõllitama [동] 눈을 부릅뜨다, 노려보다
jõmpsikas [명] 녀석, 꼬마
jõnks [명] 홱 잡아당기기
jõnksatama [동] 홱 잡아당기다
jõnksatus [명] 홱 잡아당기기
jõud [명] 힘, 세력, 파워; seadus on jõus 그 법은 효력이 있다, 실행되고 있다
jõude [형] 사용되지 않는, 비어 있는
jõudlus [명] 능률, 효율
jõudma [동] (~을 할) 시간이 (아직) 남아 있다; enne lahkumist jõuan ma veel süüa 떠나기 전에 아직 식사할 시간이 있다; ma jõuan rongile 나는 기차 시간에 댄다, 늦지 않게 기차를 탄다
jõuetu [형] 약한, 힘 없는
jõuk [명] 무리, 떼, 일단(一團), 패거리
jõukas [형] 번영하는, 부유한, 유복한
jõukus [명] 번영, 부유
jõuline [형] 힘센, 강한
jõulud [명] 성탄절; häid jõule! 메리 크리스마스!

jõulukaart [명] 크리스마스 카드
jõululaul [명] 크리스마스 캐럴
jõululaupäev [명] 크리스마스 이브
jõulupuu [명] 크리스마스 트리
jõuluvana [명] 산타클로스
jõupingutus [명] 노력, 시도
jõustuma [동] 효력을 발생하다, 효과가 나타나다
jäik [형] 굳은, 단단한
jäikus [명] 굳음, 단단함
jäine [형] 얼어붙은, 싸늘한, 차가운
jäle [형] 혐오스러운, 아주 싫은
jälestama [동] 혐오하다, 몹시 싫어하다
jälg [명] 자국, 표시, 흔적
jälgima [동] 지켜보다, 관찰하다
jälitama [동] 뒤따르다, 추적하다
jäljend [명] 복사물, 재생된 것
jäljendaja [명] 모방하는[따라하는] 사람
jäljendama [동] 모방하다, 따라하다, 재생하다
jäljendus [명] 모방, 따라하기, 재생
jälk [형] 아주 싫은, 진저리가 나는
jälle [부] 다시, 또; jälle olen ma oma rahakoti ära kaotanud 난 지갑을 또 잃어버렸다; millal te jälle Eestisse tulete? 언제 또 에스토니아에 오십니까?; ikka ja jälle 몇 번이고 되풀이해서
jäme [형] 거친, 야비한, 저속한
jämedakoeline [형] 거친, 야비한, 저속한
jämesool [명] [해부] 대장(大腸), 큰창자
jändama [동] 만지작거리다
jänes [명] [동물] (산)토끼
jänki [명] (속어로) 미국 사람, 양키
järama [동] 갉다

järel(e) [후] ① [장소] ~의 뒤에(서) ② [시간] ~ 후에, 나중에 ③ järele andma 굴복하다, 약해지다; järele jätma 그만두다; järele minema 가지러 가다; järele mõtlema 다시[잘] 생각하다, 재고하다; järele pärima 문의하다; järele vaatama (자료 따위를) 찾아보다, 검색하다
järel- [접두] 뒤, 후
järeldama [동] 결론을 내다, 추론하다
järeldus [명] 결론
järeleandlik [형] 유순한, 말을 잘 듣는
järeleandmatu [형] 고집 센, 타협하지 않는
järelehüüd [명] 부고, 사망 기사
järelemõtlematu [형] 경솔한, 생각이 없는
järelevalve [명] 감시, 감독, 면밀하게 살피기
järelevalveametnik [명] 감독관, 조사관
järelikult [부] 그래서, 그러므로, 그 결과
järelliide [명] [문법] 접미사
järelmaks [명] 분납, 할부 지불; järelmaksuga 할부로
järelmõju [명] 여파, 영향
järelroog [명] 디저트, 후식
järeltulija [명] 후손; 후계자
järg [명] 계속, 이어짐
järgarv [명] 서수(序數)
järgi [후] (~에) 따라서, (~에) 맞추어, (~에) 의하면; minu kella järgi on kell juba kaks 내 시계를 보니 벌써 두 시다; me valmistame toitu teie soovi järgi 우리는 당신이 바라는 대로 요리를 한다
järgima [동] 따르다, 좇다, 신봉하다
järgmine [형] 다음의, 뒤이어 오는; järgmine, palun! 다음 분!; vastake järgmistele küsimustele! 다음 질문에 답하시오!
järgnema [동] 뒤따르다, 뒤이어 오다
järgnevus [명] 뒤따르기, 뒤를 잇기

järjekindel [형] 조직적인, 규칙바른, 일관된
järjekord [명] (늘어선) 줄; järjekorras seisma 줄을 서다
järjestus [명] 순서, 배열
järk [명] 단계, 정도, 등급
järkjärguline [형] 단계적인, 점진적인; järkjärgult 단계적으로, 점차
järsk [형] 갑작스러운, 급한
järsku [부] 갑자기
järv [명] 호수
jäse [명] 사지(四肢), 팔다리
jässakas [형] 땅딸막한
jätk [명] 계속, 속행
jätkama [동] 계속하다, 속행하다
jätma [동] 남기고[두고] 가다; 내버려두다; ta jättis mulle kirja 그녀는 내게 편지를 남겼다; ema jättis lapse vanaema juurde 엄마는 아이를 할머니에게 맡겼다; jäta mind rahule! 나 좀 혼자 있게 내버려 둬!
jää [명] 얼음
jääaeg [명] [지질] 빙하기
jäädavalt [부] 영원히, 영구적으로
jäädvustama [동] 기록하다, 기입하다
jäähoki [명] [스포츠] 아이스하키
jääk [명] 나머지, 잔여
jääkaru [명] [동물] 북극곰
jääkülm [형] 얼어붙는, 아주 차가운
jääliustik [명] 빙하
jääma [동] 남다, 머무르다; ma jään koju ja ootan teid 나는 집에 남아 당신을 기다린다; me jäime hiljaks 우리는 늦었다[지각했다]
jäämägi [명] 빙산
jäänus [명] 유물; 잔존물, 잔해

jääpurikas [명] 고드름
jäär [명] (거세하지 않은) 숫양; J- [천문] 양자리
jäätis [명] 아이스크림
jäätmed [명] 쓰레기, 폐물, 찌꺼기
jäätmetöötlus [명] 폐기물 처리
jäätuma [동] 얼다, 얼음이 덮이다
jünger [명] 추종자, 적극적으로 따르는 사람

K

ka [소사] ~도, 또한; ta oskab ka eesti keelt 그녀는 에스토
  니아어도 할 줄 안다; kui sina ei lähe, ei lähe ka mina
  네가 가지 않으면 나도 안 간다
kaabakas [명] 악당, 불한당
kaabel [명] 케이블, 전선
kaabeltelevisioon [명] 케이블 TV
kaader [명] 스틸; 스냅 사진
kaagutama [동] (닭이) 꼬꼬댁 울다
kaal [명] 무게, 중량; kaalus juurde võtma 체중이 늘다, 살
  이 찌다; kaalust maha võtma 체중이 줄다, 살이 빠지다
kaalikas [명] [식물] 순무
kaalium [명] [화학] 칼륨
kaalud [명] 저울, 천칭; K- [천문] 천칭자리
kaalukas [형] 결정적인, 매우 중요한
kaaluma [동] ① (~의) 무게가 나가다 ② 깊이 생각하다
kaalupomm [명] (무게를 다는) 추
kaalutlema [동] 잘 생각하다, 숙고하다
kaame [형] 파랗게 질린, 낯빛이 좋지 않은
kaamel [명] [동물] 낙타
kaamera [명] 카메라, 사진기
kaan [명] [동물] 거머리
kaanon [명] ① 교회법, 카논 ② [음악] 카논; 돌림노래
kaaperdaja [명] 하이재커, 비행기 공중 납치범
kaaperdama [명] 하이재킹하다, 비행기를 공중 납치하다
kaaperdamine [명] 하이재킹, 비행기의 공중 납치
kaar [명] ① [기하] 호(弧) ② [건축] 아치

kaardimäng [명] 카드놀이
kaardipakk [명] (카드의) 한 벌, 덱
kaardistama [동] 지도를 제작하다
kaarduma [동] 구부러지다, 둥글게 휘다
kaaren [명] [조류] 갈까마귀
kaarhall [명] 아케이드
kaaries [명] [병리] 충치; 카리에스
kaart [명] ① 지도 ② (카드놀이 따위의) 카드; kaarte jagama 카드의 패를 도르다; kaarte mängima 카드놀이를 하다; kaarte segama 카드를 섞다
kaas¹ [명] 뚜껑, 커버
kaas-² [형] 동료의, 한패의, 연합한, 나란히 가는
kaasa(s) [부] 함께, 동반하여; ma läksin temaga kaasa 나는 그와 함께 갔다; ta ei ole meile midagi kaasa toonud 그는 우리에게 아무것도 가져오지 않았다; kaasa aitama 기여[공헌]하다; kaasa elama 공감하다, 지지하다; kaasa tundma 동정심을 갖다
kaasaegne [형] 현대의, 최신식의
kaasakiskuv [형] 마음을 사로잡는, 매혹적인
kaasaskantav [형] 휴대용의
kaasasündinud [형] 타고난, 선천적인
kaasavara [명] (신부의) 지참금
kaashäälik [명] [언어] 자음
kaaskodanik [명] 같은[동료] 시민
kaaslane [명] 동료, 친구, 파트너
kaasmaalane [명] 동포, 같은 나라 사람
kaasnema [동] 동반하다, 따라오다, 포함되다
kaassüüdlane [명] 공범(자), 종범
kaastundeavaldus [명] 조사(弔詞), 애도의 말
kaastundlik [형] 동정심이 있는, 연민어린
kaastunne [명] 동정심, 연민

kaastöö [명] 기여, 공헌; kaastööd tegema 기여하다, 공헌하다
kaaviar [명] 캐비아 (철갑상어의 알젓)
kabatšokk [명] [식물] 호박의 일종
kabe [명] 체커, 서양 장기
kabel [명] 예배당, 채플
kabenupp [명] 서양 장기의 말
kabi [명] [동물] 발굽
kabiin [명] 칸막이가 된 곳, 부스, 박스
kabinet [명] 사무실
kabriolett [명] 컨버터블 (지붕을 접을 수 있게 된 자동차)
kabuur [명] (가죽) 권총집
kada [명] 새총
kadakas [명] [식물] 노간주나무
kade [형] 부러워하는, 시샘하는, 질투하는
kadedus [명] 부러움, 시샘, 질투
kadestama [동] 부러워하다, 시샘하다, 질투하다
kadett [명] 사관학교 생도
kaduma [동] 사라지다, 없어지다; mul kadus vihmavari ära 내 우산이 없어졌다, 나는 우산을 잃어버렸다; kao minema! 저리 꺼져!
kadunuke [명] 고인, 죽은 사람
kae [명] [병리] 백내장
kaebaja [명] 검찰관, 검사, 기소자
kaebama [동] 불평하다; (비밀 따위를) 누설하다
kaebealune [명] [법률] 피고
kaeblema [동] 한탄하다, 신음하다
kaeblik [형] 애처로운
kaebus [명] 불평; [법률] 고소; kaebust esitama 불평하다, 고소하다
kael [명] ① 목; mul on sall kaelas 나는 목에 스카프를 두르고 있다 ② see asi on mul kaelas 이건 내게 걱정거리다

kaelakee [명] 목걸이
kaelarihm [명] 옷깃, 칼라
kaelaside [명] 넥타이; 스카프
kaelkirjak [명] [동물] 기린
kaelus [명] 목선, 네크라인
kaenlaauk [명] 겨드랑이
kaer [명] [식물] 귀리
kaev [명] 우물
kaevaja [명] 굴착기, 땅 파는 도구
kaevama [동] 땅을 파다
kaevandama [동] 채굴하다, 굴착하다, 채석하다
kaevandus [명] 채굴, 굴착, 채석
kaevik [명] [군사] 참호
kaevur [명] 광부
kagu [명] 남동쪽
kahandama [동] 줄이다, 감소시키다, 축소하다
kahanema [동] 줄다, 감소하다, 축소되다
kaheinimese- [형] 둘의, 이중의
kaheinimesevoodi [명] 더블베드, 2인용 침대
kahekaupa [부] 둘씩
kahekordistama [동] 두 배로 하다
kahekordne [형] 두 배의, 이중의; kahekordselt 두 번, 이중으로
kaheksa [수] 여덟 (8)
kaheksajalg [명] [동물] 문어
kaheksakümmend [수] 팔십 (80)
kaheksakümnes [형] 제80의, 80번째의
kaheksas [수] 제8의, 여덟 번째의
kaheksateist [수] 십팔 (18)
kaheksateistkümnes [형] 제18의, 18번째의
kahekümnes [형] 제20의, 20번째의

kaheldamatu [형] 의심할 나위 없는, 확실한
kaheldav [형] 의심스러운
kahemõtteline [형] 애매한, 모호한
kahemõttelisus [명] 애매함, 모호함
kaheosaline [형] 두 부분으로 된, 투피스의
kahepaikne [형] 수륙 양서의 — [명] [동물] 양서류
kahepalgeline [형] 두 얼굴의, 표리부동한
kahepoolne [형] 쌍방의, 양측의
kahesuunaline [형] 양면 교통의, 양쪽 길의
kaheteistkümnes [형] 제12의, 12번째의
kahetsema [동] 후회하다
kahetsus [명] 후회
kahetsusväärne [형] 후회되는, 유감스러운
kahetähenduslik [형] 두 가지 뜻으로 해석 가능한
kahevahelolek [명] 미결, 미정, 이도저도 아님, 어중간함
kahevõitlus [명] 결투, 1대 1의 싸움; kahevõitlust pidama 결투하다
kahhel(kivi) [명] 기와, 타일
kahin [명] 바스락거리는 소리
kahisema [동] 바스락거리다
kahju [명] 손해, 손실, 피해; kahju tundma 애석하다; kahjuks 애석하게도
kahjulik [형] 해로운, 유해한
kahjum [명] (경제적) 손실, 손해
kahjur [명] 해충
kahjustama [동] 해를 끼치다, 다치게 하다; (명예 따위를) 더럽히다
kahjutasu [명] (손해 따위의) 배상
kahjutu [형] 안전한, 무해한
kahjutuli [명] 급격히 번지는 위험한[파괴적인] 불
kahlama [동] 물[강 따위]을 건너다

kahmama [동] 꽉 붙잡다, 움켜쥐다
kahtlane [형] 의심스러운, 수상한
kahtlema [동] ① 의심하다; ma pole sinus kunagi kahelnud 나는 한 번도 너를 의심한 적이 없어 ② 망설이다; 안절부절 못하다
kahtlus [명] ① 의심 ② 망설임, 주저
kahtlusalune [명] 의심스러운 사람
kahtlustama [동] 의심하다, 혐의 따위를 두다
kahtlustäratav [형] 의심스러운, 수상한
kahur [명] 대포
kahurituli [명] 포화(砲火)
kahvatu [형] 창백한; kahvatu olema (안색 따위가) 창백하다
kahvatuma [동] 창백해지다
kahvel [명] 포크 (식기)
kai [명] 부두, 선창(船艙)
kaigas [명] 곤봉
kaikuma [동] 반향하다, 울려퍼지다
kaine [형] 술 취하지 않은, 정신이 말짱한; kaineks saama 술이 깨다; kaine mõistus 상식, 양식(良識)
kaisukaru [명] 테디베어, 장난감 곰
kaisutama [동] 꼭 껴안다, 껴안고 귀여워하다
kaitse [명] ① 보호, 방어 ② [스포츠] 후위, 백 ③ [전기] 퓨즈
kaitsealune [명] 피보호자, 피후견인
kaitseingel [명] 수호천사
kaitsepolitsei [명] 비밀 경찰
kaitsepookimine [명] (백신 등의) 접종
kaitseprillid [명] 고글, 보호 안경
kaitsepühak [명] 수호성인(聖人)
kaitserajatis [명] 축성(築城), 요새 등 방어 시설의 강화
kaitsetegevus [명] 방어 (활동)

kaitsetu [형] 무방비의
kaitsevahend [명] 보호 장치
kaitsevägi [명] [군사] 방위대
kaitsja [명] ① 보호자 ② [법률] 변호인
kaitsma [동] 보호하다, 방어하다, 지키다, 막다; 변호하다, 옹호하다
kaitsmekarp [명] [전기] 퓨즈 상자, 두꺼비집
kaja [명] 메아리, 에코, 반향, 울려퍼짐
kajakas [명] [조류] 갈매기
kajama [동] 반향시키다, 울려퍼지게 하다
kajut [명] (배·비행기 따위의) 선실, 객실
kakao [명] 코코아
kakk [명] [조류] 올빼미
kaklema [동] (맞서) 싸우다
kaklus [명] 싸움, 충돌
kaks [수] 둘 (2); kaks korda 두 번; ta kirjutas kirja kahes eksemplaris 그는 (같은) 편지를 두 통 썼다
kaksikmoraal [명] 이중 잣대[표준]
kaksikud [명] 쌍둥이; K- [천문] 쌍둥이자리
kaksiratsa [부] (두 다리를 벌리고) 걸터앉아
kakskeelne [형] 2개 언어의[를 사용하는]
kakskümmend [수] 이십 (20)
kaksteist [수] 십이 (12)
kaktus [명] [식물] 선인장
kala [명] 물고기, 생선; kala püüdma 물고기를 잡다, 낚시하다; kala minema 낚시하러 가다
Kalad [명] [천문] 물고기자리
kalamari [명] 캐비아 (철갑상어의 알젓)
kalapaat [명] 낚싯배, 어선
kalapood [명] 생선 가게
kalapulk [명] 피시 스틱 (가늘고 긴 생선 토막 튀김)

kalapüük [명] 낚시, 고기잡이
kalaroog [명] 생선 요리
kalasaak [명] 어획량
kaldajoon [명] 해안선
kalduma [동] (~으로) 기울다, 경사지다
kaldus [형] (~으로) 기운, 경사진; (~의) 성향이 있는
kalduvus [명] 경향, 성향, (~으로) 기울어짐
kalender [명] 달력
kalendermärkmik [명] 일기장식 수첩, 다이어리
kalgenduma [동] 응고하다
kaliiber [명] (총포 등의) 구경(口徑)
kalju [명] 바위; 암벽, 절벽
Kaljukits [명] [천문] 산양자리
kaljuronimine [명] 암벽 등반
kalk [형] ① 돌 같은, 단단한 ② 무정한, 냉담한, 가차없는
kalkulaator [명] 계산기
kalkuleerima [동] 계산하다, 산정하다
kalkun [명] [조류] 칠면조
kallak [명] 기욺, 경향, 성향
kallaletung [명] 공격, 습격
kallama [동] 붓다, 쏟다
kallas [명] 둑; 물가; kaldal 물가에
kalle [명] 경사, 비탈
kallerdis [명] 젤리
kallike [명] 사랑하는 사람, 소중한 사람
kallis [형] ① 값진, 비싼, 귀중한 ② 사랑하는, 소중한; kallis sõber! (편지에서) 친애하는 벗에게
kalliskivi [명] 보석
kallutama [동] (~으로) 기울다, 편향되다
kalmaar [명] [동물] 오징어
kalmistu [명] (공동)묘지

kalor [명] [물리·화학] 칼로리 (열량의 단위)
kalts [명] 넝마 (조각)
kaltsium [명] [화학] 칼슘
kalur [명] 어부, 낚시꾼
kamakas [명] 덩어리, 덩이
kamandama [동] (남에게) 이래라저래라 하다, 우월감을 가지고 명령하다
kamber [명] 방
kambüüs [명] 배 안의 주방
kameeleon [명] [동물] 카멜레온
kamin [명] (벽)난로; 노상(爐床)
kamm [명] 빗
kammermuusika [명] [음악] 실내악
kammima [동] 빗질하다
kammitsema [동] 속박하다, 구속하다
kamp [명] 무리, 일단(一團), 패거리
kampaania [명] 캠페인, 운동
kampsun [명] 스웨터, 풀오버, 카디건
kana [명] 암탉
kanaarilind [명] [조류] 카나리아
kanada [형] 캐나다의 — [명] K- 캐나다
kanadalane [명] 캐나다 사람
kanal [명] ① 운하, 수로 ② (TV·라디오의) 채널
kanaliha [명] 닭고기
kanalisatsioonitoru [명] 하수도
kananahk [명] (추위·공포로 인한) 소름
kanapee [명] (등받이가 있는) 긴 의자
kanapeog [명] 병아리
kanarbik [명] [식물] 헤더
kand [명] (발)뒤꿈치
kanderaam [명] 들것

kandidaat [명] 후보, 지원자
kandideerima [동] 후보로 나서다, (~에) 지원하다
kandik [명] 쟁반
kandma [동] ① 갖고 가다, 나르다, 옮기다; paat kannab viit inimest 그 보트는 5명을 태운다, 그 보트는 5인승이다 ② (옷 따위를) 입다, 걸치다; 들고 있다, 지니고 있다; poiss kannab prille 그 소년은 안경을 쓰고 있다 ③ 지지하다, 떠받들다; jää ei kanna veel 얼음은 아직 사람을 지탱할 정도가 되지 못한다
kanduma [동] 옮겨지다; 떠돌다
kaneel [명] 계피, 시나몬
kanep [명] [식물] 삼, 대마(大麻)
kang [명] 막대, 지렛대
kangas [명] 직물, 천, 피륙, 옷감
kangasteljed [명] 베틀, 직기
kange [형] 딱딱한, 단단한, 경직된, 굳은
kangekaelne [형] 고집 센, 완고한
kangekaelsus [명] 고집, 완고함
kangelane [명] 영웅
kangelanna [명] 여자 영웅
kangelaslik [형] 영웅적인
kangelastegu [명] 위업, 공훈, 영웅적인 행동
kangestuma [동] 딱딱해지다, 단단해지다, 경직되다, 굳어지다
kangestus [명] 딱딱함, 단단함, 경직됨, 굳음
kangur [명] 천을 짜는 사람, 직조공
kangus [명] ① 딱딱함, 단단함, 경직됨, 굳음 ② 고집 셈, 완고함
kangutama [동] (지렛대 따위로) 들어올리다
kanister [명] 캔, 깡통
kanjon [명] 깊은[큰] 협곡
kann [명] 물주전자, 물병

kannapööre [명] U턴; 180도 전환
kannatama [동] (고통·피해 따위를) 겪다, 당하다; 인내하다
kannatamatu [형] 참을성 없는
kannatlik [형] 참을성 있는
kannel [명] [음악] 카넬 (핀란드·에스토니아·카렐리아 지역의 전통 악기. 핀란드어로는 칸텔레)
kannibal [명] 식인종
kannike [명] [식물] 제비꽃
kannupoiss [명] 심복, 오른팔, 추종자
kannus [명] 박차(拍車)
kant [명] ① 가장자리, 변두리, 가 ② 시골, 지방
kantsel [명] 강단, 연단
kantselei [명] 사무실
kantseleitöötaja [명] 사무직 근로자
kantsler [명] (독일 등지의) 수상
kantud [형] 낡은, 닳은, 해진
kanuu [명] 카누
kaootiline [형] 혼돈된, 무질서한, 혼란한
kaos [명] 혼돈, 무질서, 카오스
kaotaja [명] 진 사람, 패배자
kaotama [동] ① 잃다, 분실[상실]하다 ② 지다, 실패하다
kaotus [명] ① 잃어버림, 분실; 손실, 상실 ② 패배, 짐
kapital [명] 자본금, 재원, 기금
kapitalism [명] 자본주의
kapitalist [명] 자본주의자
kapitalistlik [형] 자본주의의
kaplan [명] 예배당 목사
kapott [명] (자동차의) 보닛
kapp [명] 찬장, 장롱, 책장
kappama [동] (말(馬) 등이) 갤럽으로 달리다, 질주하다
kappkell [명] 대형 괘종시계

kapral [명] [군사] 상등병
kapriis [명] 변덕, 뜻밖의 급변
kapriisne [형] 변덕스러운
kapsas [명] [식물] 양배추
kapsel [명] 캡슐
kapten [명] 선장, 함장
kaptenisild [명] [항해] 조타실
kaputt [형] 결딴난
kapuuts [명] 두건, 후드
karaat [명] 캐럿 (보석의 무게 단위)
karahvin [명] 물병, 술병
karamell [명] 캐러멜
karantiin [명] 검역 격리; karantiini panema 검역 격리하다
karastama [동] 경화(硬化)하다, (금속을) 담금질하다
karastusjook [명] 청량 음료
karate [명] [스포츠] 가라테
karavan [명] (사막의) 대상(隊商); 여행자단
karbonaad [명] 자른 고깃점, 커틀릿
karburaator [명] [기계] (내연 기관의) 기화기(氣化器), 카뷰레터
kardin [명] 커튼
kardinal [명] [가톨릭] 추기경
kare [형] 거친, 조악한
kargama [동] 껑충 뛰다, 점프하다
karge [형] 아삭아삭한, 싱싱한
kari [명] ① 소 떼, 가축의 무리 ② 사람의 무리, 군중
Kariibi [형] 카리브해의; Kariibi meri 카리브해
karikas [명] (스포츠 등에서의) 우승컵, 트로피
karikatuur [명] 캐리커처
kariloom [명] 가축(류)
karisma [명] 카리스마(적 권위)

karismaatiline [형] 카리스마가 있는
karistama [동] 처벌하다, 징계하다; [법률] 형을 선고하다
karistamatus [명] 처벌을 면함
karistus [명] 처벌, 징계; [법률] 형의 선고
karistusala [명] [축구] 페널티 에어리어
karistuslöök [명] [축구] 페널티킥
karjamaa [명] 목장
karjane [명] 가축 떼
karjatama [동] ① (가축을) 치다 ② 새된 소리를 지르다
karjatus [명] 비명, 새된 소리
karjuma [동] 비명[새된 소리]을 지르다
karjus [명] 목자, 목동, 가축을 치는 사람
karjäär [명] ① 경력, 커리어 ② 노천 광산
kark [명] 버팀목, 지주
karkass [명] 뼈대, 골격
karm [형] 심한, 거친
karmiinpunane [형] 진홍색의, 시뻘건
karmistama [동] 거칠게 하다
karneval [명] 사육제(謝肉祭), 카니발
karp [명] 상자, 케이스, 박스
karpkala [명] [어류] 잉어
karri [명] 카레
karske [형] 절제하는; 정숙한
kartell [명] [경제] 카르텔, 기업 연합
kartlik [형] 두려워하는, 겁 많은
kartma [동] 두려워하다, 겁내다; ma kardan, et ta ei tule 나는 그가 오지 않을까 걱정이다
kartmatu [형] 겁 없는, 대담한
kartong [명] 판지 (상자)
kartoteek [명] 카드식 색인; 파일, 서류철
kartul [명] [식물] 감자

kartulipuder [명] 매시트포테이토
kartus [명] 우려, 걱정, 두려움
karu [명] [동물] 곰
karuohakas [명] [식물] 엉겅퀴
karusmari [명] [식물] 구스베리, 서양까치밥나무 열매
karusnahk [명] 모피
karussell [명] 회전목마
karv [명] 털; 모피
karvane [형] 털이 많은, 텁수룩한
karvkate [명] 모피, 털가죽
kas [소사] ① (의문문을 만들어) ~인가?; kas sa töötad? 너는 일하고 있니? ② ~인지 어떤지; ma ei tea, kas ta tuleb või mitte 나는 그녀가 올 지 안 올 지 알지 못한다
kasarm [명] 막사, 병영, 바라크
kasiino [명] 카지노, 도박장
kasin [형] 간소한; 빈약한
kasinus [명] 간소함; 빈약함
kask [명] [식물] 자작나무
kaskaad [명] 작은 폭포
kaskadöör [명] 스턴트맨
kaslane [명] [동물] 고양잇과의 동물
kass [명] [동물] 고양이
kassa [명] ① 돈궤 ② 매표소
kassapidaja [명] 출납원, 회계원
kassett [명] 카세트
kassettmagnetofon [명] 카세트 리코더
kassiir [명] 출납원, 회계원
kassikuld [명] 반짝거리는 금속 조각
kassipoeg [명] 새끼 고양이
kast [명] 상자, 박스, 케이스
kastan [명] [식물] 밤

kastanpruun [형] 밤색의
kaste [명] 소스, 드레싱
kastekann [명] 물뿌리개
kastma [동] 물을 뿌리다[대다]; 관개하다
kastreerima [동] 거세하다, 중성화하다
kastrul [명] 소스 냄비
kasu [명] 이익, 편익, 이득, 효용; kasu saama 이득을 보다
kasuahne [형] 보수[돈]를 목적으로 하는
kasuema [명] 의붓어머니, 계모; 양어머니
kasuisa [명] 의붓아버지; 양아버지
kasukas [명] 모피 코트
kasulaps [명] 의붓자식; 수양 자녀
kasulik [형] 이로운, 유익한, 유용한; on kasulik võõrkeel ära õppida 외국어를 배우는 것은 도움이 된다
kasum [명] (금전상의) 이득, 이익, 수익; kasum ja kahjum 손익
kasupoeg [명] 의붓아들; 양자, 양아들
kasusaaja [명] 수익자(受益者), 수혜인
kasutaja [명] 사용자, 이용자
kasutama [동] 사용하다, 이용하다; kui ma loen eesti ajalehte, kasutan eesti-inglise sõnaraamatut 나는 에스토니아어로 된 신문을 읽을 때 에스토니아어-영어 사전을 이용한다
kasutoov [형] 이로운, 유익한
kasutu [형] 쓸모없는, 무익한
kasutusjuhis [명] (제품 등의) 설명서
kasutütar [명] 의붓딸; 양녀
kasuvend [명] 의붓형제
kasuõde [명] 의붓자매
kasv [명] ① 성장, 자람, 발달 ② 키
kasvaja [명] [병리] 종양(腫瘍)

kasvama [동] 자라다, 성장[발달]하다; 확대[증대]되다; par-
tei liikmete arv kasvas väga kiiresti 당원(黨員)의 수가
급속히 증가했다
kasvatama [동] ① 성장[증대]시키다 ② 양육[교육]하다
kasvatamatu [형] 양육[교육]을 제대로 받지 못한
kasvatus [명] 양육, 교육
kasvuhoone [명] 온실
kataloog [명] 목록, 카탈로그
katalüsaator [명] [화학] 촉매
katarakt [명] [병리] 백내장
katarr [명] [병리] 카타르 (점막의 염증)
katastroof [명] 대참사, 대재난
katastroofiline [형] 큰 재앙의, 파멸의
kate [명] 덮개, 커버, 씌우는 것
katedraal [명] 대성당
kateeder [명] 부서; (대학의) 학과
kategooria [명] 범주, 부문, 카테고리
katekismus [명] [기독교] 교리 문답
katel [명] 솥
katik [명] (카메라의) 셔터
katk [명] 역병(疫病), 전염병
katkema [동] 그만두다, 중단하다, 끝내다
katkestama [동] (도중에서) 끊다, 방해하다
katki [형] 부서진, 망가진
katkuma [동] 따다, 뜯다, 뽑다
katma [동] 덮다, 씌우다, 가리다
katoliiklane [명] (로마) 가톨릭교도, 천주교 신자
katoliiklik [형] 가톨릭의, 천주교의
katoliiklus [명] (로마) 가톨릭교, 천주교
katoliku [형] 가톨릭의, 천주교의
katse [명] 시도, 노력; 시험, 실험

katseaeg [명] 시험 기간, 수습 기간
katseklaas [명] 시험관
katsesarv [명] [동물] 더듬이, 촉각
katsetama [동] 시험해보다
katsuma [동] ① 시도하다, 노력하다 ② 더듬다, 만지다, 느끼다
katsumus [명] 시련, 고난
katus [명] 지붕
katuseaken [명] 채광창
katusekorter [명] 건물의 최상층 주택
katuseluuk [명] 채광창, (자동차의) 선루프
kaua [부] 오랫동안; me ootasime teda kaua 나는 그를 오랫
  동안 기다렸다; kaua aega tagasi 오래 전에
kauaaegne [형] 오랜, 장기간의
kaubaartikkel [명] (상품의) 품목, 아이템
kaubad [명] 상품, 제품, 물품
kaubahall [명] 슈퍼마켓
kaubalaev [명] 화물선
kaubamaja [명] 백화점
kaubamärk [명] (등록) 상표, 트레이드마크
kaubandus [명] 교역, 통상, 거래; 상업
kaubanduskoda [명] 상공 회의소
kaubanduslik [형] 상업의, 상업적인
kaubarong [명] 화물 열차
kaubavahetus [명] 상품 거래소
kaubavalik [명] 상품의 구색
kaubitsema [동] 매매다하, 거래하다
kauboi [명] 카우보이
kaudne [형] 간접적인, 에두른, 모호한
kaudu [부] (~을) 통하여, 거쳐서
kaug- [형] 장거리의
kauge [형] 먼, 원거리의

kaugekõne [명] 장거리 전화
kaugel [부] (~으로부터) 멀리 떨어져서; kui kaugel on Tallinn? 탈린은 얼마나 멀리 떨어져 있나?, 탈린까지의 거리는 얼마나 되나?
kaugele [부] 멀리; me läksime kaugele 우리는 멀리 떠났다
kaugelt [부] 멀리서부터; ta hüüdis minule kaugelt 그녀는 멀리서 나를 불렀다
kaugjuhtimisega [형] 원격 조작되는
kaugus [명] 먼 거리
kaugushüpe [명] [육상] 멀리뛰기
kaugõpe [명] 통신 교육[학습] (과정)
kaun [명] 꼬투리, 깍지, 껍질
kaunis [형] 아름다운, 예쁜 — [부] 꽤, 상당히
kaunistama [동] 꾸미다, 장식하다
kaunistus [명] 꾸밈, 장식
kaunvili [명] [식물] 콩 종류
kaup [명] 상품, 물품
kauplema [동] 매매하다, 거래하다
kauplus [명] 가게, 상점
kaupmees [명] 상인
kauss [명] 사발, 공기
kaust [명] 서류철, 폴더, 파일
kautsjon [명] [법률] 보석
kava [명] 계획; 프로그램
kaval [형] 영리한, 교활한, 약삭빠른
kavaler [명] 남자 친구
kavalus [명] 영리함, 교활함, 약삭빠름
kavand [명] 설계, 계획, 기획, 배치
kavandama [동] 설계하다, 계획하다, 기획하다, 배치하다
kavatsema [동] 의도하다, 꾀하다, 계획하다, ~하려 작정하다
kavatsus [명] 의도, 계획, 작정

kederluu [명] [해부] 복사뼈
keedis [명] 잼
keeduplaat [명] 요리 도구, 핫플레이트
keegel [명] [스포츠] 볼링
keegi [대] 어떤, 어느, 누군가; keegi lähenes uksele 누군가가 문 쪽으로 다가왔다; keegi ei tahtnud kaasa tulla 아무도 같이 오려 하지 않았다
keel [명] ① 혀 ② 말, 언어; mis on teie emakeel? 당신의 모국어는 무엇입니까?
keelama [동] 금지하다, 막다, 못하게 하다
keeld [명] 금지, 금제
keelduma [동] 거부하다, 거절하다; 그만두다
keelepeks [명] 잡담, 가십
keeleteadlane [명] 언어학자
keeleteadus [명] 언어학
keeleteaduslik [형] 말의, 언어의
keeletu [형] 말문이 막힌
keelevääratus [명] 실언(失言), 잘못 말함
keelitama [동] 설득하다
keelpillid [명] [음악] 현악기
keelustama [동] 금지하다; 법률상의 보호를 박탈하다
keema [동] 끓다
keemia [명] 화학
keemik [명] 화학자
keemiline [형] 화학의, 화학적인; keemiline puhastus 세탁소
keemispunkt [명] [물리] 끓는점
keenia [형] 케냐의 — [명] K- 케냐
keenialane [명] 케냐 사람
keep [명] 외투, 망토
keerama [동] 돌리다, 비틀다, 감다
keerd [명] 말린[뒤틀린] 것, 꼰 것, 코일, 나선형의 것

keerduma [동] 돌돌 말리다, 뒤틀리다, 감기다
keeris [명] 소용돌이
keerlema [동] 빙빙 돌다, 소용돌이치다
keeruline [형] 복잡한, 까다로운, 해결하기 어려운
keerutama [동] 빙빙 돌리다, 소용돌이치게 하다
keetma [동] 끓이다; 조리하다
keevaline [형] 성미 급한, (감정 따위가) 격앙된
keevitama [동] 용접하다
keha [명] 몸, 신체; terves kehas terve vaim 건강한 신체에 건전한 정신
kehaehitus [명] 체격
kehakaal [명] 몸무게, 체중
kehakinnitus [명] 가벼운 음식물, 다과, 간식, 스낵
kehaline [형] 신체의; kehaline kasvatus 체육; kehalise puudega 신체 장애가 있는
kehastama [동] 체현(體現)하다
kehitama [동] 어깨를 으쓱하다
kehkenpüks [명] 맵시꾼
kehtestama [동] 수립하다; 도입하다, 제정하다; 실행하다
kehtetu [형] 무효의, (기한이 만기가 되어) 효력을 잃은
kehtima [동] 유효하다, 효력이 있다
kehtiv [형] 유효한, 효력이 있는
kehv [형] 빈약한, 초라한
kehvveresus [명] [병리] 빈혈(증)
keigar [명] 멋 부리는 사람
keiser [명] 황제
keisrinna [명] 황후; 여제(女帝)
keksima [동] ① 뛰어넘다 ② 자랑하다, 뽐내다, 과시하다
kelder [명] 지하실
keldi [형] 켈트의; keldi keel 켈트어
keldrikorrus [명] 지하층

kelgutama [동] 썰매로 가다
kelk [명] 썰매
kelkima [동] 으스대다, 허세 부리다
kell [명] ① 종, 벨 ② 시계; mu kell jääb taha 내 시계는 늦다, 느리게 간다 ― [부] ~시(時); mis kell on? 몇 시입니까?; kell on kuus hommikul 아침 6시다
kellamäng [명] 차임, 종 한 벌
kellassepp [명] 시계 제조[수리]인
kellavärk [명] 시계 장치
kelle [대] 누구의; kelle rahakott see on? 이것은 누구의 지갑인가?
kellu [명] 흙손, 모종삽
kelluke [명] 방울, 작은 종
kelm [명] 사기꾼, 비열한 인간
kelner [명] 웨이터, 시중 드는 사람
kelt [명] 켈트 사람
kemikaal [명] 화학 물질
kena [형] 멋진, 예쁜, 귀여운, 잘생긴, 단정한
kentsakas [형] 기묘한, 웃기는
kepp [명] 막대기, 봉
keppima [동] (비어로) 성교하다
kera [명] 공, 구(球)
keraamika [명] 도기류(陶器類), 요업(窯業) 제품
keraamiline [형] 도기류의, 요업의
kere [명] 몸통
keretäis [명] 매질, 채찍질
kerge [형] ① 가벼운 ② 쉬운, 간단한 ③ 대단치 않은, 간소한; kerge eine 가벼운 식사
kergejõustik [명] [스포츠] 육상 경기
kergemeelne [형] 경박한, 경솔한
kergendama [동] 가볍게[쉽게] 하다, 경감하다, 완화하다

kergendus [명] 경감, 완화
kergeusklik [형] (남을) 쉽게 믿는
kergitama [동] 들어올리다
kerglane [형] 경박한, 경솔한
kergus [명] 쉬움, 용이함
kerima [동] 감다, 돌돌 말다
kerjama [동] 구걸하다
kerjus [명] 거지, 걸인
kerkima [동] (위로) 오르다, 올라가다
kes [대] ① [의문대명사] 누구; kes see on? 이 사람은 누구인가?; keda te ootate? 누구를 기다리시는지요?; kes iganes 누구나, 누구든지; ma ei tea, kes see oli 난 그게 누구였는지 모른다 ② [관계대명사] ~하는[인] 사람; me-es, kes seal seisab, on mu isa 저기에 서 있는 분은 내 아버지다
kese [명] 중심, 가운데
keset [전] (~의) 한가운데에, 중앙에
kesk- [형] 중앙의, 중간의
Kesk-Aasia [명] 중앙아시아
keskaeg [명] [역사] 중세
keskaegne [형] 중세의
Kesk-Ameerika [명] 중앙아메리카
keskel [부] 한가운데에, 중앙에
keskenduma [동] (~에) 집중되다, 초점이 맞춰지다
keskiga [명] 중년 (40~60세의 나이)
keskklass [명] 중류 계급, 중산층
keskkoht [명] 중앙, 중간 위치
keskkond [명] 주변, 환경
keskkool [명] 중등[고등]학교
keskküte [명] 중앙 난방
kesklinn [명] 도심, 다운타운

keskmine [명] 평균, 중간
keskne [형] 중앙의
keskpunkt [명] 중심점
keskpäev [명] 정오, 한낮
keskpäevaeine [명] 점심 (식사)
keskpärane [형] 평범한, 중간쯤 가는, 그저 그런
kesksugu [명] [문법] 중성
kesksõna [명] [문법] 분사
keskus [명] 중심, 중앙, 센터
keskvõrre [명] [문법] 비교급
kesköö [명] 자정, 한밤중
kest [명] 껍질, 껍데기; 케이스
kestel [부] ~ 동안에, ~ 내에서
kestendama [동] 껍질[껍데기]를 벗기다
kestev [형] 영구적인, 계속되는, 지속적인
kestma [동] 계속되다, 지속하다; võistlused kestavad üle nädala 컨테스트는 1주간 계속된다; see riie kestab kaua 이 옷은 오래 간다, 내구성이 좋다
kestus [명] 계속, 지속, 존속
ketas [명] ① (납작한) 원반 ② [컴퓨터] 디스크
ketrama [동] 오래 끌다
ketser [명] [가톨릭] 이교도, 이단자
ketserlus [명] [가톨릭] 이교, 이단
ketšup [명] 케첩
kett [명] 줄, 체인
kettaheide [명] [육상] 원반던지기
kettaseade [명] [컴퓨터] 디스크 드라이브
kevad [명] 봄(春)
kibe [형] ① (맛이) 쓴 ② 쓰라린, 가혹한; 신랄한
kibedus [명] 씀, 쓴 맛
kibestumus [명] 신랄함

kida [명] 미늘, 갈고리
kidakeelne [형] 혀가 짧은, 혀짤배기의
kihar [명] (머리의) 컬; 타래
kihelema [동] 쑤시다, 따끔따끔하다
kihelkond [명] 교구(敎區)
kihelus [명] 쑤심, 따끔따끔함
kihin [명] 쉿하는 소리
kihisema [동] 쉿하는 소리가 나다
kihistama [동] 킬킬 웃다
kihlatu [명] 약혼자
kihlatud [형] 약혼한
kihla vedama [동] 내기하다, (돈 따위를) 걸다
kihluma [동] (~와) 약혼하다
kihlus [명] 약혼
kihlvedu [명] 내기, 걸기, 베팅
kiht [명] 층(層), 켜
kihutama [동] 질주하다, (자동차 따위를) 빨리 몰다
kihv [명] (동물의) 엄니
kii [명] (당구의) 큐
kiiduväärne [형] 칭찬할 만한, 훌륭한
kiigutama [동] (이리저리) 흔들다
kiik [명] (이리저리) 흔들림, 움직임
kiiktool [명] 흔들의자
kiikuma [동] (이리저리) 흔들리다
kiil [명] ① 쐐기 ② [항해] 용골 ③ [곤충] 잠자리
kiilaspäine [형] 대머리의
kiilsõna [명] [문법] 괄호
kiiluma [동] 비집고 들다
kiimaline [형] 호색의, 음란한
kiinduma [동] (~에게) 반하다, 애정을 느끼다
kiindumus [명] 애정

kiip [명] [전자] 칩
kiir¹ [명] (한 줄기의) 광선
kiir-² [형] 고속의, 급행의
kiirabiauto [명] 구급차, 앰뷸런스
kiird [명] 정수리
kiire [형] ① 빠른, 신속한, 급속한 ② 즉시의, 즉각적인 ③ 바쁜, 서두르는; tal on kiire 그는 서두르고 있다 ④ 긴급한
kiirendama [동] 빠르게 하다, 속도를 내다, 가속시키다
kiirendus [명] 가속, 빠르게 함
kiiresti [부] 빨리, 신속하게, 곧; laps kasvab kiiresti 아이는 빨리 성장한다
kiirgama [동] (빛 따위를) 발하다, 방사[복사]하다
kiirgus [명] 방사, 복사
kiirkiri [명] 속기(速記)
kiirkirjutaja [명] 속기사
kiirkuller [명] 속달 서비스
kiirköitja [명] 바인더, 파일
kiirpilk [명] 대강 훑어보기
kiirrong [명] 급행 열차
kiirteade [명] 급파, 특파, 급송
kiirtee [명] 고속도로
kiirtoit [명] 패스트푸드
kiirus [명] ① 빠르기, 속도, 속력; rong sõitis kiirusega 80 kilomeetrit tunniskiirust 기차는 시속 80km로 달렸다; lisama[ületama] 가속하다, 속력을 내다; kiirust vähendama 속도를 늦추다 ② 급함, 서두름
kiirusemõõdik [명] (자동차 등의) 속도계
kiiruspiirang [명] 속도 제한
kiirustama [동] 급하다, 서두르다
kiiskav [형] 번지르르한, 현란한
kiisu [명] [소아어] 고양이

kiitlema [동] 자랑하다, 떠벌리다
kiitma [동] 칭찬하다, 갈채하다
kiitsakas [형] 마르고 키 큰, 호리호리한
kiitus [명] 칭찬
kiiver [명] 투구, 헬멧
kiivi [명] ① [조류] 키위 ② [식물] 키위
kikilips [명] 보 타이, 나비넥타이
kikivarvul [부] 발끝으로 (걸어)
kild [명] (쪼개진) 조각, 토막
kildkond [명] 도당(徒黨), 파벌
kile^1 [명] ① 얇은 막 ② 플라스틱, 합성수지
kile^2 [형] 음조가 높은[날카로운], 새된 소리의
kilekott [명] 비닐 봉지
kilisema [동] 울리다, 소리가 나다
kiljatus [명] 비명, 날카로운 소리
kiljuma [동] 비명[새된 소리]을 지르다
kilk [명] [곤충] 귀뚜라미
kilkama [동] 비명[새된 소리]을 지르다
killustama [동] 쪼개다, 찢다
kilo(gramm) [명] [무게의 단위] 킬로그램 (kg)
kilomeeter [명] [길이의 단위] 킬로미터 (km)
kilovatt [명] [전기] 킬로와트 (전력의 단위)
kilovatt-tund [명] [전기] 킬로와트시(時)
kilp [명] ① 껍데기 ② 방패
kilpkonn [명] [동물] 거북
kilt [명] 킬트 (스코틀랜드에서 남자가 전통적으로 입는 체크 무늬의 스커트)
kilttursk [명] [어류] 해덕 (대구의 일종)
kimalane [명] [곤충] 뒝벌
kimbatus [명] 곤경, 궁지
kimbutama [동] (약자 등을) 괴롭히다

kimp [명] 다발, 묶음

kindel [형] ① 굳은, 견고한, 튼튼한 ② 확실한, 틀림없는; 확고한, 확정된; ta on selles kindel 그는 이것을 확신한다; ta andis kindla lubaduse 그녀는 굳은 약속을 했다 ③ 믿음직한, 의지해도 될 만한 ④ kindel kõneviis [문법] 직설법(直說法)

kindlasti [부] 확실히, 틀림없이, 꼭; ma tulen kindlasti 나는 반드시 온다

kindlus [명] ① 성채, 요새 ② 견고함, 확고부동

kindlustama [동] ① 확실하게 하다; (만약의 사태 등에) 대비하다 ② [군사] 요새화하다

kindlustus [명] 보증; 보험

kindlustuspoliis [명] 보험 증서[증권]

kindral [명] 장군

kineetika [명] [물리] 동역학(動力學)

kineetiline [형] [물리] 운동(학상)의, 동역학의

king [명] 신발, 구두

kingaviks [명] 구두 (윤내는) 약

kingitus [명] 선물

kingsepp [명] 구두 수선업자, 제화업자

kink [명] 선물

kinkekaart [명] 상품권

kinkima [동] 선물로 주다, 선사하다

kinnas [명] 장갑

kinni [형] ① 닫힌, 폐쇄된; palun pane aken kinni! 창문을 닫아 주세요!; pühapäeval on poed kinni 일요일에는 가게가 문을 닫는다; kinni panema 폐쇄하다 ② (전화·자리 따위가) 사용 중인; kas see koht on kinni? 이 자리 찼습니까? ③ 고정된; kinni hoidma (꽉) 붙들다; kinni siduma (꽉) 묶다, 싸매다, 동이다

kinnine [형] ① 남과 교류가 없는, 과묵한 ② 비공개의, 폐쇄

적인
kinnisidee [명] 고착, 고정; 고정 관념, 강박 관념
kinnisvara [명] 물적 재산, 부동산
kinnisvarabüroo [명] 부동산 중개업소
kinnisvaramaakler [명] 부동산 중개업자
kinnitama [동] ① 고정시키다 ② 확인[확증]하다; mees kinnitas, et oli naist päeval näinud 남자는 낮에 그 여자를 목격했다고 증언했다
kinnitus [명] 확인, 확증
kino [명] 영화관
kiosk [명] 키오스크, 가판대
kipitama [동] 콕콕 쑤시다, 따끔거리다
kips [명] 회반죽; 석고, 깁스
kirde- [형] 북동쪽의
kirema [동] 수탉이 울다
kirg [명] 열정, 열심
kirgas [형] 밝은, 맑은
kirglik [형] 열정적인, 열심인
kiri [명] 편지; 글 쓴 것, 기록한 것; kirja panema 적어두다, 기록하다
kirik [명] 교회
kiriklik [형] 교회의, 종교적인
kirikuaed [명] 교회의 뜰[경내]
kirikukell [명] 교회의 종
kirikukogu [명] 종교 회의
kirikulaul [명] 성가(聖歌), 찬송가
kirikumuusika [명] 교회 음악
kirikuõpetaja [명] 성직자, 목사
kirjaklamber [명] 종이 집게, 클립
kirjalik [형] 글로 쓰인, 서면으로 된; kirjalik eksam 필기 시험

kirjand [명] 작문; 에세이
kirjandus [명] 문학
kirjanduslik [형] 문학의, 문학적인
kirjanik [명] 글 쓰는 사람, 작가
kirjaoskamatu [형] 글자를 모르는, 문맹의
kirjaoskus [명] 문맹
kirjapaber [명] 문구류; 메모지, 편지지
kirjapilu [명] 우편함
kirjaplokk [명] (한 장씩 떼어 쓰는) 편지지
kirjapress [명] (종이를 누르는) 문진(文鎭)
kirjasaatja [명] 통신원, 특파원
kirjastaja [명] 출판업자
kirjastama [동] 출판하다
kirjastamisõigus [명] 저작권
kirjastus [명] 출판사
kirjasõber [명] 편지 친구, 펜팔
kirjatuvi [명] 전서구(傳書鳩)
kirjatäht [명] 문자, 글자
kirjavahemärk [명] 구두점
kirjavahetus [명] 서신 왕래; kirjavahetust pidama (~와) 서신 왕래를 하다, 편지를 주고 받다
kirjeldama [동] 묘사하다, 그리다
kirjeldamatu [형] 형언할 수 없는
kirjeldus [명] 묘사, 기술(記述)
kirjutama [동] (글을) 쓰다; 타이프를 치다; kuidas te kirjutate oma nime? 당신의 이름은 어떻게 씁니까?; palun kirjuta mulle! 나에게 글을 써 주세요!
kirjutis [명] 글 쓰기
kirjutuslaud [명] (사무용) 책상
kirjutusmasin [명] 타이프라이터, 타자기
kirjutustarbed [명] 문구류

kirka [명] 곡괭이
kirp [명] [곤충] 벼룩
kirre [명] 북동쪽
kirsipuu [명] [식물] 벚나무
kirss [명] 체리, 버찌
kirst [명] 상자; 관(棺)
kiruma [동] (~에게) 욕을 하다
kirurg [명] 외과 의사
kirurgia [명] [의학] 외과
kirurgiline [형] 외과의, 외과적인
kirves [명] 도끼
kisa [명] 큰 소리, 떠들썩함; kisa ja lärm 왁자지껄한 소리
kisama [동] 큰 소리를 지르다, 고함치다
kiskja [명] 약탈자
kisklema [동] 싸우다, 격투하다
kisma [명] 싸움, 격투
kitarr [명] [음악] 기타
kitarrimängija [명] 기타리스트, 기타 연주자
kitkuma [동] 잡아뜯다
kits [명] [동물] 염소
kitsarinnaline [형] 마음이 좁은, 옹졸한
kitsas [형] 좁은; 꼭 끼는, 타이트한; need kingad on kitsad 구두가 꽉 끼는구나
kitsemurakas [명] [식물] 검은딸기, 블랙베리
kitsendama [동] 좁히다; 제한하다; 압박하다
kitsendus [명] 제한, 한정; 압박
kitsenema [동] 좁아지다
kitsi [형] 인색한, 구두쇠의
kitsikus [명] 곤란, 곤경, 궁지; kitsikuses 곤경에 빠져
kitt [명] 퍼티 (접합제의 일종)
kittel [명] 겉옷, 가운

kiud [명] 필라멘트; 섬유
kiuline [형] 섬유질의
kiunuma [동] 낑낑거리며 울다
kius [명] 악의, 심술; kiusu pärast 악의로
kiusama [동] 괴롭히다
kiusatus [명] 유혹; kiusatusse viima 유혹하다
kiuslik [형] 악의에 찬
kiuste [부] (~에도) 불구하고
kiusukott [명] 말썽꾸러기
kivi [명] ① 돌, 바위 ② 큰 부담, (마음의) 무거운 짐
kiviaeg [명] [고고학] 석기 시대
kiviklibu [명] 자갈
kivine [형] 돌의, 돌 같은
kiviplaat [명] (포장용) 판석(板石), 포석(鋪石)
kivistis [명] 화석
kivistuma [동] 돌처럼 굳다
kivisüsi [명] 석탄
kivitahvel [명] 점판암(粘板岩), 슬레이트
kivitrükk [명] 석판술, 석판 인쇄
klaarima [동] 해결하다, 처리하다, 끝내다; 뚜렷하게 하다; a-rveid klaarima 결산하다, 거래를 청산하다
klaas [명] 유리; 유리잔
klaasesemed [명] 유리 제품
klaasima [동] 유리를 끼우다
klaasipuhasti [명] (자동차 앞창에 붙어 있는) 유리 닦개, 와이퍼
klaasjas [형] 유리 같은
klaaskiud [명] 섬유 유리
klaaspaneel [명] 판유리
klahv [명] 건(鍵), 키
klahvistik [명] 건반; 키보드

klamber [명] 꺾쇠, 죔쇠, 버클
klambrilööja [명] 스테이플러
klammerdama [동] 꺾쇠 따위로 고정시키다
klammerduma [동] 달라붙다, 고정되다
klann [명] 씨족, 일족
klapp [명] 뚜껑, 밸브
klappima [동] 맞다, 부합하다, 일치하다
klarnet [명] [음악] 클라리넷
klass [명] ① 종류, 부류 ② 등급; (학교의) 학년
klassifikatsioon [명] 분류
klassika [명] 고전(古典)
klassikaaslane [명] 학급 동료, 반 친구
klassikaline [형] 고전의; klassikaline muusika 고전 음악, 클래식 음악
klassiruum [명] 교실
klassivanem [명] (학급의) 반장
klatš [명] 험담, 뒷공론, 중상
klausel [명] 절(節), 조항
klaver [명] [음악] 피아노
klaverikunstnik [명] 피아니스트, 피아노 연주자
klaviatuur [명] 건반; 키보드
kleenuke [형] 날씬한, 마른 체격의
kleepima [동] (풀 따위로) 붙이다
kleeplint [명] (붙이는) 테이프
kleeps [명] 스티커
kleepuma [동] 달라붙다
kleepuv [형] 끈적끈적한, 달라붙는, 점착성의
kleit [명] 드레스; 가운
kleptomaania [명] 도벽(盜癖)
klerikaalne [형] 성직자의, 목사의
klienditeenindus [명] 고객 서비스

klient [명] 고객, 손님, 단골
kliid [명] 밀기울, 겨
kliima [명] 기후
kliimaks [명] 절정, 클라이맥스
kliinik [명] 진료소, 개인[전문] 병원, 클리닉
kliiniline [형] 임상의; 병상의
kliister [명] (사무용) 풀
kliitor [명] [해부] 음핵, 클리토리스
klikk [명] 도당, 파벌
klimaatiline [형] 기후상의, 풍토적인
klimp [명] 덩어리
klirin [명] 딸랑딸랑[땡땡] 울리는 소리
klirisema [동] 딸랑딸랑[땡땡] 울리다
klišee [명] 상투어, 진부한 표현
kloaak [명] ① [동물] (조류 등의) 배설강(排泄腔) ② 하수구
klobima [동] 호되게 때리다
klomp [명] 덩어리, 덩이
kloon [명] [생물] 복제 생물, 클론
kloor [명] [화학] 염소
klooster [명] 수도원, 수녀원
kloppima [동] 강타하다, 세게 때리다
kloriid [명] [화학] 염화물
kloroform [명] [화학] 클로로포름
kloun [명] (어릿)광대
klubi [명] 클럽, 조합
klõpsama [동] 딸깍하고 ~하다
klähvima [동] (개 따위가) 시끄럽게 짖어대다
knopka [명] 압정, 제도 핀
koaala [명] [동물] 코알라
koaguleeruma [동] 응고하다, 굳어지다
koalitsioon [명] 연합, 제휴, 연립

kobakäpp [명] 손재주가 없는 사람, 손이 서투른 사람
kobama [동] 손으로 더듬어 찾다
kobar [명] 떼, 무리; kobarasse kogunema 떼지어 모이다
kobras [명] [동물] 비버
koda [명] [정치] (상·하원의) 원(院)
kodakondsus [명] 시민권; 국적
kodanik [명] 시민, 국민
kodanikuõigused [명] (공)민권
kodanlane [명] (중산 계급의) 시민, 부르주아
kodanlik [형] 중산 계급의, 부르주아의
kodanlus [명] 중산 계급, 부르주아지
kodar [명] (차바퀴의) 살
kodeerima [동] 암호; kodeeritud 암호로
kodu [명] 가정, 집; kodus 집에 (있어); ma tunnen end siin nagu (oma) kodus 이곳은 내 집과도 같다, 내 집처럼 편하다
koduabiline [형] 가정부
koduigatsus [명] 향수(병); koduigatsust tundma 집을 그리워하다
kodujuust [명] 코티지 치즈
kodulehekülg [명] [컴퓨터] 홈페이지
kodulinnud [명] 가금(家禽)
koduloom [명] 가축
kodumaa [명] 모국, 고국; kodumaale saatma 본국으로 송환하다
kodumaine [형] ① 집의, 집에서 만든[생산한] ② 국내의
kodune [형] 가정의, 가정적인
kodunema [동] (새 집 등에) 자리를 잡다
kodunt [부] 집에서, 집으로부터; ta läks kodunt ära 그는 집을 나왔다
koduperenaine [명] 가정 주부

kodused [명] (한 지방의) 사람들
kodusõda [명] 내전(內戰)
kodutehtud [형] 집에서 만든
kodutu [형/명] 집 없는 (사람)
kodutöö [명] 숙제
koefitsient [명] [수학] 계수(係數)
koer [명] [동물] 개; kuri koer! 개 조심!; nad elavad nagu kass ja koer 그들은 견원지간이다
koerakuut [명] 개집
koerarihm [명] 개를 묶어두는 줄
kofeiin [명] [화학] 카페인
kogelema [동] 말을 더듬다
kogema [동] 겪다, 경험하다
kogemata [부] 우연히, 모르고서
kogemus [명] 경험
kogenematu [형] 경험 없는, 미숙한
kogenud [형] 경험 많은, 능숙한
kogu [형] 모든, 전체의, 전부의; ta kaotas kogu oma varanduse 그는 전재산을 잃었다; inglise keelt kõneldakse kogu maailmas 영어는 세계 도처에서 통용된다 — [명] 모임, 단체, 회합
kogudus [명] 회중(會衆), 모인 사람들
koguja [명] 수집가, 모으는 사람
kogukas [명] 크기[부피]가 큰
kogukond [명] 공동체, 커뮤니티
kogum [명] 집합체
koguma [동] 모으다, 수집하다
kogumik [명] 수집[편집]물
kogunema [동] 모이다, 집합하다
kogunemine [명] 모임, 결집, 집합
kogunemiskoht [명] 집합 장소

koguni [부] ① 아주 ② ~조차, ~까지도; koguni juulis oli seal külm 그곳은 7월인데도 추웠다
kogupanus [명] (내기에) 건 돈
kogupauk [명] 일제 사격
kogus [명] 양(量)
kogusumma [명] 합계, 총계
koguteos [명] 선집, 작품 모음집
kohal [후] ① (~의) 위에(서); ~ 너머; linna kohal lendasid mustad lennukid 검은 비행기들이 마을 상공을 날았다 ② (어느 장소에) 나와 있어, 출석하여; härra Tamm ei ole kohal 탐씨는 자리를 비우고 있다
kohaletoimetamine [명] 배달, 배송
kohalik [형] 지역의, 그 지방 고유의; kell on kümme kohaliku aja järgi 현지 시각은 10시다
kohalolek [명] 출석
kohalt [후] 위로부터
kohandama [동] 맞추다, 조정하다
kohanduma [동] (~에) 자신을 맞추다, 순응하다
kohane [형] 적절한, 알맞은
kohanema [동] (~에) 자신을 맞추다, 순응하다
kohanemisvõimeline [형] 적응성이 있는
kohanimi [명] 지명(地名)
kohapeal [부] 현장에서, 그 자리에서
kohatu [형] 부적절한
kohe [부] 곧, 즉시, 당장, ~하자마자
kohendama [동] ① 조정하다, 정돈하다 ② (불 따위를) 쑤셔 돋우다
kohene [형] 즉각의, 즉시의
kohev [형] 보풀의, 솜털의
kohin [명] 살랑거리는 소리
kohisema [동] 살랑살랑 소리를 내다

kohitsema [동] 거세하다, 중성화하다
kohkuma [동] 깜짝 놀라다, 겁을 먹다
kohkumus [명] 놀람, 당황, 충격
kohmakas [형] 서투른, 어색한, 어설픈, 꼴사나운
kohmetu [형] 당혹스러운, 어쩔 줄 모르는
kohmitsema [동] 어설프게 다루다
koht [명] 장소, 위치, 자리, 곳; kas see koht on kinni [vaba]? 이 자리 차[비어] 있습니까?; vabu kohti ei ole (호텔에서) 빈 방 없음; esimesele kohale tuli meie võistkond 우리 팀이 1등을 차지했다
kohta [후] (~에) 대하여, 관(련)하여; mis sina selle kohta arvad? 이것에 대해 어떻게 생각해?; kogu linna kohta on vaid kaks arsti 도시 전체에 의사가 두 명 밖에 없다
kohtama [동] (~을) 만나다, 마주치다
kohting [명] 만날 약속, 데이트
kohtlane [형] (생각이) 단순한, 재치 없는, 어리석은
kohtlema [동] 다루다, 취급하다
kohtualune [명] [법률] 피고인
kohtuasi [명] [법률] 소송, 고소; 소송 사건; kohtuasja algatama (~에 대해) 소송 절차를 밟다
kohtukutse [명] [법률] 소환장
kohtuma [동] (~와) 만나다; ma kohtusin temaga kaks aastat tagasi 나는 그녀를 2년 전에 만났다; võistlusel kohtusid Eesti ja Soome meeskonnad 시합에서 에스토니아와 핀란드가 만났다
kohtumeditsiin [명] 법의학
kohtumine [명] ① 만날 약속; 회합 ② 경기, 시합, 매치
kohtumispaik [명] 회합 장소
kohtumõistmine [명] 사법권, 재판권
kohtunik [명] ① 재판관, 법관, 판사 ② [스포츠] 심판
kohtuotsus [명] [법률] 판결, 선고; (배심원의) 평결

kohtuprotsess [명] [법률] 소송 절차; 재판, 심리(審理)
kohtutäitur [명] 법 집행관
kohupiim [명] 응유(凝乳)
kohupiimakook [명] 치즈케이크
kohus [명] ① 법정, 법원; kohtusse kaebama 고소하다, 소송을 제기하다 ② 의무, 임무
kohusetäitja [명] 직무 대리인
kohustama [동] 의무 따위를 지우다, 속박하다, 강요하다
kohustuma [동] (일을) 떠맡다
kohustus [명] 의무, 임무, 책임, 해야 할 일
kohustuslik [형] 의무적인, 강제의
kohutama [동] 겁을 주다, 무섭게 하다, 당황하게 하다
kohutav [형] 무서운, 두려운, 겁나는, 충격적인
kohv [명] 커피
kohver [명] 여행 가방, 슈트케이스
kohvik [명] 카페, 커피숍
kohvikann [명] 커피 포트
kohvimasin [명] 퍼컬레이터 (여과 장치가 달린 커피 끓이개)
kohvipaks [명] 커피 찌꺼기
kohvitass [명] 커피잔
kohviuba [명] 커피콩, 커피 원두
kohviveski [명] 커피 가는 기구
koi [명] ① 침대 ② [곤충] 나방
koidik [명] 새벽, 여명
koiliblikas [명] [곤충] 나방
koit [명] 새벽, 여명
koitma [동] 새벽이 되다, 동이 트다
kojamees [명] (건물의) 관리인
koju [부] 집으로
kokaiin [명] 코카인 (마약)
kokandus [명] 요리(법)

kokaraamat [명] 요리책
kokk [명] 요리사
kokku [부] 다같이, 전체로; neid oli kokku kuus 그들은 다 합쳐 6명이었다
kokkuhoid [명] 절약, 검약
kokkuhoidlik [형] 검소한, 절약하는
kokkulepe [명] 합의, 협정, 타협, 거래
kokkumäng [명] 고의로 계획한 일, 짜고 한 일
kokkupõrge [명] 부딪침, 충돌
kokkusaamine [명] 만남; 만날 약속
kokkusattumus [명] 우연의 일치
kokkutulek [명] 만남, 모임, 재회
kokkuvarisemine [명] 붕괴, 몰락, 쇠약
kokkuvõte [명] 요약, 개요
kokkuvõtlik [형] 간결한, 요약된
kokpit [명] (비행기 등의) 조종석
kokteil [명] 칵테일; 셰이크
kokutama [동] 말을 더듬다
kolb [명] (화학 실험용) 플라스크
kole [형] 못생긴, 추한, 보기 흉한
koletis [명] 괴물
koletislik [형] 괴물 같은, 흉측한
kolgas [명] 시골, 지방, 오지
koli [명] 잡동사니, 소지품
kolima [동] 이사가다, 이주하다
kolin [명] 달가닥거리는 소리
kolisema [동] 달가닥거리다
kolistama [동] 달가닥거리게 하다
kolkima [동] 강타하다
kollaboratsioon [명] 협동, 합작, 협업
kollakaspruun [형] 엷은 황갈색의

kollane [형] 노란, 황색의
kollanokk [명] 신출내기, 풋내기, 초심자
kollaps [명] [의학] 신경쇠약
kollatõbi [명] [병리] 황달
kolle [명] 벽난로, 노(爐)
kolledž [명] (단과) 대학
kolleeg [명] (직장 등의) 동료
kollektiiv [명] 집단, 공동체
kollektiivne [형] 집합적인, 집단적인
kollektsionäär [형] 수집가
kolm [수] 셋 (3)
kolmandik [명] 3분의 1
kolmapäev [명] 수요일
kolmas [수] 제3의, 셋째의; kolmas maailm 제3세계
kolmekordistama [동] 3중[배]으로 하다
kolmekordne [형] 3중의, 3배의
kolmekümnes [형] 제30의, 30번째의
kolmemõõtmeline [형] 3차원의
kolmeteistkümnes [형] 제13의, 13번째의
kolmik [명] 세 개 한 벌
kolmikhüpe [명] [육상] 세단뛰기
kolmjalg [명] 삼각대
kolmkümmend [수] 삼십 (30)
kolmnurk [명] 삼각형
kolmnurkne [형] 삼각형의
kolmteist [수] 십삼 (13)
kolmveerand [명] 4분의 3; kolmveerand kaks 1시 45분
kolonel [명] [군사] 대령
kolonialism [명] 식민지주의, 식민정책
koloniseerima [동] 식민지로 개척하다
kolonist [명] 식민지 개척자, 해외 이주자

koloonia [명] 식민지
koloriit [명] 착색, 채색
kolossaalne [형] 거대한, 어마어마한
kolp [명] 두개골, 해골
koma [명] [문법] 쉼표, 콤마 (,); 소수점
komando [명] [군사] 대(隊)
komandör [명] [군사] 지휘자, 사령관
kombed [명] 태도, 몸가짐, 품행
komberdama [동] 터벅터벅 걷다
kombetalitus [명] 의식, 의례
kombinatsioon [명] 결합, 조합
kombinee [명] 속치마, 슬립
kombineerima [동] 결합하다, 조합하다
kombinesoon [명] 위아래가 붙은 옷
kombits [명] [동물] 촉수, 촉각, 더듬이
komeet [명] [천문] 혜성
komisjon [명] 수수료, 커미션
komistama [동] 발부리가 걸려 비틀거리다
komistuskivi [명] 방해물, 장애물
komitee [명] 위원회
komm [명] 사탕, 단 것
komme [명] 습관, 관습
kommentaar [명] 논평, 의견, 코멘트
kommentaator [명] 논평자, 코멘트를 하는 사람
kommenteerima [동] 논평하다, 코멘트하다
kommerts- [형] 상업의, 상업적인
kommunaal- [형] 공동(사회)의, 공용의
kommunaalteenus [명] 공익 설비
kommunism [명] 공산주의
kommunist [명] 공산주의자
kommunistlik [형] 공산주의(자)의

kommuun [명] 코뮌, 지방 자치체
kommünikee [명] 코뮈니케, (외교상의) 공식 발표, 성명(서)
kompaktne [형] 조밀한, 빽빽한
kompanii [명] 회사, 상사
kompass [명] 나침반
kompensatsioon [명] 보상, 보답
kompenseerima [동] 보상하다, 보답하다
kompetentne [형] 유능한, 자격 있는
kompima [동] 느끼다, 만지다
kompimismeel [명] 촉각(觸覺)
kompleks [명] [심리] 콤플렉스
kompleksne [형] 복합의; 통합된, 일괄적인, 포괄적인
komplekt [명] 한 벌, 세트, 키트
komplekteerima [동] (완전하게) 채우다, 갖추어 주다
komplikatsioon [명] 복잡함
kompliment [명] 칭찬, 듣기 좋은 말
komplitseerima [동] 복잡하게 하다, 뒤얽히게 만들다
komponent [명] 구성 요소, 성분
kompost [명] 혼합물
kompromiss [명] 타협
kompromiteerima [동] 타협하다; 명성을 더럽히다
kompvek [명] 사탕, 캔디
komödiant [명] 희극인, 코미디언
komöödia [명] 희극, 코미디
konarlik [형] 고르지 않은, 울퉁불퉁한
kondenseerima [동] 응축하다
kondiitritooted [명] 빵・과자류
kondine [형] 바싹 여윈, 피골이 상접한
kondoom [명] 콘돔
kondor [명] [조류] 콘도르
konduktor [명] 안내자, 지도자

konfidentsiaalne [형] 기밀의, 내밀한
konfiskeerima [동] 몰수하다, 압수하다
konflikt [명] 충돌, 대립, 마찰
konföderatsioon [명] 연합, 동맹
kong [명] 세포
kongress [명] 집회, 대회, 평의원회
kongus [형] 갈고리 모양의
koni [명] 토막, 동강
konkreetne [형] 구체적인, 뚜렷한
konks [명] 갈고리
konkurent [명] 경쟁자, 라이벌
konkurents [명] 경쟁
konn [명] [동물] 개구리
konnakulles [명] 올챙이
konnasilm [동] [병리] (발가락의) 티눈, 못
konserv [명] 설탕 조림, 잼
konservant [명] 보존의, 보존력이 있는
konservatiiv [명] 보수적인 사람
konservatiivne [형] 보수적인
konservatoorium [명] 음악 학교, 콘서버토리
konserveerima [동] ① 보존하다 ② (식품을) 통조림으로 하다 [만들다]
konserviavaja [명] 깡통 따개
konservikarp [명] 깡통, 캔
konsistents [명] 일관성, 모순이 없음
konsolideeruma [동] 합병되다; 굳어지다
konsonant [명] [언어] 자음
konsool [명] 콘솔
konstaabel [명] 경찰관
konstant [명] [수학·물리] 상수(常數)
konstrueerima [동] 건설하다, 세우다

konstruktiivne [형] 건설적인
konstruktsioon [명] 건설
konsul [명] 영사(領事)
konsulaat [명] 영사관
konsultatsioon [명] 상담, 상의, 자문을 받음
konsulteerima [동] 상담하다, 상의하다
kont [명] 뼈
kontakt [명] 접촉, 연락
kontaktlääts [명] 콘택트렌즈
konteiner [명] 컨테이너
kontekst [명] 문맥, 문장의 전후 관계
kontinent [명] 대륙
kontinentaalne [형] 대륙(성)의
kontor [명] 사무실
kontoritöötaja [명] 사무직 근로자
kontrabass [명] [음악] 더블베이스
kontrast [명] 대조, 대비
kontroll [명] 관리, 점검, 시험, 검사
kontrollima [동] 검사하다, 점검하다, 체크하다
kontrolör [명] 점검자, 검사관
konts [명] 꽁지, 밑동, 나머지
kontsentratsioon [명] 집중
kontseptsioon [명] 개념
kontserdisaal [명] 콘서트홀
kontsern [명] 기업 조직
kontsert [명] 음악회, 콘서트
kontuur [명] 윤곽, 외형
konverents [명] 협의, 회의
konverteerima [동] 전환하다, 바꾸다
konvoi [명] 호송, 호위
koobalt [명] [화학] 코발트

koobas [명] (동)굴
kood [명] 암호
koodeks [명] 법전; 코덱스
kook [명] 케이크
kookon [명] (누에) 고치
kookospähkel [명] [식물] 코코넛
kool [명] 학교
koolduma [동] 휘다, 구부러지다
koolera [명] [병리] 콜레라
kooliaasta [명] 학년
koolibri [명] [조류] 벌새
koolidirektor [명] (학교의) 교장
koolilaps [명] 학동(學童)
koolipink [명] 책상
koolitama [동] 학교에 보내다, 교육하다, 가르치다
koolitus [명] 학교 교육
koolon [명] [문법] 쌍점, 콜론 (:)
koolutama [동] 휘게 하다, 구부리다
kooma [명] [병리] 혼수상태, 코마
koomik [명] 희극인, 코미디언
koomiks [명] 만화
koomiline [형] 희극의, 우스꽝스러운, 코믹한
koon [명] (동물의) 주둥이
koondama [동] ① 한 곳에 모으다, 집중시키다 ② (인원 등을) 줄이다, 정리 해고하다
koondis [명] 조합, 단체
koonduma [동] 한 곳에 모이다, 집중되다
koonduslaager [명] 포로 수용소
koonerdama [동] 절약하다, 아끼다
kooniline [형] 원뿔(꼴)의
koonus [명] 원뿔

koopia [명] 복사, 모사
koopiamasin [명] 복사기
koor [명] ① 합창단 ② 크림, 유지(乳脂) ③ (과일 따위의) 껍질
koordineerima [동] 조정하다
koorekohv [명] 크림을 탄 커피
koorem [명] 짐; 화물
koorik [명] 껍질, 껍데기
koorikloom [명] [동물] 갑각류
koorima [동] 껍질[껍데기]을 벗기다
koormama [동] 짐을 지우다
koormus [명] 짐, 부담
kooruma [동] ① (알이) 깨다, 부화하다 ② (페인트 따위가) 얇게 벗겨지다
koos¹ [부/전] (~와) 함께, 공동으로; nad töötavad koos 그들은 함께 일했다
koos² [명] 방향, 코스
kooskõla [명] 조화, 일치
kooskõlastama [동] 조화시키다
koosnema [동] (~으로) 되어[이루어져] 있다
koosolek [명] 회합, 집회
koosseis [명] ① 구성, 구조 ② 스태프, 인원; [연극] 배역, 캐스트
koostama [동] 구성하다
koostis [명] 구성, 짜임새
koostisosa [명] (구성) 요소, 성분
koostöö [명] 협력, 협동; koostööd tegema 협력[협동]하다
kopeerima [동] 복사하다, 모사하다
kopeerpaber [명] (복사용) 카본지(紙)
kopitama [동] 썩다, 곰팡이가 슬다
kops [명] [해부] 허파, 폐

kopsupõletik [명] [병리] 폐렴
koputama [동] (톡톡) 두드리다, 노크하다
koputus [명] (톡톡) 두드리기, 노크
koraal [명] 합창곡
koraan [명] 코란 (이슬람교의 경전)
korall [명] [동물] 산호
kord [명] ① 질서, 체계; korrast ära 고장나, 상태가 나빠 ② 순서, 차례; nüüd on minu kord 이번엔 내 차례다 ③ 번, 회; mitu korda päevas sa sööd? 하루에 몇 번 식사를 하니?; kaks korda kaks on neli 2 곱하기 2는 4
kordama [동] 반복하다
kordne [형] [수학] 배수
korduma [동] 반복되다, 다시 발생하다
kordus [명] 반복, 되풀이
korduvkasutama [동] 재생하다, 재활용하다
korduvkasutus [명] 재생, 재활용
korea [형] 한국의; korea keel 한국어 — [명] K- 한국
korealane [명] 한국 사람
koridor [명] 복도, 통로
korin [명] 우르르 울리는 소리
korisema [동] 우르르 울리다
koristaja [명] 청소부
koristama [동] ① 청소하다, 정돈하다 ② 거두다, 수확하다, 추수하다
korjama [동] 모으다, 수집하다
korjandus [명] 모으기, 수집
kork [명] 마개, 뚜껑
korp [명] (상처의) 딱지
korporatsioon [명] 단체, 조직
korpus [명] ① 차체 ② [군사] 군단
korral [후] (~의) 경우에; haiguse korral 아플[병들었을] 경

우(에)
korralagedus [명] 혼돈, 혼란, 난잡
korraldaja [명] 관리인, 조직하는 사람
korraldama [동] 관리하다, 조직하다, 조정하다
korraldus [명] 관리, 조직, 조정; 규제, 규정, 명령; korral-
dust andma 명하다, 규정하다
korralik [형] 단정한, 사회 기준에 어울리는, 남 앞에 내놓아
도 부끄럽지 않은, 훌륭한
korrapärane [형] 규칙적인, 정연한
korras [형/부] 규칙바른, 정돈된, 질서 정연한; 제대로 되어
있어
korrastama [동] 정돈하다
korratu [형] 헝클어진, 무질서한
korratus [명] 무질서, 난잡
korrektne [형] 옳은, 틀림없는, 정확한
korrektuur [명] 교정
korrelatsioon [명] 상호 관련
korrespondent [명] 통신원, 리포터
korrigeerima [동] 조정하다, 맞추다
korrosioon [명] 부식(腐蝕)
korrumpeeruma [동] 부패하다, 타락하다
korruptsioon [명] 부패, 타락
korrus [명] (건물의) 층
korrutama [동] [수학] 곱하다
korrutamine [명] [수학] 곱셈, 승법
korsett [명] 코르셋, 거들
korsten [명] 굴뚝
korter [명] 아파트
korts [명] 주름(살)
kortsuline [형] 주름이 잡힌
kortsuma [동] 주름이 잡히다

kortsutama [동] 주름을 잡다
korv [명] 바구니, 광주리
korvama [동] 배상하다, 갚다
korvpall [명] [스포츠] 농구
kosilane [명] 구혼자
kosk [명] 폭포
kosmeetik [명] 미용사
kosmeetika [명] 화장품
kosmiline [형] 우주의
kosmonaut [명] 우주 비행사
kosmopoliit [명] 세계인, 국제인, 코즈모폴리턴
kosmos [명] 우주
kosmoseajastu [명] 우주 시대
kosmoselaev [명] 우주선(船)
kosmosesüstik [명] 우주 왕복선, 스페이스 셔틀
kost [명] 숙식; kostil olema (~에) 하숙하다
kostiline [명] (식사를 제공받는) 하숙인
kostitama [동] 대접하다, 환대하다
kostja [명] [법률] 피고(인)
kostma [동] 응수하다; 옹호하다, 정당성을 입증하다, 잘 말해 주다
kostüüm [명] 복장, 의상
kosuma [동] (좋은 상태・건강을) 회복하다, 되살아나다, 소생하다
kosutama [동] 소생시키다, 원기를 회복시키다
kosutav [형] 원기를 회복시키는
kosutus [명] 원기 회복
kotermann [명] 말썽을 일으키는 것
kotkas [명] [조류] 독수리
kotlet [명] 커틀릿, 자른 고깃점
kott [명] 가방, 자루, 주머니

kraad [명] 정도, 등급
kraadiklaas [명] 온도계
kraaksuma [명] 까악까악하고 울다
kraam [명] 물건, 사물
kraan [명] (수도 등의) 꼭지
kraana [명] 크레인, 기중기
kraanikauss [명] 세면기; 싱크대
kraapima [동] 긁다, 할퀴다
kraater [명] [지질] 분화구, 크레이터
kraav [명] 수로, 도랑
krabi [명] [동물] 게
krabisema [동] 우지직[딱딱] 소리가 나다
krae [명] 칼라, 깃
krahh [명] 충돌; 붕괴; 분쇄
krahv [명] 백작
krahvinna [명] 백작 부인; 여(女)백작
krahvkond [명] (행정구역으로서의) 주(州)
kramp [명] [의학] 경련
krediit [명] [상업] 외상[신용] 판매; krediiti andma 외상[신용] 판매를 하다
krediitkaart [명] 신용카드
kreeditor [명] 채권자
kreedo [명] 신경(信經), 교의(敎義), 신조, 신념
kreeka [형] 그리스의; kreeka keel 그리스어; kreeka pähkel [식물] 호두 — [명] K- 그리스
kreeklane [명] 그리스 사람
kreem [명] (화장품 따위의) 크림
krematoorium [명] 화장터
krematsioon [명] (시신의) 화장
krempel [명] 쓰레기, 폐물
krevett [명] [동물] 새우

kriiksuma [동] 삐걱거리다
kriimustama [동] 긁다, 할퀴다
kriimustus [명] 긁기, 할퀴기
kriips [명] 선, 줄
kriipsutama [동] 선[줄]을 긋다
kriis [명] 위기, 결정적 단계
kriiskama [동] 새된 소리를 지르다
kriiskav [형] 화려한, 야한
kriit [명] 분필, 백묵
kriitik [명] 비평가, 평론가
kriitika [명] 비평, 평론
kriitiline [형] 비평의, 비판적인
kriket [명] [스포츠] 크리켓
kriminaalkuritegu [명] 형사 범죄
kriminaalkurjategija [명] 형사 범죄자
kriminaalne [형] 범죄의
kriminaalromaan [명] 탐정 소설
kristall [명] [화학] 결정
kristlane [명] 기독교인, 크리스천
kristlik [형] 기독교(도)의
Kristus [명] 그리스도
kriteerium [명] (판단·평가 등의) 표준, 기준, 규범, 척도
kritiseerima [동] 비평[비판]하다
kritseldama [동] 갈겨쓰다, 낙서하다
kritseldus [명] 갈겨쓰기, 낙서
kriuksuma [동] 끽끽거리다
krohv [명] 회반죽, 석고
krohvima [동] 회반죽을 바르다
kroket [명] 크로켓 (요리)
krokodill [명] [동물] 악어
kronoloogia [명] 연대기

kronoloogiline [형] 연대순의
krooge [명] 주름, 구김살
krooksuma [동] 까악까악하고 울다
krookus [명] [식물] 크로커스
krool [명] [수영] 크롤 (영법)
kroom [명] [화학] 크롬
kroon [명] [화폐 단위] 크론 (에스토니아의 화폐단위)
kroonika [명] 연대기
krooniline [형] 장기간에 걸친, 만성의; 습관적인
kroonima [동] 왕관을 씌우다
kroonimine [명] 대관식
kroonleht [명] 꽃잎
kroonprints [명] 왕세자, 황태자
krossisõit [명] [스포츠] 크로스컨트리 경주
krudisema [동] 우두둑 소리를 내다
kruiis [명] 순항, 크루즈
krunt [명] (일정한) 지역, 지구
kruttima [동] 회전시키다, 빙빙 돌리다
kruus [명] 주전자, 단지
kruustangid [명] 바이스 (공작 기계)
kruvi [명] 나사(못)
kruvikeeraja [명] 드라이버, 나사 돌리개
kruvima [동] 나사로 죄다
krõbe [형] 파삭파삭한, 신선한
krõmpsuma [동] 아삭아삭 소리가 나다
krässus [형] (머리카락 따위가) 곱슬곱슬한
krüpt [명] 토굴, 지하실
krüsanteem [명] [식물] 국화
ksenofoobia [명] 외국인 혐오증
kserokoopia [명] 제록스, 건식 복사
ksülofon [명] [음악] 실로폰

kube [명] [해부] 샅, 사타구니
kuberner [명] 통치자, 지배자
kubisema [동] 많이 있다, 우글거리다
kubu [명] 묶음, 다발
kude [명] ① 짠 것, 직물 ② [생물] 조직
kuduma [동] 짜다, 뜨다, 엮다
kudumisvarras [명] 뜨개바늘
kugistama [동] 게걸스럽게 먹다
kuhi [명] (쌓은) 더미
kuhjama [동] 쌓다, 축적하다
kuhu [부] ① [의문부사] 어디로?; kas te teate, kuhu see tee viib? 이 길이 어디로 통하는지 알고 있어요? ② [관계부사] ~하는[한] 곳으로
kui [접] ① ~할 때, ~한다면; kell oli pool viis, kui ta tuli 그가 온 것은[왔을 때는] 4시 반이었다 ② ~보다 (더); ma ei ole nii vana kui teie 나는 당신만큼 늙지 않았다 ― [부] 어느 정도, 얼마나?; kui kõrge see maja on? 이 집은 얼마나 높은가?, 높이가 얼마나 되나?
kuid [접] 그러나, 하지만
kuidagi [부] 어쨌든, 아무튼, 어떻게든
kuidas [부] 어떻게 (하여)?; kuidas teile Eestis meeldib? 에스토니아는 어떻습니까?; kuidas teie nimi on? 성함이 어떻게 되십니까?; kuidas see eesti keeles on? 이건 에스토니아어로는 어떻게 됩니까?, 에스토니아어로 뭐라고 합니까?
kuigi [접] ~이긴 하지만, 그러나; kuigi ta on tugev, ei suutnud ta seda üles tõsta 그가 힘이 세긴 했지만, 그걸 들어올릴 순 없었다
kuiv [형] 마른, 건조한
kuivama [동] 마르다, 건조해지다
kuivatama [동] 말리다, 건조시키다; (물기를) 닦다

kuivati [명] 드라이어, 건조기
kuivatuspaber [명] 압지(押紙)
kuivendama [동] 배수[방수]하다
kuivetu [형] 여윈, 수척한
kuivik [명] 비스킷의 일종
kuivõrd [명] 반면에
kuju [명] ① 상(像), 조각상 ② 모습, 형태, 유형
kujundaja [명] 도안가, 디자이너
kujundama [동] ① 디자인하다 ② 형성하다
kujundlik [형] 비유적인; 수식 문구가 많은
kujundus [명] 도안, 디자인
kujunema [동] (~으로) 되다, 형성되다
kujutama [동] (일정한 형태·이미지로[를]) 나타내다, 묘사하다, 그리다
kujuteldamatu [형] 상상할 수도 없는
kujuteldav [형] 실제상의; 상상할 수 있는
kujutelm [명] 상상
kujutis [명] 이미지, 상(像)
kujutlema [동] 상상하다, 공상하다, 마음에 그리다
kujutlus [명] 공상, 상상
kujutlusvõime [명] 상상력
kujutu [형] 무형의, 형태가 없는
kukal [명] 목덜미
kukerpall [명] 공중제비, 재주넘기
kukk [명] 수탉
kukkel [명] 둥근 빵
kukkuma [동] 떨어지다, 낙하하다; raamat kukkus laualt põrandale 책이 책상에서 마루로 떨어졌다; läbi kukkuma 실패하다
kukkumine [명] 떨어짐, 낙하
kukkur [명] 작은 주머니, 파우치

kukutama [동] 넘어뜨리다, 뒤엎다, 몰락시키다
kuld [명] 금(金)
kuldama [동] 금을 입히다, 금도금하다
kuldkala [명] [어류] 금붕어
kuldne [형] 금의, 금빛의
kuldpulm [명] 금혼식
kulg [명] 길, 노선, 코스
kulgla [명] [해부] 관(管)
kulissid [명] ① [연극] 무대 장치, 배경 ② kulisside taga 막 후에서
kulistama [동] 게걸스럽게 먹다
kull [명] ① [조류] 매 ② kull või kiri? (동전 따위를 던질 때) 앞면이냐 뒷면이냐?
kullakang [명] 금괴
kullake [명] 사랑하는 사람, 애인, 연인
kullassepp [명] 금 세공인
kullatud [형] 금을 입힌, 금도금의
kulm [명] 눈썹; kulmu kortsutama 얼굴을 찌푸리다
kulminatsioon [명] 최고점, 정점
kulmineeruma [동] 최고점[정점]에 달하다
kulp [명] 국자, 큰 숟가락
kult [명] 수퇘지
kultiveerima [동] 경작하다, 재배하다
kultus [명] 컬트, 숭배
kultuur [명] 문화, 정신 문명
kultuurne [형] 문화를 가진, 문명화된, 교화된
kulu [명] 비용, 경비, 지출
kulukas [형] 비용이 많이 드는, 값비싼
kuluma [동] 쓰이다, 소비되다
kulunud [형] ① 지친, 기진맥진한 ② 써서 낡은 ③ 진부한, 흔해빠진

kulutama [동] 쓰다, 소비하다, 지출하다
kulutus [명] 지출, 소비
kuma [명] 반짝이는 빛
kumama [동] 반짝이다, 빛을 내다
kumb [대] (둘 중) 어느 것?
kumbki [대] 둘 다, 양쪽 모두, 각각
kumer [형] 볼록한, 철면(凸面)의
kumin [명] (소리의) 울림
kumisema [동] (소리가) 울리다
kumm [명] 고무; (고무로 된) 타이어
kummaline [형] 특이한, 기묘한
kummardama [동] (몸을) 굽히다, 인사[절]하다, 경의를 표현하다
kummardus [명] (몸을) 굽힘, 인사, 절, 경의의 표현
kummel [명] [식물] 카밀레
kumminui [명] 곤봉
kummipael [명] 고무 밴드
kummitama [동] (유령 따위가) 출몰하다
kummitav [형] 귀신 붙은, 유령이 출몰하는
kummituslik [형] 유령의, 유령 같은
kummuli [부] 거꾸로, 뒤집혀; kummuli ajama 뒤엎다; kummuli minema 뒤집히다
kummut [명] 옷장, 장롱
kummutama [동] 뒤집다, 전복시키다
kuna [접] ~ 때문에, ~이므로
kunagi [부] 언젠가, 일찍이, 한번은; mitte kunagi 결코 ~않다; kunagi ammu 옛날 옛적에; kas sa oled kunagi Eestis käinud? 에스토니아에 가본 적이 있니?
kunagine [형] 이전의, 한때의
kuni [전] ~할 때까지; meie ootasime kuni kella viieni 우리는 5시까지 기다렸다; lähme jala kuni suure teeni 큰길

까지 걸어가자 — [접] (~에) 이르기까지, ~하는 한; palun oodake, kuni ma tulen 제가 올 때까지 기다려 주십시오

kuninganna [명] 여왕
kuningas [명] 왕, 임금
kuninglik [형] 왕(실)의
kuningriik [명] 왕국
kunst [명] 예술
kunstigalerii [명] 미술관, 화랑
kunstipärane [형] 예술의, 예술적인
kunstiteos [명] 예술 작품
kunstitöö [명] 걸작
kunstlik [형] 인공적인, 인위적인; kunstlik hingamine 인공 호흡
kunstnik [명] 예술가
kunstsiid [명] 레이온, 인조 견사(絹絲)
kupatama [동] (요리할 때) 뜨거운 물에 데치다
kupeldaja [명] 포주, 뚜쟁이
kupong [명] 쿠폰, 할인권, 교환권
kuppel [명] [건축] 돔, 둥근 천장
kuraator [명] (박물관 등의) 큐레이터, 학예 책임자
kuradi [부] (비어로) 지독한, 제기랄, 빌어먹을
kurameerima [동] 구애하다
kurat [명] 악마, 마귀
kuratlik [형] 악마의, 악마 같은
kurb [형] 슬픈, 우울한
kurbus [명] 슬픔, 우울
kurd [명] 접은 자국, 주름
kurdistama [동] 귀머거리로 만들다
kurgumandel [명] [해부] 편도선
kuri [형] 악의 있는, 사악한, 잔인한

kurikael [명] 악한, 악인
kurikas [명] 곤봉, 채
kurikuulus [형] 악명 높은
kuristama [동] 양치질하여 입 안을 가시다
kuristik [명] 수렁, 심연, 낭떠러지
kuritarvitama [동] 오용하다, 남용하다
kuritegevus [명] 범죄 (행위)
kuritegu [명] 범죄, 나쁜 짓
kurjakuulutav [형] 불길한, 나쁜 징조의
kurjategija [명] 범죄자, 흉한(兇漢)
kurjus [명] 악, 사악
kurk [명] ① 목구멍, 인후(咽喉) ② [식물] 오이
kurn [명] 여과기; 퍼컬레이터
kurnama [동] 무리하게 하다, 상하게 하다, 지치게 하다
kurseerima [동] 쓰다, 움직이다, 작동시키다
kursiiv [명] [인쇄] 이탤릭체
kurss [명] 진행, 경과, 진도; kursis olema 진행 중이다, 진척되고 있다; kurssi viima 따라잡다
kursus [명] 학습 과정, 코스, 클래스
kurt [형] 귀머거리의, 귀가 먼
kurtma [동] 불평하다, 한탄하다
kurttumm [형] 농아의, 귀먹고 말 못하는
kurtus [명] 귀먹음
kurv [명] 커브, 굽이
kurvastama [동] 슬프게 하다, 낙담시키다
kus [부] ① [의문부사] 어디에? ② [관계부사] ~하는[~인] 곳에; maja, kus ma elan, on jõe ääres 내가 살고 있는 집은 강변에 있다
kusagil [부] 어딘가에
kusema [동] 오줌 누다, 소변 보다
kusi [명] 오줌, 소변

kuskil(e) [부] 어딘가에; ta läheb siit kuskile mujale 그는 이곳을 떠나 어딘가 다른 장소로 간다; mu rahakotti ei ole kuskil 내 지갑이 어디에도 없다
kuskilt [부] 어딘가로부터
kuss [감] 쉿, 조용히!
kust [부] ① [의문부사] 어디에서, 어디로부터 ② [관계부사] ~하는[~인] 곳으로부터; linn, kust ta on pärit, on mere ääres 그녀의 출신 도시는 해변에 있다
kustuma [동] 약해지다, 지워지다, 제거되다, 사라지다
kustutama [동] ① (불·스위치를) 끄다 ② 지우다, 제거하다, 말소하다
kustutuskumm [명] 지우개
kutse [명] ① 초대 ② 소환, 호출, 부름 ③ 직업
kutseharidus [명] 직업 교육
kutsekool [명] 직업 학교
kutseoskus [명] (전문 직업의) 자격
kutsikas [명] 강아지, 동물의 새끼
kutsu = kutse
kutsuma [동] 부르다, 초대하다
kutt [명] 놈, 녀석
kuu [명] ① 달 (천체) ② (한) 달, 월(月)
kuuba [형] 쿠바의 — [명] K- 쿠바
kuubalane [명] 쿠바 사람
kuuekümnes [형] 제60의, 60번째의
kuuendik [명] 6분의 1
kuues [수] 제6의, 여섯 째의
kuueteistkümnes [형] 제16의, 16번째의
kuul [명] ① 공 ② 총알, 탄환
kuulaja [명] 듣는 사람, 청취자
kuulama [동] 듣다, 청취하다; muusikat kuulama 음악을 듣다
kuuldav [형] 들리는, 들을 수 있는

kuuldeaparaat [명] 보청기
kuuldetoru [명] (전화기 등의) 수화기, 수신기
kuuldus [명] 풍문, 소문
kuulekas [형] 말을 잘 듣는, 복종하는, 길든
kuulekus [명] 복종
kuuletuma [동] 복종하다, 따르다
kuulike [명] 작은 알
kuulikindel [형] 방탄의, 탄환을 막는
kuulipilduja [명] 기관총
kuulma [동] 듣다, (~이) 들리다; kuulen! (전화상에서) 접니다, 말씀 듣고 있습니다
kuulmine [명] 듣기, 청각
kuulsus [명] ① 명성, 평판 ② 명사, 유명인
kuulsusrikas [형] 유명한, 영예로운
kuulujutt [명] 소문, 가십; kuulujutte levitama 소문을 퍼뜨리다
kuuluma [동] (~에) 속하다
kuulus [형] 유명한, 잘 알려진, 걸출한; kuulus isik 명사, 유명인
kuulutama [동] 광고하다, 선전하다; 널리 알리다, 발표하다
kuulutus [명] 광고, 선전
kuum [형] 뜨거운, 더운
kuumaveeallikas [명] 온천
kuumenema [동] 뜨거워지다, 데워지다
kuumus [명] 열, 뜨거움
kuumutama [동] 뜨겁게 하다, 데우다; 데게 하다
kuup [명] [기하·수학] 입방체; 세제곱
kuupjuur [명] [수학] 세제곱근
kuupäev [명] 날짜
kuur [명] 오두막, 광, 헛간
kuurort [명] 휴양지, 리조트

kuus [수] 여섯 (6)
kuusk [명] [식물] 전나무
kuuskümmend [수] 육십 (60)
kuusnurk [명] 육각형
kuusteist [수] 십육 (16)
kuuvalgus [명] 달빛, 월광
kuuvarjutus [명] [천문] 식(蝕; 일식 또는 월식)
kuvama [동] [컴퓨터] (화면에) 표시하다, 디스플레이하다
kuvar [명] [컴퓨터] 디스플레이, 화면 표시 장치
kuvöös [명] 부란기, 인공 부화기
kvadraat [명] 정사각형
kvalifikatsioon [명] 자격 부여, 유자격
kvalifitseerima [동] 자격을 부여하다
kvaliteet [명] 질(質), 품질; 등급, 정도
kvantiteet [명] 양(量)
kvartal [명] (도시의) 지구, ~가(街), 블록
kvartett [명] [음악] 4중주[중창]
kvarts [명] [광물] 석영
kviitung [명] 수표; 교환권, 상품권; 영수증
kvintett [명] [음악] 5중주[중창]
kvoorum [명] (의결에 필요한) 정족수
kvoot [명] 할당량, 몫, 쿼터
kõditama [동] 간질이다
kõdunema [동] 썩다, 부패하다
kõhe [형] 차가운, 쌀쌀한
kõhetu [형] 여윈, 마른
kõhklema [동] 망설이다, 주저하다, 머뭇거리다
kõhklev [형] 망설이는, 주저하는, 머뭇거리는; 불확실한
kõhklus [명] 망설임, 주저; 불안
kõhn [형] 얇은, 마른
kõhr [명] [해부] 연골(軟骨)

kõht [명] 배, 복부
kõhukinnisus [명] 변비
kõhulahtisus [명] 설사
kõhunääre [명] [해부] 췌장, 이자
kõhupuhitus [명] 방귀; 헛배부름
kõhuvalu [명] 복통
kõige [부] 가장, 최대로; 아주, 매우; kõige paremini mängib ta viiulit 그녀는 바이올린을 가장 잘 연주한다
kõigepealt [부] 우선, 무엇보다도 먼저
kõigest [부] 단지 (~에) 불과한
kõigusoojane [형] [동물] 냉혈의
kõigutama [동] 흔들다
kõigutamatu [형] 타협하지 않는, 흔들리지 않는, 단호한, 강경한
kõik [대] 모두, 모든 것[사람]; kõik on korras 만사가 순조롭다; kõik, kes kohale jõudsid, olid väsinud 도착한 사람들은 모두 지쳤다
kõiketeadja [명] 아는 체하는 사람
kõikjal [부] 어디에나, 도처에
kõikuma [동] 흔들리다, 진동하다
kõikvõimas [형] 전능한, 무엇이든 할 수 있는
kõkutama [동] 낄낄거리다
kõla [명] (소리가) 울림; 음조
kõlama [동] (소리가) 울리다
kõlbama [동] (~에) 적합하다, 맞다
kõlbeline [형] 도덕상의, 윤리적인
kõlblik [형] 적합한, 맞는
kõlblus [명] 도덕, 윤리; 정숙한 몸가짐
kõlbmatu [형] 맞지 않는, 부적합한, 쓸모없는
kõle [형] 황량한, 불모의
kõlin [명] 땡땡 울리는 소리

kõlisema [동] 땡땡 울리다
kõlkuma [동] 매달리다, 걸리다
kõlvatu [형] 부도덕한, 품행 따위가 나쁜
kõmama [동] 쿵[덜걱] 하고 울리다
kõmin [명] 쿵 하고 울림, 우르르 울림
kõmisema [동] 쿵 하고 울리다, 우르르 울리다
kõmpima [동] 뚜벅뚜벅 걷다
kõmri keel [명] 웨일스어
kõmuleht [명] 타블로이드판 신문
kõmu-uudis [명] 특종 기사, 충격적인 뉴스
kõndima [동] 걷다, 걸어다니다
kõne [명] 말하기, 연설; kõnet pidama 연설하다
kõneaine [명] 화제, 이야기의 주제
kõnekeel [명] 구어(口語)
kõnekeelne [형] 구어체의, 회화체의
kõnekunst [명] 수사법, 웅변술
kõnekäänd [명] 속담, 전해 내려오는 말
kõneleja [명] 말하는 사람, 화자
kõnelema [동] 말하다, 이야기하다
kõneosav [형] 말 잘하는, 입심 좋은, 능변의
kõneosavus [명] 웅변, 능변
kõnepult [명] 연설대, 연단
kõneviis [명] [문법] (동사의) 법(法)
kõnnak [명] 걸음걸이
kõnnitee [명] 보도(步道), 인도
kõnnumaa [명] 황무지, 버려진 땅
kõrb [명] 사막
kõrgahi [명] 용광로
kõrge [형] 높은; 키가 큰
kõrgeauline [형] 존경할 만한, 덕망 있는
kõrgeim [형] 최고의, 최상의

kõrgem [형] 더 높은, 고등의; kõrgem haridus 고등 교육; kõrgem kohus 고등 법원
kõrgemal(e) [부] 위로, 위쪽으로; kõrgemale tõstma 높이다, 올리다
kõrgendama [동] 높이다, 올리다
kõrgenema [동] 올라가다, 높아지다
kõrgetasemeline [형] 고급의, 우수한, 일류의
kõrghooaeg [명] 한창때, 절정기
kõrgpunkt [명] 절정, 피크, 가장 두드러진 곳
kõrguma [동] 높은 곳에 있다
kõrgus [명] ① 높이, 키 ② K- (경칭으로) 전하
kõri [명] ① [해부] 후두(喉頭) ② kõrini olema 싫증나다, 물리다
kõrilõikaja [명] 자객, 살인자
kõristi [명] 딸랑이 (장난감)
kõrisõlm [명] [해부] 결후(結喉), 후골(喉骨)
kõrk [형] 오만한, 거드름부리는
kõrkjas [명] [식물] 골풀, 등심초
kõrkus [명] 오만, 거만
kõrs [명] 짚, 갈대; (식물의) 줄기, 대
kõrts [명] 선술집
kõrv [명] 귀
kõrvakiil [명] 따귀를 후려치기
kõrvaklapid [명] 이어폰, 헤드폰
kõrval [후/부] (~의) 옆에, 곁에, 다음에; ta elab siin kõrval 그녀는 이 근처에 살고 있다
kõrvaldama [동] 제거하다, 없애다; 내쫓다
kõrvale [부] 옆에, 곁에; kõrvale astuma 옆으로 비키다; kõrvale heitma 버리다, 퇴짜를 놓다
kõrvalhoone [명] 별채, 증축 건물
kõrvaline [형] 부차적인, 본론[요점]에서 벗어난

kõrvalmõju [명] 부작용
kõrvalmärkus [명] (본론에서 벗어난) 여담
kõrvalprodukt [명] 부산물
kõrvalseisja [명] 방관자, 구경꾼, 아웃사이더
kõrvaltee [명] 샛길, 옆길
kõrvaltänav [명] 옆길, 뒷길
kõrvanibu [명] [해부] 귓불
kõrvarõngas [명] 귀고리
kõrvatropp [명] 귀마개
kõrvetama [동] 태우다, 그슬다
kõrvits [명] [식물] 호박
kõrvutama [동] 비교하다, 견주다; 나란히 놓다
kõrvuti [부] (옆으로) 나란히, 병행하여
kõu [명] 천둥
kõuekärgatus [명] 뇌성, 우렛소리
kõuts [명] 수고양이
kõva [형] ① 딱딱한, 단단한, 굳은 ② 강한, 튼튼한 ③ (소리가) 큰
kõvadus [명] 단단함, 굳음; 강함
kõvaketas [명] [컴퓨터] 하드디스크
kõvakübar [명] 중산모
kõvastama [동] 단단하게 하다, 굳게 하다
kõvasti [부] ① 단단하게, 굳게 ② 큰 소리로
kõvastuma [동] 단단해지다, 굳어지다
kõvendama [동] 굳게 하다; 강하게 하다
kõvenema [동] 단단해지다, 굳어지다
kõõlus [명] [해부] 건(腱), 힘줄
kõõm [명] (머리의) 비듬
kõõrsilmsus [명] 사시(斜視), 사팔눈
käbi [명] 솔방울
käekell [명] 손목 시계

käekiri [명] 손으로 쓰기, 육필, 필적
käekott [명] (여성용) 핸드백
käendaja [명] [법률] 보증인
käendama [동] (법적으로) 보증인이 되다, 보증하다
käepide [명] 손잡이, 자루, 핸들
käepigistus [명] 악수
käepärane [형] (쓰기에) 편리한, 곧 쓸 수 있는
käerauad [명] 수갑
käesolev [형] 현재의, 지금의; käesolevaga 이로써, 이 결과
käevõru [명] 팔찌
kägistama [동] 목을 조르다, 질식시키다
kägu [명] [조류] 뻐꾸기
kähar [형] 곱슬곱슬한
kähisema [동] 씨근거리다
kähkukas [명] 급조한 것
kähmlus [명] 작은 접전(接戰), 사소한 충돌
käi [명] 맷돌
käibetõde [명] 평범한 것
käigukang [명] (자동차의) 변속 레버
käigukast [명] (자동차의) 변속 장치
käik [명] ① 진로, 행로, 과정, 코스 ② (자동차의) 변속 기어
käil [명] [항해] 이물, 뱃머리
käima [동] ① (~에) 가다, 방문하다 ② (학교 등에) 다니다; laps käib juba koolis 아이는 이미 학교에 다니고 있다 ③ (기계가) 작동하다; pesumasin käib kõva häälega 세탁기가 큰 소리를 내며 돌아가고 있다
käimla [명] 화장실
käis [명] (옷)소매
käitama [동] (기계류를) 작동시키다, 취급하다, 다루다
käitlus [명] 취급, 다루기
käituma [동] 행동하다, 처신하다

käitumine [명] 행동, 태도
käivitama [동] 작동시키다
käkerdama [동] 구기다
käkitegu [명] 쉬운 일
kämping [명] 야영지, 캠프장
känd [명] (나무의) 그루터기, 밑동
känguma [동] 성장이 저지되다
känguru [명] [동물] 캥거루
käntsakas [명] 덩어리, 큰 조각
käperdama [동] 더듬다, 만지다
käpik [명] 벙어리장갑
käpp [명] (동물의) 갈고리 발톱이 있는 발
kära [명] 떠들썩함, 소란, 소동, 소음
kärarikas [형] 떠들썩한, 소란스러운
käratsema [동] 떠들다, 시끄럽게 굴다
kärbes [명] [곤충] 파리
kärestik [명] 급류
kärgatus [명] 울림, 쾅 하는 소리
kärme [형] 기민한, 민첩한, 재빠른
kärn [명] (상처의) 딱지
kärnkonn [명] [동물] 두꺼비
kärpima [동] 줄이다, 잘라내다
kärsitu [형] 안절부절못하는, 조바심 내는
närss [명] (동물의) 코, 주둥이
käru [명] 손수레
käsi [명] ① 손 ② kas sa said kirja kätte? 편지 받았니?; kuidas käsi käib? — tänan, mu käsi käib hästi 어떻게 지내요? — 잘 지냅니다
käsikiri [명] 원고, 손으로 쓴 것
käsipall [명] [스포츠] 핸드볼
käsipidur [명] [기계] 수동식 브레이크

käsipuu [명] 가로대, 가로장, 난간
käsiraamat [명] 소책자, 안내서, 편람, 핸드북
käsiraha [명] 선금, 계약금
käsitlema [동] 다루다, 취급하다
käsitsema [동] 조작하다, 조종하다
käsitsi [부] 손으로; käsitsi kirjutatud (글씨를) 손으로 쓴; käsitsi tehtud 손으로 만든
käsitöö [명] 수세공, 수공예
käsitööline [명] 장인, 기능공
käsivars [명] 팔
käsk [명] 명령, 지시
käskija [명] 주인, 지시를 내리는 사람
käskima [동] 명령하다, 지시를 내리다
käskiv [형] 명령의; käskiv kõneviis [문법] 명령법
käskjalg [명] 사자, 전령, 사절
käskkiri [명] 포고령, 지령
käsklus [명] 명령; käsklust andma 명령을 내리다
käsn [명] 스펀지, 해면
kätekõverdus [명] 팔굽혀펴기, 푸시업
käterätik [명] 수건, 타월
kätis [명] 소매 끝동, 커프스
kättemaks [명] 복수, 보복, 앙갚음; kätte maksma 복수하다, 보복하다, 앙갚음하다
kättemaksuhimuline [형] 복수심에 불타는
kättesaadav [형] 이용 가능한, 접근할 수 있는
kättesaamatu [형] 이용할 수 없는, 입수할 수 없는
kääbus [명] 난쟁이
käänak [명] 굽음, 비틀림, 뒤틀림
käänama [동] ① 굽히다, 비틀다, 뒤틀다 ② [문법] 어형[격] 변화시키다
käänuline [형] 굽이치는, 꾸불꾸불한

käärid [명] 가위
käärima [동] 발효하다; 양조하다
käärimine [명] 발효 (작용)
käärsool [명] [해부] 결장(結腸)
köha [명] 기침
köhima [동] 기침하다
köide [명] (책의) 권; 제본
köidik [명] 묶어 두는 것, 족쇄
köis [명] 줄, 로프; köiega kinnitama 줄로 묶어두다
köisraudtee [명] 케이블카, 강삭 철도
köitma [동] ① (책을) 제본하다 ② 마음을 끌다[사로잡다]
könt [명] 그루터기, 밑동
köögikombain [명] (부엌용) 믹서
kööginõu [명] 주방 용품
köögivili [명] 채소
köök [명] 부엌
kübar [명] (테 있는) 모자
kübe [명] 얼룩, 반점
küdoonia [명] [식물] 모과
kühm [명] 혹, 융기
kühmuline [형] 혹이 난, 불룩한
kühvel [명] 삽
kühveldama [동] 삽으로 푸다
kükitama [동] 웅크리다, 쪼그리고 앉다
küla [명] 마을, 촌락
külaelanik [명] 마을 사람
külaline [명] 손님, 방문객
külalislahke [형] 손님 대접을 잘 하는, 친절한
külalislahkus [명] 환대
külalistemaja [명] 손님 숙소, 게스트하우스
külas [부] 방문하여, 들러서

külaskäik [명] 방문, 들름
külastaja [명] 방문자
külastama [동] 방문하다, 들르다, 찾아오다
külastus [명] 방문, 들름
külg [명] 옆, 측면
külgetõmbejõud [명] [물리] 중력, 지구의 인력
külgmine [형] 옆의, 측면의
külgnema [동] (~에) 인접하다
külgnev [형] 인접한
külguks [명] 옆문
küll [부] 충분히; 정말로, 실로, 참으로; kas Toomas on siin? — jah, on küll 토마스가 여기에 있나요? — 예, 그럼요 ("물론 있다"는 뜻)
külla [부] 방문하여, 손님으로서
küllaldane [형] 충분한, 넉넉한
küllalt [부] 충분히; 아주; meil on aega küllalt 우리에겐 시간이 충분히 있다
küllap [부] 반드시, 꼭
küllastama [동] 포화시키다
küllus [명] 충분함, 풍부, 다량
külluslik [형] 풍부한, 충분한, 넉넉한
külm [형] 추운, 차가운; homseks lubati kolm kraadi külma 내일은 영하 3도가 된다고 한다
külmavereline [형] 냉정한, 침착한
külmavärin [명] [병리] 오한
külmetav [형] 얼어붙는, 몹시 추운
külmetuma [동] 감기에 걸리다
külmetushaigus [명] [병리] 감기
külmkapp [명] 냉장고
külmumispunkt [명] [물리] 어는점, 빙점
külmus [명] 차가움, 추움

külmutama [동] 얼리다, 냉각하다
külvama [동] 씨를 뿌리다, 파종하다
kümblema [동] 목욕하다
kümblus [명] 목욕
kümme [수] 십 (10)
kümnendik [명] 10분의 1
kümnendmurd [명] [수학] 소수(小數)
kümnes [수] 제10의, 열 번째의
küna [명] 구유, 여물통
kündma [동] 쟁기질하다
küngas [명] 언덕, 둔덕
künnis [명] 문지방, 문턱
künnivares [명] [조류] 당까마귀
küpress [명] [식물] 사이프러스 (편백나뭇과)
Küpros [명] 키프로스
küps [형] 다 자란, 성숙한, 무르익은
küpsema [동] 구워지다; 무르익다
küpsetama [동] 굽다; 요리하다
küpsetusahi [명] (요리용) 오븐
küpsis [명] 비스킷, 쿠키
küpsus [명] 성숙, 완숙
küsima [동] 묻다, 질문하다; võõras küsis teed 이방인이 길을 물었다
küsimus [명] 질문, 의문; 문제, 이슈
küsimustik [명] 질문서, 앙케트
küsimärk [명] [문법] 물음표, 의문 부호 (?)
küsisõna [명] [문법] 의문사
küsitav [형] 의심나는, 문제가 되는
küsitleja [명] 면접관, 인터뷰하는 사람
küsitlema [동] 묻다, 질문하다; 회견하다, 면접하다
küsitlus [명] 질문, 물어보기; 회견, 면접, 인터뷰

küte [명] 난방
kütkestama [동] 마음을 끌다[사로잡다], 매혹하다
kütkestav [형] 마음을 끄는[사로잡는], 매혹적인
kütma [동] 가열하다, 불을 때다
kütmine [명] 가열, 데우기
kütt [명] 사냥꾼
küttepuud [명] 장작, 땔나무
kütteseade [명] 난방 기구, 히터
küttima [동] 사냥하다
kütus [명] 연료
küüditama [동] 국외로 추방하다
küüditamine [명] 국외 추방
küülik [명] [동물] 집토끼
küün [명] 헛간, 광
küünal [명] (양)초
küünarnukk [명] 팔꿈치
küündimatu [형] 부적당한
küündimatus [명] 부적당
küünelakk [명] 매니큐어액
küünetangid [명] 손톱깎이
küünik [명] 비꼬는[빈정대는] 사람
küüniline [형] 비꼬는, 빈정대는
küünilisus [명] 냉소, 비꼬기, 빈정대기
küünis [명] (동물의) 집게발
küünlajalg [명] 촛대
küür [명] 혹, 불룩하게 튀어나온 것
küürima [동] 문지르다
küürutama [동] 웅크리다, 등을 구부리다
küüs [명] 손톱
küüslauk [명] [식물] 마늘

L

laabuma [동] 번영하다, 번성하다
laad [명] 종류, 부류; 유형, 스타일
laadija [명] 충전기
laadima [동] ① 짐을 싣다 ② [전기] 충전하다
laadung [명] 짐, 화물
laager [명] ① 캠프, 야영 ② [기계] 베어링, 축받이
laagriplats [명] 캠프장, 야영지
laama [명] [동물] 라마
laast [명] 깎아낸 부스러기
laastama [동] 황폐시키다, 파괴하다, 유린하다
laat [명] 정기시(定期市)
laava [명] 용암
laba [명] (칼 따위의) 날
labakinnas [명] 벙어리장갑
labane [형] 멋없는, 진부한, 흔해빠진, 조잡한, 천박한, 수준이 낮은, 싸구려의
labastama [동] 수준을 낮추다, 천박하게[싸구려로] 만들다
labasus [명] 수준이 낮음, 천박함, 싸구려임
labidas [명] 삽
laboratoorium [명] 실험실
labürint [명] 미로, 미궁
ladina [형] ① 라틴어의; ladina keel 라틴어 ② 라틴 사람의, 라틴 계의; Ladina-Ameerika 라틴아메리카
ladu [명] 창고, 저장소
ladus [형] 유창한, 매끄러운
ladvik [명] 귀족[상류] 계급

laegas [명] 서랍; 상자, 궤
laekuma [동] 돌아오다, 도착하다
laekur [명] 회계원, 출납계원
laen [명] 대부(貸付), 대여; laenuks andma 대부하다, 빌려주다; laenuks võtma 빌리다
laenama [동] 빌리다; 빌려주다
laeng [명] [전기] 충전
laetav [형] 재충전이 가능한
laev [명] 배, 선박
laevahukk [명] 난선(難船), 난파
laevalagi [명] [항해] 갑판, 덱
laevandus [명] 항해, 항행
laevareis [명] 항해, 배로 하는 여행
laevarusu [명] 난파, 파선
laevastik [명] 함대, 선단(船團)
laevatama [동] 항해하다
laevatee [명] (배의) 항로(航路)
laevatehas [명] 조선소
lage [형] (~이) 없는, 황량한
lagi [명] 천장
lagrits [명] [식물] 감초
lagunema [동] 붕괴하다, 분해되다, 산산조각나다
lahas [명] [의학] 부목(副木)
lahe [형] 느긋한, 태연한
lahendama [동] (문제를) 풀다, 해결하다
lahendus [명] 해결, 해답
lahing [명] 싸움, 전투
lahingulaev [명] 전함(戰艦)
lahinguväli [명] 전쟁터, 전장(戰場)
lahja [형] 묽은, 김빠진, 무미건조한, 맛없는; 저지방의
lahjendama [동] 희석하다, 물을 타다

lahkama [동] 해부하다, 절개하다
lahkamine [명] 부검, 검시 (해부)
lahkarvamus [명] (의견 등의) 차이, 불일치; lahkarvamusel olema 의견을 달리하다, 견해 차이가 있다
lahke [형] 친절한, 상냥한, 정중한
lahknema [동] 분기하다, 갈라지다
lahknevus [명] 불일치, 어긋남
lahkuma [동] 떠나다, 벗어나다, (회사 등을) 그만두다
lahku minema [동] 이별하다, 해체[해산]하다
lahkumispidu [명] 송별회
lahkus [명] 친절, 상냥함
lahkusetu [형] 불친절한
laht [명] [지리] 만(灣)
lahter [명] 구획, 부분
lahti [부] 열려 (있어); 풀려
lahtiolekuaeg [명] 개점[개관] 시간
lahtisti [명] 완하제(緩下劑), 하제
lahus [부] 따로, 떨어져, 분리되어
lahustama [동] 용해하다, 녹이다
lahutama [동] ① 분리하다, 떼어놓다 ② [수학] 빼다, 감산(減算)하다 ③ 이혼시키다
lahutamatu [형] 분리할 수 없는, 떼어놓을 수 없는
lahutamine [명] ① 분리 ② [수학] 뺄셈, 감산
lahutatud [형] 이혼한
lahutus [명] 이혼
lahvatama [동] 분출하다, 터지다, 폭발하다
lahvatus [명] 분출, 폭발
lai [형] (폭·면적이) 넓은; laias ulatuses 널리, 광범위하게
laiali [부] 퍼져, 흩어져, 분산되어; laiali ajama 쫓아버리다, 흩어지게 하다; laiali laotama 펴다, 펼치다; laiali saatma 해산하다

laialivalguv [형] 흩어진, 산만한
laialt [부] 널리, 넓게
laiaulatuslik [형] 널리 퍼진, 광범위한
laiendama [동] 확장하다, 넓게 하다
laik [명] 얼룩, 반점
laim^1 [명] 욕설, 비방, 중상
laim^2 [명] [식물] 라임
laimama [동] 욕하다, 비방하다, 중상하다
lainelaud [명] 파도타기 널, 서프보드; lainelauaga sõitma 파도타기[서핑]를 하다
laineline [형] 굽이치는, 물결 모양의
lainemurd [명] (해안에) 밀려와 부서지는 파도
lainemurdja [명] (항구 등의) 방파제
lainepikkus [명] [물리] 파장(波長)
lainetama [동] 물결이 일다
lainetus [명] 물결, 파도, 놀
laip [명] 시체, 송장
laisk [형] 게으른, 나태한
laiskus [명] 게으름
laiskvorst [명] 게으름뱅이
laitma [동] 비난하다
laitmatu [형] 결점 없는, 비난 받을 여지가 없는
laiuma [동] 퍼지다, 쭉 뻗다
laius [명] 너비, 폭
laiuskraad [명] [지리] 위도
lajatama [동] 쾅 소리를 내다
lakk [명] ① 래커, 바니시 ② 헤어 스프레이 ③ (말(馬) 따위의) 갈기
lakkama [동] 멈추다, 그만두다
lakkamatu [형] 중간에 멈추지 않는, 논스톱의, 계속되는
lakkima [동] 래커[바니시]를 칠하다

lakkuma [동] 핥다
lakmus [명] [화학] 리트머스
laks [명] 찰싹 때리기; laksu andma 찰싹 때리다
laksuma [동] 찰싹거리다, 철벅철벅 소리가 나다
laksutama [동] 찰싹 때리다
lalisema [동] 콸콸 흘러나오다
lamama [동] (드러)눕다
lamamistool [명] 안락의자
lamasklema [동] 빈둥거리다
lambaliha [명] 양고기
lambatall [명] 새끼 양
lambavill [명] 양털
lambivari [명] 전등 갓
lambur [명] 양치기, 목동
lame [형] 평평한, 평탄한
lamenema [동] 평평해지다
lammas [명] [동물] 양(羊)
lammutama [동] 헐다, 해체하다
lammutamine [명] 파괴, 해체
lamp [명] 등불, 램프
lampjalgne [형] 편평족의, 평발의
langema [동] 떨어지다, 낙하하다, 내려오다
langetama [동] 낮추다, 내리다, 숙이다
langetõbi [명] [병리] 간질
langevari [명] 낙하산
langevarjusport [명] 스카이다이빙
langus [명] 떨어짐, 낙하; 후퇴
langust [명] [동물] 왕새우
lantš [명] 점심 식사
lantsett [명] [외과] 랜싯, 피침(披針)
laostama [동] 파산시키다, 영락하게 하다

laostuma [동] 파산하다, 영락하다
laotama [동] 펼치다, 뻗다, 확장하다
laovaru [명] 재고품
lapats [명] 축 늘어진 것
Lapimaa [명] 라플란드 (스칸디나비아 북부 지방)
lapitekk [명] 누비이불
lapp [명] 헝겊 조각
lappama [동] 대강 훑어보다
lappima [동] 깁다, 수선하다
laps [명] ① 어린이, 아이 ② 자식 ③ 젊은이
lapsehoidja [명] 보모, 베이비시터
lapselaps [명] 손자·손녀
lapselik [형] 아이 같은, 어린이다운
lapsendama [동] (아이를) 입양하다, 수양 자녀로서 기르다
lapsendamine [명] 입양
lapsepõlv [명] 어린 시절, 유년기
lapsevanem [명] 부모
lapsevanker [명] 유모차
lapsik [형] 유치한; 순진한
laristama [동] 낭비하다, 헛되이 쓰다
laser [명] 레이저
laserplaat [명] 콤팩트[레이저] 디스크, CD
laserprinter [명] [컴퓨터] 레이저프린터
lask [명] 사격, 발포, 발사
laskemoon [명] 탄약, 무기류
laskemoonaladu [명] 탄약고
laskma [동] ① (동사 부정사와 함께 쓰여) ~하게 하다, 시키다 ② 사격하다, 발사하다, 발포하다
laskuma [동] 떨어지다, 낙하하다, 내려오다
last [명] 화물, 짐
lasteaed [명] 유치원

lastearst [명] 소아과 의사
lastesõim [명] 탁아소
lastetuba [명] 보육 시설
lastima [동] 짐을 싣다, 적재하다
lateks [명] [화학] 라텍스 (탄성 고무)
laterdaja [명] 떠드는[지껄이는] 사람
laterdama [동] 지껄여대다
latern [명] 랜턴, 제등(提燈)
latv [명] 꼭대기, 정상
lauaarvuti [명] 데스크톱 컴퓨터
lauahõbe [명] 은(銀)식기
lauatennis [명] [스포츠] 탁구
laud [명] ① 탁자, 테이블, 책상 ② 판자
laudlina [명] 식탁보
laul [명] 노래
laulatama [동] 결혼시키다
laulatus [명] 결혼식
laulja [명] 노래하는 사람, 가수
laulma [동] 노래하다
lauluraamat [명] 노래책, 찬송가집
laulusõnad [명] 노래 가사
laup [명] 눈썹; 이마
laupäev [명] 토요일
laus- [형] 평평한, 평탄한
lause [명] [문법] 문장, 글
lauseõpetus [명] [언어] 구문론, 통사론
lauskmaa [명] 평지, 저지대
lauspilves [형] 흐린, 구름 낀
lausuma [동] 말하다, 발언하다
laut [명] 외양간
lauto [명] [음악] 류트 (옛날의 현악기의 일종)

lauvärv [명] 아이섀도 (눈꺼풀에 바르는 화장품)
lava [명] ① (연극 등의) 무대 ② 대(臺), 연단
lavamaa [명] 고원, 높고 평평한 땅
lavastaja [명] [연극] 연출가
lavastama [동] (연극을) 상연하다, 연출하다
lavastus [명] (연극의) 상연, 연출
lavendel [명] [식물] 라벤더
laviin [명] 눈사태
lebama [동] 눕다; 쉬다, 휴식하다
leebe [형] (태도가) 부드러운, 상냥한
leebelt [부] 부드럽게, 상냥하게
leebuma [동] (마음이) 약해지다, 부드러워지다
leeder [명] [식물] 딱총나무 종류
leedu [형] 리투아니아의; leedu keel 리투아니아어 — [명] L- 리투아니아
leedulane [명] 리투아니아 사람
leegion [명] 군단(軍團)
leegitsema [동] (불길이) 타오르다
leek [명] 불꽃, 불길; leekides 불타고 있는
leelis [명] [화학] 알칼리
leeliseline [형] [화학] 알칼리성의
leem [명] 수프
leepra [명] [병리] 한센병, 나병
leer [명] [가톨릭] 견진성사
leetrid [명] [병리] 홍역
leetseljak [명] 기슭, 모래톱
leevendama [동] (고통 등을) 덜다, 완화하다, 진정시키다
leevendus [명] (고통 등의) 완화, 경감, 진정
leevenema [동] (고통 따위가) 완화되다, 편해지다
legaalne [형] 법률(상)의; 합법적인
legaliseerima [동] 적법화하다

legend [명] 전설
legendaarne [형] 전설적인
lehekülg [명] 쪽, 페이지
lehestik [명] (집합적으로) (한 그루 초목의) 잎
lehine [형] 잎이 무성한
lehitsema [동] (책 따위를) 대강 읽다
lehk [명] 악취, 불쾌한 냄새
lehkama [동] 악취를 풍기다
lehkav [형] 악취가 나는
lehm [명] 암소
lehmalaut [명] 외양간
leht [명] ① 잎 ② (종이 따위의) 한 장 ③ 신문
lehter [명] 깔때기
lehtkuld [명] 금박
lehtsalat [명] [식물] 양상추
lehv [명] (나비) 매듭
lehvik [명] 부채
lehvima [동] 흐르다; 물결치다
lehvitama [동] 흔들다, 휘두르다
leib [명] 빵 (특히 호밀빵)
leibkond [명] 가족, 식구
leid [명] 찾아냄, 발견
leidlik [형] 창의력이 풍부한, 재치 있는, 독창적인
leidlikkus [명] 창의력, 독창성
leidma [동] 찾아내다, 발견하다, ~라는 것을 알게 되다
leige [형] 미온적인, 열의가 없는
lein [명] 슬픔, 비탄
leinama [동] 슬퍼하다, 한탄하다
leitnant [명] [군사] 중위
leiubüroo [명] 유실물 취급소
leiutaja [명] 발명가

leiutama [동] 발명하다, 고안하다
leiutis [명] 발명
leivapäts [명] 빵 한 덩어리
leke [명] 샘, 누설
lekkima [동] 새다, 누설되다
lektor [명] 이야기 하는 사람, 낭독자, 강연자
lelu [명] 장난감
lemmik [명] (특히) 좋아하는 것
lemmikloom [명] 애완동물
lemmikpaik [명] 자주 드나드는 곳
lend [명] 비행, 날기
lendama [동] 날다, 비행하다; lendav taldrik 비행 접시
lendleht [명] 리플릿, 광고 전단
lendur [명] 비행기 조종사, 파일럿
lendutõus [명] (비행기의) 이륙
lennujaam [명] 공항
lennujuhtimistorn [명] 관제탑
lennuk [명] 비행기, 항공기; lennukiga 비행기[항공기]로, 공로(空路)로
lennukas [형] ① 공상적인 ② 열정적인
lennukikandja [명] [군사] 항공모함
lennuliin [명] 항공로
lennundus [명] 비행, 항공(술)
lennupost [명] 항공 우편
lennureis [명] 비행기 여행
lennutama [동] 비행하다
lennuvägi [명] 공군
leopard [명] [동물] 표범
leotama [동] 적시다, 담그다
lepatriinu [명] [곤충] 무당벌레
lepe [명] 합의, 협정

leping [명] 합의, 계약; 조약; lepingut sõlmima 협정에 조인하다
lepingupool [명] 계약 체결자
lepitaja [명] (분쟁 따위의) 조정자, 화해시키는 사람
lepitama [동] (분쟁 따위를) 조정하다, 화해시키다
lepitus [명] (분쟁 따위의) 조정, 화해(시키기)
leplik [형] 관대한, 관용을 베푸는
leplikkus [명] 관대, 관용
leppemärk [명] 기호, 부호, 표시
leppima [동] ① 화해하다 ② 참아주다
leppimatu [형] 타협하지 않는, 단호한
leppimine [명] 조정, 화해
lesbi [명] 레즈비언, 여성 동성애자
lesbiline [형] 레즈비언의
lesk [명] 과부; 홀아비
lest [명] ① [어류] 가자미 ② [곤충] 진드기
letaalne [형] 죽음에 이르게 하는, 치명적인, 치사의
lett [명] 카운터, 바
leukeemia [명] [병리] 백혈병
levik [명] 퍼짐, 유포
levima [동] 퍼지다, 유포되다
levitama [동] 퍼뜨리다, 유포시키다
libastuma [동] 잘못[실수]을 하다
libe [형] 미끄러운
libekeelne [형] 언변이 좋은
liberaalne [형] (정치적으로) 자유주의의; 마음이 넓은
libisema [동] 미끄러지다
libistama [동] 미끄러지게 하다
lible [명] 얇은 조각; 날
liblikas [명] [곤충] 나비
libu [명] 매춘부

liduma [동] 황급히 ~하다, 서두르다
lift [명] 엘리베이터
ligidal [부] ① 가까이에, 근처에 ② 약, 대략
ligikaudne [형] 대략적인
ligikaudu [부] 약, 대략
ligimesearmastus [명] 이타주의
liginema [동] 다가오다, 접근하다
ligunema [동] 젖다, 잠기다
liha [명] 고기; 살
lihaleem [명] 육즙
lihalõik [명] 스테이크
lihapall [명] 미트볼
lihapirukas [명] 고기 파이
lihas [명] 근육
lihaseline [형] 근육(질)의
lihav [형] 살집이 있는
lihavõtted [명] [기독교] 부활절
lihtlabane [형] 평범한, 사소한, 하찮은, 별것 아닌
lihtne [형] 단순한, 간단한
lihtrahvas [명] 일반 대중, 보통 사람들
lihtsakoeline [형] 평범한, 단순한, 조야한
lihtsalt [부] 단지, 단순히; 전혀, 아주
lihtsameelne [형] 순박한, 순진한
lihtsus [명] 단순함
lihtsustama [동] 단순화하다
lihunik [명] 푸주한, 정육점 주인
lihv [명] 다듬기, 마무리 작업
lihvima [동] 윤[광택]을 내다
liialdama [동] 과장하다
liialdus [명] 과장, 과대시
liiatigi [부] 그 외에, 게다가

Liibanon [명] 레바논
Liibanoni [형] 레바논의
Liibüa [형] 리비아의 — [명] 리비아
liider [명] 지도자, 리더
liiderlik [형] 음탕한, 음란한
liides [명] [컴퓨터] 인터페이스
liiga^1 [부] 너무, 지나치게, 과도하게
liiga^2 [명] 연맹, 동맹, 리그
liigaasta [명] 윤년(閏年)
liige [명] 일원, 회원, 멤버
liigend [명] [기계] 조인트
liigendama [동] 분할하다, 가르다
liigendnuga [명] 잭나이프
liiges [명] [해부] 관절
liigesepõletik [명] [병리] 관절염
liigitama [동] 분류하다, 등급을 나누다
liigne [형] 지나친, 과도한
liigutama [동] 감동시키다
liigutatud [형] 감동받은
liigutus [명] 동작, 몸짓, 제스처
liik [명] 종류, 부류, 유형; [생물] 종(種)
liiklus [명] 교통
liiklusmärk [명] 교통 표지
liiklusummik [명] 교통 혼잡[정체]
liikmekaart [명] 회원 카드
liikmemaks [명] 회비
liikmeskond [명] 회원임, 멤버쉽
liikuma [동] 이동하다, 움직이다; 달리다
liikumatu [형] 움직이지 않는, 부동의
liikumine [명] 움직임, 운동
liilia [명] [식물] 백합

liim [명] 풀, 접착제
liimima [동] 풀[접착제]로 붙이다
liin [명] 직종, 직업
liinilaev [명] 정기선(船)
liinilennuk [명] 정기 항공기
liisima [동] 임차하다
liisk [명] 제비(뽑기), 추첨; liisku heitma 제비를 뽑다
liit [명] 연합, 합동, 동맹
liiter [명] [부피의 단위] 리터
liitlane [명] 동맹국[자]
liitma [동] ① 결합하다, 합병하다 ② 더하다
liitmine [명] [수학] 덧셈
liitsõna [명] [문법] 복합어
liituma [동] 합쳐지다, 연합하다, 결합하다
liiv [명] 모래
liivakarva [형] 모래 빛깔의, 엷은 갈색의
liivapaber [명] 사포(砂布), 샌드페이퍼
liivatee [명] [식물] 타임, 백리향
liivatera [명] 모래 알갱이
likvideerima [동] 정리하다, 청산하다, 폐지하다, 없애다
likviidne [형] (재산이) 현금화하기 쉬운, 유동 자산의
liköör [명] 리큐어 (술의 일종)
lill [명] 꽃
lillekimp [명] 꽃다발
liileline [형] 꽃의, 꽃무늬의
lillepeenar [명] 화단
lillepood [명] 꽃가게
lillepott [명] 화분
lillhernes [명] [식물] 스위트피 (콩과(科) 식물의 일종)
lillkapsas [명] [식물] 콜리플라워, 꽃양배추
lima [명] (생물체 내의) 점액

limiit [명] 한계, 극한
limiteerima [동] 한정하다, 제한하다
limonaad [명] 레모네이드
limpsima [동] 핥다
limusiin [명] 리무진
linastama [동] (연극 등을) 상연하다
lind [명] 새, 조류
lindistama [동] (테이프에) 녹음[녹화]하다
lineaarne [형] 선의, 선형(線型)의
ling [명] 덫, 함정
lingvist [명] 언어학자
lingvistika [명] 언어학
lingvistiline [형] 언어학의
link [명] [컴퓨터] 링크, 연계
linlik [형] 도시의
linn [명] 읍, 도시
linnaelanik [명] 시민
linnaosa [명] (도시의) 지구, ~가(街)
linnapea [명] 시장(市長)
linnaplaneerimine [명] 도시 계획
linnased [명] 엿기름, 맥아(麥芽)
linnavalitsus [명] 시 당국, 시청
linnavolikogu [명] 시 의회
linnuke [명] 체크[점검] 부호 (√)
linnupoeg [명] 병아리, 새 새끼
linnupuur [명] 새장
Linnutee [명] [천문] 은하수
linoleum [명] 리놀륨
lint [명] 끈, 띠, 테이프, 리본
lintšima [동] 린치를 가하다
lipendama [동] 흔들다, 펄럭이다

lipik [명] 꼬리표, 라벨
lipitseja [명] 예스맨, 무엇이든 예예하고 윗사람 말에 동조하는 사람
lipitsema [동] 아첨하다, 알랑거리다, 남의 비위를 맞추다
lipitsev [형] 미끄러운, 미끈미끈한
lipp [명] 기(旗), 깃발; lippu heiskama 기를 게양하다
lips [명] 넥타이
lipsama [동] 미끄러지다, 빠져나가다
lipsunõel [명] 넥타이 핀
liputama [동] (동물이 꼬리 따위를) 흔들다
lipuvarras [명] 깃대
lisa [명] 부가물, 부속물, 추가된 것
lisaaeg [명] [스포츠] 연장 경기 시간
lisajõgi [명] 속국
lisama [동] 더하다, 덧붙이다, 추가하다
lisand [명] 부가물, 부속물
lisapala [명] [음악] 앙코르 연주
lisatasu [명] 할증금, 특별 요금
lisavarustus [명] 부속품
litograafia [명] 석판(인쇄)술
lits [명] 매춘부
litsents [명] 면허, 허가, 라이선스
litsentsima [동] 면허를 내주다
litsuma [동] 압착하다, 죄다; 갈다
liturgia [명] 예배식, 전례
liud [명] 접시
liuglema [동] 미끄러지다
liustik [명] 빙하
liuväli [명] 스케이트장
loba [명] 쓸데없는 소리
lobajutt [명] 쓸데없는 소리, 잡담

lobamokk [명] 수다쟁이
lobi [명] 음식물
lobisema [동] 지껄여대다
lobitöö [명] 로비 활동
lobjakas [명] 진눈깨비, 진창
lodev [형] 느슨한, 헐거운
loe [명] 북서쪽
loend [명] 목록, 리스트; 색인
loendama [동] 수를 세다
loendamatu [형] 셀 수 없이 많은
loendus [명] 수를 세기, 카운트
loeng [명] 강의, 강연; loengut pidama 강의[강연]를 하다
loengupidaja [명] 강사, 강연자
loetamatu [형] 읽을 수 없는
loetav [형] 읽을 수 있는, 읽을 만한
loetelu [명] 목록, 리스트
loetlema [동] 명세를 적다; 열거하다
logaritm [명] [수학] 대수(對數)
logelema [동] 빈둥거리다
logisema [동] 흔들리다, 덜거덕거리다
logisev [형] 흔들흔들하는, 곧 무너질 듯한
lohakas [형] 단정하지 못한, 너절한
lohe [명] 용(龍)
lohelennuk [명] 행글라이더
lohisema [동] 질질 끌리다
lohistama [동] 질질 끌다
lohuke [명] 보조개
lohutama [동] 위안하다, 위로하다
lohutus [명] 위로, 위안
loib [명] 물갈퀴
loid [형] 수동적인, 활발하지 못한

loik [명] 웅덩이
loit [명] 불꽃, 화염, 불길
loits [명] 주문(呪文), 주술, 마법
lojaalne [형] 충성스러운, 성실한
lojaalsus [명] 충성, 충직, 성실
lokaalne [형] 지역의, 지방의
lokkima [동] (머리카락을) 곱슬곱슬하게 하다
lokkis [형] (머리카락이) 곱슬곱슬한
lokomotiiv [명] 기관차
loksutama [동] 흔들다
loll [형] 어리석은, 우둔한 ― [명] 어리석은 사람, 바로
lollakas [형] 어리석은, 얼빠진, 바보 같은
lollitama [동] 속이다, 바보로 만들다
lollus [명] 어리석은 짓
lombakas [형] 절름발이의, 불구의
lombard [명] 전당포
lomp [명] 웅덩이
London [명] 런던 (영국의 수도)
lonkama [동] 절뚝거리다
lonkima [동] 어슬렁거리다, 거닐다
lonks [명] (꿀꺽) 마시기
lont [명] (코끼리 등의) 코
loobuma [동] 포기하다, 그만두다
loode[1] [명] 태아(胎兒)
loode-[2] [형] 북서쪽의
looder [명] 부랑자
looderdama [동] 빈둥빈둥 지내다, 어슬렁거리다
loodetavasti [부] 바라건대
loodima [동] 평평하게 하다, 고르다
loodus [명] 자연
looduskaitse [명] 자연 보존[보호]

looduskaitseala [명] 자연 보호 지역
looduslik [형] 자연의, 자연적인
loodusteadus [명] 자연 과학
loogika [명] 논리학
loogiline [형] 논리적인
loojuma [동] 가라앉다, 침몰하다
looklema [동] 꾸불꾸불[누비며] 나아가다
loom [명] 동물, 짐승
looma [동] 창조하다, 만들다, 짓다, 세우다
loomaaed [명] 동물원
loomaarst [명] 수의사
loomaliha [명] 쇠고기
loomastik [명] (한 지역 또는 한 시대의) 동물군(群)[상(相)], (분포상의) 동물 구계(區系)
loomasööt [명] 동물의 먹이
looming [명] 창조 활동
loominguline [형] 창조적인
loomulik [형] 자연스러운, 당연한; loomulikult i) 자연스럽게 ii) 물론, 당연하지
loomupärane [형] 타고난, 천부의
loomus [명] 성질, 기질, 본성
loomutruu [형] 자연 그대로의
loomuvastane [형] 부자연스러운, 정도를 벗어난
loopima [동] (내)던지다
loor [명] 베일, 덮개
loorber [명] [식물] 월계수
looritama [동] 베일로 덮다
loosima [동] 추첨하다, 제비를 뽑다
loosung [명] 표어, 기치
lootma [동] 희망하다, 기대하다; 의지하다
lootus [명] 희망, 기대; 의지

lootusetu [형] 희망 없는; 쓸모없는
lootuskiir [명] 실낱같은[한 가닥의] 희망
lootusrikas [형] 희망찬
loovima [동] 부지런히 쓰다[사용하다]
loovutama [동] 포기하다, 굴복하다
lopsakas [형] 무성한, 우거진
loputama [동] 씻어내다, 헹구다
lord [명] 지체 높은 사람, 귀족
loss [명] 궁전; 성(城)
lossima [동] 짐을 내리다[부리다]
lotendama [동] 축 처지다, 털썩 쓰러지다[주저앉다]
loterii [명] 제비뽑기, 추첨식 판매법
luba [명] 허가, 인가
lubadus [명] 약속; lubadust andma 약속하다
lubama [동] ① 허가하다, 허락하다, ~하도록 하다 ② (-da 부정사의 형태로) 약속하다
lubi [명] 석회
lubivärv [명] 석회[백색] 도료
lubjakivi [명] 석회석
lugema [동] ① 읽다 ② (수를) 세다
lugu [명] 이야기, 스토리
lugupeetud [형] 존경할 만한; 훌륭한, 이름 높은
lugupidamatu [형] 무례한, 실례되는
lugupidamatus [명] 무례, 실례
lugupidamine [명] 존경; lugupidamisega (편지글 따위에서) 재배(再拜)
luht [명] 늪, 소택지, 습지
luik [명] [조류] 백조, 고니
luine [형] 뼈의; 뼈만 앙상한
luiskama [동] 거짓말하다
luituma [동] 색[빛]이 바래다

lukk [명] 자물쇠; lukust lahti keerama 자물쇠를 열다; luku taha panema 자물쇠를 채우다, 가둬 놓다
Luksemburg [명] 룩셈부르크
luksuma [동] 딸꾹질하다
luksumine [명] 딸꾹질
luksus [명] 호화, 사치
luksuslik [형] 호화로운, 사치스러운
lukuauk [명] 열쇠 구멍
lukustama [동] (자물쇠로) 잠그다
lumehelves [명] 눈송이
lumelaud [명] 스노보드
lumememm [명] 눈사람
lumepall [명] 눈뭉치, 눈덩이
lumesadu [명] 강설(降雪), 눈이 내림
lumetorm [명] 눈보라, 폭풍설(雪)
lumi [명] 눈(雪); lund sadama 눈이 내리다
luminofoorlamp [명] 형광등
lumionn [명] 이글루
lumm [명] 매력
lummama [동] 매혹하다, 호리다, 넋을 잃게 하다
lummav [형] 매혹적인
lummus [명] 매혹, 매료
lunaraha [명] 몸값, 배상금
lunastaja [명] [기독교] 구세주
lunastama [동] ① 되사다, 도로 찾다 ② [신학] (사람을 죄에서) 구원하다, 구속하다
lunastus [명] ① 되사기, 되찾기 ② [신학] (그리스도에 의한) 구속, 구원, 구세
lurjus [명] 비열한 인간, 쓰레기 같은 놈
lusikas [명] 숟가락, 스푼
lusikatäis [명] 숟가락 하나 가득, 한 숟가락

lustlik [형] 쾌활한, 즐거운, 명랑한
lutikas [명] 벌레, 빈대
lutsima [동] 빨다, 빨아들이다
lutt [명] 젖꼭지; 고무 젖꼭지
luu [명] 뼈
luuavars [명] 빗자루
luud [명] (청소용) 비
luuderohi [명] [식물] 담쟁이덩굴
luuk [명] 해치, 창구(艙口)
luukere [명] 골격, 해골
luule [명] 시, 시가(詩歌), 운문
luuleline [형] 시의, 시적인
luuletaja [명] 시인(詩人)
luuletus [명] 시(詩)
luumurd [명] [의학] 골절(骨折)
luup [명] 확대경; luubi all 정밀하게, 세밀하게
luupainaja [명] 악몽, 가위눌림
luuraja [명] 간첩; 정찰병
luurama [동] 간첩[정찰] 활동을 하다; 잠복[밀행]하다
luuvalu [명] [병리] 통풍(痛風)
lõbu [명] 기쁨, 즐거움, 재미, 오락
lõbumaja [명] 매음굴
lõbureis [명] 유람 여행, 크루즈
lõbus [형] 즐거운, 유쾌한, 재미나는, 신나는
lõbusalt [부] 즐겁게, 유쾌하게, 재미있게, 신나게; lõbusalt aega veetma 즐거운 시간을 보내다
lõbustama [동] 즐겁게 하다
lõbustus [명] 오락
lõbustuspark [명] 유원지, 테마파크
lõbusõit [명] 놀러나가기
lõbutsema [동] 즐겁게 놀다, 즐기다, 즐거운 시간을 보내다

lõbutüdruk [명] 콜걸, 매춘부
lõdisema [동] 딜딜 떨다
lõdvendama [동] 느슨하게 하다, 이완하다
lõdvenema [동] 느슨해지다, 이완되다
lõdvestama [동] (긴장이나 압박을) 완화하다
lõdvestuma [동] 긴장이 풀리다
lõdvestus [명] 긴장 완화
lõgismadu [명] [동물] 방울뱀
lõhe^1 [명] 갈라짐, 균열
lõhe^2 [명] [어류] 연어
lõhenema [동] 갈라지다, 쪼개지다, 균열이 발생하다
lõhestama [동] 가르다, 쪼개다, 째다, 찢다
lõhik [명] (새는) 구멍
lõhkeaine [명] 폭발물
lõhkema [동] 폭발하다, 터지다
lõhkemine [명] 폭발, 파열, 터짐
lõhkepea [명] [군사] (미사일 따위의) 탄두(彈頭)
lõhkuma [동] 부수다, 헐다, 파괴하다
lõhn [명] 향기, 방향(芳香), 아로마
lõhnama [동] 향기가 나다
lõhnastama [동] 향기를 풍기다
lõhnaõli [명] 향수, 향료
lõhustuma [동] 쪼개지다
lõige [명] 잘린 부분, 벤 자국, 단면
lõik [명] 절단, 자르기; 잘린 부분
lõikama [동] 자르다, 절단하다, 베다
lõikehaav [명] 벤 상처
lõikelaud [명] 도마
lõikeriist [명] 자르는 도구, 절삭공구
lõikuma [동] ① 베다 ② 교차하다
lõikus [명] ① 베기, 절단 ② 추수, 수확 ③ 머리 모양, 헤어

스타일
lõiv [명] 요금, 사용세
lõke [명] 캠프파이어; 모닥불
lõkendama [동] 확 타오르다
lõks [명] 함정, 덫; lõksu püüdma 덫을 놓아 잡다; lõksu seadma 덫을 놓다[설치하다]
lõng [명] 직물 짜는 실, 끈실
lõoke [명] [조류] 종달새
lõpetama [동] 끝내다, 완료하다
lõplik [형] 마지막의, 최후의
lõpmatu [형] 무한한, 끝나지 않는
lõpp [명] 끝, 마지막; 결론; lõppude lõpuks 결국, 마지막에; lõppu tegema 끝내다
lõppema [동] 끝나다, 완료되다
lõppenud [형] 끝난, 완료된
lõppjaam [명] (교통 수단의) 종점, 종착역, 터미널
lõpuaktus [명] (학교의) 졸업식
lõpuks [부] 마지막에, 결국에는, 마침내
lõpus [명] [어류] 아가미
lõputu [형] 끝없는, 영원한
lõputunnistus [명] 졸업장, 졸업 증서
lõrisema [동] 으르렁거리다
lõtv [형] 느슨한, 헐렁한
lõtvuma [동] 느슨해지다, 헐렁해지다
lõualuu [명] 턱뼈
lõuend [명] 캔버스, 화포(畵布)
lõug [명] (신체의) 턱
lõugama [동] 떠들다, 소리치다
lõuna [명] ① 남쪽 ② 낮, 정오 ③ 점심식사
Lõuna-Aafrika [명] 남아프리카(공화국)
lõuna-aafriklane [명] 남아프리카(공화국) 사람

Lõuna-Ameerika [명] 남아메리카
Lõuna-Jäämeri [명] 남극해
Lõuna-Korea [명] 남한, 대한민국
lõunaaeg [명] 점심 (식사) 시간
lõunakorealane [명] 남한[대한민국] 사람
lõunalaud [명] 정찬용 식탁, 정찬 자리
lõunamaine [형] 남쪽의
lõunasöök [명] 정찬; 점심 식사
lõunatama [동] 정찬을 들다; 점심 식사를 하다
lõunauinak [명] 오후의 낮잠
lõunavaheaeg [명] 점심 휴식 시간
lõvi [명] [동물] 사자; L- [천문] 사자자리
lõvilakk [명] (동물의) 갈기
lõõgastuma [동] 긴장을 풀다
lõõmama [동] (불길이) 타오르다
lõõpima [동] 놀리다, 희롱하다
lõõritama [동] (새가) 지저귀다
läbematu [형] 급한, 성급한, 서두르는
läbi [전] (~을) 통해, 통과하여, 거쳐서; ta vaatas läbi akna 그는 창 밖을 보았다, 창 너머로 보았다; ta läks läbi metsa 그는 숲을 빠져나갔다 — [후] ① ~ 동안, 죽 ② ~시 (時)가 지나 — [형] ① 몹시 지친, 기진맥진한 ② 끝난, 완료된, 지난 — läbi ajama (~으로) 그럭저럭 꾸려나가다; läbi astuma (~에) 들르다, 방문하다; läbi elama 겪다, 경험하다; läbi ja lõhki 철저하게, 속속들이; läbi kukkuma 실패하다; läbi peksma 때리다; läbi põlema 정력을 소모하다; läbi rääkima 협상하다; läbi saama (시험에) 통과하다; läbi sõrmede vaatama 못 보고 지나치다, 빠뜨리다, 간과하다
läbikäik [명] 통행, 지나감; läbikäik keelatud 통행 금지
läbikäimine [명] 친교, 교제

läbilõikav [형] (소리가) 날카로운, 귀에 거슬리는
läbima [동] 지나가다, 통과하다, 빠져나가다; 침투하다
läbimurre [명] 돌파, 침투
läbimõõt [명] 지름, 직경
läbimärg [형] 흠뻑 젖은
läbinisti [부] 철저하게, 죽
läbiotsimine [명] 찾기, 수색, 점검
läbipaistev [형] 투명한, 비치는
läbipaistvus [명] 투명함
läbipääs [명] 통로, 다니는 길
läbirääkimine [명] 협상
läbisegi [부] 허둥지둥, 당황하여
läbistama [동] 침투하다, 꿰뚫다
läbisõit [명] 통행, 지나감
läbitungiv [형] 침투하는, 꿰뚫는
läbivaatus [명] 검사, 조사
läga [명] 질퍽한 것
lähedal(e) [후/부] (~의) 근처에[로], 가까이에
lähedane [형] 가까운; 친밀한
lähedus [명] 가까움, 근접; 친밀
lähenema [동] 접근하다, 다가오다; 한데 모이다
lähenemisviis [명] 접근
lähetama [동] 보내다, 발송하다
lähim [형] 가장 가까운
lähme [동] (minema의 청유형) 갑시다!
lähtuma [동] (~에서) 시작하다, (~으로부터) 진행되다
läige [명] 빛남, 광택
läikima [동] 빛나다
läikiv [형] 빛나는
läila [형] 연약한, 감상적인
läitma [동] 불을 켜다

läkaköha [명] [병리] 백일해
läkitama [동] 보내다, 발송하다
lämbe [형] 무더운, 찌는 듯한
lämbuma [동] 숨막히다, 질식하다
lämmastik [명] [화학] 질소
lämmatama [동] 숨막히게 하다, 질식시키다
lärm [명] 소음, 소란, 떠들썩함
lärmakas [형] 시끄러운, 떠들썩한
lärmama [동] 시끄럽게 떠들다
läte [명] 샘; 원천
läti [형] 라트비아의; läti keel 라트비아어 — [명] L- 라트비아
lätlane [명] 라트비아 사람
lävi [명] 문지방, 문턱
lävima [동] 통신하다
lääge [형] 무미건조한, 김빠진
lään [명] ① 봉토, 영지 ② 주(州)
läände [부] 서쪽으로
läänelik [형] 서쪽의, 서부의
Läänemeri [명] 발트 해 ("서쪽의 바다"라는 뜻으로 에스토니아인들이 발트 해를 이르는 말)
lääs [명] 서쪽, 서부
lääts [명] ① 렌즈 ② [식물] 렌즈콩
lõmastama [동] 짓누르다, 짓찧다, 때리다
lõmitama [동] 굽실거리다, 비굴하게 굴다
lõrts [명] 진눈깨비
lõsutama [동] 축 늘어지다
löögivalmis [형] 재치 있는, 기민한
löök [명] 치기, 때리기, 두드리기, 타격
lööklaul [명] 대성공, 큰 히트
lööklause [명] 표어, 슬로건

löökpill [명] [음악] 타악기
lööma [동] 치다, 때리다, 패다, 두드리다
löömamees [명] 약자를 괴롭히는 자
löömatu [형] 패배시킬 수 없는
lööve [명] [병리] 발진
lühend [명] 축약, 단축
lühendama [동] 줄이다, 단축하다
lühendatud [형] 줄인, 단축한
lühenema [동] 줄다, 단축되다
lühiajaline [형] 단기간의
lühidalt [부] 짧게, 줄여서, 간결하게, 한마디로
lühijutt [명] 단편 소설
lühike [형] ① 짧은 ② 간결한 ③ 키가 작은
lühikokkuvõte [명] 개요, 요약된 것
lühinägelik [형] 근시안의
lühipuhkus [명] 휴양지
lühis [명] [전기] 단락(短絡), 누전
lühiuudised [명] 뉴스 속보; 헤드라인 뉴스
lühiühendus = lühis
lühter [명] 샹들리에
lükkama [동] (힘껏) 밀다, 밀어 옮기다
lüli [명] 연결, 링크
lülitama [동] 스위치로 연결[접속]하다
lüliti [명] [전기] 스위치, 개폐기
lülituskilp [명] [전기] 배전반
lümf [명] [해부·생리] 림프(액)
lünk [명] 틈, 공백
lüüasaamine [명] 패배, 짐
lüüra [명] [음악] 리라
lüürik [명] 서정 시인
lüürika [명] 서정시

lüüriline [형] 서정시의
lüüs [명] 수문, 갑문(閘門)

M

ma → mina
maa [명] ① 땅, 토지; 지면 ② 지방, 시골 ③ 나라, 국가 ④ 지구(地球)
maa-ala [명] 지역, 지방, 영역
maa-alune [형] 지하의
maabuma [동] 상륙하다
maabumine [명] 상륙, 착륙
maadeavastaja [명] (땅·대륙 등의) 발견자
maadeuurija [명] 탐험가
maadlus [명] [스포츠] 레슬링
maag [명] 마술사
maagia [명] 마술, 마법
maagiline [형] 마술의, 마법의
maahoki [명] [스포츠] 필드하키
maailm [명] 세계, 세상
maailmakaart [명] 세계 지도
maailmaklassi [형] 세계적 수준의
maailmakodanik [명] 세계주의자, 세계인, 국제인
maailmameister [명] 세계 챔피언
maailmameistrivõistlused [명] 세계 선수권 대회
maailmaruum [명] 우주
maailmasõda [명] [역사] 세계 대전; Esimene[Teine] maailmasõda 제1차[제2차] 세계 대전
maailmavaade [명] 세계관
maak [명] 광석
maakera [명] 지구(地球)

maakitsus [명] [지리] 지협(地峽)
maakler [명] 중개인, 브로커
maakond [명] (행정 구역상의) 주(州)
maakoor [명] [지질] 지각(地殼)
maal [명] 그림
maalapike [명] 작은 구획의 땅
maaler [명] 화가, 시각 예술가
maalihe [명] (산)사태
maalikunstnik [명] 화가, 시각 예술가
maaliline [형] 그림 같은, 회화적인
maamõõtja [명] 측량 기사
maamõõtmine [명] (토지의) 측량
maamärk [명] 경계표; 육표(陸標)
maanduma [동] 상륙[착륙]하다
maandumine [명] 상륙, 착륙
maani [형] (삭제한 것이 없는) 표준 길이의
maania [명] [정신의학] 조병(躁病)
maantee [명] 길, 공로(公路)
maaomanik [명] 토지 소유자, 지주
maapind [명] 땅, 지면
maapähkel [명] [식물] 땅콩
maardla [명] 터, 장(場), 넓게 펼쳐진 곳
maas [부] 아래에; 뒤에, 뒤처져
maasikas [명] [식물] 딸기
maastik [명] 경치, 풍경
maastikuauto [명] 지프차
maateadus [명] 지리학
maateaduslik [형] 지리학의, 지리적인
maavaldus [명] 소유지, 보유지
maavanem [명] 주지사(州知事)
maavaline [형] 지구 밖의, 외계의

maavärin [명] 지진(地震)
madal [형] ① 낮은 ② 얕은
madaldama [동] 낮추다
madalik [명] 저지대; 얕은 곳
Madalmaad [명] 네덜란드
madalseis [명] 구유, 여물통
madrats [명] 매트리스
madrus [명] 선원, 뱃사람
madu [명] [동물] 뱀
maffia [명] 마피아, 지하 조직
magama [동] 잠자다; magama heitma 잠자리에 들다; magama jääma 잠들다; magama panema 잠자리에 들게 하다, 재우다
magamiskott [명] 침낭, 슬리핑백
magamisruum [명] 기숙사
magamistuba [명] 침실
magamisvagun [명] (기차의) 침대차
mage [형] 무미건조한, 담백한; mage vesi 담수, 민물
magister [명] 석사 (학위 소유자)
magistraal [명] 간선 도로
magistrikraad [명] 석사 학위
magistrant [명] 대학원생
magnaat [명] 실업계의 거물
magneetiline [형] 자석의, 자성을 띤
magnet [명] 자석
magnetofon [명] 녹음기, 테이프 리코더
magnetväli [명] [물리] 자기장(磁氣場)
magu [명] [해부] 위(장)
magus [형] 단, 달콤한
magusaine [명] 감미료
maguskartul [명] [식물] 고구마

magustama [동] 달게 하다
magustoit [명] 푸딩, 후식
maha [부] 아래로; 저쪽으로, 떨어져, 뒤에; maha ~! ~을 타도하라!; maha jätma 버리다, 그만두다; maha jääma 뒤지다, 뒤떨어지다; maha laskma 총을 쏘다; maha müüma 다 팔아버리다, 매진시키다; maha pillama 엎지르다; maha põlema 전소(全燒)하다, 불사르다; maha suruma 억제하다, 억누르다, 진압하다
mahagon [명] [식물] 마호가니
mahajäetud [형] 황폐한, 쓸쓸한
mahajäetus [명] 황폐, 무관심 속에 방치됨
mahapanek [명] 사직, 사임
mahasurumine [명] 억제, 진압
mahe [형] 부드러운, 상냥한
mahendama [동] 부드럽게 하다, 누그러지게 하다
mahl [명] 주스; 즙
mahlane [형] 즙이 많은
maht [명] 범위, 넓이, 부피, 용적
mahtuma [동] (~에 크기 등이) 잘 맞다
mahuti [명] 저장하는 용기
mahv [명] 혹 불기
mai [명] 5월
maik [명] 맛, 풍미
maine [명] 평판, 명성 — [형] 이 세상의, 속세의
mainekas [형] 유명한, 잘 알려진, 명성 있는
mainima [동] 언급하다, 문제를 꺼내다
mais [명] [식물] 옥수수
maisihelbed [명] 콘플레이크
maismaa [명] 본토
maitse [명] ① 맛, 풍미 ② 기호, 선호
maitseaine [명] 조미료, 양념

maitsekas [형] 멋을 아는, 심미안이 있는
maitsema [동] 맛이 나다
maitsestama [동] 맛을 내다, 조미[양념]하다
maitsetaim [명] 허브
maitsetu [형] 맛없는, 무미건조한
maitsev [형] 맛있는, 식욕을 돋우는
maiustus [명] 단맛
maiustused [명] 과자류, 단 것
maja [명] 집, 주택; majast majja 집집마다
majahoidja [명] 건물 관리인
majakas [명] 등대
majandama [동] 관리하다, 운영하다, 조종하다
majandus [명] 경제
majanduskasv [명] 경제 성장
majanduskriis [명] 불황, 경제 위기
majanduslangus [명] 경기 후퇴, 불경기
majanduslik [형] 경제학의, 경제상의
majandusteadus [명] 경제학
majaperemees [명] 토지[가옥] 소유자, 지주
majaperenaine [명] (집안의) 안주인; 여성 토지[가옥] 소유자
majapidamine [명] 가계 운영, 살림
majapidamistööd [명] 가사, 집안 일
majesteet [명] Tema Majesteet 폐하
majesteetlik [형] 위엄 있는, 장엄한
majonees [명] 마요네즈
major [명] [군사] 소령
majutama [동] (집안에) 사람을 들이다[수용하다], 숙박시키다
majutus [명] 주택, 숙박 설비
makaron [명] 마카로니
makaronitooted [명] 파스타
makett [명] (설계 따위를 위한) 모형

makk [명] 녹음기, 테이프 리코더
makrell [명] [어류] 고등어
maks¹ [명] ① 세금 ② 요금, 수수료
maks² [명] [해부] 간(肝), 간장
maksapõletik [명] [병리] 간염
makse [명] 지불, 값을 치름
maksejõuetu [형] 지불 불능의, 파산의
maksejõuline [형] 지불 능력이 있는
maksekorraldus [명] 지불[지급] 명령
maksev [형] (법률이) 효력이 있는, 실시되고 있는
maksimaalne [형] 최대의; maksimaalselt 최대한
maksimum [명] 최대한, 맥시멈; maksimumi andma 최대한 활용하다, 가장 잘 이용하다
maksma [동] ① 지불하다, 값을 치르다; sularahas maksma 현금으로 계산하다 ② (값·비용이) ~이다
maksmata [형] 미납의, 지불하지 않은
maksuamet [명] 세무서
maksud [명] 세금
maksumaksja [명] 납세자
maksumus [명] 비용, 경비
maksunõue [명] 과세, 징세
maksupettus [명] 탈세
maksustama [동] 과세하다, 세금을 물리다
maksvusetu [형] 효력이 없는, 무효의
malaaria [명] [병리] 말라리아
malaisia [형] 말레이시아의 — [명] M- 말레이시아
malaislane [명] 말레이시아 사람
malemäng [명] 체스, 서양 장기
malm [명] 주철, 무쇠
mammut [명] [고생물] 매머드
manala [명] 저승

manama [동] 저주하다
mandaat [명] (권한 따위의) 위임
mandariin [명] [식물] 만다린 귤(나무)
mandel [명] ① [식물] 아몬드 ② [해부] 편도선
manduma [동] 퇴보하다, 타락하다
mandumine [명] 퇴보, 타락
maneer [명] 방법, 방식
mango [명] [식물] 망고(나무)
maniakk [명] 열광자, 미치광이
manifest [명] 선언, 성명
manifestatsioon [명] 시위 운동, 데모
manifesteerima [동] 표명하다, 명백하게 나타내다
maniküür [명] 매니큐어, 미조술(美爪術)
manipuleerima [동] 교묘하게 조작하다
manitsema [동] 주의를 주다, 경고하다; 훈계하다
mannekeen [명] 마네킹
manner [명] 대륙; 본토
mannetu [형] 초라한, 빈약한
mansetinööbid [명] 커프스 단추
mansett [명] (와이셔츠의) 커프스
mantel [명] 외투, 코트
manuaalne [형] 손의, 손으로 하는
manus [명] 첨가물; [컴퓨터] 첨부 파일
manööver [명] [군사] 작전 행동
manööverdama [동] 작전적으로 행동하게 하다
maohaavand [명] [병리] 위궤양
mapp [명] 서류첩
maraton [명] [육상] 마라톤
mardikas [명] [곤충] 갑충, 딱정벌레
margariin [명] 마가린
margikogumine [명] 우표 수집

marginaalne [형] 한계의
mari [명] [식물] 베리, 딸기류
marihuaana [명] 마리화나, 대마초
marineerima [동] (음식을) 절이다
marionett [명] 망석중, 꼭두각시
mark [명] ① 우표 ② 상표, 브랜드
marker [명] 표시하는 것, 마커
marketing [명] 마케팅
markiis [명] 차양
marksism [명] 마르크스주의
marli [명] (얇은) 깁, 사(紗), 거즈
marmelaad [명] 마멀레이드; 젤리
marmor [명] 대리석
maroko [형] 모로코의 — [명] M- 모로코
marokolane [명] 모로코 사람
marsruut [명] 노정, 여정
marss [명] 행진, 진군
marssal [명] [군사] (육군) 원수
marssima [동] 행진하다, 진군하다
maru [명] 폭풍(우)
maruline [형] 폭풍우의, 모진 비바람의
marutõbi [명] [병리] 광견병, 공수병
marutõbine [형] 미친, 광견병의
maruvihane [형] 격노한, 노발대발한, 사납게 날뛰는
masendama [동] 낙담시키다, 우울하게 하다, 슬프게 하다
masendav [형] 낙담시키는, 울적하게 하는, 슬프게 하는
masendunud [형] 낙담한, 울적한
masendus [명] 낙담, 우울
masin [명] 기계
masinakiri [명] 타이핑, 타자 치기
masinakirjutaja [명] 타자수, 타이피스트

masinavärk [명] 기계류
masinist [명] 기계공, 엔지니어
mask [명] 가면, 마스크
maskeerima [동] 가면을 쓰다, 변장[위장]하다
maskeering [명] 변장, 위장
maskeeritud [형] 변장[위장]한, 가면을 쓴
maskiball [명] 가면무도회
maskott [명] 마스코트
maskuliinne [형] 남자의, 남성의
masohhism [명] [정신의학] 피학대 성애(性愛), 마조히즘
mass [명] 큰 덩어리
massaaž [명] 마사지, 안마
masseerima [동] 마사지[안마]하다
massiivne [형] 큰 덩어리의, 육중한
massiline [형] ① 대중의, 대중을 대상으로 한 ② 대량의
massimeedia [명] 매스미디어, 대중 전달 매체
masstootmine [명] 대량 생산
mast [명] ① [항해] 돛대, 마스트 ② [카드놀이] 짝패 한 벌
mastaap [명] 비례, 비율, 축척
masturbatsioon [명] 자위행위, 수음
mažoor [명] [음악] 장조, 장음계
mateeria [명] 물질, 물체
matemaatika [명] 수학(數學)
materdama [동] 혼내주다, 심하게 꾸짖다
materiaalne [형] ① 물질의, 물질적인 ② 재정상의
materialism [명] 물질주의
materjal [명] 재료
matk [명] (도보) 여행, 하이킹
matkaja [명] 도보 여행자; 돌아다니는 사람
matkama [동] 여행하다, 걸어서 돌아다니다
matkima [동] 흉내내다, 모방하다, 따라하다

matma [동] (땅에) 묻다
matriits [명] 주형(鑄型), 틀
mats [명] 시골뜨기
matsakas [형] 통통한, 땅딸막한
matslik [형] 촌스러운
matš [명] 경기, 시합, 게임
matt [명] ① [체스] 장군, 체크메이트 ② 깔개, 매트
matus [명] 매장, 장례
matusetalitus [명] 장례식
me → meie
medal [명] 메달
mediteerima [동] 명상하다, 묵상하다
mediteerimine [명] 명상, 묵상
meditsiin [명] 의학
meditsiiniline [형] 의학의, 의학적인
meditsiiniõde [명] 간호사
meduus [명] [동물] 해파리
meedia [명] 미디어, 대중 매체
meel [명] ① 마음, 생각, 정신 ② 감각, 센스 ③ meelde jätma 기억하다; meelde tuletama 상기하다, 기억을 되살리다; meeles pidama 마음에 두다, 잊지 않다; meelest minema 잊어버리다; meelt heitma 절망하다, 체념하다; meelt lahutama 즐겁게 하다; meelt muutma 생각을 달리하다, 마음이 변하다; meelt parandama 태도를 고치다
meelas [형] 육욕에 빠진, 호색의
meeldejääv [형] 기억할 만한
meeldetuletus [명] 생각나게 하는 것, 상기시키는 것
meeldima [동] 좋아하다, 마음에 들다
meeldiv [형] 호감이 가는, 마음에 드는, 좋은, 괜찮은
meeleavaldus [명] 시위 운동, 데모
meelega [부] 일부러, 고의로, 계획적으로

meeleheide [명] 절망, 자포자기
meeleheitlik [형] 절망적인, 자포자기의
meelekindlus [명] 용기, 기개
meelelaad [명] 성질, 기질
meelelahutaja [명] 연예인, 엔터테이너
meelelahutus [명] 오락, 즐기기, 레크리에이션
meeleline [형] 관능적인
meelemuutus [명] 변심, 생각이 바뀜
meelemärkus [명] 의식(이 있음), 깨어 있음; meelemärkusel 의식이 있는, 깨어 있는; meelemärkust kaotama 의식을 잃다; meelemärkusele tulema 의식을 회복하다; meelemärkuseta 의식이 없는
meeleolu [명] 기분, 마음
meelepaha [명] 분개, 분노
meelepärane [형] 받아들일 수 있는, 수용할 만한, 만족스러운
meelerahu [명] 평안, 평정
meeletu [형] 미친, 자제심을 잃은
meeletus [명] 광기, 미친 상태
meelevaldne [형] 임의의, 멋대로의, 자의적인
meelitama [동] 아첨하다, 감언이설로 속이다
meelitav [형] 아첨하는
meelitus [명] 아첨
meelsasti [부] 기꺼이
meeltesegadus [명] 산만, 방심
meene [명] 기념품
meenutama [동] 회상하다, 상기하다, 떠올리다
meenutus [명] 회상, 상기, 떠올림
mees [명] ① 남자, 남성; meeste tualettruum 남자 화장실 ② 남편
meeskond [명] 팀, 조, (한) 패
meessugu [명] (생물학적·문법적) 남성

meestejuuksur [명] 이발소
meesterõivad [명] 남성 의류, 신사복
meeter [명] [길이의 단위] 미터 (m)
meetod [명] 방법, 방식
mehaanik [명] 수리공, 정비사, 기계공
mehaanika [명] 역학, 기계학
mehaaniline [형] 기계(상)의, 기계에 의한
mehelik [형] 남성의, 남성다운; (여자가) 남자 같은
mehevend [명] 아주버니 또는 시동생
meheõde [명] 시누이
mehhaniseerima [동] 기계화하다
mehhanism [명] 기계 장치, 기계류
mehhiklane [명] 멕시코 사람
mehhiko [형] 멕시코의 — [명] M- 멕시코
mehine [형] 남자다운, 씩씩한
mehisus [명] 남자다움, 씩씩함
mehitama [동] (항공기 따위에) 승무원을 배치하다
mehitamata [형] (항공기 따위가) 승무원이 타지 않은
meid [대] 우리를
meie [대] 우리는; meie (oma) 우리의
meierei [명] 낙농장(酪農場)
meigitud [형] 화장을 한
meik [명] 화장, 메이크업
meikima [동] 화장하다
meil [명] [컴퓨터] (이)메일, 전자 우편
meile [대] 우리에게
meiliaadress [명] [컴퓨터] (이)메일 주소
meilima [동] [컴퓨터] (이)메일을 보내다
meisel [명] 끌, 정
meiseldama [동] 끌로 새기다
meister [명] ① 장인, 숙련공 ② 챔피언

meisterlikkus [명] (장인의) 기량, 기능
meistrivõistlused [명] [스포츠] 선수권 대회, 챔피언십
melanhoolia [명] 우울, 침울
melanhoolne [형] 우울한, 침울한
melodraama [명] 멜로드라마, 감상적인 통속극
melon [명] [식물] 멜론
meloodia [명] 가락, 곡조, 멜로디
meloodiline [형] 선율이 아름다운
memorandum [명] 비망록, 메모
memoriaal [명] 기념물, 기념관
memuaarid [명] 회고록
menetlus [명] (진행상의) 절차
menopaus [명] [생리] 폐경기
menstruatsioon [명] 생리[월경] (기간)
menu [명] 성공
menuk [명] 베스트셀러
menukas [형] 성공적인
menüü [명] 메뉴, 차림표
mereannid [명] 해산물 (음식)
merehaige [형] (여행 중에) 멀미가 나는
merehaigus [명] (여행 중의) 멀미
merekaart [명] 해도(海圖)
merekitsus [명] 해협
mereline [형] 바다의, 해양의
meremees [명] 뱃사람, 선원
meremiil [명] 해리(海里; 1853m)
merepind [명] 해수면, 평균 해면
mererand [명] 바닷가, 해안, 해변
merereis [명] 항해, 항행
mereröövel [명] 해적
meresõit [명] 항해; 도항(渡航)

meresõitja [명] 항해자
meretagune [형] 해외의
merevaik [명] [광물] 호박(琥珀)
merevägi [명] 해군
meri [명] 바다, 해양; merel 바다에서, 해상에; mere ääres 해안에서, 바닷가에서
merihobu [명] [어류] 해마(海馬)
merikajakas [명] [조류] 바다갈매기
merikurat [명] [어류] 아귀
merilõvi [명] [동물] 강치, 바다사자
merineitsi [명] 인어
merisiga [명] [동물] 기니피그, 모르모트
meritsi [부] 바다로, 해로(海路)로
meritäht [명] [동물] 불가사리
merivähk [명] [동물] 바닷가재, 로브스터
mesi [명] 꿀
mesilane [명] [곤충] 벌
mesilasema [명] 여왕벌
mesinädalad [명] 신혼 여행, 밀월
mesipuu [명] 벌집, 벌통
mess [명] 정기시(定期市)
messing [명] 놋쇠
metafoor [명] 은유(隱喩), 상징
metall [명] 금속
meteoor [명] [천문] 유성, 별똥별
meteoriit [명] [지질] 운석
metoodika [명] 방법(론)
metoodiline [형] 조직적 방식의
metroo [명] 지하철
mets [명] 숲, 삼림
metsamaastik [명] 삼림 지대

metsandus [명] 임업, 삼림 관리
metsasalu [명] 작은 숲
metsasarv [명] [음악] 호른
metsatulekahju [명] 산불
metsik [형] ① 야생의; metsik loodus 야생의 자연 ② 사나운, 흉포한; 야만적인
metskass [명] [동물] 들고양이
metskits [명] [동물] 노루
metslane [명] 야만인, 짐승 같은 놈
metsmaasikas [명] [식물] 산딸기
metssiga [명] [동물] 멧돼지
mida [대] 무엇?
midagi [대] 무엇인가, 어느 것인가; mitte midagi 아무것도 ~ 아니다
migratsioon [명] 이주, 이동
migreen [명] [병리] 편두통
miil [명] [길이의 단위] 마일
miim [명] 마임, 무언극
miimika [명] 흉내쟁이
miimiline [형] 흉내를 잘 내는
miin [명] [군사] 지뢰
miinimum [명] 최소한, 최저치, 미니멈
miinimumpalk [명] 최저 임금
miinus [명] 마이너스; 손해, 결손
miinusmärk [명] 마이너스 기호 (−)
miiting [명] (정치적) 대회, 집회
mikrofon [명] 마이크
mikrolaine [명] [통신] 극초단파, 마이크로파
mikrolaineahi [명] 전자 레인지
mikroob [명] 미생물
mikroprotsessor [명] [컴퓨터] 마이크로프로세서

mikroskoop [명] 현미경
miks [부] ① 왜? ② miks mitte! 좋아, 그러지, 안될 것 없지
mikser [명] (요리용) 믹서
mikstuur [명] 혼합(물)
miljard [명] 10억
miljon [명] 100만
miljonär [명] 백만장자
millal [부] 언제?
millegipärast [부] 어떻게든지
millennium [명] 천년간, 밀레니엄
millimallikas [명] [동물] 해파리
millimeeter [명] [길이의 단위] 밀리미터 (mm)
millimeetripaber [명] 모눈종이, 그래프 용지
milline [대] 어느?, 어떤 (종류의)?
mina [대] 나는
mind [명] 나를
minema [동] 가다, 떠나다; laps ei läinud eile kooli 아이는 어제 학교에 가지 않았다; minema hakkama 출발하다
mineraal [명] 광물, 미네랄
mineraalvesi [명] 광천수, 미네랄 워터
minestama [동] 기절하다, 졸도하다, 쓰러지다, 의식을 잃다
minestus [명] 기절, 졸도
minetama [동] 잃다, 상실하다, 포기하다
minevik [명] 과거; [문법] 과거 시제
mingi [대] 어떤, 무언가의, 약간의; mingil määral 어느 정도; sellel probleemil pole mingit lahendust 이 문제는 해결책이 전혀 없다
mingisugune [형] 어떤, 무슨
minia [명] 며느리
miniatuur [명] 축소 모형, 미니어처
miniatuurne [형] 소형의

minimaalne [형] 최소(한)의
ministeerium [명] (정부의) 부, 성(省)
minister [명] 장관, 대신; ministrite kabinet 내각(內閣)
minoor [명] [음악] 단조, 단음계
minu [대] 나의; minu arvates 내 생각[의견]에는; minuga 나와 함께; minugi poolest! 나한테 잘 맞아!
minulle [대] 나에게
minut [명] (시간상의) 분(分)
miraaž [명] 신기루, 망상
mis [대] ① [의문대명사] 무엇?, 어떤 것?; mida te ütlesite? 뭐라고 하셨죠?; mis iganes 무엇이든, 어느 것이든 ② [관계대명사] ~하는[인] 것(은); siin on need raamatud, mida õpetaja soovitas 선생이 추천한 (그) 책들이 여기에 있다
misjonär [명] 선교사, 전도사
miski [대] 무엇인가, 어느 것인가; see ei tee sulle midagi halba 이건 당신에게 아무 해도 끼치지 않는다
missa [명] [가톨릭] 미사
missioon [명] 사명, 임무, 할당된 일
missugune [대] 어느?, 어떤 (종류의)?; missuguseid raamatuid ma pean lugema? 난 어떤 책을 읽어야 하지?
mitmekesine [형] 다양한, 여러 가지의
mitmekordistama [동] 다양화하다
mitmekülgne [형] 다재다능한
mitme [형] 몇 개의, 얼마간의
mitmes [대] 어느 것?, 어느 쪽?
mitmesugune [형] 잡다한, 갖가지의
mitmus [명] [문법] 복수(형)
mitmuslik [형] 복수(형)의
mitte [소사] (~이) 아닌, ~ 않다; mitte ainult ~만은 아니다; mitte keegi 아무도 ~않다; mitte kunagi 결코 ~않다; m-

itte midagi 아무것도 ~않다; mitte mingil juhul 결코[무슨 일이 있어도] ~않다; mitte miski 아무것도 ~않다; mitte sugugi 조금도[전혀] ~않다; mitte suutma ~할 수가 없다; mitte sõna kuulama 말을 듣지 않다; mitte usaldama 믿지 않다; mitte välja tegema 주의를 기울이지 않다, 무시하다

mitteametlik [형] 비공식의; mitteametlikult 비공식으로
mitteküllaldane [형] 불충분한
mitteloetav [형] 읽기 어려운
mittemidagiütlev [형] 평범한, 특징이 없는
mitterahuldav [형] 불만족스러운, 마음에 차지 않는
mittesoovitatav [형] 권장할 수 없는
mittesuitsetaja [명] 비흡연자
mittesöödav [형] 먹을 수 없는, 식용에 적합하지 않은
mitteteadlik [형] 알지 못하는, 모르는
mitteteretulnud [형] 환영받지 못하는, 달갑지 않은
mittetulunduslik [형] 비영리의
mittetulus [형] 이익이 없는, 벌이가 안 되는
mitteusaldusväärne [형] 믿지 못할, 신뢰할 수 없는
mittevajalik [형] 불필요한
mittevastav [형] 부적합한
mitu [대] 많은, 여럿의; mitu korda? 몇 번이나?
mobiilne [형] 이동성이 있는, 움직이는
mobiiltelefon [명] 휴대 전화
modell [명] (예술가 등의) 모델
modem [명] [컴퓨터] 모뎀
moderniseerima [동] 현대화하다
modernne [형] 현대적인
moehullus [명] 일시적인 유행[열광]
moekas [형] 최신 유행의
moepärast [부] 멋으로, 보이기 위해

moes [부] 유행하여; moest läinud 구식의, 유행이 지난
molbert [명] 화가(畵架), 이젤
molekul [명] [물리·화학] 분자
moll [명] [음악] 단조, 단음계
moment [명] ① 순간, 잠깐 ② [물리] 모멘트, 능률
momentaanne [형] 순식간의, 순간적인
monarh [명] 군주, 통치자
monarhia [명] 군주제, 군주국
monitoorima [동] 감시[관리]하다, 모니터하다
monitor [명] 모니터; 스크린
monoloog [명] 독백, 모놀로그
monopol [명] 독점권
monopoliseerima [동] 독점하다
monotoonne [형] 단조로운
monotoonsus [명] 단조로움
monstrum [명] 괴물; 거대한 것
monteerima [동] ① (기계 등을) 조립하다 ② (영화·TV를) 편집하다
monument [명] 기념비
monumentaalne [형] 기념비의, 기념비적인
mood [명] 유행, 스타일; moodi minema 유행하다
moodne [형] 최신 유행의; moodsalt 유행하여
moodul [명] [컴퓨터] 모듈
moodus [명] 방식, 양식
moodustama [동] 구성하다, 형성하다
moon [명] ① [식물] 양귀비 ② 식량, 양식
moondama [동] 변형[변장]시키다
moonutama [동] 왜곡하다, 곡해하다, 뒤틀다, 외관을 손상시키다
moonutus [명] 왜곡, 곡해, 뒤틀림
moos [명] 잼

moosima [동] 아침하다
mootor [명] [기계] 모터, 엔진
mootorratas [명] 오토바이
mopeed [명] 모페드 (모터 달린 자전거)
mopp [명] 자루걸레
moraal [명] 도덕, 풍기
moraalitu [형] 부도덕한, 품행이 나쁜
moraalne [형] 도덕상의, 도덕적인
morfiin [명] [의학] 모르핀
morn [형] 부루퉁한, 음울한
morsk [명] [동물] 바다코끼리
mosaiik [명] 모자이크
moskiito [명] [곤충] 모기
moslem [명] 무슬림, 이슬람교도
mossis [형] 부루퉁한, 시무룩한, 다루기 힘든
mossitama [동] 부루퉁해지다, 시무룩해지다
mošee [명] 모스크 (이슬람교의 성원(聖院))
motell [명] 모텔
motiiv [명] ① 동기 ② (예술 작품의) 모티브, 모티프
motivatsioon [명] 자극, 유도, 동기 부여
moto [명] 표어, 좌우명, 모토
motoroller [명] 스쿠터
mu = minu
muda [명] 진흙
mudane [형] 진흙투성이의
mudel [명] 본, 모형
mudilane [명] 유아, 어린 아이
mugandama [동] 적응시키다
mugav [형] ① 편안한, 안락한, 쾌적한; mugavalt tundma 마음을 느긋하게 먹다, 편하게 있다 ② 편리한
mugavus [명] ① 편안, 안락 ② 편리, 편의

mugavused [명] 편의 시설
mugima [동] 씹어 먹다
mugul [명] [식물] 덩이줄기; 구근(球根)
muhamedi [형] 이슬람(교)의, 무슬림의
muhamedlane [명] 무슬림, 이슬람교도
muhameedlus [명] 이슬람
muhk [명] 타박상, 멍, 혹
muide [부] 그런데; 사실은
muidu [부] 그것 외에는, 그렇지 않으면; hakkame kohe minema, sest muidu jääme hiljaks 곧 갑시다, 그렇지 않으면 늦을 겁니다
muidugi [부] 물론, 확실히
muigama [명] 히죽히죽 웃다
muinasjutt [명] 동화, 꾸민 이야기
muinasjutuline [형] (이야기 따위가) 터무니없는, 꾸며낸 듯한
muistne [형] 고풍의, 예스러운
mujal [부] 어딘가 다른 곳에
muld [명] 흙, 토양
mulgustama [동] 구멍를 뚫다
mulin [명] 지껄이는 소리
mulje [명] 인상, 감명; muljet jätma 인상을 남기다
muljetavaldav [형] 인상적인, 강한 인상을 주는
muljuma [동] 짓누르다, 뭉개다
mulk [명] 틈, 구멍
mull [명] 거품, 기포
mullastik [명] 토양
mulle [대] 나에게
mullitama [동] 거품이 일다
multifilm [명] 만화 영화, 애니메이션
muna [명] 알, 계란
munakivi [명] 자갈

munakollane [명] (알의) 노른자위, 난황(卵黃)
munand [명] [해부] 고환
munapuder [명] 스크램블드에그 (휘저어 부친 계란 요리)
munarakk [명] [생물] 난자
munasari [명] [해부] 난소
munavalge [명] (알의) 흰자위, 난백(卵白)
munder [명] 제복, 유니폼
munema [동] 알을 낳다
mungaklooster [명] 수도원
munitsipaalne [형] 자치 도시의, 시(市)의
munk [명] 수도사, 수사
munn [명] (속어로) 음경
murakas [명] [식물] 나무딸기류
murdeealine [형] 사춘기의, 청년의
murdeiga [명] 사춘기, 청춘
murdma [동] 부수다, 깨다
murdmaajooks [명] [스포츠] 크로스컨트리 경주
murdosa [명] 파편
murduma [동] 부서지다, 깨지다
murdunud [형] 부서진, 깨진
murdvaras [명] (주거 침입) 강도
murdvargus [명] 강도 행위, 주거 침입 행위
mure[1] [명] 걱정, 염려, 근심; 고민, 문제, 말썽
mure[2] [형] 부서지기 쉬운, 가루 같은
murelik [형] 걱정하는, 염려하는, 고민하는, 불안한
murendama [동] 부스러뜨리다, 가루로 만들다
murenema [동] 부스러지다, 가루가 되다, 조각조각 떨어지다
muretsema [동] 걱정하다, 고민하다, 애태우다
murettekitav [형] 불안하게 하는, 걱정을 끼치는, 심각한
muretu [형] 무사태평한, 걱정하지 않는
murrang [명] ① 동요, 흥분 ② 깨짐, 파손 ③ [지질] 단층

murre [명] 방언, 사투리
muru [명] 잔디
muruniiduk [명] 잔디 깎는 기계
musi [명] 키스, 입맞춤
musikaalne [형] 음악의, 음악적인
muskaatpähkel [명] [식물] 육두구
muskel [명] 근육
muskus [명] 사향(麝香)
must [형] ① 검은, 흑색의; must kohv 블랙커피 ② 어두운 ③ 더러운, 지저분한
mustama [동] 중상하다, 명예를 훼손하다
mustanahaline [명] 흑인
mustand [명] 초고(草稿), 밑그림
muster [명] 무늬, 디자인
mustikas [명] [식물] 블루베리
mustjas [형] 거무스름한
mustkunstnik [명] 마술사
mustlane [명] 집시, 로마인
musträstas [명] [조류] 검은새 (지빠귓과 무리)
mustsõstar [명] [식물] 블랙커런트
mustus [명] 때, 먼지, 더러움, 지저분함
mutrivõti [명] 스패너 (공구의 하나)
mutt [명] [동물] 두더지
mutter [명] [기계] 너트, 암나사
muu [대] 다른 것; muud inimesed ei saanud temast aru 다른 사람들은 그를 이해할 수 없었다
muudatus [명] 변화, 변경
muul [명] ① 부두 ② [동물] 노새
muulane [명] 이방인, 외부인
muumia [명] 미라
muundama [동] (~으로) 변경하다, 바꾸다

muundumine [명] 변경
muusa [명] [그리스신화] 뮤즈 여신(의 한 명)
muuseas [부] 그런데, 덧붙여 말하자면
muuseum [명] 박물관
muusik [명] 음악가
muusika [명] 음악
muusikainstrument [명] 악기
muusikal [명] 뮤지컬
muusikaline [형] 음악의
muusikariist [명] 악기
muutlik [형] 바뀔[변화할] 수 있는
muutma [동] 바꾸다, 변경하다
muutuja [명] [수학] 변수
muutuma [동] 바뀌다, 변경되다
muutumatu [형] 변하지 않는, 일정한
muutus [명] 변화, 변경
mõeldamatu [형] 생각할 수 없는, 상상도 못할
mõis [명] [역사] (봉건 시대의) 장원(莊園)
mõistaandmine [명] 암시, 빗대기, 풍자
mõistatama [동] (수수께끼 따위를) 알아맞히다
mõistatus [명] 수수께끼, 퍼즐
mõistatuslik [형] 수수께끼 같은, 신비로운
mõiste [명] 개념
mõistetamatu [형] 설명[이해]할 수 없는
mõistetav [형] 이해할 수 있는
mõistev [형] 이해력이 있는
mõistlik [형] 분별 있는, 합리적인
mõistlikkus [명] 분별 있음, 합리적임
mõistma [동] 이해하다, 파악하다, 깨닫다
mõistujutt [명] 우화(寓話)
mõistus [명] 지성; 정신; 분별력, 이해력; mõistusele tulema

제정신으로 돌아오다; mõistust kaotama 이성을 잃다
mõistuslik [형] 지적인, 지성의
mõistuspärane [형] 합리적인
mõistusvastane [형] 불합리한
mõju [명] 효과, 영향
mõjukas [형] 영향력 있는
mõjuma [동] 영향을 끼치다
mõjus [형] 효과적인
mõjutama [동] 영향을 끼치다, ~하게 하다
mõjutu [형] 효과가 없는
mõjuv [형] 효과적인
mõjuvõim [명] 권위, 권세
mõjuvõimas [형] 강력한, 영향력 있는
mõla [명] (보트 젓는) 노
mõlemad [대] 둘 다, 양쪽 모두
mõmisema [명] 중얼거리다
mõnevõrra [부] 어느 정도, 다소
mõni [대] ① 몇 개의, 얼마간의 ② 어떤, 무언가의
mõnikord [부] 때때로, 가끔
mõnitama [동] 비웃다, 조소하다
mõnitus [명] 비웃음, 조소
mõnu [명] 기쁨, 즐거움
mõnus [형] 즐거운, 기분 좋은; mõnusalt aega veetma 즐기다, 즐거운 시간을 보내다
mõra [명] 갈라진 틈, 균열
mõranema [동] 갈라지다, 균열이 생기다
mõrtsukas [명] 살인자, 킬러
mõru [형] (맛이) 쓴
mõrv [명] 살인, 살해
mõrvama [동] 죽이다, 살해하다, 암살하다
mõrvar [명] 살인자, 암살자

mõte [명] ① 생각, 사고 ② 개념; 의미
mõtisklema [동] 숙고하다, 묵상하다, 깊이 생각하다
mõtleja [명] 생각하는 사람, 사색가
mõtlema [동] (~이라고) 생각하다; kas sa mõtlesid seda tõsiselt? 진심으로 그렇게 생각하니?
mõtlematu [형] 생각이 없는, 경솔한, 사리 분별력이 없는
mõtlematus [명] 생각이 없음, 경솔함
mõtlik [형] 생각이 깊은
mõtlikkus [명] 생각이 깊음
mõttekäik [명] 꼬리를 무는 생각; 추론
mõttetu [형] 무의미한, 부조리한
mõttetus [명] 무의미, 어리석음, 난센스
mõttevahetus [명] 토론, 토의
mõõde [명] 치수, 크기, 사이즈
mõõdik [명] 측정 체계, 계량기
mõõdistama [동] 측량하다
mõõdukas [형] 절제 있는, 건전한
mõõdulint [명] 줄자
mõõdupuu [명] 척도
mõõk [명] 칼, 검(劍)
mõõkkala [명] [어류] 황새치
mõõn [명] 썰물, 간조(干潮)
mõõt [명] 치수, 크기, 사이즈
mõõtkava [명] 축척
mõõtma [동] 재다, 측정하다
mäda [명] 고름, 농즙
mädandama [동] 썩게 하다, 부패시키다
mädanema [동] 썩다, 부패하다
mädasoo [명] 수렁, 진창
mäeahelik [명] 산맥
mäenõlv [명] 산허리

mäestik [명] 산맥
mäesuusatamine [명] [스포츠] 알파인 스키
mäetipp [명] 산꼭대기, 산 정상
mäetööstus [명] 광(산)업
mäger [명] [동물] 오소리
mägi [명] 산; 언덕
mägine [형] 산[언덕]이 많은, 구릉 지대의
mägironija [명] 등산가
mägismaa [명] 고지(高地), 산악 지대
mähe [명] 기저귀
mähis [명] [전기] 유도자(子)
mähkima [동] (감)싸다, 덮다
mälestama [동] 기념하다
mälestus [명] 기억, 회상
mälestusese [명] 기념품
mälestusmärk [명] 기념물
mälestusväärne [형] 기억할 만한
mäletama [동] 기억하다, 마음 속에 간직하다
mäletseja [명] 반추 동물
mälu [명] 기억
mälukaotus [명] 기억 상실, 건망중
mänd [명] [식물] 소나무
mänedžer [명] 관리자, 매니저
mäng [명] 놀이, 게임
mängija [명] 놀이[게임]를 하는 사람
mängima [동] ① 놀다, 게임을 하다 ② (악기를) 연주하다 ③ 공연하다
mänguasi [명] 장난감
mänguautomaat [명] 슬롯머신
mängukaru [명] 곰인형, 테디베어
mängukava [명] 레퍼토리, 상연 목록

mängupõrgu [명] 도박장
mängur [명] 도박꾼
mänguväljak [명] 놀이터
männikäbi [명] 솔방울
mära [명] 암말(馬)
märatseja [명] 폭동을 일으키는 사람, 격노하는 사람
märatsema [동] 폭동을 일으키다, 격노하다, 날뛰다
märg [형] 젖은, 축축한
märgatav [형] 눈에 띄는, 현저한, 상당한
märge [명] 메모, 기록, 표시
märgis [명] 표, 부호, 라벨
märgistama [동] 표시하다, 꼬리표를 붙이다
märguanne [명] 신호, 사인
märgukiri [명] 비망록, 메모
märgusõna [명] 암호, 패스워드
märgutuli [명] 봉화(烽火)
märk [명] 표, 마크
märkama [동] 알아채다, 인지하다, 분간하다
märkamatu [형] 눈에 띄지 않는, 주목을 끌지 못하는
märkima [동] ① 표(시)를 하다, 나타내다 ② 알아차리다; 주목하다, 주의를 기울이다
märkimisväärne [형] 주목할 만한, 두드러진, 현저한
märklaud [명] 과녁, 표적
märkmed [명] 기록, 메모
märkmik [명] 노트, 수첩, 메모장
märksa [부] 상당히, 현저하게
märksõna [명] 표제어
märkus [명] 논평, 코멘트; märkust tegema 논평하다
märter [명] 순교자
märts [명] 3월
märul [명] 폭동, 반란

mässaja [명] 반역자
mässama [동] 반란을 일으키다
mässima [동] (감)싸다, 덮다
mässuline [형] 반역하는
mätas [명] 흙덩어리, 뗏장
määgima [동] (양·염소가) 매애하고 울다
määr [명] 정도
määrama [동] 지정하다, 지명하다, 할당하다; määrav artikkel [문법] 정관사
määramatu [형] 부정(不定)의
määramatus [명] 불확실성
määramine [명] 지정, 지명, 할당
määratlema [동] 결정하다, 정확히 지정하다
määratu [형] 막대한, 엄청난
määrdeõli [명] 그리스; 유지(油脂)
määrduma [동] 더러워지다
määrdunud [형] 때묻은, 더러운
määre [명] 윤활유, 그리스
määrima [동] 기름을 바르다[칠하다], 윤활유를 발라 매끄럽게 하다
määrsõna [명] [문법] 부사
määrus [명] 법령; 규칙, 규정
möbleerima [동] 가구를 들여놓다
möire [명] 으르렁거리는[포효하는] 소리
möirgama [동] 으르렁거리다, 포효하다, 노호하다
mökitama [동] (양·염소가) 매애하고 울다
möll [명] 소동, 소란
möllama [동] 날뛰다, 소란을 피우다
mört [명] 모르타르, 회반죽
mööbel [명] 가구(家具)
mööda [전/후] (~을) 따라, ~ 옆을 지나; mööda teed 길을 따

라 ― [부] (~을) 통과해, 지나서
möödalask [명] 실수, 실패
möödapääsmatu [형] 피할 수 없는, 불가피한
möödas [부] (~을) 지나, 통과하여
möödasõidutee [명] (자동차용) 우회로, 바이패스
mööduja [명] 통행인, 지나가는 사람
mööduma [동] ① 지나가다, 통과하다 ② (시간이) 지나다
möödunud [형] 지난, 요전의
möönma [동] 인정하다, 용인하다
müdin [명] 쿵, 털썩
müdisema [동] 쿵하고 떨어지다
mügar [명] 혹, 불룩 솟은 것
mügarlik [형] 울퉁불퉁한
mühakas [명] 촌뜨기
mühaklik [형] 촌스러운
mühin [명] 포효, 노호
mühisema [동] 포효하다, 노호하다
müksama [명] 밀치다, 밀어내다
mülgas [명] 수렁, 진창
münt [명] 동전, 주화; mündi tagakülg 동전의 뒷면
müntima [동] (화폐를) 주조하다
müra [명] 소음, 시끄러운 소리
mürakas [명] 엄청나게 큰 것
mürgel [명] 소동, 소란
mürgeldama [동] 소동을 일으키다
mürgine [형] 독성이 있는
mürgistus [명] 중독
mürgitama [동] 독을 넣다, 중독시키다
mürin [명] 으르렁거리기
mürisema [동] 으르렁거리다
müristama [동] 천둥치는 소리가 나다, 크게 울리다

mürk [명] 독(毒)
mürkgaas [명] 독가스
mürsk [명] 발사체 (포탄·미사일 등)
müsteerium [명] 신비, 미스터리
müstik [형] 신비적인
müstika [명] 신비주의
müstiline [형] 신비로운, 불가사의한
mütoloogia [명] (집합적으로) 신화
müts [명] (테 없는) 모자
mütsatama [동] 쿵 소리가 나다, 쾅 치다
müügiautomaat [명] 자동 판매기
müügidirektor [명] 판매[영업] 부장
müügiesindaja [명] 세일즈맨
müügilett [명] 판매대, 카운터
müüja [명] 판매원, 점원
müük [명] 판매; müügil 팔려고 내놓은, 판매용으로 나온; müüki panema 매물로 내놓다
müüma [동] 팔다, 판매하다; müüa 팔려고 내놓은, 판매용으로 나온
müür [명] 벽, 담
müürsepp [명] 석공(石工), 벽돌공
müüt [명] 신화

N

naaber [명] 이웃 사람
naabrus [명] 근처, 부근, 이웃
naarits [명] [동물] 밍크
naasma [동] 돌아오다
naba [명] 배꼽
nad → nemad
nael [명] 못
naelking [명] 대못, 스파이크
naelutama [동] 못을 박다, 못으로 고정시키다
naer [명] 웃음
naeratama [동] 미소짓다
naeratus [명] 미소
naeris [명] [식물] 순무
naerma [동] 웃다
naerualune [명] 웃음거리
naerukihin [명] 킬킬 웃음
naerutama [동] 즐겁게 하다
naeruvääristama [동] 비웃다, 조소하다
naeruväärne [형] 웃기는, 우스꽝스러운, 터무니없는
nafta [명] 석유
natfajuhe [명] 송유관
naftamaardla [명] 유전(油田)
nagi [명] 못; 갈고리
nagin [명] 삐걱거림
nagisema [동] 삐걱거리다
nagu [접] (~와) 같이, ~처럼; nagu ikka 늘 그렇듯이; nagu

soovite 원하는 대로; nagu tavaliselt 평소와 같이; nagu välk selgest taevast 뜻밖에, 돌연, 불쑥
nahk [명] 피부; 가죽
nahkhiir [명] [동물] 박쥐
nahktagi [명] 가죽 재킷
naiivne [형] 순진한
nailon [명] [화학] 나일론
naine [명] ① 여자, 여성 ② 아내, 부인
nais- [형] 여자의, 여성의
naiselik [형] 여자의, 여자다운
naisevend [명] 처남
naiseõde [명] 처형 또는 처제
naisliikumine [명] 여성 해방 운동
naispolitseinik [명] 여경(女警)
naissoost [형] 여성의; naissoost sõna [문법] 여성형
naissugu [명] (생물학적·문법적) 여성
naistepesu [명] 란제리
naisõpetaja [명] 여교사
nakatama [동] (질병을) 전염시키다
nakatuma [동] (질병이) 전염되다, 병에 걸리다
nakkav [형] 전염성의, 전염병의
nakkus [명] (질병의) 전염
nakkushaigus [명] 전염병
nakkuslik [명] 전염성의, 전염병의
nali [명] 농담, 조크, 익살, 장난; nalja pärast 장난으로, 재미 삼아; nalja tegema 농담하다, 놀리다, 장난치다
naljakas [형] 재미있는, 유머러스한
naljamees [명] 농담하는 사람, 익살꾼
naljatama [동] 농담하다
naljatamine [명] 농담하기
naljaviluks [부] 재미로, 우스개로

napakas [형] 머리가 돈, 얼빠진
napilt [부] 간신히, 가까스로, 겨우
napisõnaline [형] 말수가 적은, 무뚝뚝한
napp [형] 짤막한, 근소한
nappus [명] 부족, 결핍
naps [명] (술 따위의) 한 모금, 한 잔
napsine [형] 얼근히 취한
nari [명] (배·기차의) 침대
narkomaan [명] 마약 중독자
narkootikum [명] 마약
narkootiline [형] 마취성의, 마약의
narkouim [명] (마약에 의한) 환각; narkouimas 마약에 취한
narmas [명] (찢어진) 단편, 파편
narmastama [동] 조각조각 찢다, 너덜너덜하게 하다
narmendav [형] 낡아빠진, 너덜너덜한
narr [명] (어릿)광대
narratiiv [명] 이야기, 설화
narrima [동] 놀리다, 조롱하다
narrus [명] 어리석음
nartsiss [명] [식물] 수선화
nasaalne [형] 콧소리의, 비음의
nats [명] 나치
natsionaliseerima [동] 국유화하다
natsionalism [명] 민족주의
natsionalist [명] 민족주의자
natsionalistlik [형] 민족주의(자)의
natuke [부] 약간, 조금, 얼마간
naturaalne [형] 자연의, 천연의
nauding [명] 기쁨, 즐거움; 향유
nautima [동] 즐기다, 향유하다
navigatsioon [명] 항해, 항행

need [대] ① (사물에 대해) 이것들, 저것들, 그것들; need on minu asjad 이것들은 나의 소지품들이다 ② (사람에 대해) 그들; kes need on? 그들은 누구입니까?
needma [동] 저주하다
needus [명] 저주; 주문(呪文)
neeger [명] 검둥이, 흑인
neelama [동] 삼키다
neelatama [동] 꿀꺽꿀꺽 마시다, 들이켜다
neem [명] [지리] 곶, 갑(岬)
neer [명] [해부] 콩팥, 신장
neet [명] 대갈못, 리벳
neetima [동] 대갈못을 박다, 리벳으로 고정시키다
neetud [형] 저주받은; 지독한, 지긋지긋한
nefriit [명] [광물] 비취, 옥(玉)
negatiiv [명] 부정(否定)
negatiivne [형] 부정적인
negližee [명] 네글리제 (여성용 잠옷)
neid [대] 그들을
neile [대] 그들에게
neitsi [명] 처녀; N- [천문] 처녀자리; Neitsi Maarja 동정녀 마리아
neitsilik [형] 처녀의
neitsilikkus [명] 처녀성
neiu [명] 아가씨, 젊은 여자; neiuna (여자의) 결혼 전 성(姓)은 ~
neiupõlvenimi [명] (여자의) 결혼 전[처녀 때의] 성(姓)
nekroloog [명] 사망 기사, 부고
nektar [명] 넥타, 진한 과즙
neli [수] 넷 (4)
nelik [명] 4개 한 벌
nelikümmend [수] 사십 (40)

nelinurk [명] 네모, 사각형
nelipühad [명] [기독교] 오순절, 성령 강림절
neliteist [수] 십사 (14)
neljakordne [형] 4중의, 4배의
neljakümnes [형] 제40의, 40번째의
neljandik [명] 4분의 1
neljapäev [명] 목요일
neljas [수] 제4의, 넷째의
neljateistkümnes [형] 제14의, 14번째의
nelk [명] [식물] 패랭이꽃, 석죽
nemad [대] 그들은
nende [대] 그들의
nentima [동] 분명히 말하다, 단언하다, 확언하다
neoon [명] [화학] 네온
Nepal [명] 네팔
netosissetulek [명] [회계] 순이익
neurootik [명] 신경증 환자, 신경과민인 사람
neurootiline [형] 신경증의, 신경과민의
neutraalne [형] 중립의
neutraliseerima [동] 중립화하다, 효과를 상쇄하다
Nicaragua [명] 니카라과
nigel [형] 미약한, 보잘것 없는, 형편없는
nihe [명] 이동, 일탈, 변동
nihelema [동] 안절부절못하다
nihestama [동] 탈구시키다
nihkuma [동] 움직이다, 이동하다
nihutama [동] 움직이다, 이동하다
nii [부] 이렇게, 이와 같이, 그렇게, 그처럼; nii kaugele kui ~하는 한; nii kui ~처럼; kuidas see küll nii läks? 어떻게 해서 그렇게 됐을까?
niikaua [부] 그러는 동안; niikaua kui ~하는 한, ~까지

Niilus [명] 나일 강
niimoodi [부] 이와 같이, 이처럼
niinimetatud [형] 소위, 이른바
niisama [부] 꼭 ~처럼, (~와) 같이; ma olen niisama vana kui tema 나는 그와 동갑이다
niisiis [부] 그래서, 그런데
niiske [형] 젖은, 축축한
niiskus [명] 습기, 축축함
niisugune [형] 그러한
niisutama [동] 젖게 하다, 축축하게 하다, 물을 대다
niisutamine [명] 물을 대기, 관개
niisutuskreem [명] 보습제 (화장품)
niit [명] ① (가는) 실 ② 초원, 풀밭
niitma [동] 풀을 베다
niiviisi [부] 이와 같이, 이렇게
nikastama [동] (관절 등을) 삐다
nikastus [명] 삠
nikerdama [동] 파다, 새기다
nikerdus [명] 새기기
nikkel [명] [화학] 니켈
nilbe [형] 음란한, 음탕한
nilbus [명] 음란, 음탕
nimekaim [명] 이름이 같은 것[사람]
nimekas [형] 유명한, 잘 알려진, 대중적인
nimekiri = nimestik
nimeline [형] (~의) 이름을 가진
nimelt [부] ① 즉, 다시 말해서 ② 일부러, 고의로
nimestik [명] 목록, 명부, 표, 차트
nimetaja [명] [수학] 분모
nimetama [동] 지명하다
nimetissõrm [명] 검지, 집게손가락

nimetu [형] 이름 없는, 무명의
nimi [명] 이름, 명칭; nimel (~을) 위하여; nime panema 명명하다, 이름을 붙이다
nimisõna [명] [문법] 명사
nimme¹ [명] 허리
nimme² [부] 일부러, 고의로, 의도적으로
nimmevalu [명] [병리] 요통
nina [명] 코; nina nuuskama 코를 풀다
ninahääl [명] 콧소리
ninakas [형] 건방진, 주제넘은
ninamees [명] 주도자, 장본인
ninasarvik [명] [동물] 코뿔소
ninasõõre [명] 콧구멍
ninatark [명] 잘난 체하는 사람
ninaverejooks [명] 코피
ning [접] 그리고, ~와[과]; meie raamatukogus on ajalehed ja ajakirjad ning raamatud 우리 도서관에는 신문과 잡지, 그리고 책이 있다
nipet-näpet [명] 잡동사니, 시시한 것
nipsakas [형] 건방진, 주제넘은
nipsasi [명] 자질구레한 것
nipsutama [동] 가볍게 치다
nire [명] (졸졸 흐르는) 개울, 시내
nirisema [동] (개울 따위가) 졸졸 흐르다
nirk [명] [동물] 족제비
nisa [명] 젖꼭지
nisu [명] [식물] 밀
nišš [명] 움푹 들어간 곳
niue [명] 허리
niuksuma [동] 깽깽거리다
nivoo [명] 수준, 정도

nobe [형] 민첩한, 재빠른
noh [감] 이런!
nohik [명] 괴짜, ~광(狂)
nohu [명] [병리] 감기
nokaut [명] [스포츠] 녹아웃
nokitsema [동] 빈둥거리다, 어슬렁거리다
nokk [명] (새의) 부리
nokkima [동] 부리로 쪼다
nolk [명] 놈, 녀석
nomaad [명] 유목민
nomaadlik [형] 유목[방랑]하는
nominaalväärtus [명] 액면가
noodijoonestik [명] [음악] 보표(譜表)
noodipult [명] 악보대, 보면대
noodivõti [명] [음악] 음자리표
noogutama [동] (고개를) 끄덕이다
nool [명] 화살, 다트
nooleots [명] 화살촉
nooletupp [명] 화살통, 전동(箭筒)
noomima [동] 질책하다, 꾸짖다
noomitus [명] 질책, 꾸짖음
noor [형] 젊은, 어린, 연소한
noored [명] 젊은이들
noorendama [동] 회춘하다
noormees [명] 젊은이, 청년
noorsõdur [명] 신병(新兵)
noortehotell [명] 유스호스텔
nooruk [명] 청소년, 십대
noorus [명] 젊음, 청춘
nooruslik [형] 젊은, 팔팔한
noos [명] 획득한 것, 몫

noot [명] [음악] 악보, 음표
noppima [동] 따다, 뽑다, 따 모으다
norima [동] 들볶다, 잔소리하다, 트집 잡다
norm [명] ① 표준, 기준 ② 할당량, 정량
normaalne [형] 표준의, 정규의
normatiiv [명] 표준, 기준
norm(eer)ima [동] ① 표준화하다 ② (정량을) 배급하다
norra [형] 노르웨이의; norra keel 노르웨이어 ― [명] N- 노르웨이
norralane [명] 노르웨이 사람
norskama [동] 코골기
norutama [동] 속상해하다, 침울해하다
nostalgia [명] 향수, 노스탤지어
notar [명] 공증인(公證人)
noteerima [동] [상업] 견적하다, 시세를 매기다
november [명] 11월
nudism [명] 나체주의
nudistlik [형] 나체주의(자)의
nuga [명] 칼, 나이프
nuhk [명] 정보 제공자, 꼬치꼬치 캐는 사람, 스파이
nuhkima [동] 꼬치꼬치 캐고 들다
nuhtlema [동] 벌하다, 혼내주다
nuhtlus [명] 폐, 불쾌함, 성가심, 골칫거리
nuiama [동] 우려내다, 빼앗다
nukk [명] 인형
nukker [형] 슬픈, 음침한, 우울한, 낙담한
nukrus [명] 슬픔, 우울, 음침
nukrutsema [동] 슬프다, 우울하다
nukuetendus [명] 인형극
null [명] 영 (0), 제로
number [명] 숫자, 번호; numbrit valima 다이얼을 돌리다

numbriketas [명] 다이얼, 숫자판
numbriline [형] 수의, 수에 관한, 숫자로 나타낸
numbrimärk [명] (자동차의) 번호판
nummerdama [동] 번호[페이지수]를 매기다
nunn [명] 수녀
nunnaklooster [명] 수녀원
nupp [명] [식물] 봉오리
nupukas [형] 영리한, 머리가 좋은
nupumees [명] 잘난 체하는 사람
nuputama [동] 풀다, 해결하다
nurgaarst [명] 돌팔이 의사
nurgakivi [명] 모퉁잇돌, 주춧돌, 초석
nurgalöök [명] [축구] 코너킥
nurin [명] 투덜거림, 불평
nuriseja [명] 투덜거리는 사람
nurisema [동] 투덜거리다, 불평하다
nurisünnitus [명] (자연) 유산
nurjama [동] 훼방놓다, 방해하다
nurjatu [형] 사악한, 나쁜, 야비한, 가증스러운
nurjuma [동] 실패하다, 좌절하다
nurk [명] ① 구석, 모퉁이, 모서리 ② [기하] 각(도)
nurmenukk [명] [식물] 앵초
nurmkana [명] [조류] 자고, 반시
nurruma [동] 그르렁거리다
nutikas [형] 영리한, 머리가 좋은
nutikus [명] 영리함, 머리가 좋음
nutma [동] 울다, 눈물을 흘리다; nutma puhkema 와락 울음을 터뜨리다
nutt [명] 울음
nutune [형] 눈물 어린, 잘 우는
nuudel [명] 누들, 국수

nuuksatus [명] 흐느낌
nuuksuma [동] 흐느끼다, 훌쩍거리다
nuumama [동] 살찌우다, 통통하게 하다
nuusktubakas [명] 코담배
nuusutama [동] 냄새를 맡다
nõbu [명] 사촌
nõdrameelne [형] 미친, 제정신이 아닌
nõel [명] 바늘, 침
nõelama [동] (뾰족한 것으로) 찌르다
nõelapiste [명] 한 바늘, 한 땀
nõeluma [동] 꿰매다, 깁다
nõges [명] [식물] 쐐기풀
nõgi [명] 그을음, 매연
nõgu [명] 움푹 팬 곳, 함몰
nõiakunst [명] 마법, 요술
nõiamoor [명] 마녀
nõiaring [명] 악순환
nõid [명] 마법사
nõiduma [동] 마법을 걸다, 호리다
nõidus [명] 마법, 요술
nõiduslik [형] 마술의; 매혹하는, 호리는
nõjatama [동] (~에) 기대다
nõks [명] 속임수, 트릭, 수법
nõlv [명] 비탈, 경사면
nõme [형] 어리석은, 무지한
nõmm [명] [식물] 히스
nõmmraba [명] 히스가 무성한 황야
nõnda [부] 그렇게, 이렇게, 이런 식으로
nõndanimetatud [형] (~이) 되려고 하는
nõrganärviline [형] 소심한, 겁 많은
nõrgendama [동] 약화하다, 기력을 소진시키다

nõrguma [동] 새다, 흐르다
nõrk [형] 약한, 연약한
nõrkus [명] 약함
nõtke [형] 나긋나긋한, 유연한
nõu¹ [명] 조언, 충고; nõu andma 조언[충고]하다
nõu² [명] 그릇, 용기(容器); nõusid pesema 설거지하다
nõuandja [명] 조언자, 상담역, 카운슬러
nõuanne [명] 조언, 귀띔
nõudepesemine [명] 설거지
nõudepesulapp [명] (접시 닦는) 행주
nõudepesumasin [명] 접시 닦는 기계
nõudepesuvahend [명] 식기 세척용 세제
nõudlik [형] 요구 사항이 많은, 까다로운, 이것저것 가리는
nõudlus [명] [경제] 수요
nõudma [동] 요구하다, 권리 따위를 주장하다
nõudmine [명] 요구, 권리 따위의 주장; nõudmisel 수요가 있으면
nõue [명] 요건, (요구되는) 기준
nõukogu [명] 위원회, 평의회
Nõukogude Liit [명] (구)소련
nõunik [명] 조언자, 충고하는 사람
nõupidamine [명] 협의, 회의
nõusolek [명] 동의, 찬성
nõustaja [명] 카운슬러, 컨설턴트
nõustama [동] 조언하다
nõustuma [동] 동의하다, 수용하다
nõutav [형] 필요한, 요구되는
nädal [명] 주(週); nende reis kestab kaks nädalat 그들의 여행은 2주간 이어질 것이다
nädalaleht [명] 주간지
nädalapäev [명] 평일

nädalavahetus [명] 주말
nägelus [명] 다툼, 싸움
nägema [동] 보다; 보이다; ta näeb üsna noor välja 그는 꽤 젊게 보인다
nägemine [명] 봄, 보기
nägemiseni [감] 안녕! (헤어질 때 인사)
nägemus [명] 비전, 미래상
nägu [명] 얼굴
nägus [형] 예쁜, 잘 생긴
nähtamatu [형] 보이지 않는
nähtav [형] (눈에) 보이는, 가시적인; 시각적인; nähtavale ilmuma 나타나다, 눈에 보이게 되다
nähtavasti [부] (겉으로) 보기에
nähtavus [명] 눈에 보임, 가시성
nähtus [명] 현상(現象)
nähvama [동] 홱[갑자기·무턱대고] ~하다
näide [명] 예, 보기, 실례; näiteks 예를 들어
näidend [명] 연극, 무대 연기
näidik [명] 지시기, 보여주는 것
näidis [명] 표본, 샘플
näiline [형] 겉보기의, 외관상의, 표면상의
näima [동] (~으로) 보이다
näit [명] (계기 따위의) 표시, 기록
näitama [동] 보이다, 보여주다, 나타내다, 가리키다, 지시하다; see kell näitab õiget aega 이 시계는 정확한 시각을 가리키고 있다
näitejuht [명] 무대 감독
näitekirjanik [명] 극작가
näiteks [부] 예를 들어
näitleja [명] 연기자, 배우
näitlejanna [명] 여자 연기자, 여배우

näitlema [동] 연기하다
näitlemine [명] 연기, 연극하기
näitlikustama [동] 예시[예증]하다
näitus [명] 전시, 진열, 쇼
näitusesaal [명] 전시실, 진열실
näiv [형] (겉으로) 보이는, 표면상의
näkineid [명] 인어
näkitsema [동] 물어뜯다, 갉아먹다
näkkama [동] 물다, 한 입 먹다
näksima [동] 물어뜯다, 갉아먹다
nälg [명] 배고픔; nälga surema 굶어죽다
nälgima [동] 굶주리다
nälgimine [명] 굶주림, 기아
näljahäda [명] 기근(饑饉)
näljane [형] 배고픈, 굶주리는
näljutama [동] 굶주리다
näljutamine [명] 굶주림, 기아
nälkjas [명] [동물] 민달팽이
näojooned [명] 용모, 얼굴 생김새
näotu [형] 못생긴, 추한
näperdama [동] 만지작거리다
näpistama [동] 꼬집다
näpitsad [명] 집게, 펜치
näppama [동] 훔치다, 슬쩍하다
näpunäide [명] 조언, 귀띔, 힌트
näpuviga [명] 실수, 에러
närbuma [동] 시들다
näriline [명] [동물] 설치류
närima [동] 씹다, 갉다
närimiskumm [명] (추잉)껌
närtsima [동] 시들다

närukael [명] 건달, 쓸모없는 인간
närune [형] 초라한, 형편없는
närv [명] 신경; närvidele käima (~의) 신경을 건드리다
närviline [형] 신경질을 내는, 초조한
närvilisus [명] 신경질, 신경과민
närvipinge [명] 긴장, 스트레스
närvis [형] 초조한, 불안한, 신경과민의
närvivapustus [명] 신경 쇠약
nätske [형] (빵 따위가) 설구운
näuguma [동] (고양이가) 야옹하고 울다
näägutama [동] 성가시게 잔소리하다, 들볶다
nääklema [동] 말다툼하다, 언쟁하다
nääklus [명] 말다툼, 언쟁
nääre [명] [생리] 선(腺), 분비 기관
nördimus [명] 분개, 분노
nördinud [형] 분개한, 분노한
nöökima [동] 짓궂게 놀리다
nööp [명] 단추, 버튼
nööpauk [명] 단춧구멍
nööpnõel [명] 핀
nöör [명] 줄, 끈, 로프, 코드
nöörima [동] ① 끈 따위를 묶다[동이다] ② 강탈하다, 갈취하다
nöörimine [명] 강탈, 갈취
nüanss [명] 뉘앙스, 음영(陰影)
nühkima [동] 문지르다, 문질러 닦다
nüke [명] 트릭, 책략
nülgima [동] 껍질을 벗기다
nümf [명] [그리스신화] 님프
nüpeldama [동] 때리다, 채찍질하다
nüri [형] 무딘, 둔한, 뭉툭한

nürimeelne [형] 우둔한
nürimeelsus [명] 우둔, 어리석음
nüristama [동] 무디게[둔하게] 하다
nüüd [부] 지금, 현재
nüüdisaeg [명] 현재, 오늘날
nüüdisaegne [형] 현대의, 최신의
nüüdne [형] 지금의, 현재의; nüüdsest (peale) 지금부터, 금후

O

oaas [명] 오아시스
obadus [명] 강타, 세게 때림
obelisk [명] 오벨리스크
objekt [명] 물건, 물체; 대상; 목적, 목표
objektiivne [형] 객관적인
obligatoorne [형] 의무적인
obligatsioon [명] 채권
oboe [명] [음악] 오보에
observatoorium [명] 천문대
oda [명] ① 창, 투창 ② [체스] 비숍
odav [형] 값싼, 저렴한
odavise [명] [육상] 투창, 창던지기
oder [명] [식물] 보리
odontoloogia [명] 치과학
odraiva [명] [병리] 다래끼
offlain [형] [컴퓨터] 오프라인의
oga [명] 가시, 침
ogaline [형] 가시[침]가 있는, 뾰족한
ogar [형] 미친, 제정신이 아닌
oh [감] 오!; oh issand! 원, 저런!; oh sa aeg! 이크, 아이고!
ohakas [명] [식물] 엉겅퀴
ohatis [명] [병리] 포진(疱疹), 헤르페스
ohe [명] 한숨
ohelik [명] 묶어두는 끈, 고삐
ohjad [명] 고삐, 끈
ohjeldama [동] 구속하다, 속박하다, 억제하다

ohjeldamatu [형] 제멋대로의, 자유분방한, 억제되지 않은
ohkama [동] 한숨쉬다
oht [명] 위험, 위협
ohter [형] 풍부한, 많은
ohtlik [형] 위험한, 불안정한, 유해한
ohtlikkus [명] 불안정, 위험
ohtrus [명] 풍부, 많음
ohustama [동] 위험에 빠뜨리다, 위태롭게 하다
ohutu [형] 안전한, 위험이 없는
ohutus [명] 안전
ohver [명] 희생자, 제물; 사상자
ohverdama [동] 희생하다
ohverdus [명] 희생
ohvitser [명] [군사] 장교
oie [명] 신음(소리)
oigama [동] 신음하다, 끙끙거리다
oigamine [명] 신음, 끙끙거리기
oih [감] 이런, 아이구!
oimetu [형] 기절한, 녹아웃된; oimetuks lööma 때려서 기절[녹아웃]시키다
oimukoht [명] [해부] 관자놀이
oinas [명] 숫양
oivaline [형] 훌륭한, 뛰어난, 빼어난, 탁월한
oja [명] 시내, 개울
okas [명] 바늘, 침
okaspuu [명] [식물] 침엽수
okassiga [명] [동물] 호저
okastraat [명] 가시 철사
Okeaania [명] 오세아니아
okei [감] 오케이!
okkaline [형] 가시가 돋친[많은]

okse [명] 구토
oksendama [동] (구)토하다
oksiid [명] [화학] 산화물
oksjon [명] 경매; oksjonile panema 처분하다, 경매에 넘기다
okslik [형] 혹[옹이]이 많은
oksüdeerima [동] [화학] 산화시키다
oktav [명] [음악] 옥타브
oktoober [명] 10월
okupant [명] 점유자
okupatsioon [명] 점유, 점령
okupeerima [동] 점유하다, 점령하다
olek [명] 상태, 형편, 사정
olema [동] ① ~이다 ② 있다, 존재하다 ③ ole lahke 예, 그러세요
olemasolu [명] 존재, 현존, 실재
olematu [형] 존재하지 않는
olemus [명] 실체, 본질
olemuslik [형] 본질적인, 실체의, 실재하는
olend [명] 존재물, 생물
olenema [동] (~에) 달려 있다, ~ 나름이다
oletama [동] 추정하다, 가정하다, (~이라고) 여기다
oletus [명] 추정, 가정, 추측
olevik [명] [문법] 현재 시제
oliiv [명] [식물] 올리브
oliiviõli [명] 올리브유
olukord [명] 상태, 상황, 사정
oluline [형] 본질적인, 매우 중요한
olulisus [명] 중요성
olümpiamängud [명] 국제 올림픽 경기 대회
oma [대] 자기의; 자기 것; sinu oma 너의 것; meie oma 우리의 것

omadus [명] 특질, 특색, 특성
omadussõna [명] [문법] 형용사
omaette [부] 개인적으로, 혼자서
omakasupüüdlik [형] 이기적인
omakasupüüdmatu [형] 이기적이지 않은
omakohus [명] 린치, 사적인 폭행
omama [동] 가지다, 소유하다
omand [명] 재산, 소유권
omandama [동] 얻다, 획득하다
omane [형] 고유의, 특징적인
omanik [명] 소유자, 주인, 임자; omanikuta 임자 없는
omapärane [형] 독창적인, 판에 박히지 않은
omastama [동] 사용(私用)하다, 전유(專有)하다, 착복하다, 자기 것으로 하다
omastav [형] [문법] 소유격의, 속격의
omavahel [부] 서로, 상호간에; nad rääkisid omavahel vene keelt 그들은 (서로) 러시아어로 이야기했다 — [전] ~ 사이에서, ~ 중에서
omavalitsus [명] (지방) 자치
omavalitsuslik [형] 자치 도시의
omavoliline [형] 임의의, 자의적인, 독단적인
ometi [부] 그래도, 그럼에도 불구하고
omistama [동] (원인 등을) (~에) 귀착시키다, (~으로) 돌리다
omlett [명] 오믈렛
onaneerima [동] 자위 행위를 하다
onlain [형] [컴퓨터] 온라인의
onn [명] 오두막
onu [명] 삼촌, 아저씨
oo [감] 오, 야, 와!
ookean [명] 대양(大洋)
ooker [명] 황토

oom [명] [전기] 옴 (전기 저항의 단위)
oonüks [명] [광물] (줄무늬가 있는) 마노(瑪瑙)
ooper [명] 오페라
oopium [명] 아편
ootama [동] ① 기다리다; ma ootan sind kodus 나는 너를 집에서 기다리고 있다 ② 기대하다; ta ei oodanud nii head vastuvõttu 그는 그렇게 훌륭한 접대을 받을 것이라곤 생각지 못했다
ootamatu [형] 기대되지[예상하지] 않은, 갑작스러운
ootesaal [명] 라운지, 대기실, 홀
ootus [명] 기대, 예상
ootuspärane [형] ~할 것 같은, ~하게 됨직한, 예상할 수 있는 (정도의)
opaal [명] [광물] 오팔
operaator [명] 조작자, 기사
operatiivne [형] 움직이는, 활동하는, 작동하는, 영향을 미치는
operatsioon [명] ① 조작, 운전, 작동, 처리 ② 수술(手術)
opereerima [동] 수술하다
operett [명] [음악] 오페레타
oponent [명] 적수, 상대자
opositsioon [명] 반대, 적대, 대립
optikakauplus [명] 안경 가게
optiline [형] 광학(光學)의; optiline kiud 광섬유
optimaalne [형] 최적의, 가장 알맞은
optimeerima [동] 최적으로 하다, 가장 알맞게 활용하다
optimism [명] 낙관론, 낙천주의
optimist [명] 낙관론자
optimistlik [형] 낙천적인
optimum [명] 최적 조건
ora [명] 꼬챙이, 바늘, 송곳
oraakel [명] 신탁(神託)

oraator [명] 연설자, 연사, 웅변가
orangutan [명] [동물] 오랑우탄
oranž [형] 오렌지색의
orav [명] [동물] 다람쥐
orb [명] 고아, 부모 없는 아이
orbiit [명] 궤도
orbudekodu [명] 고아원
orden [명] 훈장
ordineerima [동] 제정하다, 규정하다; 운명 짓다
oregano [명] [식물] 오레가노, 꽃박하
orel [명] [음악] 오르간
orelimängija [명] 오르가니스트, 오르간 연주자
org [명] 골짜기, 계곡
orgaaniline [형] 유기체의, 생물의
organ [명] [생물] 장기, 기관(器官), 조직
organisatsioon [명] 조직, ~체(體)
organiseerima [동] 조직하다
organism [명] 유기체, 생물
orgasm [명] 오르가슴
orgia [명] 흥청거리는 주연(酒宴)
orhidee [명] [식물] 난초
ori [명] 노예
orient [명] 동양, 동방
orientatsioon [명] 지향성(志向性), 태도
orienteerumine [명] [스포츠] 오리엔티어링
orientiir [명] 경계표, 기준점
originaal [명] 원형, 원물(原物), 원작
originaalne [형] 원래의, 최초의
orjus [명] 노예 신세, 노예제
ork [명] 꼬챙이, 꼬치
orkaan [명] 허리케인, 대폭풍

orkester [명] 오케스트라, 관현악단
ornament [명] 장식(물)
ornamentaalne [형] 장식적인
ornamentima [동] 꾸미다, 장식하다
ortodoksia [명] 정통적 신념, 정교(正敎)
ortodoksne [형] (특히 종교상의) 정통파의, 정설을 신봉하는
ortograafia [명] 정자법, 바른 철자법
ortopeediline [형] [의학] 정형외과의
osa [명] ① 부분, 일부, 몫; 세부; masin koosneb mitmest osast 그 기계는 많은 부품으로 구성돼 있다 ② (소설 따위의) 부(部); (영화 등의) 장면, 에피소드; romaanil on kolm osa 그 소설은 3부작이다 ③ (연극 등의) 역할, 배역; näitleja mängis oma osa hästi 그 배우는 자신의 역할을 잘 연기했다
osak [명] 지분, 소유 주권(株券)
osakond [명] 부문, 부(部), 과(科)
osaleja [명] 참가자, 참여자
osalema [동] 참가하다, 참여하다
osaline [형] 부분적인, 일부분의 — [명] 참가, 참여
osaliselt [부] 부분적으로, 일부만
osalus [명] 관여, 참여
osamaks [명] 분할 불입금
osanik [명] 출자 조합원, 주주(株主)
osapool [명] 당사자, 상대방
osariik [명] (행정 구역상의) 주(州)
osatäitjad [명] 캐스트, 배역
osav [형] 솜씨가 좋은, 교묘한; 교활한, 꾀가 많은
osavus [명] 솜씨 (좋음); 교활함
osavõtja [명] 참가자, 출석자
osavõtlik [형] 공감하는
osavõtlikkus [명] 공감

osavõtmatu [형] 무관심한
osavõtt [명] 출석, 참석
osaühing [명] 유한 책임 조합, 합자 회사
osis [명] (구성) 요소, 성분
ositi [부] 할부로
oskama [동] ~할 능력이 있다, ~할 줄 알다; ta oskab hästi inglise keelt 그는 영어를 잘 한다
oskamatu [형] 서투른, 미숙한
oskus [명] 솜씨, 기술
oskuslik [형] 솜씨 좋은, 전문 직업상의
oskussõna [명] 전문 용어
oskusteave [명] 실제적[전문적] 지식, 노하우
oskustööline [명] 숙련공
osoon [명] [화학] 오존
osoonikiht [명] [기상] 오존층
ost [명] 구입, 구매
ostja [명] 구입하는 사람, 구매자
ostma [동] 사다, 구입하다
ostujõud [명] [경제] 구매력
ostukeskus [명] 쇼핑 센터
osutama [동] 가리키다, 지시하다
osuti [명] 가리키는[지시하는] 것
ots [명] 끝, 말단, 첨단; ta luges raamatu otsast otsani läbi 그는 책을 처음부터 끝까지 죽 읽었다; mul sai raha otsa 나는 돈이 다 떨어졌다
otsaesine [명] 이마
otsatu [형] 끝없는, 무한한
otse [부] ① 곧장, 직접, 바로; otse edasi 곧장 앞으로 ② 생방송으로
otsejoones [부] 곧장, 직접, 바로
otsekohe [부] 즉시, 바로, 당장

otsekohene [형] 곧장 ~하는, 직접적인
otsekui [부] 마치 ~인 것처럼
otsene [형] 직접적인, 곧바로의
otsesihitis [명] [문법] 직접 목적어
otsesõnu [부] 직설적으로, 노골적으로
otsetee [명] 지름길
otsik [명] (관 따위의) 노즐, 주둥이, 꼭지
otsima [동] 찾다, 수색하다
otsing [명] 탐색, 추구
otstarbekas [형] 실제적으로 쓸 만한, 효과적인, 합리적인
otstarve [명] 기능, 목적
otsus [명] 결정, 결단, 결론, 판단; otsust langetama 결정하다, 결론을 내리다
otsusekindel [형] 결단을 내린, 단호한
otsustama [동] 결정을 내리다, 선택하다
otsustav [형] 결정적인
otsustusvõime [명] 결정권, 판단력
ovaal [명] 타원형, 계란형
ovaalne [형] 타원형의, 계란형의

P

paabulind [명] [조류] 공작
paadisõit [명] 배젓기, 보트 젓기
paak [명] (저장) 탱크
paanika [명] (돌연한) 공포, 공황, 패닉; paanikasse sattuma 공황 상태에 빠지다
paaniline [형] 공황 상태의
paar [명] 한 쌍, 한 벌; paaris 쌍으로, 둘씩
paariline [명] 상대, 파트너
paarisarv [명] 짝수
paaritama [동] 짝짓게 하다
paaritu [형] 홀수의; paaritu arv 홀수
paarituma [동] 짝짓다, 커플이 되다
paast [명] ① 단식, 금식 ② [기독교] 사순절(四旬節)
paastuma [동] 단식[금식]하다
paaž [명] 사환, 보이
paat [명] 보트, 작은 배
paavian [명] [동물] 비비(狒狒), 개코원숭이
paavst [명] (로마) 교황
paavstivõim [명] 바티칸
paber [명] 종이
paberikorv [명] 휴지통
paberileht [명] 종잇조각
paberivajutis [명] 문진, 서진(書鎭)
paberkott [명] (종이) 쇼핑백
paberraha [명] 지폐
pabin [명] 신경과민 상태, 초조한 상태

pabistama [동] 초조하다, 조마조마하다, 안절부절못하다
pabulad [명] (동물이나 새의) 똥
pada [명] 솥
padi [명] 베개
padjand [명] 덧대는 것, 패드
padjapüür [명] 베갯잇
padrik [명] 덤불
padrun [명] 탄약통, 약포(藥包)
padrunisalv [명] 탄약고
paduvihm [명] 억수 같은 비, 호우; paduvihma sadama 비가 억수 같이 내리다
paekivi [명] [광물] 석회암, 석회석
pael [명] 끈, 밴드, 레이스, 리본
paeluma [동] (마음을) 사로잡다, 매혹하다
paeluv [형] (마음을) 사로잡는, 매혹하는
pagan [명] 이교도; pagan! 제기랄!; pagana 지독한
paganlik [형] 이교도의
pagar [명] 빵 굽는 사람, 제빵업자
pagariäri [명] 빵집
pagas [명] 수하물
pagema [동] 도망치다, 달아나다
pagendama [동] 국외로 추방하다
pagendus [명] 국외 추방
pagulane [명] 피난자, 망명자; 이주자
paha [형] 나쁜, 사악한; paha aimama 수상한 냄새가 나다; pahaks panema 불만을 품다
pahaaimamatu [형] 수상하게 여기지 않는
pahaendeline [형] 불길한, 나쁜 징조의
pahaloomuline [형] (질병이) 악성의
pahameel [명] 불쾌, 고민, 나쁜 감정
pahandama [동] 불쾌하게 하다, 성나게 하다, 꾸짖다

pahandus [명] 말썽, 못된 짓; pahandust tegema 말썽을 부리다
pahane [형] 감정이 상한, 기분 나쁜, 불쾌한
paharet [명] 악마, 마귀, 악귀
pahatahtlik [형] 악의에 찬
pahatahtlikkus [명] 악의, 앙심
pahategu [명] 나쁜 짓, 악행
pahe [명] 악덕
paheline [형] 나쁜, 불량한
pahempoolne [형] (정치적으로) 좌익의, 좌파의
pahkluu [명] 발목
pahn [명] 쓰레기
pahupidi [부] 뒤집어
pahupool [명] 반대쪽, 뒤쪽
pahur [형] 성미가 까다로운
pahvak [명] 강하게[훅] 불기
pahvatama [동] 돌발하다, 튀어나오다
pahvima [동] 훅 불다
paigaldama [동] 설치하다, 세우다
paigaldamine [명] 설치
paigalseis [명] 정지, 멈춤, 정체(停滯)
paigutama [동] 위치시키다, 배치하다
paigutus [명] 배치, 어떤 곳에 둠
paik [명] 장소, 위치, 터, 곳, 지점
paikama [동] 깁다, 수선하다
paikapidav [형] 타당한, 근거 따위가 충분한
paiknema [동] (~에) (위치해·자리잡고) 있다
painama [동] 망상·나쁜 생각이 머릿속에서 떠나지 않다
paindlik [형] 나긋나긋한, 휘기 쉬운, 유연한
painduma [동] 휘다, 구부러지다
paindumatu [형] 휘지[구부러지지] 않는, 경직된

painduv [형] 나긋나긋한, 휘기 쉬운, 유연한
painutama [동] 구부리다, 휘다
pais [명] 댐, 둑
paise [명] [병리] 종기, 절종(癤腫)
paiskama [동] 세게 내던지다
paismais [명] 팝콘
paistetama [동] 부풀다, 팽창하다
paistetus [명] 팽창
paistma [동] ① (태양이) 비치다, 빛나다 ② (~으로[하게]) 보이다 ③ (~으로) 생각되다, (~인) 것 같다; paistab, et see väide on õige 그 주장은 옳다고 생각된다
paisuma [동] 넓어지다, 확장되다, 팽창하다
paitama [동] 애무하다, 귀여워하다
paitus [명] 애무
paju [명] [식물] 버드나무
pakane [명] 결빙
pakend [명] 포장지
pakendama [동] (짐 따위를) 싸다, 꾸리다, 포장하다
pakett [명] 꾸러미, 소포
pakikandja [명] 짐꾼, 짐 나르는 사람
pakiline [형] 긴급한, 다급한, 초미의
pakiruum [명] (자동차의) 트렁크
Pakistan [명] 파키스탄
Pakistani [형] 파키스탄의
pakistanlane [명] 파키스탄 사람
pakk [명] 꾸러미, 소포, 팩
pakkima [동] 싸다, 꾸리다, 포장하다
pakkuja [명] ① 공급자, 제공하는 사람 ② 입찰자
pakkuma [동] ① 공급하다, 제공하다 ② 입찰하다
pakkumine [명] ① 공급, 제공; pakkumine ja nõudmine [경제] 공급과 수요 ② 입찰

paks [형] ① 두꺼운, 굵은 ② 뚱뚱한, 살찐; paksus minema 뚱뚱해지다, 살이 찌다

paksendama [동] 두껍게[굵게] 하다

paksuke [형] 지방질의

pakt [명] 조약, 협정

pala [명] 조각, 단편

palat [명] 병동(病棟)

palav [형] 뜨거운, 더운; 따뜻한

palavik [명] 체온; 열, 신열; palavikus olema (몸에) 열이 있다

palavikuline [형] (몸에) 열이 있는

palavus [명] 열, 뜨거움

pale [명] 얼굴, 낯

palee [명] 궁전

palgafond [명] 임금 대장, 급료 지불 명부

palgaleht = palgafond

palgamõrtsukas [명] 암살자, 자객

palgamõrv [명] 암살

palgapäev [명] 봉급날, 급료 지불일

palgasõdur [명] 용병(傭兵)

palgatõus [명] 봉급 인상

palistama [동] 가장자리를 감치다, 옷단을 대다

palistus [명] 가두리, 옷단

palitu [명] 오버코트, 외투

paljajalu [부] 맨발로

paljapäi [부] 모자를 쓰지 않고, 탈모하여

paljas [형] 벌거벗은, 나체의; palja silmaga 육안으로; palja ülakehaga 토플리스의, 여성이 유방을 드러낸

paljastama [동] 드러내다, 노출시키다, 베일을 벗기다

paljastamine [명] 드러냄, 노출

palju [부/대] 많은, 다량의; kui palju on tal lapsi? 그녀에겐

아이가 몇이나 있나요?; (kui) palju kell on? 몇 시에요?
paljulubav [형] (전도)유망한
paljundama [동] 복사[복제]하다; 정부(正副) 두 통으로 만들다
paljunema [동] 복제되다
paljurahvuseline [형] 다국적의
palk [명] ① 임금, 봉급, 급료; 소득, 수입 ② 들보, 도리
palkama [동] 고용하다
palkon [명] 발코니
pall [명] 공, 볼
palm [명] [식물] 야자나무, 종려나무
palmik [명] 길게 땋아 늘인 머리
palmipuudepüha [명] [기독교] 종려주일
palsam [명] 향유, 발삼
paluma [동] 부탁하다, 요청하다, 간청하다, 애원하다
palun [감] (paluma의 1인칭 단수 현재형으로) ① ~해주세요, 부탁합니다 ② (감사의 말에 대한 대답으로) 천만에요 ③ palun (võta) 자, 여기 있습니다 ④ kuidas palun? 다시 한 번 말씀해 주시겠어요?
palve [명] ① 요청, 바람, 호소 ② 기도
palvehelmed [명] [가톨릭] 묵주, 로사리오
palvekiri [명] 탄원, 청원, 간청; palvekirja esitama 간청하다
palverändur [명] 순례자
palverännak [명] 순례 여행
palvetama [동] (~을 위해) 기도하다
palvus [명] 기도(식), 예배
Panama [명/형] 파나마(의); Panama kanal 파나마 운하
panda [명] [동물] 판다
pandimaja [명] 전당포
paneel [명] [건축] 패널, 벽판
panema [동] ① 놓다, 두다, 배치하다 ② riidesse panema 옷을 입다 ③ pane mu sõnu tähele! 내 말 잘 들으시오!

pangaarve [명] 은행 계정
pangandus [명] 은행업, 은행 업무
pangatäht [명] 은행권, 지폐
pank [명] 은행(銀行)
pankreas [명] [해부]이자, 췌장
pankrot [명] 파산, 도산; pankrotis 파산한, 지불 능력이 없는
pankrotistuma [동] 파산하다, 도산하다
pankur [명] 은행가, 은행업자
pann [명] 팬, 납작한 냄비
pannal [명] 죔쇠, 버클
pannkook [명] 팬케이크
panoraam [명] 전경(全景), 파노라마
pansion [명] 하숙집, 기숙사
pansionaat [명] 하숙집, 기숙사
pant [명] 담보, 저당물
pantima [동] 저당잡히다
pantomiim [명] 무언극, 팬터마임
pantvang [명] 인질, 볼모
panus [명] ① 내기에 건 돈 ② 기부금
panustama [동] ① 돈을 걸다 ② 기부하다
papa [명] [소아어] 아빠
papagoi [명] [조류] 앵무새
papp [명] ① 판지 ② (속어로) 돈
pappel [명] [식물] 포플러, 백양(白楊)
paprika [명] [식물] 파프리카
paps [명] 아빠, 아버지
paraad [명] 행렬, 퍼레이드, 행진
parabool [명] ① 우화, 비유담 ② [수학] 포물선
paradigma [명] 패러다임, 이론적 틀
paradiis [명] 천국, 극락, 파라다이스
paradoks [명] 역설, 패러독스

parafiin [명] 파라핀
parafraas [명] 알기 쉽게 바꿔 쓰기, 의역, 부연
paragrahv [명] (문장의) 절(節), 단락, 패러그래프
Paraguay [명/형] 파라과이(의)
parajalt [부] 알맞게, 적당히
parajasti [부] ① 바로 지금 ② 꼭, 바로, 정확히
paraku [부] 불행히도
paralleel [명] 평행선
paralleelne [형] 평행의, 나란한
parandama [동] ① 고치다, 바로잡다, 개선하다 ② 치료하다 ③ 수리[수선]하다
paranema [동] ① 나아지다, 개선되다, 향상되다 ② 낫다, 치료되다, 회복하다
paranoia [명] [정신의학] 편집증, 망상증
paras [형] 알맞은, 적절한, 적당한, 적합한; paras sulle 꼴 좋다!
parasiit [명] ① 기생충 ② 식객, 기식자
paratamatu [형] 피할 수 없는, 부득이한
pardakaart [명] (여객기의) 탑승권
pardal(e) [부] 배[비행기]를 타고
pardaleminek [명] 승선; 탑승
pardel [명] 면도기
pardipoeg [명] 새끼 오리
pareerima [동] 받아넘기다, 받아치다
parem [형] [hea의 비교급] 보다 좋은, 더 나은; 우량한, 우수한; see sõnaraamat on parem kui teised 이 사전은 다른 사전보다 더 훌륭하다 — [형/명] 오른쪽(의)
paremakäeline [형] 오른손잡이의
paremini [부] 보다[더] 좋게
parempoolne [형] ① 오른쪽의 ② [정치] 우파의
parfüüm [명] 향수, 향료

parim [형] [hea의 최상급] 가장 좋은, 최상의 — [명] 가장 좋은 것, 최상, 최고
park [명] 공원
parkett [명] 쪽모이 세공(으로 깐 마루)
parkima [동] ① (피부를) 햇볕에 태우다 ② (자동차를) 주차하다
parkimine [명] 주차
parkimisautomaat [명] 파킹미터, 주차 시간 자동 표시기
parkimisplats [명] 주차장
parkla [명] 주차장
parlamendiliige [명] 의회[국회] 의원
parlament [명] 의회, 국회
parlamentaarne [형] 의회의
parodeerima [동] 패러디하다, 풍자적으로 개작하다
paroodia [명] 패러디, 풍자적인 개작
parool [명] 암호, 패스워드
part [명] [조류] 오리
partei [명] 정당(政黨)
partii [명] 시합, 경기, 게임
partisan [명] 게릴라, 유격병, 빨치산
partitsiip [명] [문법] 분사
partituur [명] 악보, 보표
partner [명] 상대, 동료, 패, 파트너
parukas [명] 가발
parun [명] 남작 (귀족 작위의 제5계급)
parv [명] (새 따위의) 떼, 무리
parvlaev [명] 페리, 나룻배
pasjanss [명] 인내(심), 참을성
pask [명] 똥, 배설물
pasknäär [명] [조류] 어치
paslik [형] 어울리는, 알맞은

pass [명] ① 여권, 패스포트 ② [스포츠] 패스
passiiv [명] [문법] 수동태, 수동형
passiivne [형] 수동적인, 소극적인; passiivne suitsetamine 간접 흡연
passija [명] 날품팔이, 파출부, 잡역부
passikontroll [명] (공항 등의) 출국 수속, 출입국 관리
passiva [명] 부채, 채무
pasta [명] (붙이는) 풀
pastapliiats [명] 볼펜
pasteet [명] 파테 (요리)
pastell [명] 파스텔
pastellvärv [명] 파스텔색
pastill [명] 정제(錠劑), 마름모꼴 알약
pastor [명] 목사, 성직자
pasun [명] 나팔, 트럼펫
pasundama [동] 나팔을 불다
pataljon [명] [군사] 대대
patarei [명] 배터리, 전지
pateetiline [형] 감상적인, 정서적인, 연민의 정을 자아내는
patenditud [형] 전매 특허의, 독점권을 가진
patent [명] 특허(권)
patentima [동] 특허를 얻다
patrama [동] 재잘거리다
patriarh [명] 가장(家長), 족장
patrioot [명] 애국자
patriootiline [형] 애국의, 애국적인
patriotism [명] 애국심
patronaaž [명] 보호, 후원, 장려
patroneerima [동] 보호하다, 후원하다
patroon [명] 보호자, 후원자
patrull [명] 순찰

patrullauto [명] 순찰차
patrullima [동] 순찰하다
pats [명] 길게 땋아 늘인 머리
patsifist [명] 평화주의자
patsutama [동] 가볍게 두드리다, 토닥거리다
patt [명] (종교상의) 죄; pattude andeksandmine 면죄(免罪)
patukahetsus [명] 참회
patune [형] 죄가 있는, 죄 많은
patuoinas [명] 희생양, 남의 죄를 대신 지는 자
patustaja [명] (종교상의) 죄인, 죄 있는 사람
patustama [동] 죄를 짓다[범하다]
paugatus [명] 쾅, 탕 (갑작스런 큰 소리)
paugutama [동] 쾅 소리가 나다, 탕 치다
pauk [명] 발포; 포성(砲聲)
paukuma [동] 발포하다, 총소리가 나다
paus [명] 중단, 중지, 멈춤, 휴지(休止); pausi pidama 중단하다, 잠시 멈추다
paviljon [명] 대형 천막; 누각, 정자
pea [명] ① 머리; peast 외워서, 암기하여; pea ees 머리부터, 거꾸로, 곤두박이로 ② 수장(首長)
peaaegu [부] 거의, ~이나 마찬가지로; ta on peaaegu niisama vana kui sina 그는 너와 나이가 거의 같다
peaauhind [명] 그랑프리, 대상
peadpööritav [형] 현기증 나는, 어지러운
peainspektor [명] 감독, 관리자
peajuhe [명] (전기 등의) 본관, 간선
peakokk [명] 주방장
peakorter [명] 본부, 본사, 본점
peal [후] (~의) 위에(서), (~의) 표면에, ~에; seina peal on maal 벽에 그림이 걸려 있다 — [부] 위에(서)
peale [후] ① (~의) 위에; ta pani pliiatsi laua peale 그는 연

필을 책상 위에 두었다 ② ~ 이래로; lapsest peale on ta keelte vastu huvi tundnud 어렸을 때부터[유년기 이래로] 그녀는 언어에 흥미를 보이고 있다 — [전] ① (~의) 다음에, 후에; peale lõunat lähen ma kodust ära 점심 식사 후에 나는 집을 나온다 ② ~ 외에(는)

pealdis [명] 표제, 제목, 제명(題銘)
pealegi [부] 게다가, 더욱이
pealekaebaja [명] 밀고자, 정보 제공자
pealekauba [부] 덤으로
pealetung [명] 공격, 공세
pealetükkiv [형] 나서기 잘하는; 공격적인
pealik [명] 장(長), 우두머리, 지배자, 수령, 보스
pealinn [명] 수도(首都)
pealiskaudne [형] 피상적인
pealispind [명] 겉, 표면, 외부
pealkiri [명] 표제, 제목
pealt [부] pealt kuulama 엿듣다; pealt kuulma 우연히 듣다, 엿듣게 되다; pealt nägema 목격하다 — [후] ~으로부터; mees võttis pildi seina pealt maha 남자는 그림을 벽에서 떼어냈다
pealtnägija [명] 목격자
pealtvaataja [명] 방관자, 구경꾼, 관찰자
pealuu [명] 두개골, 해골
pealöök [명] [축구] 헤딩
peamine [형] 주요한, 주된
peaminister [명] (국무)총리, 수상
peamiselt [부] 주로
peaosa [명] [연극] 주역(主役)
peapesu [명] 잔소리, 훈계; peapesu tegema 잔소리하다, 훈계하다, 꾸짖다
peapiiskop [명] [기독교] 대주교

peaproov [명] [연극] 총연습, 정식 무대 연습
peapööritus [명] 현기증, 어지러움
pearoog [명] (식사의) 주요리, 메인 코스
peastaap [명] [군사] 사령부
peatama [동] 멈추게 하다, 중지시키다
peategelane [명] 주역(主役), 주인공
peatselt [부] 곧, 이내
peatuma [동] 멈추다, 정지하다, 중지되다
peatus [명] 멈춤, 정지, 중지
peatänav [명] 큰 거리, 중심가
peatükk [명] 중요한 한 구획
peavalu [명] 두통
peavari [명] 피난처
peavõit [명] 거액의 상금, 잭팟
pedaal [명] 페달; pedaale tallama 페달을 밟다
pedagoogika [명] 교육(학), 교수(법)
pedagoogiline [형] 교육학의, 교수법의
pedantne [형] 까다로운, 꼼꼼한, 세밀한
pediaater [명] 소아과 의사
pediaatria [명] 소아과(학)
peegel [명] 거울
peegeldama [동] 반사하다, (거울이 상을) 비치다
peegeldus [명] 반사, 반영
peeker [명] 굽 달린 잔
peekon [명] 베이컨 (돼지의 옆구리나 등의 살을 소금에 절여 훈제한 것)
peen [형] 고운, 섬세한, 우아한
peenar [명] 모판, 화단
peenestama [동] 잘게 썰다, 갈다, 다지다
peenetundeline [형] 사려 분별이 있는, 재치 있는
peenis [명] [해부] 음경

peenraha [명] 잔돈
peensuhkur [명] 정제당(糖)
peenus [명] 고움, 섬세함, 우아함
peenutsev [형] 점잖은 체하는
peer [명] 귀족
peeretama [동] 방귀 뀌다
peeretus [명] 방귀
peesitama [동] 햇볕을 쬐다, 일광욕을 하다
peet [명] 근대 뿌리
pehkinud [형] 썩은, 부패한
pehme [형] ① 부드러운, 연한 ② (성품이) 온화한
pehmendama [동] 부드럽게[연하게] 하다
pehmenema [동] 부드러워[연해]지다
pehmus [명] 부드러움, 연함; 온화함
peibutama [동] 유혹하다, 꾀다
peibutis [명] 미끼, 꾀는 것
peidukoht [명] 은신처
peigmees [명] 신랑; 약혼자
peitel [명] 끌, 정
peiteldama [동] 끌로 파다, 깎아내다
peitma [동] 숨기다, 감추다
peituma [동] 숨다
peitusemäng [명] 숨바꼭질
pejoratiivne [형] 경멸적인, 멸시하는
pekslema [동] 치다, 때리다, 두드리다
peksma [동] 치다, 때리다, 매질하다
pelargoon [명] [식물] 제라늄
peldik [명] (옥외) 변소, 화장실
pelgalt [부] 단지, 순전히
pelglik [형] 수줍어하는
pelgupaik [명] 피신처, 은신처

pelikan [명] [조류] 펠리컨, 사다새
pelmeen [명] 고기만두
pendel [명] 진자, 흔들이
pendeldama [동] 좌우로 움직이다
penitsilliin [명] [약학] 페니실린
penn [명] 페니, 센트, 잔돈
pension [명] 연금; pensionile minema 은퇴하다
pensionil [형] 은퇴한
pensionär [명] 연금 수령자, 은퇴한 사람; 노인
peopesa [명] 손바닥
peotäis [명] 한 움큼, 한 손 가득
peps [형] 성미 까다로운
pere [명] 가족, (온 집안) 식구
perearst [명] 가정의(醫)
perekond [명] ① 가족 ② [생물] (분류상의) 속(屬)
perekonnanimi [명] 성(姓)
perekonnaseis [명] 결혼 여부 (미혼・기혼・이혼 등)
perekonnaseisuamet [명] 호적 등기소
peremees [명] 주인, 소유주, 장(長), 보스; 집 주인, 가장
perenaine [명] (가정의) 안주인
pereplaneerimine [명] 가족 계획, 산아 제한
perevägivald [명] 가정 폭력
perifeeria [명] 주위, 주변
perifeerne [형] 주위의, 주변의, 중심에서 먼, 외딴
periood [명] (일정한) 기간
perioodikaväljaanne [명] 정기 간행물
perioodiline [형] 주기적인, 정기적인
periskoop [명] 잠망경
perroon [명] 플랫폼
perse [명] (비어로) 궁둥이, 항문; persse! 엿먹어라!
personaalarvuti [명] 퍼스널컴퓨터

personal [명] 직원, 인원, 스태프
perspektiiv [명] 전망, 전도, 가망
perutama [동] 펄쩍 뛰다
Peruu [형] 페루의 — [명] 페루
peruulane [명] 페루 사람
perv [명] (강 따위의) 둑, 기슭; 물가
perversne [형] 괴팍한
pesa [명] 둥지, 굴, 집, 보금자리; pesa tegema 자리를 잡다, 정주하다
pesakond [명] 한배에서 난 새끼
pesapall [명] [스포츠] 야구
pesapallikurikas [명] [야구] 배트
pesema [동] 씻다, 목욕하다; 세척하다
pesemine [명] 씻기, 세척
pesitsema [동] 둥지를 틀다, 보금자리를 짓다
pessaar [명] (피임용) 페서리
pessimism [명] 비관주의, 염세론; 우울
pessimist [명] 비관주의자, 염세론자
pessimistlik [형] 비관적인, 염세적인, 우울한
pestav [형] 세척할 수 있는
pestitsiid [명] 구충제, 살충제
pesu [명] 세탁물; pesu pesema 세탁하다, 빨래를 하다
pesuaine [명] 세제
pesukaru [명] [동물] 미국너구리
pesukauss [명] 대야, 세면기
pesukindel [형] 세척할 수 있는; 빛깔이 바래지 않는
pesumaja [명] 세탁소
pesumasin [명] 세탁기
pesunöör [명] 빨랫줄
pesupulber [명] 분말 세제, 가루비누
pesupulk [명] 빨래집게

petersell [명] [식물] 파슬리
petis [명] 사기꾼
petitsioon [명] 청원, 탄원
petlik [형] (남을) 속이는
petma [동] 속이다, 사기를 치다
pettekujutlus [명] 착각, 망상
pettuma [동] 실망하다
pettumus [명] 실망, 낙담; pettumust valmistama (남을) 실망시키다
pettunud [형] 실망한, 낙담한
pettur [명] 사기꾼
pettus [명] 속임, 기만, 사기
pianist [명] 피아니스트, 피아노 연주자
pidalitõbi [명] 나병, 한센병
pidalitõbine [명] 나병 환자
pidama[1] [동] ① 가지고 있다, 잡다; 지키다, 유지하다; ta peab alati oma lubadusi 그녀는 언제나 약속을 지킨다; me pidasime lõbusat pidu 우리는 즐거운 파티를 열었다 ② (~으로) 생각하다, 여기다, 간주하다; ma pidasin teda targaks 나는 그가 영리하다고 생각했다
pidama[2] [동] (-ma 부정사와 함께 쓰여) ~해야 하다; miks ma peaksin sinna minema? 왜 내가 거기에 가야하는가?
pide [명] 손잡이, 자루, 홀더
pidev [형] 끊임없는, 계속되는, 부단한
pidžaama [명] 파자마, 잠옷
pidu [명] 파티, 잔치, 연회
pidulik [형] 축제의, 경축의; pidulik õhtusöök 정찬
pidupäev [명] 축일, 축제일
pidur [명] 브레이크, 제동 장치
pidurdama [동] 브레이크를 걸다, 감속하다
pidustus [명] 축전, 축제

pidusöök [명] 연회, 축하연
pidutsema [동] 경축하다, 파티를 열다
pigem [부] 오히려, 차라리
pigistama [동] 죄다, 압착하다
pigment [명] 안료(顏料)
pihid [명] 집게, 펜치
pihk [명] 손바닥
piht [명] ① 허리 ② (종교상의) 고백
pihtima [동] 고백하다
pihtimus [명] 고백
pihustama [동] 분무하다, 분쇄하다
pihusti [명] 분무기, 스프레이
pii [명] 이, 치아
piibel [명] 성경, 성서
piidlema [동] 엿보다
piik [명] (무기로서의) 창
piiksatus [명] 쩍쩍[삐 하는] 소리
piiksuma [동] 쩍쩍거리다, 삐 하고 울리다
piilar [명] 기둥
piiluma [동] 엿보다
piim [명] 우유; piimaga kohv 우유를 탄 커피
piimakokteil [명] 밀크셰이크
piimapood [명] 우유・유제품 판매점
piimapütt [명] 교유기(攪乳器), 버터 제조기
piimašokolaad [명] 밀크초콜릿
piimatooted [명] 유제품
piimjas [형] 우유의, 우유 같은
piin [명] 심한 고통
piinama [동] 고문하다, 심한 고통을 주다
piinamine [명] 고문
piinlema [동] 고통을 겪다, 괴로워하다

piinlik [형] 난처한, 곤란한
piinlikkus [명] 난처, 곤란; piinlikkust tundma 난처하다, 곤란하다
piip [명] 파이프
piipar [명] 무선 호출기, 삐삐
piir [명] 경계; 한계
piirama [동] ① 제한하다, 한정하다 ② 포위하다, 에워싸다 ③ (법을) 어기다, 위반하다
piiramatu [형] 제한되지 않은
piiramine [명] 포위, 봉쇄
piirang [명] 제한, 억제
piiratud [형] 제한된, 한정된
piiritlema [동] 한정하다
piiritu [형] 제한되지 않은
piiritus [명] [화학] 에틸알코올
piirivalve [명] 국경 경비
piirjoon [명] 윤곽
piirkond [명] 지역, 구역
piirnema [동] (~에) 인접하다
piisake [명] (물 따위를) 튀기기
piisama [동] 족하다, 충분하다
piisav [형] 충분한, 넉넉한
piisk [명] (액체의) 방울
piiskop [명] [기독교] 주교
piison [명] [동물] 들소, 바이슨
piits [명] 채찍, 매; piitsa andma 채찍질하다, 매질하다
piitsahoop [명] 채찍질, 매질
piitsutama [동] 채찍질하다, 매질하다
pikaajaline [형] 장기(長期)의
pikaldane [형] 느린, 둔한, 완만한
pikali [부] (드러)누워; pikali ajama 때려눕히다; pikali heit-

ma 드러눕다
pikamaa- [형] 장거리의
pikamaajooks [명] 장거리 경주
pikantne [형] 자극적인, 강한 풍미를 가진
pikapeale [부] 결국에는, 나중에 가서는
pikatoimeline [형] 느린, 둔한
pikeerima [동] 뛰어들다, 급강하하다
pikendama [동] 길게 하다, 늘이다, 연장하다
pikergune [형] 옆으로 길게 늘여진
pikett [명] 말뚝
piki [부] (~을) 따라서
pikk [형] ① (길이가) 긴; pikk aeg 장시간, 오랜 기간 ② (키가) 큰
pikkamisi [부] 점차, 차츰
pikkupidi [부] 길게, 세로로
pikkus [명] ① 길이 ② 높이 ③ [지리] 경도(經度)
piklik [형] 옆으로 길게 늘여진
pikne [명] 천둥; 번개
piknik [명] 피크닉, 소풍
piksa [명] [어류] 해덕 (대구의 일종)
pikuti [부] 길게, 세로로
pilbastama [동] 쪼개다
pilbastuma [동] 쪼개지다
pildiallkiri [명] (영화 등의) 자막
pildistama [동] 사진을 찍다, 촬영하다
pilduma [동] (내)던지다
pilet [명] 표, 티켓 (승차권 따위)
piletikassa [명] 매표소
pilge [명] 조롱, 놀림, 비웃음
pilgutama [동] 눈을 깜박거리다, 윙크하다
piljard [명] [스포츠] 당구

pilk [명] (흘긋) 봄, 응시; pilku heitma (흘긋) 보다, 시선을 던지다
pilkama [동] 조롱하다, 놀리다, 비웃다
pill [명] ① 알약, 작은 공 모양의 것 ② 도구, 기구
pillama [동] 엎지르다; 낭비하다
pillikeel [명] 끈, 줄, 현(絃)
pilliroog [명] 갈대
piloot [명] 비행기 조종사, 파일럿
pilt [명] 그림; 이미지
piltlik [형] 비유적인
pilu [명] 틈, 홈, 가늘고 긴 구멍
pilv [명] 구름
pilvelõhkuja [명] 마천루
pilves [형] (속어로) (술·마약 따위에) 취한
pilvine [형] 구름 낀, 흐린
pilvitu [형] (하늘이) 갠, 맑은
pime [형] ① 어두운, 캄캄한, 음침한 ② 앞이 보이지 않는; pimedaks jääma 맹인이 되다
pimedus [명] 어둠, 음침함; 앞이 보이지 않음
pimekohting [명] 블라인드 데이트, 안면이 없는 남녀간의 데이트
pimendama [동] 캄캄하게 하다
pimendamine [명] 정전, 소등
pimenduspilt [명] [컴퓨터] 스크린세이버, 화면보호기
pimenema [동] 어두워지다, 캄캄해지다
piment [명] [식물] 피망
pimesi [부] 눈을 가리고; 맹목적으로
pimestama [동] 앞이 보이지 않게 하다
pimsskivi [명] 속돌, 부석(浮石)
pinal [명] 필통
pind [명] 표면, 넓은 면[영역]

pindala [명] 면적
pindmine [형] 표면의, 피상적인
pinev [형] 팽팽한, 긴장된
pinevus [명] 긴장
pinge [명] ① 스릴, 긴장, 압박; pinges 긴장한 ② [전기] 전압(電壓)
pingeline [형] 긴장된, 타이트한
pingestama [동] 긴장시키다
pingevaba [형] 느긋한, 태평한
pingul [형] 긴장된, 타이트한
pinguldama [동] 긴장시키다, 타이트하게 하다
pingutama [동] ① 팽팽하게 하다 ② 노력하다, 애쓰다 ③ üle pingutama 힘껏 작용시키다, 최대한 이용하다
pingutus [명] 노력, 애씀
pingviin [명] [조류] 펭귄
pink [명] 벤치, 긴 의자; 책상
pinnamood [명] [지리] (토지의) 기복
pinnapealne [형] 피상적인, 약식의, 쉬운
pinnas [명] 땅, 토지, 토양
pintsak [명] 재킷
pintsel [명] 붓, 솔, 브러시
pintsett [명] 족집게, 핀셋
pioneer [명] 개척자, 선구자
pipar [명] [식물] 후추
piparmünt [명] [식물] 박하
piraat [명] 해적
piraatlus [명] 해적질, 해적 행위
pirn [명] (서양)배
pirnipuu [명] [식물] 배나무
pirtsakas [형] 얌전빼는, 새침데기 같은
pirukas [명] 파이 (음식)

pisar [명] 눈물; pisaraid valama 눈물을 흘리다, 울다
pisaraterohke [형] 눈물 어린
pisargaas [명] 최루 가스
pisendama [동] 과소평가하다, 얕잡다
piserdama [동] 뿌리다, 분무하다
pisi- [형] 소형의
pisiasjad [명] 잡동사니, 시시한 것, 허섭스레기
pisik [명] 균, 벌레
pisike [형] 작은, 조그마한, 소형의
piss [명] [소아어] 쉬, 오줌
pissima [동] 오줌 누다
pissipott [명] 요강
pistaatsia [명] [식물] 피스타치오
piste [명] 찌르기, 쑤시기
pistik [명] [전기] 플러그
pistikupesa [명] [전기] 소켓; 콘센트
pistis [명] 뇌물
pistma [동] 찌르다, 쑤시다
pistrik [명] [조류] 매
pisut [부] 조금, 약간
pits [명] (음료 따위의) 소량, 한 모금
pitsa [명] 피자
pitsat [명] 도장, 스탬프
pitser [명] 도장을 찍음, 표시, 봉인
piuks [명] 짹짹[삐약삐약] 소리
piuksuma [동] 짹짹거리다
plaadimasin [명] 자동 전축, 주크박스
plaadimängija [명] 레코드 플레이어
plaan [명] 계획, 안(案), 설계, 구상, 청사진
plaaner [명] 글라이더, 활공기
plaanima [동] 계획하다, 설계하다

plaanitsema [동] 계획하다, 기도하다, (일을) 꾸미다
plaaster [명] 반창고, 패치
plaasterdama [동] 반창고를 붙이다
plaat [명] ① 납작한 판[접시] ② 레코드판
plaatanipuu [명] [식물] 플라타너스
plaatima [동] 판을 깔다[덮다]
plaatina [명] [화학] 백금
pladin [명] 후드득 떨어지는 소리
pladisema [동] (물 따위가) 튀다
pladistama [동] (물 따위가) 튀다, 후드득 떨어지다
plagieerima [동] 도용하다, 표절하다
plagin [명] 철커덕하는 소리
plagisema [동] 철커덕거리다
plahvatama [동] 폭발하다, 파열하다, 터지다; plahvatama p-anema 폭발시키다, 터지게 하다
plahvatav [형] 폭발성의
plahvatus [명] 폭발, 파열
plakat [명] 포스터; 플래카드; 현수막
plaksatama [동] 찰싹 때리다
plaksatus [명] 찰싹 때리기
plaksutama [동] 박수치다, 손뼉치다
planeerima [동] 계획하다, 설계하다
planeering [명] 계획(하기), 설계(하기)
planeet [명] [천문] 행성
plank [명] 판자, 널빤지
plankton [명] [생물] 플랑크톤
plasku [명] [화학] 플라스크
plasma [명] [물리] 플라스마, 전리(電離) 기체
plastikkott [형] 쇼핑백
plastmass [명] 플라스틱
plastne [형] 플라스틱의

plasttops [명] 플라스틱 컵
platoo [명] 고원, 높고 평평한 땅
platooniline armastus [명] 플라토닉 러브
plats [명] 일정한 구획의 땅
platsenta [명] [동물・해부] 태반(胎盤)
platvorm [명] 플랫폼
pleed [명] 격자무늬의 모직물
pleegitama [동] 표백하다
pleekima [동] 표백하다
pleekinud [형] 표백된, 퇴색한
plekieemaldi [명] 얼룩 제거제
plekiline [형] 얼룩진
plekk [명] ① [화학] 주석 ② 얼룩
plekkanum [명] 깡통, 캔
plekkpurk [명] 깡통, 캔
plii [명] [화학] 납
pliiats [명] 연필
pliiatsiteritaja [명] 연필깎이
pliit [명] (요리용) 레인지
pliivaba [형] 납을 함유하지 않은, 무연(無鉛)의
plika [명] 소녀, 여자 아이
plikalik [형] 소녀의, 소녀 같은
plinder [명] 곤경, 궁지; plindris 매우 난처하여, 궁지에 빠져
plissee [명] 주름, 플리트
plisseerima [동] 주름을 잡다
plokk [명] 알돌; 블록, 도막
plokkflööt [명] [음악] 리코더
plomm [명] 채워 넣는 것, (치과의) 충전재(材)
ploom [명] [식물] 서양자두, 플럼
pluss [명] ① 플러스, 더한 것 ② 이점, 이익 — [전] (~을) 더하여 — [접] 그리고

plussmärk [명] 더하기[플러스] 부호 (+)
pluus [명] 블라우스; 셔츠
plõks [명] 찰칵[툭] 소리
plõksatama [동] 찰칵[툭] 소리를 내다
pläma [명] 쓸데없는[허튼] 소리
plärisema [동] 요란한 소리가 울리다
plärtsatus [명] (물 따위가) 튀김
plärtsti [감] 텀벙 (물 튀기는 소리)
plärtsuma [동] (물 따위가) 튀다
pneumaatiline [형] 공기압으로 움직이는, 공기의 작용에 의한
pobisema [동] 중얼거리다, 웅얼거리다
podagra [명] [병리] (발가락 등의) 통풍(痛風)
podisema [동] 부글부글 끓다
poeem [명] 시(詩)
poeesia [명] 시, 시가(詩歌), 운문
poeet [명] 시인(詩人)
poeetiline [형] 시의, 시적인
poeg [명] ① 아들 ② 소년; pojad 젊은이들
poemüüja [명] 점원
poepidaja [명] 식료품 장수
poevargus [명] 들치기, 가게 물건을 훔치기
pohmell [명] 숙취
poi [명] 부이, 부표(浮標)
poisilik [형] (여자 아이가) 사내아이 같은; poisilik tüdruk 말괄량이
poisipõlv [명] 소년기
poiss [명] 소년, 젊은이
poissmees [명] 총각, 미혼 남자
pojapoeg [명] 손자
pojatütar [명] 손녀
pokker [명] [카드놀이] 포커

poks [명] [스포츠] 권투, 복싱
poksija [명] 권투 선수, 복서
poksima [동] 권투를 하다
poksimatš [명] 권투[복싱] 시합
poksiring [명] 권투장
polaarne [형] 남[북]극의, 극지의
polariseerima [동] 극성을 갖게 하다
pole [= ei ole] (~이) 없다, (~이) 아니다; teda pole kodus 그녀는 부재중이다; mul pole aega 나는 시간이 없다; pole viga! 괜찮아요, 나쁘지 않아요
poleemika [명] 논쟁
poleemiline [형] 논쟁의, 논쟁을 좋아하는
poleer [명] 광택, 윤
poleerima [동] 닦다, 윤을 내다
poliis [명] 정책
poliitik [명] 정치가
poliitika [명] 정치
poliitiline [형] 정치적인
polikliinik [명] 의료 센터, 종합 진료소
politsei [명] 경찰
politseiametnik [명] 경관
politseiauto [명] 경찰차
politseijaoskond [명] 경찰서
politseinik [명] 경찰관, 경관
polo [명] [스포츠] 폴로 (4명이 1조가 되어 말을 타고 하는 공치기)
polsterdama [동] 가구류에 속을 넣다[대다]
polt [명] 나사(못), 볼트
polüester [명] [화학] 폴리에스테르
polüstüreen [명] [화학] 폴리스티렌
polütehnikum [명] 폴리테크닉, 기술 전문 학교

polüuretaan [명] [화학] 폴리우레탄
pomerants [명] [식물] 광귤(나무)
pomin [명] 중얼거림
pomisema [동] 중얼거리다
pomm [명] 폭탄; pommi panema 폭탄을 장치하다
pommitaja [명] 폭격기
pommitama [동] 폭탄을 투하하다, 폭격하다
pommituslennuk [명] 폭격기
poni [명] 조랑말
pontšik [명] 도넛
pood [명] 가게, 상점; poes käima 가게에 가서 물건을 사다, 쇼핑하다
poodium [명] 연단, 무대
pookima [동] [원예] 접목하다, 접붙이다
pookoks [명] [원예] 접붙이기
pool¹ [명] ① 절반; laps on kaks ja pool aastat vana 그 아이는 두 살 반이다; kell on pool viis 네 시 반이다; poolel teel 중도에 ② 실감개, 실패, 코일 ③ 쪽, 측; mõlemad pooled pidasid otsust õigeks 쌍방이[양쪽 모두가] 그 결정이 옳다고 보았다
pool² [부/후] ta elab teisel pool järve 그는 호수 건너편에 살고 있다; ta elab linnast lääne pool 그는 마을의 서쪽에 살고 있다
poola [형] 폴란드의; poola keel 폴란드어 — [명] P- 폴란드
poolaasta [명] 6개월, 반년; (학교의) 학기
poolaeg [명] [스포츠] 하프타임
poolakas [명] 폴란드 사람
pooldaja [명] 지지자, 따르는 사람
pooldama [동] 지지하다, 떠받들다, 따르다
poole [부/후] ~으로, (~을) 향하여; linnud lendavad lõuna

poole 새들은 남쪽으로 날아간다
poolearuline [형] 정신 박약의, 저능한
poolfinaal [명] [스포츠] 준결승
poolik [형] 불완전한, 반쯤 ~한
poolitama [동] (반으로) 나누다
poolkera [명] [지리] 반구(半球)
poolkuu [명] 반달
poolpaks [형] 두꺼운, 굵은
poolring [명] 반원(半圓)
poolsaar [명] 반도(半島)
poolsurnud [형] 죽어가는, 반쯤 죽은
poolt [부/후] ① ~(쪽)으로부터; tuul puhub põhja poolt 바람은 북쪽에서 불어온다 ② (~을) 위해; (~에) 찬성하여; kas sa oled tema poolt või vastu? 너는 그에게 찬성하니 아니면 반대하니?
poolteist [명] 1.5, 1과 1/2
pooltoores [형] (요리가) 설익은, 설구운
pooltväide [명] 찬성하는 입장
poolus [명] (지구의) 극(極)
poolvend [명] 부모 중 한쪽만 같은 형제; 의붓형제
poolõde [명] 부모 중 한쪽만 같은 자매; 의붓자매
poor [명] 작은 구멍
poos [명] 자세, 위치
pootsman [명] [항해] 갑판장
popitegija [명] 무단 결석자
popkorn [명] 팝콘, 튀긴 옥수수
popmuusika [명] 팝 음악
poppi tegema [동] (학교를) 무단 결석하다
populaarne [형] 대중적인, 인기 있는
populaarsus [명] 인기, 대중성
populariseerima [동] 대중화하다

popurrii [명] [음악] 메들리
poputama [동] (아이의[를]) 응석을 받아주다, 귀하게 기르다
porgand [명] [식물] 당근
pori [명] 진흙
porine [형] 진창의, 진흙의
poritiib [명] (자동차의) 흙받이
pornograafia [명] 포르노그래피
pornograafiline [형] 포르노그래피의
porrulauk [명] [식물] 부추
portaal [명] ① 정문, 현관 ② [컴퓨터] 포털사이트
portfell [명] 서류 가방
portjee [명] 짐꾼, 운반인
portree [명] 초상화
portreteerima [동] (인물 따위를) 그리다
ports [명] 1회분; (음식의) 1인분
portselan [명] 자기(磁器)
portsigar [명] 담배 케이스
portsjon [명] (음식의) 1인분
Portugal [명] 포르투갈
portugali [형] 포르투갈의; portugali keel 포르투갈어
portugallane [명] 포르투갈 사람
poseerima [동] 자세를 잡다, 포즈를 취하다
positiivne [형] 긍정적인, 적극적인
positsioon [명] 지위, 위치
positsioonikus [명] (지위·신분의) 고위(高位), 높음
post[1] [명] 기둥, 말뚝
post[2] [명] 우편; postiga saatma 우송하다, 우편으로 보내다
posti- [형] 우편의
postiaadress [명] 우편 주소
postiljon [명] 우체부, 집배원
postimaks [명] 우편 요금

postimüük [명] 통신 판매
postipiirkond [명] 우편 배달 구역
postitama [동] 우송하다, 우편으로 보내다
postitempel [명] (우편의) 소인
postivagun [명] 우편 열차
postivedu [명] 우편, 우송
postiülekanne [명] 우편환(換)
postkaart [명] 우편 엽서
postkast [명] 우체통
postkontor [명] 우체국
postmark [명] 우표
postskriptum [명] (편지의) 추신(追伸)
postuumne [형] 사후(死後)의
potents [명] 남성의 성교 능력
potentsiaal [명] 가능성, 잠재력
potentsiaalne [형] 가능한, 잠재하는
poti [명] [카드놀이] 스페이드
pottsepatöö [명] 도기류(陶器類), 요업(窯業) 제품
pottsepp [명] 도공(陶工)
praad [명] 구운 고기, 스테이크, (식사의) 주(主)요리
praadima [동] 굽다, 기름에 튀기다, 프라이로 하다
praak-[1] [형] 결점이 있는, 불완전한, 부적격의
praak[2] [명] 폐물, 불합격품
praam [명] 바지선(船), 거룻배; 페리, 나룻배
praeahi [명] 오븐
praegu [부] 지금, 현재, 이 순간
praegune [형] 현재의
praekaste [명] 육즙, 고깃국물, 그레이비
praemuna [명] 계란 프라이
praepann [명] 프라이팬
praetud [형] 기름에 튀긴, 프라이한

praevarras [명] (고기 굽는) 꼬챙이
pragmaatiline [형] 실용적인, 실용주의의
pragu [명] (갈라진) 금, 균열
pragunema [동] 갈라지다, 금이 가다, 균열이 생기다
praht [명] 쓰레기
praksuma [동] 갈라지다, 금이 가다
praktika [명] 실습, 연습, 훈련
praktikant [명] 훈련 받는 사람
praktiline [형] 실용적인
praktiliselt [부] 실용적으로
praktiseerima [동] 실습[연습]하다, 훈련하다
prantsatama [동] 쾅[세게] ~하다
prantslane [명] 프랑스 사람
prantsuse [형] 프랑스의; prantsuse keel 프랑스어
Prantsusmaa [명] 프랑스
preemia [명] 상여금, 보너스; 프리미엄
preeria [명] 대초원, 프레리
preester [명] 성직자, 사제
preestrinna [명] 여승, 여성 사제
preili [명] 아가씨, 젊은 여성
prelüüd [명] [음악] 전주곡, 서곡
presbüterlus [명] [기독교] 장로교
present [명] 방수천
presideerima [동] 통솔하다, 주재하다
president [명] 대통령
press [명] 압착기
pressikonverents [명] 기자 회견
pressima [동] ① 누르다, 압착하다 ② 다림질하다
prestiiž [명] 위신, 명망
prestiižne [형] 이름난, 명망 있는
pretensioon [명] 요구, 주장

pretensioonikas [형] 젠체하는
pretsedent [명] 전례, 선례(先例)
preventiivne [형] 방지하는, 예방하는, 막는
preventsioon [명] 방지, 예방
prii [형] 무료의
priimula [명] [식물] 앵초
prillid [명] 안경
prilliraam [명] 틀, 테, 프레임
primaat [명] [동물] 영장류
primitiivne [형] 원시의, 초기의
pringel [명] [동물] 돌고래 종류
print [명] [컴퓨터] 프린트, 출력 정보
printer [명] 인쇄기, 프린터
printima [동] 인쇄하다, 프린트하다
prints [명] 왕자
printsess [명] 공주
printsiip [명] 원리, 원칙
prioriteet [명] 우선, 먼저임
prisma [명] [광학] 프리즘
pritse [명] (물 따위의) 튀김, 분출
pritsima [동] 튀기다, 분출하다, 뿌리다
privaatne [형] 개인적인, 사적인
privaatsus [명] 사생활, 프라이버시
privatiseerima [동] 민영화하다
privileeg [명] 특권, 특전
privilegeeritud [형] 특권[특전]을 가진
probleem [명] 문제
probleemne [형] 문제가 있는
produkt [명] 생산품, 산출된 것
produktsioon [명] 생산, 산출
produtseerima [동] 생산하다

produtsent [명] 생산자
professionaal [명] 전문가, 프로
professionaalne [형] 전문 직업의, 프로의
professor [명] (대학) 교수
profiil [명] 옆얼굴, 윤곽; 프로필
prognoos [명] 예상, 예보, 예측
programm [명] 프로그램, 예정표
programmeerija [명] 컴퓨터 프로그래머
programmeerima [동] 프로그램을 짜다
programmidirektor [명] (라디오・TV의) 프로그램 편성자
progress [명] 진보, 나아감
prohmakas [명] 실수, 과실; prohmakat tegema 실수를 저지르다
prohvet [명] 예언자
prohvetlik [형] 예언자의, 예언적인
projekt [명] 계획, 설계, 프로젝트
projekteerija [명] 계획자, 설계자
projekteerima [동] 계획하다, 설계하다
prokurör [명] 검사, 검찰관
proletaarlane [명] 프롤레타리아, 무산자
proloog [명] 서언(序言), 머리말, 프롤로그
promenaad [명] 산책, 거닐기
pronks [명] 청동, 브론즈
pronksjas [형] 청동의
pronoomen [명] [문법] 대명사
proosa [명] 산문
proov [명] ① 표본, 샘플 ② (옷을) 입어보기 ③ 연습, 리허설; proovi tegema 리허설을 하다 ④ 시험, 시도
proovikabiin [명] (옷가게의) 탈의실, 옷을 입어보는 곳
proovikivi [명] 시금석
proovima [동] 시험해보다

proovisõit [명] 시운전, 시승(試乘)
propaganda [명] 선전, 프로파간다
propageerima [동] 선전하다
propeller [명] 프로펠러
proportsionaalne [형] 비례하는
proportsioon [명] 비율, 비(比)
pross [명] 브로치
prostitutsioon [명] 매음, 매춘
prostituut [명] 매춘부, 창녀
prožektor [명] 투사기, 투광기; 스포트라이트; 서치라이트
proteiin [명] 단백질
protest [명] 항의, 이의 제기, 반대
protestant [명] 신교도, 프로테스탄트
protestantlik [형] 신교도의, 프로테스탄트의
protestima [동] 항의하다, 이의를 제기하다
protestimarss [명] 항의 시위
protokoll [명] 의정서; 기록, 의사록
prototüüp [명] 원형(原型)
protseduur [명] 절차
protsent [명] 퍼센트, 백분율
protsess [명] 과정, 공정
proua [명] 숙녀, 부인
provints [명] (행정 구역으로서의) 주(州); 지방, 시골
provintslik [형] 지방의, 시골의
provotseerima [동] 도발하다, 자극하다
prussakas [명] [곤충] 바퀴(벌레)
pruugitud [형] 중고(품)의
pruulikoda [명] (맥주) 양조장
pruulima [동] (맥주를) 양조하다
pruun [형] 갈색의
pruut [명] 신부; 약혼녀

pruutneitsi [명] 신부 들러리
prääks [명] (오리가) 꽥꽥 우는 소리
prääksuma [동] (오리가) 꽥꽥 울다
prügi [명] 쓰레기
prügikast [명] 쓰레기통
prügikühvel [명] 쓰레받기
prügivedaja [명] 쓰레기 수거인
psalm [명] [성경] (구약성서의) 시편
pseudonüüm [명] (작가의) 필명(筆名), 아호, 익명
psühhiaater [명] 정신병 의사[학자]
psühholoog [명] 심리학자; 정신분석 의사
psühholoogia [명] 심리학
psühholoogiline [형] 심리학의, 심리적인
psühhoos [명] 정신병, 정신 이상
psühhopaat [명] 사이코패스, 정신적으로 불안정한 사람
psüühika [명] [심리] 정신, 프시케
psüühiline [형] 정신적인, 심적인
puberteet [명] 사춘기
pubi [명] (선)술집
publik [명] 공중, 일반 사람들, 대중; 청중
publikatsioon [명] 발표, 발행
pudel [명] (액체를 담는) 병
pudeliavaja [명] 병따개
pudelikael [명] 병목
pudenema [동] 부스러지다
puder [명] 죽
puding [명] 푸딩
pudi-padi [명] 잡동사니
pudipõll [명] 턱받이
pudrustama [동] 짓찧다, 짓이기다, 걸쭉하게 만들다
pudukaubad [명] 잡화류

pugema [동] 슬며시 남의 마음을 사려 들다, 감언이설을 하다
pugu [명] 밥통, 배
puhang [명] (바람 따위의) 혹 불기, 몰아침
puhanguline [형] (바람이) 몰아치는
puhas [형] 깨끗한, 청결한, 깔끔한
puhastama [동] 깨끗이 하다, 닦다, 깔끔하게 하다
puhastus [명] 깨끗이 하기, 정화(淨化)
puhastusvahend [명] 세제, 깨끗이 하는 물질
puhkaja [명] 휴일을 즐기는 사람, 행락객
puhkama [동] 쉬다, 휴식하다, 휴가를 즐기다
puhkekeskus [명] 레저 센터
puhkema [동] (싹이) 트다, 나다; ~하기 시작하다
puhkepäev [명] 휴일
puhkima [동] 혹 불다
puhkpill [명] [음악] 관악기, 취주 악기
puhkpilliorkester [명] 취주 악대, 브라스 밴드
puhkus [명] 휴식, 휴양, 휴가
puhkusel [부] 휴가를 떠나, 일을 쉬고 있어
puhmas [명] 관목(灌木), 떨기나무 ― [형] 관목이 우거진
puhtsüdamlik [형] 정직한, 진실된
puhtus [명] 청결, 깨끗함, 깔끔함
puhuma [동] 바람이 불다
puhuti [부] 때때로, 가끔, 이따금
puhvet [명] 간이 식당
puhvetkapp [명] 찬장, 식기대
puiestee [명] 큰 가로, 대로
puiklema [동] 회피하다, 발뺌하다
puine [형] 나무의, 목제의
puistama [동] 흩뿌리다
puit [명] 목재, 재목
pukseerima [동] 잡아당기다, 끌다

puksiirlaev [명] 예인선(曳引船)
pukspuu [명] [식물] 회양목
pulber [명] 가루, 분말
pulbitsev [형] 열기[활기]가 넘치는
pulgakomm [명] (가는 막대 끝에 붙인) 사탕
puljong [명] 묽은 수프
pulk [명] 막대, 스틱; 못
pullover [명] 풀오버 (머리부터 뒤집어써 입는 스웨터)
pulma- [형] 결혼의
pulmad [명] 결혼식
pulmakleit [명] 웨딩드레스
pulmapäev [명] 결혼식날
pulseerima [동] (맥박 등이) 뛰다, 두근거리다
pulss [명] 맥박, 고동
pulstunud [형] 털이 많은, 텁수룩한
pult [명] [전기] 배전반
pummeldama [동] 흥청거리다
pummelung [명] 흥청거림
pump [명] 펌프
pumpama [동] 펌프로 퍼올리다
puna [명] (얼굴 등을) 붉힘, 홍조
punakas [형] 불그스름한
punalible [명] [해부] 적혈구
punane [형] 빨간, 붉은; Punane meri 홍해(紅海); Punane Rist 적십자; punane tuli (교통의) 정지 신호, 붉은 등; punane vein 적포도주, 레드와인
punapeet [명] 근대 뿌리 (샐러드용)
punarind [명] [조류] 유럽울새, 로빈
punastama [동] 붉히다, 붉어지다
pundar [명] 다발; 코일
punetised [명] [병리] 풍진(風疹)

pung [명] 눈, 싹
pungil [부] 꽉 들어차, 빽빽하여
punguma [동] 눈이 나오다, 싹이 트다
punker [명] [군사] 벙커, 은신처
punkmuusika [명] 펑크 음악
punkt [명] 점, 포인트; 마침표; punkte lugema 득점을 기록하다; punkte saama (경기에서) 득점하다
punktiseis [명] [스포츠] 득점, 스코어
punktuaalne [형] 시간을 잘 지키는
punn [명] 마개
punš [명] 펀치 (술·설탕·우유·레몬·향료를 넣어 만드는 음료)
punt [명] 묶음, 다발
punuma [동] 짜다, 뜨다, 엮다
puperdama [동] 뛰다, 두근거리다, 쿵쿵거리다
pupill [명] [해부] 눈동자, 동공(瞳孔)
puri [명] 돛; purjesid heiskama 돛을 올리다
purihammas [명] 어금니
purilennuk [명] 글라이더, 활공기
puritaan [명] [종교] 청교도, 퓨리턴
puritiib [명] 행글라이더
purjekas [명] 요트
purjelaev [명] (대형) 범선
purjeriie [명] 범포(帆布), 즈크
purjesport [명] 요트 타기
purjetama [동] 범주하다, 돛을 달고 가다
purjus [형] 술에 취한; purju jääma 술에 취하다
purjutaja [명] 술꾼
purjutama [동] 술을 많이 마시다
purk [명] 단지, 캔; purki panema 캔에 넣다
purpurpunane [형] 자줏빛의

purse [명] 분출, 솟아나옴
purskkaev [명] 분수(噴水)
purskuma [동] 분출하다, 솟아나오다
puru [명] 작은 조각
purulaisk [형] 매우 게으른
purunema [동] (산산이) 부서지다, 깨지다
purupurjus [형] (술 따위에) 취한
purustaja [명] 파괴자
purustama [동] 부수다, 깨다, 파괴하다
puskar [명] 밀조한 술
pussitama [동] 칼로 찌르다
pussnuga [명] 단도, 단검
putka [명] 부스, 박스, 칸막이된 장소
putukas [명] 곤충, 벌레
putukatõrjevahend [명] 살충제
puu [명] 나무; 목재; puu otsa ronima 나무에 오르다
puude [명] 터치, 접촉
puudega [형] 불구가 된, 신체 장애가 있는
puudel [명] 푸들 (개 품종의 하나)
puuder [명] 가루, 분말, 파우더
puuderdama [동] 가루로 만들다
puuduja [명] 불참자, 결석자
puudujääk [명] 부족, 결핍
puudulik [형] 부족한, 불충분한
puuduma [동] 빠지다, 없다, 부족하다
puudus [명] 부족, 결핍; puudusel 부족하여, 없어서; puudusi otsima 흠을 들추다; puudust tundma 부족하다, 없다, 결핍돼 있다
puudustkannatav [형] 가난한, 빈곤한, 궁핍한
puudutama [동] ① 만지다, 접촉하다 ② 감동시키다, 감명을 주다, 영향을 끼치다

puudutus [명] 터치, 접촉
puuduv [형] 없는, 부재(不在)하는
puue [명] (신체 등의) 장애
puuk [명] [곤충] 진드기
puukoi [명] [곤충] 나무좀
puukoor [명] 나무 껍질
puulõige [명] [미술] 목판화
puuma [명] [동물] 퓨마
puupea [명] 멍청이, 얼간이
puur [명] ① 드릴, 천공기 ② (동물의) 우리
puurima [동] (드릴 따위로) 구멍을 뚫다
puus [명] 엉덩이, 둔부
puusepatöö [명] 목공, 목수의 일
puusepp [명] 목수
puusärk [명] (시신을 넣는) 관(棺)
puusüsi [명] 숯, 목탄
puutuja [명] [수학] 탄젠트
puutuma [동] ① 닿다, 접촉하다 ② (~에) 관계하다
puutumatus [명] (책임 등의) 면제, 특전
puuvili [명] 과일
puuvill [명] [식물] 목화
puuvillriie [명] 무명, 면직물
põder [명] [동물] 엘크, 큰사슴
põdrasarved [명] (사슴의) 가지진 뿔
põdur [형] 병든, 앓고 있는
põetama [동] 간호하다, 병구완하다
põetamine [명] 간호, 병구완
põgenema [동] 도망치다, 달아나다
põgenik [명] 도망자, 탈주자
põgenikelaager [명] 난민 수용소
põgus [형] 짧은, 덧없는

põhi¹ [명] 바닥, 밑; 기초, 토대
põhi² [명] ① 북쪽; põhja pool(e) 북쪽으로 ② põhja vajuma 가라앉다; põhjani! 쭉 들이켜요!
põhikiri [명] 성문율, 헌법
põhiline [형] 기초의, 기본적인, 근본적인
põhimõte [명] 원리, 원칙
põhimõtteliselt [부] 원칙적으로, 근본적으로
põhinema [동] (~에) 기초를 두다
põhiosa [명] 기본[주요] 요소
põhiseadus [명] 기본법, 헌법
põhiseaduslik [형] 헌법(상)의, 입헌의
põhisuund [명] 기본 지침, 가이드라인
põhisõna [명] 주요어, 중심어
põhja- [형] 북쪽의, 북(北)~; Põhja-Ameerika 북아메리카; Põhja-Jäämeri 북극해; Põhja-Korea 북한
põhjaameeriklane [명] 북아메리카 사람
põhjakorealane [명] 북한 사람
Põhjalaht [명] 보트니아 만 (발트 해 북쪽, 스웨덴과 핀란드의 사이에 있는 만)
põhjalik [형] 철저한, 완전한, 깊은
Põhjameri [명] 북해(北海)
põhjanaba [명] 북극
Põhjanael [명] [천문] 북극성
põhjapolaarjoon [명] 북극권
põhjapoolne [형] 북쪽의
põhjapõder [명] [동물] 순록
põhjatu [형] 밑바닥이 없는
põhjendama [동] 사실에 입각하다
põhjendamatu [형] 근거 없는, 사실무근의
põhjendus [명] 근거
põhjus [명] 이유, 동기

põhjustama [동] 야기하다, 초래하다, (~의) 원인이 되다
põiki [부] 교차하여, 가로질러
põiklema [동] 회피하다, 발뺌하다
põikpäine [형] 고집 센, 완고한
põimima [동] 짜다, 엮다, 뜨다
põis [명] [해부] 방광; 낭(囊)
põlastama [동] 경멸하다, 멸시하다
põld [명] 밭
põldpüü [명] [조류] 자고, 반시
põldvutt [명] [조류] 메추라기
põlema [동] 불타다; põlema panema i) (~에) 불을 지르다 ii) (등불 따위의) 불을 켜다
põletama [동] 태우다, 데게 하다
põletik [명] [병리] 염증
põletusahi [명] 가마, 화로
põletushaav [명] 화상(火傷)
põlgama [동] 경멸하다, 멸시하다, 업신여기다
põlglik [형] 경멸하는, 멸시하는, 업신여기는
põlgus [명] 경멸, 멸시, 업신여김
põline [형] ① 오래된, 뿌리 깊은 ② 일생에 걸치는; 장기적인
põlisasukas [명] 토착민, 원주민
põlistama [동] 영존[영속]시키다
põll [명] 앞치마
põllumajandus [명] 농업, 농사
põllumajanduslik [형] 농업의
põlv [명] 무릎; põlvili 무릎을 꿇고
põlvitama [동] 무릎 꿇다
põlvkond [명] 세대
põlvnema [동] (~에서) 기원하다, 전해 내려오다
põlvpüksid [명] 반바지
põnev [형] 흥분시키는, 자극적인, 스릴이 넘치는

põnevik [명] 스릴러물
põnevil [형] 흥분된; põnevil olema 흥분되다, 스릴을 느끼다
põnevus [명] 흥분, 스릴
põntsatama [동] 탁[쾅] 치다
põrand [명] 마루, 바닥
põrandaalune [형] 지하의
põrandahari [명] (청소용) 비
põrgatama [동] 튀다, 튀어오르다
põrgatus [명] 튐, 바운드
põrgu [명] 지옥
põrgulik [형] 지옥의, 지옥 같은
põrguline [명] 악마, 도깨비
põrin [명] 윙[붕]하는 소리
põrkama [동] 부딪치다
põrm [명] ① 재 ② 유해, 유골
põrnikas [명] [곤충] 갑충, 딱정벌레
põrnitsema [동] 쏘아보다, 노려보다
põrsas [명] 새끼 돼지
põrutama [동] 쾅 부딪치다, 세게 치다
põrutus [명] 심한 동요; 충격, 쇼크
põsepuna [명] (화장용) 연지, 루주
põsesarn [명] [해부] 광대뼈
põsk [명] 뺨, 볼
põuane [형] 건조한, 메마른, 바짝 타는
põud [명] 가뭄
põõsas [명] 관목, 떨기나무
pädev [형] 유능한, 능력[자격] 있는
pädevus [명] 능력, 유능
päev [명] 날(日); 낮; päeval ja ööl 밤낮없이, 24시간 무휴로
päeva- [형] 매일의, 나날의
päevakajaline [형] 시사 문제의, 시국적인

päevakord [명] 일정
päevaleht [명] 일간지
päevalill [명] [식물] 해바라기
päevatekk [명] 침대 커버
päevavalgus [명] 일광(日光)
päevavari [명] 햇빛 가리개, 파라솔
päevik [명] 일기, 일지
päevitama [동] 일광욕[선탠]을 하다
päevitus [명] 선탠
päh [감] 피!
pähkel [명] 견과류; 헤이즐넛
pähklikoor [명] 견과류의 껍질
pähklitangid [명] 호두 까는 기구
päike [명] 해, 태양
päikese- [형] 태양의
päikesekell [명] 해시계
päikeseline [형] 햇빛 밝은; päikeseline ilm 쾌청한 날씨
päikeseloojang [명] 일몰, 해넘이
päikesepaiste [명] 햇빛
päikesepaisteline [형] 해가 비치는, 햇빛 밝은
päikesepatarei [명] 태양 전지
päikesepiste [명] [병리] 일사병
päikeseprillid [명] 선글라스
päikesesüsteem [명] [천문] 태양계
päikesetõus [명] 일출, 해돋이
päikesevalgus [명] 햇빛, 일광
päikesevari [명] 양산, 햇빛 가리개
päikesevarjutus [명] [천문] 일식(日蝕)
päitsed [명] 고삐
pälvima [동] (~을) 받을 만하다, 받을 만한 가치가 있다
pära [명] 남은 것, 찌꺼기

pärak [명] [해부] 항문
pärand [명] 유산(遺産), 물려받은 것
pärandama [동] 유증(遺贈)하다, 남기다
pärandus [명] 유산(遺産), 물려받은 것
pärandvara [명] 세습 재산
pärast [부] 다음에, 후에, 나중에 — [전] ~ 다음에, ~ 후에; pärast loenguid me läksime teatrisse 강의 후에 우리는 극장에 갔다 — [후] ~ 후에; ~ 때문에; ema tundis muret oma lapse pärast 어머니는 아이 때문에 걱정했다
pärastlõuna [명] 오후
pärastpoole [부] 후에, 나중에
pärg [명] 화환(花環)
pärgament [명] 양피지(羊皮紙)
pärija [명] 상속인
pärijanna [명] 여자 상속인
pärilik [형] 상속되는, 세습의
pärilikkus [명] ① 상속, 세습 ② [생물] 유전
pärima [동] ① 물어보다 ② 상속하다, 물려받다
pärinema [동] (~에서) 유래[기원]하다
päring [명] 질문, 물음
päripäeva [부] 오른쪽[시계 방향]으로 돌아
päris [형] 실제의, 진짜의 — [부] ① 아주, 상당히 ② päris algusest 맨 처음부터
päriselt [부] 실제로, 정말
pärismaalane [명] 원주민, 토착민
pärismaine [형] 토착의, 그 지역 고유의
pärit [부] ~ 출신으로, ~ 태생으로, ~ 기원으로
päritolu [명] 배경, 기원
pärivoolu [부] (강) 하류에[로]
pärl [명] 진주; 보석
pärm [명] 효모, 이스트

pärn [명] [식물] 린덴 (보리수 종류)
Pärsia [명] 페르시아 ― [형] 페르시아의; pärsia keel 페르시아어; Pärsia laht 페르시아 만
pärslane [명] 페르시아 사람
pärssima [동] 금하다, 억제하다
pärssimine [명] 금지, 억제
pätt [명] 건달
pääse [명] 통행권
pääsema [동] 도망치다
pääsetee [명] 해결책, 출구, 방편
päästearmee [명] 구세군
päästepaat [명] 구명 보트
päästeredel [명] 화재 피난 장치
päästerõngas [명] 안전 벨트
päästeteenistus [명] 구조 서비스
päästevest [명] 구명 조끼
päästevöö [명] 안전 벨트
päästik [명] (총포의) 방아쇠
päästja [명] 구조자
päästma [동] 구조하다, 구하다, 건지다
pääsuke [명] [조류] 제비
põial [명] 엄지손가락
põid [명] (신체의) 발
pööbel [명] 하층민, 서민, 대중
pöök [명] [식물] 너도밤나무
pööning [명] 다락방
pöörama [동] 돌리다, 전환하다, 방향을 바꾸게 하다
pöörane [형] 광포한, 난폭한
pöördepunkt [명] 전환점
pöördtool [명] 회전의자
pöörduma [동] 돌다, 회전하다, 방향을 바꾸다

pöördumatu [형] 전환할 수 없는
pööre [명] 돌기, 회전
pööris [명] 소용돌이
pööritus [명] 욕지기, 메스꺼움
pöörlema [동] 회전하다, 선회하다, 빙빙 돌다
pügal [명] ① 새김눈 ② 정도, 등급
pügama [동] 베다, 자르다
püha [형] 신성한, 성스러운; Püha Tool [가톨릭] 성좌(聖座); Püha Vaim [기독교] 성령 — [명] 축일(祝日)
pühad [명] 축일(祝日)
pühadus [명] 신성함, 성스러움
pühaduseteotus [명] 신성모독
pühak [명] 성인(聖人), 성자
pühakoda [명] 신전, 성당, 사원
pühalik [형] 엄숙한, 장엄한, 진지한; pühalik tõotus 엄숙한 맹세[서약]
pühapäev [명] 일요일
pühendama [동] 바치다, 헌납하다
pühenduma [동] 바치다, 헌신하다
pühendumus [명] 헌신
pühendus [명] 헌정
pühitsema [동] 축하하다, 경축하다
pühkima [동] 닦다, 쓸다
pühvel [명] [동물] 물소
püksid [명] 바지
püksilukk [명] (바지의) 지퍼
püramiid [명] 피라미드
püree [명] 퓨레 (채소와 고기를 데쳐서 거른 것으로 수프 등을 만듦)
pürgima [동] 포부를 갖다, (~을) 목표로 하여 노력하다
pürgimus [명] 포부, 큰 뜻

püsi- [형] 일정하게 확립된, 상설의
püsiklient [명] 단골
püsilokid [명] (머리의) 파마; püsilokke tegema 파마를 하다
püsima [동] 지속하다, 남아 있다
püsiv [형] 지속하는, 끊임없는, 불변의, 안정된
püss [명] 총
püssipauk [명] 사격, 발포
püssirohi [명] 화약
püssitoru [명] 총신(銃身)
püsti [부] 똑바로 일어나, 곧추 서서, 직립하여; püsti tõusma 일어서다
püstihull [명] 완전히 미친 사람
püstine [형] 똑바로 선, 곧추 선, 직립한
püstitama [동] 일으키다
püstloodne [형] 수직의
püstol [명] 권총, 피스톨
püü [명] [조류] 뇌조
püüdlema [동] 노력하다, 추구하다
püüdlus [명] 포부, 열망; 노력
püüdma [동] 노력하다, 시도하다, 추구하다
püüe [명] 노력, 시도
püünis [명] 함정, 덫

R

raadio [명] 라디오
raadiojaam [명] 라디오 방송국
raadiolained [명] 방송 전파
raadiosaade [명] 방송, 방영
raadium [명] [화학] 라듐
raadius [명] 반지름, 반경
raagus [형] (나무가) 잎이 없는
raam [명] 틀, 프레임
raamat [명] 책, 도서
raamatukapp [명] 책장, 서가, 책꽂이
raamatukauplus [명] 서점, 책방
raamatukogu [명] 도서관
raamatukoguhoidja [명] 사서, 도서관 직원
raamatukoi [명] 책벌레, 독서광
raamatuköitja [명] 제본기, 바인더
raamatupidaja [명] 회계원
raamatupidamine [명] 회계, 부기
raamaturiiul [명] 서가, 책꽂이
raamima [동] 틀에 넣다[끼우다]
raamistik [명] 틀 구조, 얼개
raas [명] 조각, 파편
raba [명] 늪, 소택지
rabama [동] ① 잡다, 움켜쥐다 ② 깜짝 놀라게 하다 ③ 열심히 일하다
rabe [형] 부서지기 쉬운
rabelema [동] 몸부림치다, 버둥거리다

rabi [명] [유대교] 랍비, 선생
rada [명] 길, 트랙, 레인
radar [명] 레이더
radiaator [명] 라디에이터, 방열기
radiatsioon [명] 방사, 복사
radikaal [명] [정치] 급진주의자
radikaalne [형] 급진적인
radioaktiivne [형] 방사성의, 방사능이 있는; radioaktiivne tolm 방사성 낙진
radioaktiivsus [명] [물리] 방사능[성]
raekoda [명] 시청; 읍사무소
raev [명] 격노, 난폭; raevu ajama 격노하게 하다
raevukas [형] 사나운, 격렬한
raevutsema [동] 격노하다, 거세게 행동하다
rafineerima [동] 정련하다
ragbi [명] [스포츠] 럭비
ragisema [동] 우지직 소리가 나다, 삐걱거리다
ragulka [명] 새총
raha [명] 돈, 금전; 현금; raha raiskama 돈을 낭비하다; raha teenima 돈을 벌다
rahakaart [명] 우편환(換)
rahakott [명] 지갑
rahalaegas [명] 돈궤
rahaline [형] 금전상의, 재정의; rahalised vahendid 재원(財源)
rahandus [명] 재정, 재무
rahanduslik [형] 재정상의
rahandusminister [명] 재무 장관
rahapaja [명] 조폐국
rahastaja [명] 재정가, 재무관
rahastama [동] 자금을 제공[융통]하다
rahatu [형] 돈이 없는, 무일푼의

rahaülekanne [명] 송금(送金)
rahe [명] 우박
rahhiit [명] [병리] 구루병
rahu [명] 평화, 평온; rahu sõlmima (~와) 화해하다
rahuarmastav [형] 평화로운
rahukohtunik [명] 치안판사
rahul [형] 행복한, 기쁜, 만족한
rahuldama [동] ① 만족시키다, 기쁘게 하다 ② 충족하다
rahuldus [명] 만족
rahulik [형] 평온한, 차분한
rahulolematu [형] 불만족스러운
rahumeelne [형] 평화로운
rahunema [동] 진정하다, 가라앉다
rahurikkumine [명] 소란, 소동
rahusobitaja [명] 조정자, 중재인
rahustama [동] 진정시키다, 차분하게 하다
rahusti [명] [의학] 진정제
rahutu [형] 침착하지 못한, 불안한; rahutuks tegema 걱정시키다, 불안하게 하다
rahutused [명] 소요, 불안
rahuvalve [명] 평화 유지
rahvaarv [명] 인구
rahvahulk [명] 군중, 무리
rahvahääletus [명] 국민 투표
rahvakombed [명] 민속, 풍속
rahvalaul [명] 민요
rahvaloendus [명] 인구 조사, 센서스
rahvaluule [명] 민속, 민간 전승
rahvamuusika [명] 민속 음악
rahvariided [명] 민속 의상
rahvas [명] 사람들, 민족; Eesti rahvas armastab oma ke-

elt 에스토니아인들은 자기네 언어를 아끼고 사랑한다
rahvasaadik [명] [정치] 대의원
rahvastik [명] 인구
rahvatants [명] 민속 무용
rahvatapp [명] (특정 민족에 대한) 대량 학살
rahvus [명] 민족, 국민
rahvushümn [명] 국가(國歌)
rahvuslane [명] 민족주의자
rahvuslus [명] 민족주의
rahvuspark [명] 국립공원
rahvusvaheline [형] 국제적인
raidkuju [명] 조각
raie [명] 절단, 찍어내기
raisakotkas [명] [조류] 독수리 종류
raiskama [동] 낭비하다
raiuma [동] 절단하다, 찍어내다
rajama [동] 세우다, 설립하다
rajoon [명] 구역, 지역
raju [명] 폭풍
rakendama [동] 쓰다, 사용하다
rakett [명] 로켓; 미사일
rakk [명] [생물] 세포
rakmestama [동] (말(馬) 등에) 마구(馬具)를 채우다
raksatama [동] 지끈 깨다, 부수다
raksatus [명] 와르르 부서짐
ralli [명] 랠리, 장거리 자동차 경주
rambivalgus [명] [연극] 각광(脚光)
rammetu [형] 나른한, 기운이 없는, 축 늘어진
rammus [형] 풍성한, 윤택한
rand [명] 해변, 해안, 물가
randmekott [명] 지갑

randuma [동] 상륙하다, 뭍에 오르다
range [형] 엄격한, 가혹한
rangjalgne [형] 내반슬의, 오다리의
rangluu [명] [해부] 쇄골(鎖骨)
rangus [명] 엄격, 엄함
ranits [명] 학생 가방
rannajoon [명] 해안선
rannakarp [명] [패류] 홍합
rannavalve [명] 연안경비대
ranne [명] 손목
rannik [명] 해안, 해변
rantšo [명] 대목장
rappuma [동] 흔들리다, 덜걱거리다
raps [명] [식물] 평지
raputama [동] (갑자기 세게) 흔들다
rase [형] 임신한; rasedaks jääma 임신하다
rasedus [명] 임신; rasedust katkestama 유산[낙태]하다
raseerima [동] 면도하다
raseerimisvaht [명] 면도용 거품
rasestumisvastane [형] 피임(용)의; rasestumisvastane vahend 피임 용구
raske [형] ① 무거운 ② 어려운, 곤란한; 거친, 힘든
raskekaal [명] [스포츠] 헤비급
raskendama [동] 심화시키다; 어렵게[복잡하게] 하다
raskepärane [형] 육중한
raskesti [부] 심(각)하게; raskesti haavatud 중상을 입은; raskesti käsitsetav 다루기 힘든; raskesti kättesaadav 부족한, 모잘라 이용하기 힘든; raskesti mõistetav 분명하지 않은; raskesti usutav 받아들이기 어려운
raskus [명] ① 무게, 중량 ② 어려움, 곤란, 힘듦
raskuskese [명] [물리] 무게 중심

raspel [명] 강판
rass [명] 인종
rassiline diskrimineerimine [명] 인종 차별
rassima [동] 꾸준히[열심히] 일하다
rassism [명] 인종 차별주의
rassist [명] 인종 차별주의자
rassistlik [형] 인종 차별의
rasv [명] 지방, 기름
rasvane [형] 지방질의, 기름기 있는
ratas [명] 바퀴(輪)
ratastool [명] 휠체어
ratsahobune [명] 승마용 말
ratsanik [명] 승마자, 기수
ratsaväelane [명] 기병(騎兵)
ratsavägi [명] 기병대
ratsionaalne [형] 이성적인, 합리적인
ratsioon [명] 배급량, 할당량
ratsu [명] ① 승마용 말 ② [체스] 나이트
ratsutama [동] 말을 타다
ratsutamine [명] 말타기, 승마
rattarumm [명] (자동차의) 바퀴통
rattatelg [명] 굴대, 축
raua- [형] 쇠[철]의
rauaaeg [명] [고고학] 철기 시대
rauakaubad [명] 철물, 쇠붙이
rauakauplus [명] 철물점
rauasaag [명] 쇠톱
raud [명] 쇠, 철
raudbetoon [명] 철근콘크리트
raudkang [명] 쇠지레
raudne [형] 쇠로 된, 철제의; 철과 같은

raudrüü [명] 갑옷, 철갑
raudtee [명] 철도
raudteejaam [명] 철도역
raugema [동] 쇠약해지다
raund [명] [스포츠] 한 경기, 한판, 라운드
rautama [동] 말에 편자를 박다
ravi [명] 치료, 요법
ravim [명] 약(물)
ravima [동] 치료하다, 낫게 하다
ravimatu [형] 불치의, 낫게 할 수 없는
ravimtaim [명] 약용 식물, 허브
ravitsema [동] 치료되다, 낫다
reaalaja- [형] 온라인의
reaalne [형] 실제의, 현실적인
reaalsus [명] 현실(성), 사실
reageerima [동] 반응하다
reaktiivlennuk [명] 제트기
reaktsionäär [형] 반응의, 반작용의
reaktsioon [명] 반응, 반작용
realiseerima [동] 실현하다, 실행하다
realism [명] 현실주의
realistlik [형] 현실주의의, 현실적인
reamees [명] [군사] 병사, 병졸
rebane [명] [동물] 여우
rebend [명] 터진[찢어진] 곳
rebenema [동] 터지다, 찢어지다
rebestus [명] 터짐, 찢어짐
rebima [동] 찢다
redel [명] 사다리
redelipulk [명] 사다리의 단
redigeerija [명] 편집자

redigeerima [동] 편집하다
redis [명] [식물] 무
reede [명] 금요일
reegel [명] 규칙, 규정
reeglipärane [형] 규칙적인
reeglipärasus [명] 규칙적임
reeglipäratus [명] 불규칙적임
reetlik [형] 배반하는, 배신하는
reetma [동] 배반하다, 배신하다
reetmine [명] 배반, 배신
reetur [명] 배반자, 배신자
referendum [명] 국민 투표, 일반 투표
refleks [명] [생리] 반사 행동
refleksiivne [형] [문법] 재귀의
reflektoorne [형] 되돌아오는, 반사성의
reform [명] 개혁, 개정
reformima [동] 개혁하다, 개정하다
refrään [명] [음악] 후렴, 반복구
regi [명] 썰매
regioon [명] 구역, 지역
register [명] 기재, 등록
registraator [명] 등록원, 접수자
registratuur [명] 기록 사무소
registreerima [동] 기재하다, 등록하다
registripidaja [명] 기록원
regulaarne [형] 규칙적인
regulaarsus [명] 규칙성, 규칙적임
reguleerima [동] 조절하다, 조정하다, 맞추다
reha [명] 갈퀴, 써레
rehabiliteerima [동] 사회로[원상] 복귀시키다
rehv [명] 타이어

reibas [형] 활발한, 활기찬, 생기 있는
reid [명] 급습, 기습
reis [명] 여행
reisibüroo [명] 여행사
reisija [명] 여행자
reisijuht [명] 여행 가이드; 여행 안내 책자
reisikindlustus [명] 여행자 보험
reisikorraldaja [명] 여행 안내원
reisikulud [명] 여행 경비
reisilaev [명] 여객선
reisilennuk [명] 여객기
reisima [동] 여행하다
reisipakett [명] 패키지 투어
reisiplaan [명] 여행 일정
reisirong [명] 여객 열차
reisitšekk [명] 여행자 수표
reiting [명] 등급 매기기
reket [명] [스포츠] 라켓
reklaam [명] 광고, 선전
reklaamibüroo [명] 광고대행사
reklaamija [명] 광고주
reklaamima [동] 광고하다
reklaamleht [명] 광고 전단
rekord [명] [스포츠] 기록
rektor [명] (대학) 총장
relee [명] [전기] 계전기(繼電器), 중계기
religioon [명] 종교
religioosne [형] 종교상의, 종교적인
reliikvia [명] 유물, 유적
relv [명] 무기
relvarahu [명] 정전(停戰), 휴전

relvastama [동] 무장시키다
relvastatud [형] 무장한
relvastuma [동] 무장하다, 무기를 갖추다
relvastumine [명] 무장, 무기를 갖춤
relvastus [명] (집합적으로) 무기, 병기
relvistu [명] 무기고
relvitu [형] 무장 해제한, 무기가 없는
remont [명] 수선, 수리
remontima [동] 수선하다, 수리하다
renditasu [명] 임대료, 임차료
renessanss [명] [역사] 르네상스
renn [명] 홈통, 수로
renomee [명] 평판, 명성
renoveerima [동] 새롭게 하다, 쇄신[혁신]하다
rent [명] 임대, 임차, 리스
rentima [동] 임대[임차]하다
rentnik [명] 임차인, 차용자, 빌리는 사람
rentsel [명] 홈통, 수로
reorganiseerima [동] 재편성하다
reostaja [명] 오염 물질
reostama [동] 오염시키다
reostus [명] 오염
reovesi [명] 오수, 하수
repertuaar [명] 레퍼토리, 상연[연주] 목록
reportaaž [명] 보도, 보고
reporter [명] 보고자, 리포터
represseerima [동] 억제하다, 억누르다
repressiivne [형] 억압하는
repressioon [명] 억제, 억압
reproduktsioon [명] 재생산, 복제
reputatsioon [명] 평판, 명성

reserv [명] 준비[예비]금, 적립금
reserveerima [동] ① 예약하다 ② 비축하다, 저장해 두다
reserveerimine [명] 예약
reserveeritud [형] 예약된
reservuaar [명] 저수통, 탱크
reservvägi [명] [군사] 예비군
resideerima [동] 살다, 거주하다
resideeriv [형] 거주하는, 살고 있는
residents [명] 거주, 체재
resolutsioon [명] 해상도, 선명도
resoluutne [형] 굳게 결심한, 단호한
respiratoorne [형] 호흡 (작용)의
ressurss [명] 자원
rest [명] 나머지, 잔여
restaureerima [동] 복구하다, 회복시키다
restoran [명] 식당, 레스토랑
resultaat [명] 결과
resümee [명] 개요, 대략, 요약
režiim [명] 정체(政體), 체제
režissöör [명] 연출가, 프로듀서
retk [명] 짧은 여행; 산책
retoorika [명] 수사법, 수사학
retrospektiivne [형] 회고의
retsept [명] ① 조리법, 레시피 ② (약의) 처방전
retuusid [명] 몸에 꽉 끼는 옷, 레깅스
reuma [명] [병리] 류머티즘
revanš [명] (스포츠·전쟁·게임 등에서의) 설욕전, 보복
revideerima [동] 정밀하게 살피다; (회계를) 감사하다
revident [명] (회계) 감사원
revisjon [명] (회계) 감사
revolutsionäär [명] 혁명론자, 혁명당원

revolutsioon [명] 혁명
revolutsiooniline [형] 혁명의, 혁명적인
revolver [명] 리볼버, 탄창 회전식 연발 권총
riba [명] 끈, 띠, 밴드, 리본
ribakardin [명] 베니션 블라인드
ribi [명] [해부] 늑골, 갈빗대
ribitükk [명] (갈비에 붙은) 고깃점
rida [명] 선, 줄, 열; ritta panema 한 줄로 늘어서다, 정렬하다
ridaelamu [명] 연립 주택(의 한 채)
riff [명] 암초, 모래톱
rihm [명] 끈, 띠, 벨트
riiakas [형] 싸우기 좋아하는
riid [명] 싸움, 다툼
riided [명] 옷, 의복
riideese [명] 의복 (한 점)
riidehoid [명] 외투류 보관소
riidekapp [명] 옷장, 양복장
riidepuu [명] 옷걸이
riidlema [동] 싸우다, 다투다
riie [명] 천, 양복감
riietuma [동] 옷을 입다
riietus [명] 의상, 복장
riietusruum [명] 로커룸, 탈의실
riigiamet [명] 관공서, 관청
riigiametnik [명] 공무원, 관리
riigiasjad [명] 나랏일, 국사(國事)
riigieelarve [명] 국가 예산
riigihümn [명] 국가(國歌)
riigikassa [명] 국고(國庫)
riigilipp [명] 국기(國旗)
riigimees [명] (지도적인) 정치가

riigipiir [명] 국경(國境)
riigipööre [명] 쿠데타
riigipüha [명] 공휴일
riigireetmine [명] (국가에 대한) 대역죄
riigisekretär [명] 국무 장관
riigisisene [형] 국내의, 내국의
riigistama [동] 국유화하다
riigivapp [명] 국새(國璽)
riik [명] 국가, 나라
riiklik [형] 국가의, 국가적인; riiklik süüdistaja 검찰관, 검사
riim [명] (시의) 운, 각운(脚韻)
riis [명] [식물] 쌀
riismed [명] 난파 잔해물, 파편
riist [명] 도구, 기구, 용구
riistvara [명] [컴퓨터] 하드웨어
riitus [명] (종교적) 의식, 의례
riiukukk [명] 말썽꾸러기, 다툼을 일으키는 사람
riiul [명] 선반, 시렁
riiv [명] ① (문의) 빗장, 걸쇠 ② (요리용) 강판
riivama [동] 스치고 지나가다
riivima [동] 갈다, 문지르다
rikas [형] 부유한, 유복한
rikastama [동] 부유하게 하다
rikastuma [동] 부유해지다
rike [명] 고장, 기능 불량
rikkalik [형] 풍부한, 많은, 넉넉한
rikkis [형] 고장난, 기능 불량인
rikkuma [동] 망치다, 상하게 하다
rikkus [명] 부(富)
riknema [동] 못쓰게 되다
riknenud [형] 상한, 못쓰게 된

rind [명] 가슴; 유방
ring [명] 고리, 원형의 것
ringhääling [명] 방송, 방영
ringi [부] ~ 주위에, 둘러서; ringi kõndima 주위를 걸어다니다; ringi minema 우회하다; ringi vaatama 둘러보다, 훑어보다
ringjas [형] 원형의, 고리 모양의
ringkiri [명] 회보, 회람장
ringlema [동] 돌다, 순환하다
ringlus [명] 순환
ringreis [명] 관광 여행, 유람, 투어; ringreisi tegema 관광여행을 하다, 유람하다
ringtee [명] 우회로, 에움길
rinnahoidja [명] 브래지어
rinnakorv [명] [해부] 흉곽
rinnamärk [명] (가슴에 다는) 배지
rinnanibu [명] 젖꼭지
rinnasilt [명] 명찰, 이름표
rinne [명] [군사] 최전선
rinnuliujumine [명] [수영] 평영
ripats [명] 펜던트
rippsild [명] 현수교
rippuma [동] 걸려[매달려] 있다
ripse [명] 속눈썹
ripsmetušš [명] 마스카라 (여성용 눈썹 화장품)
riputama [동] 걸다, 매달다
risk [명] 위험, 리스크
riskantne [형] 위험을 무릅쓰는, 모험적인; riskantne ettevõtmine 도박
riskima [동] 위험을 무릅쓰다, 운에 맡기고 해보다
rist [명] 십자가, 십자형; risti ette lööma 성호(聖號)를 긋다

ristama [동] ① 교차시키다 ② [생물] 이종 교배하다
ristand [명] [생물] 잡종, 이종 교배
risti¹ [부] 가로질러, 가로로
risti² [명] [카드놀이] 클럽
ristikhein [명] [식물] 클로버, 토끼풀
ristikäik [명] [건축] 회랑(回廊), 복도
ristima [동] 세례를 주다; 기독교인으로 만들다
ristimine [명] 세례(식)
ristimisvaagen [명] 세례반(洗禮盤)
ristinimi [명] 세례명
ristisõda [명] (종교상의) 성전(聖戰)
ristkülik [명] [기하] 직사각형
ristkülikukujuline [형] 직사각형의
ristlatt [명] 가로장, 크로스바
ristleja [명] 순양함, 크루저
ristmik [명] (도로의) 교차점, 십자로, 네거리
ristsõna [명] 크로스워드 퍼즐, 십자말풀이
risttee [명] 교차로
ristuma [동] 교차하다
ristumine [명] 교차
risustama [동] 어질러 놓다
rituaal [명] 종교적인 의식
rituaalne [형] (종교적) 의식의, 의식에 관한
ritv [명] 막대, 장대
riugas [명] 책략, 트릭
riukalik [형] 꾀바른, 교활한
rivaal [명] 경쟁자, 적수, 라이벌
rivi [명] 열, 줄; rivis (옆으로) 나란히, 병행하여; rivis sammuma 열을 지어 나아가다
rivistama [동] 정렬하다
rivistus [명] 정렬, 대형(隊形)

robot [명] 로봇
rockmuusika [명] 록 음악
roheline [형] 녹색의; roheline tee 녹차
rohelus [명] (식물의) 푸르름, 초록, 신록
rohi [명] ① 풀(草), 약초 ② 약(藥)
rohima [동] 풀을 뽑다, 제초하다
rohke [형] 풍부한, 많은
rohkearvuline [형] 수많은, 다수의
rohkem [부] [palju의 비교급] 더 많이; rohkem kui ~보다 더 많이
rohkesti [부] 많이
rohmakas [형] 거친, 투박한
rohtunud [형] 잡초투성이의
rohukamar [명] 잔디(밭)
rohulible [명] (긴 칼 모양의) 풀잎
rohumaa [명] 풀밭, 초지(草地)
rohune [형] 풀이 우거진, 풀로 뒤덮인
rohusööja [형] (동물이) 초식성의; rohusööja loom 초식 동물
rohutirts [명] [곤충] 메뚜기
roidunud [형] 지친, 피곤한
roie [명] [해부] 늑골, 갈빗대
roim [명] 살인죄, 강력 범죄
roiskuma [동] 상하다, 못쓰게 되다
rokkar [명] 록 음악가, 로커
roll [명] 역할, 맡은 부분
romaan [명] ① (장편) 소설 ② 정사(情事)
romaanikirjanik [명] 소설가
romantika [명] 로맨스, 연애 사건
romantiline [형] 낭만적인, 로맨틱한
romb [명] [기하] 마름모
romu [명] 고물, 못쓰는 물건

rong [명] 기차
rongkäik [명] 행렬, 행진
ronima [동] (기어)오르다
ronitaim [명] 덩굴식물
ronk [명] [조류] 갈까마귀
roojane [형] 불결한, 더러운
rookatus [명] 초가 지붕
rool [명] (자동차의) 핸들
roolijoodik [명] 음주 운전자
roolima [동] (자동차 등을) 운전하다
rooliratas [명] (자동차의) 핸들
Rooma [명] 로마 — [형] 로마의
roomaja [명] [동물] 파충류
roomakatoliku [형] 로마가톨릭의
roomama [동] 기다, 기어가다
roomikmasin [명] 무한궤도 장치
roomlane [명] 로마 사람
roop [명] [카드놀이] 포커
roos [명] [식물] 장미
roosa [형] 장밋빛의, 분홍색의
roosikrants [명] [가톨릭] 로사리오
roosiline [형] (장래가) 유망한, 낙관적인
rooskapsas [명] [식물] 양배추의 일종
rooste [명] (금속의) 녹
roostekindel [형] 녹슬지 않는, 스테인리스의
roostetama [동] 녹슬게 하다, 부식하다
roostetanud [형] 녹슨
roostetus [명] 부식
roostevaba [형] 녹슬지 않는, 스테인리스의; roostevaba teras 스테인리스 스틸
rootsi [형] 스웨덴의; rootsi keel 스웨덴어 — [명] R- 스웨

덴
rootslane [명] 스웨덴 사람
ropp [형] 외설의, 음란한, 음탕한; ropp sõna 음담패설
roppus [명] 외설, 음란
rosin [명] 건포도
rosmariin [명] [식물] 로즈메리
rott [명] [동물] 쥐
rubiin [명] [광물] 루비
rubla [명] [화폐 단위] 루블 (러시아의 화폐 단위)
ruigama [동] (돼지가) 꿀꿀거리다
rukis [명] [식물] 호밀
rula [명] 스케이트보드
rulett [명] 룰렛 (도박의 일종)
rull [명] 롤, 두루마리, 릴; rulli keerama 말아올리다
rullbiskviit [명] 잼이 든 롤빵
rullima [동] (둥글게) 말다, 감다
rullkardin [명] (감아올리는) 블라인드
rulluisk [명] 롤러스케이트
rulluisutama [동] 롤러스케이트를 타다
rulluma [동] (둥글게) 말리다, 감기다
ruloo [명] (감아올리는) 블라인드
rumal [형] 어리석은
rumalus [명] 어리석음
rumeenia [형] 루마니아의; rumeenia keel 루마니아어 ― [명] R- 루마니아
rumeenlane [명] 루마니아 사람
rumm [명] 럼주(酒)
rupskid [명] (동물의) 내장
rusikas [명] 주먹
rusikavõitlus [명] 주먹다짐
rusud [명] (파괴된 것의) 부스러기, 파편

rusuma [동] 내리누르다, 압박하다
rusuv [형] 압박하는
rutakas [형] 서두르는
rutiin [명] 판에 박힌 일, 일상의 과정
rutiinne [형] 판에 박힌, 일상의
rutt [명] 서두름, 급함
ruttama [동] 서두르다
ruttu [부] 서둘러, 빨리
ruuduline [형] 체크 무늬의
ruum [명] ① 방 ② 공간, 장소
ruumala [명] 용적, 용량
ruumikas [형] 널찍한
ruumiline [형] 3차원의
ruupor [명] 메가폰, 확성기
ruuž [명] 루주, 화장용 연지
ruut [명] 정사각형
ruutjuur [명] [수학] 제곱근
ruutmeeter [명] [면적의 단위] 제곱 미터
ruutu [명] [카드놀이] 다이아몬드의 패
rõdu [명] 발코니
rõhk [명] [언어] 강세, 악센트
rõhknael [명] 압정
rõhtne [형] 수평의, 가로의
rõhuja [명] 압제자
rõhuline [형] 강세[악센트]가 있는
rõhuma [동] 압박하다
rõhutama [동] 강세를 두다; 강조하다
rõivad [명] 옷, 의복
rõivakomplekt [명] 의상 한 벌
rõivas [명] 옷, 의복
rõivastus [명] 의류

rõivatööstus [명] 의류 산업
rõngas [명] 고리, 테
rõske [형] 축축한, 습기찬
rõuged [명] [병리] 천연두, 마마
rõve [형] 외설의, 음란한
rõvedus [명] 외설, 음란
rõõm [명] 기쁨, 즐거움, 유쾌; rõõm kohtuda! 만나서 반갑습니다!
rõõmsalt [부] 기쁘게, 유쾌하게
rõõmsameelne [형] 명랑한, 쾌활한
rõõmus [형] 기쁜, 즐거운, 유쾌한, 명랑한
rõõmustama [동] 기쁘게 하다, 즐겁게 하다
rõõmutu [형] 기쁨이 없는, 쓸쓸한
räbal [명] 조각, 파편
räbalad [명] 넝마, 누더기
räbaldunud [형] 넝마[누더기]의, 해진
rägastik [명] 미로, 미궁
rähn [명] [조류] 딱따구리
räige [형] 야한, 번지르르한, 싸구려의
räme [형] 목쉰
rämps [명] 쓰레기, 폐물
rämpspost [명] [컴퓨터] 정크메일
rämpstoit [명] 정크푸드 (칼로리는 높으나 영양가가 낮은 인스턴트 식품)
rändaja [명] 방랑자
rändama [동] 돌아다니다, 방랑하다
rändkaupmees [명] 행상인
rändlind [명] [조류] 철새
rändmuusik [명] 거리의 악사(樂士)
rändrahn [명] 큰 알돌
rändrahvas [명] 유목민

rängalt [부] 심하게
ränikivi [명] 부싯돌, 수석(燧石)
ränk [형] 심한, 큰 부담이 되는
räpakas [형] 너절한
räpane [형] 더러운, 누추한
räpp [명] 랩뮤직
rästik [명] [동물] 살무사
rätik [명] 타월; 숄; 스카프
rätsep [명] 재단사, 재봉사
rääkima [동] 말하다, 이야기하다; ta rääkis telefoniga 그녀는 전화로 이야기했다
räämas [형] 초라한, 허름한
rääsunud [형] 역겨운
röhitsema [동] 트림하다
röhitsus [명] 트림
röhkima [동] (돼지가) 꿀꿀거리다
röntgen [명] X선, 엑스레이
röntgenipilt [명] X선 사진
röster [명] 토스터, 빵 굽는 기구
röstima [동] 토스트를 만들다, 빵을 굽다
röstsai [명] 토스트
röökima [동] 고함[소리]지르다, 노호하다
rööv [명] 강도(질), 도둑질, 강탈
röövel [명] 강도, 도둑, 강탈자
röövima [동] ① (물건을) 강탈하다, 빼앗다 ② (사람을) 유괴하다
röövimine [명] 강도(질), 강탈, 빼앗기
röövlind [명] 맹금(猛禽)류
röövsaak [명] 강탈한 물건
rügama [동] 힘써 일하다
rügement [명] [군사] 연대

rühkima [동] 터벅터벅 걷다
rühm [명] 그룹, 팀, 조, 대(隊)
rühmitama [동] 무리를 짓다, 그룹을 이루다
rüht [명] 태도, 자세
ründama [동] 공격하다, 급습하다
rünnak [명] 공격, 급습
rüpp [명] 가슴, 품
rüselema [동] 서로 다투다
rüselus [명] 서로 다투기
rütm [명] 율동, 리듬, 비트
rütmiline [형] 율동적인, 리드미컬한
rüvetama [동] 더럽히다, 해치다
rüü [명] 옷, 의복
rüüpama [동] 홀짝이며 마시다
rüüs [명] 주름 장식
rüüstama [동] 파괴하다, 유린하다, 약탈하다
rüütel [명] 기사(騎士)
rüütellik [형] 기사도적인

S

sa → sina
saabas [명] 부츠, 장화
saabuma [동] ① 도착하다, 이르다; 들어오다 ② (밤(夜) 따위가) 가까워오다
saade [명] ① (TV・라디오 등의) 방송 ② (음악의) 반주
saadik^1 [명] 대사(大使), 사절
saadik^2 [부] ~ 이래로
saag [명] 톱
saagikoristus [명] 수확, 추수
saagikus [명] (곡물의) 수확
saagima [동] 톱질하다, 톱으로 켜다
saaja [명] 받는 사람, 수령인
saak [명] 수확물; saaki koristama 수확하다
saal [명] 홀, 강당, 넓은 방
saama [동] ① 얻다, 받다, 획득하다; ema sai oma pojalt pika kirja 어머니는 아들한테서 긴 편지를 받았다 ② (~이) 되다; sõbrast sai õpetaja 친구는 교사가 되었다 ③ ~할 수 있다; ma ei saa teid aidata 나는 너를 도와줄 수 없다
saamahimu [명] 탐욕, 욕심 많음
saamahimuline [형] 탐욕스러운, 욕심이 많은
saamatu [형] 비능률적인, 부적절한
saamatus [명] 비능률
saan [명] 썰매
saar [명] ① 섬(島) ② [식물] 물푸레나무의 일종
saareline [형] 섬의
saarestik [명] 군도(群島)

saarmas [명] [동물] 수달
saast [명] 찌꺼기, 더러운 것
saastama [동] 더럽히다, 오염시키다
saastane [형] 더러운
saaste [명] 오염
saastuma [동] 더러워지다, 오염되다
saatja [명] ① 보내는 사람 ② 동반자, 수행원
saatkond [명] 대사관
saatma [동] ① 보내다 ② 동반하다, 수행하다; 안내하다, 인도하다
saatus [명] 운명, 운
saatuslik [형] 운명의, 숙명적인
saavutama [동] 얻다, 획득하다, 이루다
saba [명] ① 꼬리 ② (차례를 기다리는) 행렬
sabat [명] [종교] 안식일
sabotaaž [명] 사보타주, 공장 설비 등의 파괴 행위
sada [수] 백 (100)
sadajalg [명] [동물] 지네
sadam [명] 항구
sadama [동] (비·눈 등이) 내리다
sadamasild [명] 부두, 방파제
sademed [명] 강수량
sadestuma [동] 가라앉다, 내려앉다
sadism [명] [정신의학] 사디즘, 가학성(加虐性) 성애
sadu [명] 강우, 강설
sadul [명] (말(馬) 등의) 안장; sadulasse istuma (탈것에) 올라타다; sadulast maha tulema (탈것에서) 내리다
saekaater [명] 제재소
saematerjal [명] 재목, 톱으로 켠 나무
saepuru [명] 톱밥
safiir [명] [광물] 사파이어

safran [명] [식물] 사프란
sagar [명] [해부] 엽(葉)
sage [형] 자주 있는, 빈번한
sagedus [명] [물리] 진동수
sageli [부] 자주, 빈번하게
sagin [명] 야단법석, 소동, 소란
sahin [명] 속삭이는[살랑거리는] 소리
sahisema [동] 속삭이다, 살랑거리다
sahk [명] 쟁기
sahkama [동] 쟁기질하다, 밭을 갈다
sahkerdama [동] 속임수를 써서 부정 이득을 취하다
sahtel [명] 서랍
sahver [명] 식료품 저장실
sai [명] (흰)빵
saiake [명] 둥근 빵
saialill [명] [식물] 금잔화
sait [명] [컴퓨터] 웹사이트
sajand [명] 세기, 백년
sajandik [명] 100분의 1
sajas [수] 제100의, 100번째의; sajas aastapäev 100년제(祭), 100주년 기념 축제
sajatama [동] 저주하다, 욕하다
sajune [형] 비가 오는
sakiline [형] 들쭉날쭉한
saksa [형] 독일의; saksa keel 독일어
Saksamaa [명] 독일
sakslane [명] 독일 사람
saksofon [명] [음악] 색소폰
sakutama [동] 당기다, 끌다
salaagent [명] 밀정(密偵), 간첩, 첩보원
saladus [명] 비밀

saladuslik [형] 비밀스러운
salaja [부] 비밀리에, 몰래
salajane [형] 비밀의, 기밀의, 은밀한, 암암리의; salajas 비밀리에, 몰래
salakaubavedaja [명] 밀수업자
salakaubavedu [명] 밀수, 불법 거래
salakaval [형] 몰래 하는, 음흉한
salakuulaja [명] 간첩, 스파이
salaküttima [동] 밀렵하다
salalik [형] 교활한, 비뚤어진
salaluure [명] 정보 기관, 첩보부
salapolitsei [명] 비밀 경찰
salapärane [형] 비밀로 하는, 드러내지 않는
salapärastama [동] 비밀로 하다, 드러내지 않다
salasepitsus [명] 음모, 책략
salastama [동] 숨기다, 비밀로 하다
salat [명] 샐러드; 곁들이는 요리
salatikaste [명] (샐러드에 치는) 드레싱
salatsigur [명] [식물] 꽃상추
saldo [명] [회계] 대차 계정, 수지 계정
sale [형] 마른, 날씬한
salgama [동] 부인하다, 부정하다
salk [명] 떼, 무리, 집단
sall [명] 스카프; 숄; 머플러
sallima [동] 참아주다, 용인[묵인]하다
sallimatu [형] 용인하지 않는, 비타협적인
sallimatus [명] 용인하지 않음, 비타협적임
salliv [형] 관대한, 용인[묵인]하는
salm [명] (시의) 절(節), 연(聯)
salong [명] 응접실, 라운지
saluteerima [동] 인사하다

saluut [명] 인사
salv [명] (바르는) 연고
salvama [동] 찌르다; 공격하다; 끼어들다
salvav [형] 통렬한, 신랄한
salvestama [동] ① 녹음하다, 소리를 기록하다 ② [컴퓨터] (자료를) 저장하다
salvestusseade [명] 기록 장치; 저장 장치
salvrätik [명] (식탁용) 냅킨
sama [형] 같은, 동일한; samaga vastama 보답[답례]하다; sama hästi ~ 만큼 잘; sama kui (~와) 같은 정도로; samal ajal 동시에; sama palju kui ~ 만큼
samaaegne [형] 동시에 일어나는, 동시의
samalaadne [형] 유사한; 같은
samamoodi [부] 같이, 같게; 유사하게
samane [형] 동일한
samastama [동] 동일시하다
samasus [명] 동일함, 일치, 동일성
samaväärne [형] 동등한, 상당하는
samaväärsus [명] 동등, 상당
samblik [명] [식물] 이끼, 지의류
samet [명] 우단, 벨벳
sametine [형] (우단처럼) 부드러운, 매끄러운
samm [명] ① 걸음, 보(步); samm-sammult 한걸음씩 ② 보조, 페이스; sammu pidama (~와) 보조를 맞추다
sammal [명] [식물] 이끼
sammas [명] [건축] 기둥
sammuma [동] 걷다, 걸음을 내딛다
samuti [부] ~도 (또한), 역시, 같이, 마찬가지로; samuti ka ~ 뿐만 아니라 ~도 또한
sanatoorium [명] 요양소
sandaal [명] 샌들

sandistama [동] 불구로 만들다
saneerimine [명] 공중 위생
sang [명] 손잡이, 자루
sanitaarne [형] 위생상의
sanitatsioon [명] 공중 위생
sanktsioneerima [동] 인가하다, 찬성하다
sanktsioon [명] 인가, 찬성
sant [명] 불구자
sapikivi [명] [의학] 담석
sapp [명] [생리] 담즙
sarapuu [명] [식물] 개암나무
sardiin [명] [어류] 정어리
sari [명] 연속, 연쇄, 시리즈
sarikas [명] [건축] 서까래
sarimõrvar [명] 연쇄 살인범
sariväljaanne [명] 연재물
sarkasm [명] 비꼼, 빈정거림, 풍자
sarkastiline [형] 비꼬는, 빈정거리는, 풍자적인
sarlakpunane [형] 주홍[진홍]색의
sarm [명] 매력
sarmikas [형] 매력적인
sarnaluu [명] [해부] 광대뼈
sarnane [형] (~와) 유사한, 비슷한
sarnanema [동] 닮은꼴이다, 비슷해 보이다
sarnaselt [부] 유사하게, 비슷하게
sarnasus [명] 유사, 닮음, 비슷함
sarv [명] (동물의) 뿔
sarviline [형] 뿔의, 뿔이 난
sarvkest [명] [해부] (눈의) 각막
sasipundar [명] 헝클어짐, 엉킴
sassis [형] 헝클어진, 엉킨, 단정하지 못한; sassi ajama 헝클

어 놓다
satelliit [명] [천문] 위성
sattuma [동] (~한 상태에) 이르다
sau [명] 지팡이
Saudi Araabia [명] 사우디아라비아
saun [명] 사우나
savi [명] 점토, 찰흙
savinõud [명] 도기류(陶器類), 질그릇
seade [명] ① 기구, 장치, 도구, 기계 ② [음악] 편곡
seadeldis [명] 도구, 장치
seadistama [동] 조정하다, 조절하다, 맞추다
seadma [동] ① 설치하다, 구성하다 ② [음악] 편곡하다
seadmed [명] 장비, 설비
seadmestama [동] 장치하다, 설치하다
seadmestik [명] 장비, 장치, 설비
seadus [명] 법률, 법; seadust rikkuma 법을 위반하다; seadust järgima 법을 준수하다
seadusandja [명] 입법자, 법률 제정자
seadusandlus [명] 입법, 법률 제정
seaduseelnõu [명] 법안, 의안
seaduserikkuja [명] 범법자, 법률 위반자
seadusjärgne [형] 합법적인, 적법한
seaduskuulekas [형] 준법의, 법을 지키는
seaduslik [형] 합법적인, 적법한; seaduslik maksevahend 법화(法貨), 법정 화폐; seaduslik õigus 정당한 권리
seadusloome [명] 입법, 법률 제정
seadustama [동] 합법화하다; 법률을 제정하다
seadusvastane [형] 불법의, 비합법적인
seafarm [명] 양돈장, 돼지우리
seakarbonaad [명] 돼지 갈비살
seal [부] 거기에(서), 저기에(서)

sealiha [명] 돼지고기
sealjuures [부] 그 위에, 게다가
sealt [부] 거기로부터, 저기에서
seanss [명] 집회, 회, 개회
searasv [명] 돼지 비계
seas(t) [부] ~ 중에서, ~ 가운데
seatina [명] [화학] 납
sebra [명] [동물] 얼룩말
seda [대] seda enam ~할수록 더욱; seda parem ~할수록 더 나아; seda halvem ~할수록 더 나쁘게
sedamoodi [부] 이처럼, 이와 같이, 이런 식으로
sedavõrd [부] 이처럼, 이렇게; sedavõrd kui ~하는 한, (~에) 있어서는
sedel [명] 표, 티켓, 종잇조각
see [대] 이것, 저것, 그것; 이러한, 그러한; see ~ või teine 그 어떤, 무엇인가; see tähendab 즉, 말하자면; selle (oma) 그것의; sellal kui ~할 때; selle asemel ~ 대신에; selle järel 그 후, 그 이래; selleks et ~하기 위하여; sellele vaatamata ~에도 불구하고
seebine [형] 비누질의, 비누 같은
seebiooper [명] 연속[멜로] 드라마
seebitama [동] 비누칠하다, 비누 거품을 내다
seebivaht [명] 비누 거품
seedehäire [명] 소화 불량
seeder [명] [식물] 히말라야삼목
seedima [동] 소화하다
seega [부] 이로써, 그 결과
seelik [명] 스커트, 치마
seeme [명] 씨(앗)
seemisnahk [명] 스웨이드
seemnerakk [명] [동물] 정자, 정충

seemnevedelik [명] [생리] 정액(精液)
seen [명] 균류 (버섯·곰팡이 종류)
seersant [명] [군사] 중사
sees [후] (~의) 안에 — [부] 내부에, 실내에; majas polnud kedagi sees 집 안엔 아무도 없었다
seesama [대] 같은 것
seesmine [형] 안쪽의, 내부의
seesmiselt [부] 안으로, 내부로
seespool [부] 안(쪽)에
seest [후] (~의) 안으로부터
seetõttu [부] 이로써, 그래서
sega- [형] 혼성의, 복합의
segadus [명] 혼란, 난잡, 뒤범벅; segaduses 혼란스러운, 어리둥절한; segadusse ajama 혼란스럽게 하다, 어리둥절하게 하다; segadusse ajav 혼란스럽게 하는; segadust tekitama 혼란시키다, 어지럽히다
segakeel [명] 혼성어(混成語), 피진
segama [동] 뒤섞다, 혼합하다; 휘저어 놓다, 혼란스럽게 하다
segamini [형] 무질서한, 혼란한, 난잡한, 어질러진
segane [형] 혼란스러운, 어지러운, 뒤숭숭한; 불분명한; segaseks ajama 혼란시키다, 뒤엉키게 하다, 불분명하게 하다
segatud [형] 뒤섞인, 혼합된
segatõugu [형] 혼혈의, 잡종의
segav [형] 혼란시키는, 어지럽히는
segi [부] 혼란스러워, 뒤죽박죽이 되어; segi ajama 뒤섞다, 혼란스럽게 하다, 어지럽히다; segi minema 환각 상태에 빠지게 하다; segi paiskama 뒤범벅을 만들다
segment [명] 단편, 부분
segu [명] 혼합물
segunema [동] 뒤섞이다, 혼합되다
seif [명] 금고, 돈궤

seikleja [명] 모험가
seiklus [명] ① 모험 ② 정사(情事)
sein [명] 벽
seinatennis [명] [스포츠] 스쿼시
seirama [동] 지켜보다, 감시[관리]하다
seis [명] ① 멈춘 상태, 교착 상태 ② [스포츠] 득점, 스코어
— [감] 멈춰!, 꼼짝 마!
seisak [명] ① 멈춤, 답보 (상태) ② 경기 침체, 불경기; 휴업
seiskama [동] 멈추다, 중지시키다
seiskuma [동] 멈추다, 멎다
seisma [동] 서 있다, 멈춰 있다; seisma jääma 멈추게 되다;
redel seisis vastu seina 사다리는 벽에 기대어 세워져 있었
다
seisukoht [명] 태도, 입장, 관점, 견지
seisukord [명] 사태, 형세
seisund [명] 사정, 상태
seitse [수] 일곱 (7)
seitsekümmend [수] 칠십 (70)
seitseteist [수] 십칠 (17)
seitsekümnes [수] 제70의, 70번째의
seitsmendik [명] 7분의 1
seitsmes [수] 제7의, 7번째의
seitsmeteistkümnes [수] 제17의, 17번째의
sekeldus [명] 야단법석, 소동
sekkuma [동] 끼어들다, 간섭[참견]하다, 방해하다
sekretär [명] 비서
seks [명] 성(性), 섹스
seksikas [형] 섹시한, 성적 매력이 있는
seksima [동] (~와) 섹스하다, 성교하다
seksistlik [명] 성차별주의(자)의
seksuaalne [형] 성(性)의, 성에 관한, 성적인

seksuaalsus [명] 성욕(性慾)
seksuaalvahekord [명] 성교
sekt [명] 분파, 종파
sektor [명] 부문, 구역
sektsioon [명] 부분, 구획, 섹션
sekund [명] [시간의 단위] 초(秒)
selekteerima [동] 골라내다, 선별하다
selektiivne [형] 선택하는, 선택적인
selektsioon [명] 선택, 정선
seletama [동] 설명하다
seletus [명] 설명
selg [명] (신체의) 등; selga panema 옷을 입다; selga proovima 시험해보다; selja taga (~이) 없는 데서, 몰래; seljas (옷 따위를) 입고, 걸치고; seljas kandma (옷 따위를) 입고 있다; seljast võtma (옷 따위를) 벗다
selge [형] 맑은, 밝은; 뚜렷한, 명확한, 명쾌한; selgeks tegema 명료하게 하다
selgelt [부] 맑게; 뚜렷하게, 명확하게
selgeltnägemine [명] 투시(透視)
selgepiiriline [형] 뚜렷한, 명확한
selgesõnaline [형] 명시적인, 노골적인
selginema [동] 맑아지다, 뚜렷해지다
selgitama [동] 설명하다, 예증(例證)하다
selgitav [형] 설명적인
selgitus [명] 설명, 해설
selgroog [명] [해부] 등뼈, 척추
selgroogne [형] 척추가 있는 — [명] 척추동물
selgroolüli [명] [해부] 척추골
selgrootu [형] 척추가 없는 — [명] 무척추동물
selguma [동] (결과적으로 ~이) 되다, 분명해지다
selgus [명] 맑음, 명쾌함

seliliujumine [명] [수영] 배영(背泳)
selitama [동] 맑게 하다
seljakott [명] 배낭
seljas → selg
seljavalu [명] 등의 통증
sell [명] 놈, 녀석
sellegipoolest [부] 그래도, 그렇지만
sellepärast [부] 그 때문에, 그러므로
seller [명] [식물] 셀러리
selline [형] 이런, 저런, 그런
selts [명] 모임, 회(會), 공동체
seltsima [동] 교제하다, 한패가 되다
seltsimatu [형] 비사교적인
seltsimees [명] 동료, 동지
seltsiv [형] 사교성이 풍부한
seltskond [명] (사교적인) 모임
seltskondlik [형] 사교적인, 친목
semester [명] 학기(學期)
semikoolon [명] 세미콜론 (;)
seminar [명] 세미나; 워크숍
semu [명] 친구, 벗
senaator [명] 상원 의원
senat [명] (양원제 의회의) 상원
seniilne [형] 노인의, 노년의
seniit [명] 천정(天頂)
seni [부] 지금까지, 이제껏 ― [접] 그러는 동안
sensatsioon [명] 센세이션, 세상을 떠들썩하게 하는 것
sensatsiooniline [형] 선풍적 인기를 끄는, 세상을 떠들썩하게 하는
sensuaalne [형] 관능적인, 육체적 감각의
sent [명] [화폐 단위] 센트

sentimeeter [명] [길이의 단위] 센티미터 (cm)
sentimentaalne [형] 감상적인, 감정에 호소하는
seos [명] 연결, 관련; seoses (~와) 관련하여
seosetu [형] 연결되지 않은, 관련성이 없는
seosetus [명] 불연속, 관련성이 없음
seostama [동] 잇다, 관련시키다
seostuma [동] (~에) 관련되다
seotud [형] 관련된; seotud olema (~에) 관련되다
sepikoda [명] 대장간, 단조(鍛造) 공장
sepistama [동] (쇠를) 벼리다, 단조하다
sepitsema [동] 음모를 꾸미다
sepp [명] 대장장이
september [명] 9월
seriaal [명] (TV 등의) 연속물, 연재물
serv [명] 가장자리, 언저리
serveerima [동] (음식 따위를) 돌리다, 서빙하다
serveerimislaud [명] (음식 따위를 나르는) 손수레, 카트, 왜건
servima [동] [스포츠] 서브하다
sest [접] 왜냐하면, (~이기) 때문에; sest et ~ 때문에
sete [명] 침전물, 앙금
sett [명] [스포츠] 세트
settima [동] 가라앉다
sfäär [명] 구(球), 구형
sibul [명] [식물] 양파; (양파 등의) 구근(球根)
side [명] ① 묶는[매는] 것; 붕대 ② [해부] 인대(靭帶) ③ 연락, 접촉
sidekriips [명] [문법] 하이픈 (-)
sidesõna [명] [문법] 접속사
sidrun [명] [식물] 레몬
siduma [동] 묶다, 매다, 동이다; (붕대로 상처를) 싸매다
sidur [명] [기계] 클러치

sidus [형] 결합력 있는
siduv [형] 결합하는, 관련하는
siga [명] [동물] 돼지
sigala [명] 돼지우리
sigar [명] 시가, 여송연
sigarett [명] 궐련, 담배
sigima [동] (생물이) 번식하다
sigimatu [형] 불임의, 번식력이 없는
signaal [명] ① (자동차의) 경적 ② (TV・라디오 따위의) 신호; signaali andma 신호를 보내다
sigur [명] [식물] 치커리, 꽃상추
sihikindlus [명] 결단, 결의
sihilik [형] 고의의, 계획적인
sihiline [형] [문법] 타동사의
sihitis [명] [문법] 목적어
sihitu [형] [문법] 자동사의
siht [명] 목표, 목적
sihtasutus [명] 재단, 설립된 단체
sihtima [동] 겨냥하다
sihtkoht [명] 목적지
sihtmärk [명] 과녁, 타겟
sihtnumber [명] 우편번호
sihvakas [형] 날씬한, 호리호리한
siia [부] 여기에, 여기로, 이쪽으로; tule siia! 이리 와!
siiani [부] 지금까지
siid [명] 비단, 실크
siider [명] 사과술
siidiuss [명] [곤충] 누에
siil [명] [동물] 고슴도치
siilipea [명] 스포츠 머리
siin [부] 여기에, 여기서; siin räägib Mikk (전화상으로) 여기

는[이쪽은] 미크입니다; siin ja seal 여기저기에
siiralt [부] 마음으로부터, 진정으로; siiralt teie 재배(再拜; 편지의 끝맺음말)
siiras [형] 진정의, 진실한, 솔직한
siirdama [동] 이식(移植)하다
siirik [명] 이식
siirup [명] 시럽
siirus [명] 진정, 진실, 솔직함
siis [부] 그러면; kui sajab vihma, siis me ei lähe 비가 오면 가지 않는다
siiski [부] 그런데도, 그럼에도 불구하고
siit [부] 여기에서, 여기로부터
siivutu [형] 상스러운, 보기 흉한
siksak [명] 지그재그
sikutama [동] (잡아)당기다, 끌다
sild [명] 다리, 교각
silduma [동] (배를) 잡아매다, 계류하다
sile [형] 매끄러운
silendama [동] 매끄럽게 하다
silinder [명] 원통(圓筒), 원주(圓柱), 실린더
silitama [동] 어루만지다, 쓰다듬다
sillutama [동] (도로를) 포장하다
sillutis [명] 포장 도로
silm [명] ① 눈(眼); silma pilgutama 눈을 깜박거리다; nelja silma all 우리끼리만, 사적으로 ② (뜨개질의) 한 코
silmakirjalik [형] 위선적인
silmakirjatseja [명] 위선자
silmaklapp [명] 안대(眼帶); silmaklappidega 눈을 가린
silmalaug [명] 눈꺼풀
silmama [동] 눈에 띄다, 주목하다, 알아채다
silmamuna [명] 눈알, 안구(眼球)

silmanägemine [명] 시력, 시각
silmanähtav [형] 또렷이 보이는, 명백한
silmapaistev [형] 주목할 만한, 두드러져 보이는
silmapete [명] 눈속임, 착시(錯視)
silmapiir [명] 시야
silmapilk [명] 순간, 찰나, 눈 깜짝할 사이
silmapilkne [형] 순간의, 찰나의
silmarõõm [명] 눈요깃거리, 보아서 즐거운 것
silmaside [명] 눈가리개
silmatorkamatu [형] 눈에 띄지 않는
silmatorkav [형] 눈에 확 띄는
silmipimestav [형] 눈부신, 휘황찬란한
silmitsema [동] 쳐다보다, 눈여겨 보다, 응시하다
silmus [명] 고리, 올가미, 고
silp [명] [언어] 음절
silt [명] 꼬리표, 라벨, 태그
siluett [명] 실루엣
siluma [동] 고르게[평평하게] 하다
simuleerima [동] (~인) 체하다
sina [대] 너는, 자네는
sinakas [형] 푸르스름한
sinep [명] 겨자, 머스터드
Singapur [명] 싱가포르
sinikas [명] (푸르게 든) 멍
sinine [형] 파란, 푸른, 청색의
sinisilmne [형] 푸른 눈의
sinitihane [명] [조류] 푸른박새
sink [명] 햄
sinna [부] 저쪽에, 저기에
sipelgas [명] [곤충] 개미
siplema [동] 버둥거리다

sireen [명] 사이렌, 경적
sirge [형] 곧은, 일직선의
sirgelt [부] 곧게, 똑바로
siristama [동] (새 따위가) 지저귀다
sirkel [명] 컴퍼스; 디바이더
sirm [명] 복면; 가리개
sirutama [동] (팔다리 따위를) 쭉 펴다, 뻗다
sirutus [명] 쭉 펴기, 뻗기
sisaldama [동] 포함하다
sisalik [명] [동물] 도마뱀
sise- [형] ① 안쪽의, 내부의 ② [정치] 국내의
sisekate [명] 안감
sisemaa [명] 내륙
sisemine [형] 안쪽의, 내부의
siseministeerium [명] 내무부
siseminister [명] 내무 장관
sisemus [명] 안쪽, 내부
sisend [명] 입력; 입장, 들어감
sisendama [동] 주입하다
sisenema [동] 들어가다, 들어오다
sisestama [동] ① 삽입하다, 끼워넣다 ② [컴퓨터] (데이터를) 입력하다
sisetelefon [명] (전화의) 내선(內線)
sisetunne [명] 양심
sisevõrk [명] [컴퓨터] 인트라넷
sisikond [명] 창자, 장
sisisema [동] 쉿 소리를 내다
siss [명] 게릴라
sisse [후/부] (~의) 안에, ~ 안으로; sisse! 들어오세요!; sisse andma 제출하다; sisse hingama 숨을 들이마시다; sisse juhatama 안내하다, 인도하다; sisse kastma 담그다;

sisse kirjutama 등록하다; sisse kolima 이사오다; sisse logima [컴퓨터] 로그인하다; sisse lülitama 플러그를 꽂다, 스위치를 켜다; sisse magama 너무 많이 자다; sisse murdma (남의 집 따위를) 침입하다, 난입하다, 부수고 들어가다; sisse mässima 엉키게 하다; sisse nõudma 징수하다; sisse panema 집어넣다; sisse piirama 포위하다, 에워싸다; sisse seadma 자리잡다, 정주하다; sisse tooma 내다, 산출하다; sisse tungima 침입하다; sisse vedama i) 수입하다 ii) 속여서 빼앗다
sissejuhatus [명] 도입, 서문
sissekanne [명] 기입, 등록
sissekäik [명] 들어가는 문
sisselõige [명] 째진 부분
sissemurdmine [명] 주거 침입
sisseoste tegema [동] 가게에서 물건을 사다, 쇼핑하다
sissepoole [부] 안에, 안쪽으로
sissepääs [명] 입장, 들어감
sisserändaja [명] (외국으로부터의) 이민자
sisseränne [명] (외국으로부터의) 이민
sisseseade [명] (내부의) 장치, 설비
sissesõidutee [명] 진입로
sissetulek [명] 수입, 벌이, 소득
sissetung [명] 침입
sissevool [명] 유입(流入)
sisu [명] 내용, 알맹이
sisukord [명] 차례, 목차
sisustama [동] 설비하다, 갖추다
sitke [형] (예를 들어 고기 따위가) 질긴
sitkus [명] 질김
sitt [명] 배설물, 똥
skaala [명] 스케일, 범위

skalp [명] 머리가죽, 두피
skandaal [명] 스캔들, 추문
Skandinaavia [형] 스칸디나비아의; Skandinaavia poolsaar 스칸디나비아 반도 ― [명] 스칸디나비아
skandinaavlane [명] 스칸디나비아 사람
skanner [명] 스캐너
skannima [동] (스캐너로) 스캔하다
skeem [명] 도식(圖式), 도해, 도표
skelett [명] 골격
skisofreenia [명] [정신의학] 정신분열증
skoor [명] [스포츠] 득점, 스코어
skorpion [명] [동물] 전갈; S- [천문] 전갈자리
skulptor [명] 조각가, 조각사
skulptuur [명] 조각
skuuter [명] 스쿠터
slaavi [형] 슬라브(족)의
slaavlane [명] 슬라브족, 슬라브 사람
slaid [명] 슬라이드, 투명화(畵)
slovaki [형] 슬로바키아의; slovaki keel 슬로바키아어
slovakk [명] 슬로바키아 사람
Slovakkia [명] 슬로바키아
släng [명] 속어, 슬랭
smaragd [명] [광물] 에메랄드
smoking [명] (남자용) 약식 야회복, 턱시도
smugeldama [동] 밀수(密輸)하다
snooblik [형] 속물의, 신사인 체하는
sobilik [형] 알맞은, 적절한
sobima [동] (알)맞다, 적합하다
sobimatu [형] 맞지 않는, 부적절한
sobitama [동] 맞게 하다, 조정하다
sobiv [형] 적절한

sodiaak [명] ① [천문] 황도대(黃道帶) ② [점성] 12궁(宮)
soe [형] 따뜻한; pane soojad riided selga 옷을 따뜻하게 입어라; väljas on kolm kraadi sooja 바깥의 기온은 영상 3도다
soeng [명] 머리 모양, 헤어스타일
sogane [형] 흐린, 탁한
sohilaps [명] 서자, 사생아
sohk [명] 속임수, 사기
sohva [명] 소파, 긴 의자
soiguma [동] 신음하다, 끙끙대다
soikuma [동] 침체되어 있다, 정지돼 있다
soine [형] 진창의, 질퍽거리는
sokk [명] 양말
sokkel [명] [전기] 소켓
soldat [명] [카드놀이] 잭
solidaarsus [명] 결속, 일치, 단결, 연대
soliidne [형] 견실한, 훌륭한
solvama [동] 모욕하다
solvang [명] 모욕
sombune [형] (날씨가) 흐린
sond [명] 탐침(探針)
song [명] [병리] 헤르니아, 탈장
soo [명] 늪, 습지
sooda [명] 소다, 나트륨 화합물
soodne [형] 유리한, 이로운; soodne ost 값싸게 산 물건
soodumus [명] 성질, 기질, 성벽
soodusmüük [명] 바겐세일
soodustama [동] 촉진하다, 증진시키다
soojendama [동] 따뜻하게 하다
soojenema [동] 따뜻해지다
soojus [명] 따뜻함

soojustama [동] 단열하다
sookurg [명] [조류] 학, 두루미
sool [명] ① 소금 ② 창자, 장
soolama [동] 소금을 치다
soolane [형] 소금기 있는
soolatüügas [명] (피부의) 사마귀, 쥐젖
soolestik [명] 창자, 장
soolo [명] [음악] 독창, 독주
soome [형] 핀란드의; soome keel 핀란드어 — [명] S- 핀란드
soomlane [명] 핀란드 사람
soomus [명] ① (동물의) 비늘 ② 갑옷
soon [명] ① 홈 ② [해부] 도관(導管; 혈관 따위)
sooritama [동] 실시하다, 실행하다
soosik [명] 총애하는 대상; 피보호자
soosima [동] 총애하다, 호의를 보이다; 보호하다
soosiv [형] 호의적인
soostuma [동] 동의하다
soov [명] 바람, 소망, 희망
sooviavaldus [명] 신청서, 원서
soovima [동] 바라다, 희망하다
soovimatu [형] 탐탁지 않은, 달갑지 않은
soovitama [동] 추천하다, 제의하다, 권장하다
soovitus [명] 제의, 추천, 권장
sopp [명] 오물, 더러운 것
sopran [명] [음악] 소프라노
sorav [형] (언어가) 유창한
soravus [명] (언어의) 유창함
sorima [동] 뒤지다, 샅샅이 찾다
sort [명] 종류
sortima [동] 분류하다

sortiment [명] 분류
sosin [명] 속삭임
sosistama [동] 속삭이다
sotsiaaldemokraat [명] 사회민주주의자
sotsiaalhooldus [명] 사회 보장
sotsiaalne [형] 사회의, 사회적인
sotsialism [명] 사회주의
sotsioloogia [명] 사회학
spargel [명] [식물] 아스파라거스
spargelkapsas [명] [식물] 브로콜리
spasm [명] [의학] 경련
spekuleerima [동] 투기(매매)하다
sperma [명] [생리] 정액(精液)
spetsiaalne [형] 특별한, 특수한
spetsialiseerima [동] 특수화하다
spetsialist [명] 전문가
spetsiifiline [형] 특정한
spiiker [명] (의회의) 의장
spinat [명] [식물] 시금치
spinning [명] 방적(紡績)
spionaaž [명] 스파이 활동, 정탐
spioon [명] 스파이, 간첩
spiraal [명] 나선형의 것
spiraalne [형] 나선형의, 소용돌이꼴의
spirituaalne [형] 정신적인, 영적인
sponsima [동] 후원하다, 스폰서가 되다, 자금을 제공하다
sponsor [명] 스폰서, 후원자
spontaanne [형] 자발적인, 자연히 일어나는
spordijalatsid [명] 운동화
spordiriietus [명] 운동복
spordisaal [명] 체육관

sport [명] 스포츠, 운동
sportlane [명] 운동 선수, 스포츠맨
sportlik [형] 운동 경기의, 체육의
spurt [명] [스포츠] 역주(力走), 스퍼트
staadion [명] 경기장, 스타디움
staap [명] 직원, 스태프
staatus [명] 지위, 신분, 위치
stabiilne [형] 안정된, 동요하지 않는
stabiilsus [명] 안정(성), 확고
stabiliseerima [동] 안정시키다, 확고하게 하다
standard [명] 표준, 기준
standardne [형] 표준의
stants [명] 구멍 뚫는 도구, 펀치
start [명] 시작, 출발, 스타트
statiiv [명] (물건을 올려놓는) 대(臺), 스탠드
statist [명] [영화] 엑스트라, 보조 출연자
statistika [명] 통계(학)
statsionaarne [형] 정지한, 움직이지 않는
statuut [명] 성문율(成文律); 법령
stenograafia [명] 속기(速記)(술)
stereotüüp [명] [사회] 고정관념
steriilne [형] 살균한, 무균의
stiil [명] 스타일, 유형
stiilne [형] 멋진, 맵시 있는, 스타일리시한
stiimul [명] 자극
stimulaator [명] 자극제
stimuleerima [동] 자극하다
stipendiaat [명] 장학생
stipendium [명] 장학금
stjuardess [명] 스튜어디스, 항공기 여승무원
stjuuard [명] 스튜어드, 항공기 승무원

stopp [감] 그만, 멈춰, 스톱!
stopper [명] 스톱워치
strateegia [명] 전략, 전술
strateegiline [형] 전략(상)의, 전략적인
streik [명] 스트라이크, 동맹 파업
streikima [동] 스트라이크[동맹 파업] 중이다
stress [명] 스트레스; 압력
struktureerima [동] 구성하다, 조직화하다
struktuur [명] 구조, 얼개
struktuuriline [형] 구조(상)의
stseen [명] (영화 등의 한) 장면, 신
stsenaarium [명] (연극의) 대본; (영화의) 각본, 시나리오
stuudio [명] (예술가 등의) 작업장, 스튜디오
subjekt [명] [문법] 주어, 주부(主部)
subjektiivne [형] 주관적인, 주관의
subsideerima [동] 보조금[장려금]을 지급하다
subsiidium [명] 보조금, 장려금
substantiiv [명] [문법] 명사
subtiiter [명] 부제(副題)
sudu [명] 스모그, 연무(煙霧)
sugu [명] ① 종(種) ② 혈통 ③ [문법] 성(性)
suguelundid [명] 성기, 생식 기관
suguharu [명] 종족, 부족
sugukond [명] 씨족
sugulane [명] 친척, 혈족
suguline [형] 성(性)의, 성적인
sugulus [명] 친척[혈족] 관계
sugupooletu [형] 중성(中性)의
sugupuu [명] 가계도, 계보
suhe [명] ① 비(比), 비율 ② (사람 사이의) 관계, 사이
suhkruhaigus [명] [병리] 당뇨병

suhkrumais [명] 스위트콘
suhkrune [형] 설탕의, 설탕이 든
suhkrupeet [명] [식물] 사탕무
suhkruroog [명] [식물] 사탕수수
suhkrutoos [명] (식탁용) 설탕 그릇
suhkrutükk [명] 각설탕
suhkur [명] 설탕
suhkurdama [동] 설탕을 치다
suhtarv [명] 비(比), 비율
suhteline [형] 비교상의, 비례하는
suhtes [부] (~에) 관하여, 대하여
suhtlema [동] 교제하다, 통신하다
suhtlemine [명] 통신, 커뮤니케이션
suhtumine [명] 태도, 마음가짐
suigatama [동] 꾸벅꾸벅 졸다
suits [명] ① 연기 ② 담배
suitsema [동] 연기가 나다
suitsetaja [명] 흡연자
suitsetama [동] 담배 피우다, 흡연하다
suitsetamine [명] 흡연, 담배 피우기
suitsukate [명] 연막(煙幕)
suitsune [형] 연기 나는
suitsutama [동] 연기로 그을리다
suitsuvorst [명] 훈제 소시지
sujuv [형] 막힘 없는, 매끄럽게 이어지는
sukahoidja [명] 바지 멜빵
sukelduja [명] 잠수부, 다이버
sukelduma [동] 물에 뛰어들다[잠기다], 잠수하다
sukk [명] 스타킹, 긴 양말
sukkpüksid [명] 팬티스타킹
sula [명] 해빙(解氷)

sulam [명] 합금
sulama [동] 녹다, 용해되다
sulanduma [동] 녹아들다, 흡수되다, 융합되다
sularaha [명] 현금; sularahas maksma 현금으로 지불하다; sularaha välja võtma 현금을 인출하다
sularahaautomaat [명] 현금 자동 지급기
sulatama [동] 녹이다, 용해하다; sulatatud juust 크림 치즈
sulatusahi [명] 노(爐), 용광로
sulepea [명] 펜
sulestik [명] 깃털, 깃
sulg [명] 깃털; 깃대
sulgema [동] 닫다, 폐쇄하다; kauplus suletakse kell viis 상점은 5시에 문을 닫는다
sulgemine [명] 폐쇄
sulgpall [명] [스포츠] 배드민턴
sulgur [명] 셔터, 잠금 장치
suli [명] 악한, 사기꾼
sulud [명] 괄호
suluseis [명] [스포츠] 오프사이드
sumin [명] 윙윙거리는 낮은 소리
sumisema [동] 윙윙거리는 낮은 소리가 나다
summa [명] 총계, 합계
summeerima [동] 요약하다, 개괄하다
summutama [동] 끄다, 약하게 하다, 가라앉히다, 억제하다
summuti [명] (자동차의) 소음기(消音器), 머플러
sund- [형] 강제적인, 강요하는
sundima [동] 억지로 ~하게 하다, 강요하다
sundimatu [형] 자발적인, 자연적인, 강요에 의한 것이 아닌
sunnitud [형] 강요된
sunnitöö [명] 강제 노동
superriik [명] 강대국

supilusikas [명] 식탁용 큰 스푼, 테이블 스푼
suplema [동] 목욕하다; 수영하다
suplus [명] 목욕, 미역감기; 수영
supp [명] 수프
surelik [형] 죽어야 할 운명의, 필멸의
surema [동] 죽다, 사망하다
surematu [형] 죽지 않는, 불멸의
surematus [명] 불사(不死), 불멸
suremus [명] 사망률
surfama [동] ① 파도타기[서핑]를 하다 ② [컴퓨터] 인터넷 서핑을 하다, 웹의 정보를 검색하다
surilina [명] 수의(壽衣)
surisema [동] 씽[윙윙] 소리를 내며 달리다
surm [명] 죽음, 사망
surmajärgne [형] 사후(死後)의
surmanuhtlus [명] 사형(死刑)
surmav [형] 죽음을 부르는, 치명적인, 치사의
surnu [명] 죽은 사람, 사망자, 고인(故人)
surnuaed [명] 묘지
surnud [형] 죽은, 사망한, 고인이 된
surnukeha [명] 시체, 송장
surnumatja [명] 장의사
surnuvanker [명] 영구차
suruma [동] 밀다, 밀어넣다
surve [명] 압력, 압박
survegrupp [명] [정치] 압력단체
suss [명] 슬리퍼
sutenöör [명] 포주(抱主)
suu [명] 입; suu kinni! 입 다물어, 조용히 해!
suubuma [동] (~으로) 흘러들다, 빠지다
suudlema [동] 키스하다, 입맞추다

suudlus [명] 키스, 입맞춤
suudmelaht [명] 강어귀
suue [명] 입구, 구멍
suu- ja sõrataud [명] [수의] 구제역(口蹄疫)
suukorv [명] (동물의) 주둥이
suulagi [명] [해부] 구개(口蓋), 입천장
suuline [형] 구두(口頭)의, 구술의
suumobjektiiv [명] [사진] 줌 렌즈
suunama [동] ① (~으로) 이끌다, 지도하다 ② 할당하다
suunamine [명] ① (~으로) 이끌기, 지도하기 ② 할당
suunamuutus [명] 반전(反轉), 전도
suunanäitaja [명] 현저한[획기적인] 사건
sunnas [부] ~ 쪽으로
suund [명] 방향, 진로
suunduma [동] (~ 쪽으로) 향하다
suunitlus [명] 경향, 추세
suupill [명] [음악] 하모니카
suupiste [명] 스낵, 간식; suupisted ja joogid 다과
suur [형] 큰, 커다란; suur algustäht 머리글자
Suurbritannia [명] 영국, 대영제국
suurejooneline [형] 웅장한, 으리으리한
suureline [형] 거드름피우는, 거만한
suuremeelne [형] 도량이 넓은, 관대한
suuremeelsus [명] 관대, 아량
suuremõõtmeline [형] 대형의, 대규모의
suurendama [동] 크게 하다, 확대[증대]하다
suurendusklaas [명] 확대경, 돋보기
suurenema [동] 커지다, 확대[증대]되다
suurenev [형] 커지는, 확대[증대]하는
suurepärane [형] 굉장한, 장려한, 장대한
suuresti [부] 크게

suurlinn [명] (대)도시
suursaadik [명] 대사(大使)
suursaatkond [명] 대사관
suursugune [형] 웅장한, 웅대한, 장대한
suurtäht [명] 대문자
suurtükivägi [명] 포병(과·대)
suurus [명] ① 크기, 규모 ② 큼
suurärimees [명] 거물(급 인사)
suusahüpe [명] [스포츠] 스키점프
suusakuurort [명] 스키 리조트
suusatama [동] 스키를 타다
suusk [명] 스키
suuteline [형] 할 수 있는, 유능한, 적임의
suutlikkus [명] 할 수 있음, 능력
suutma [동] ~할 수 있다, ~할 능력이 있다
suutmatu [형] ~할 수 없는, 무능한
suutmatus [명] 무능, 무력
suutäis [명] 한 입(의 양)
suvaline [형] 임의의, 마음대로 선택 가능한
suvemaja [명] 시골집, 작은 집
suveniir [명] 기념품
suvi [명] 여름
suvine [형] 여름의, 하계(夏季)의
suvisted [명] [교회] 성령 강림절
sviiter [명] 스웨터
sõber [명] 친구, 동료, 벗
sõbralik [형] 친한, 정다운, 우호적인, 상냥한
sõbratar [명] 여자 친구
sõbrunema [동] (~와) 친구가 되다
sõda [명] 전쟁
sõdalane [명] 전사(戰士)

sõdima [동] 싸우다, 전쟁하다
sõdimine [명] 전투, 교전
sõdur [명] 군인
sõel [명] (거르는) 체
sõeluma [동] 체로 치다[거르다]
sõiduk [명] 탈것, 차
sõidukiirus [명] (자동차의) 운행 속도
sõidukulud [명] 여행 경비
sõiduplaan [명] (교통 수단의) 시간표
sõidurada [명] (도로의) 차선(車線)
sõiduraha [명] (교통 수단의) 운임, 요금
sõidutama [동] (차량을) 운전하다
sõidutee [명] 도로
sõimama [동] 저주하다, 악담하다
sõimusõna [명] 저주, 악담
sõit [명] (차량을) 타고 가기; 여행
sõitja [명] (교통 수단의) 승객
sõitma [동] (교통 수단을) 타고 가다[여행하다]; (교통 수단이)
　지나가다, 통과하다; ma olen sõitnud nii laeva kui ka
　lennukiga 나는 배로도 비행기로도 여행해본 적이 있다
sõjakas [형] 호전적인, 전쟁을 좋아하는
sõjalaev [명] 전함(戰艦)
sõjalaevastik [명] 해군(海軍)
sõjasaak [명] 전리품
sõjaseadus [명] 계엄령
sõjaseisukord [명] 전쟁 상태
sõjatribunal [명] 군사 법원
sõjavang [명] 전쟁 포로
sõjavastane [형] 반전론자(反戰論者)
sõjaväekohustus [명] 징병, 징집
sõjaväelane [명] (복무 중인) 군인

sõjaväeteenistus [명] 병역, 군복무
sõjavägi [명] 군대, 병력
sõlm [명] 매듭, 고
sõlmima [동] ① 매듭을 짓다, 매다, 묶다 ② 계약[협정]을 맺다
sõltlane [명] 가신(家臣), 종속자
sõltuma [동] (~에) 의지[의존]하다
sõltumatu [형] 독립적인
sõltumatus [명] 독립
sõltuv [형] ① (~에) 의지[의존]하는 ② (~에) 매인, 종속된
sõltuvus [명] 의존; 종속
sõna [명] 말(言); sõna andma 언질을 주다; sõna kuulama 말을 듣다, 따르다; sõna pidama 약속을 지키다
sõnajalg [명] [식물] 양치류
sõnakehv [형] 과묵한, 말을 삼가는
sõnakuulelik [형] 말을 잘 듣는, 유순한
sõnaline [형] 말의, 구두(口頭)의
sõnalõpp [명] [문법] 어미
sõnaraamat [명] 사전(辭典)
sõnastama [동] 말로 표현하다
sõnastik [명] 어휘집
sõnastus [명] 말씨, 어법
sõnasõnaline [형] 글자 그대로의, 원문에 충실한
sõna-sõnalt [부] 글자 그대로, 원문에 충실하여
sõnatu [형] 무언(無言)의
sõnatüvi [명] [문법] 어간(語幹)
sõnavabadus [명] 언론[표현]의 자유
sõnavara [명] 어휘
sõnn [명] 황소; S- [천문] 황소자리
sõnnik [명] 쇠똥, 거름
sõnulseletamatu [형] 형언하기 어려운, 이루 말할 수 없는
sõnum [명] 메시지, 전갈

sõnumitooja [명] 사자(使者), 전령(傳令)
sõprus [명] 우정, 우호
sõrestik [명] 뼈대
sõrg [명] (짐승의) 발굽; 발톱
sõrm [명] 손가락
sõrmejälg [명] 지문(指紋)
sõrmitsema [동] 손가락을 대다
sõrmkübar [명] 골무
sõrmus [명] 반지
sõstar [명] 까치밥나무 열매
sõtkuma [동] 반죽하다
sõudma [동] 노를 젓다
sõõm [명] 한 모금, 한 번 마시기
sõõr [명] 원, 동그라미
sõõrik [명] 도넛
säbruline [형] (머리를) 지진, 컬한
säde [명] 불꽃, 불티, 스파크
sädelema [동] 불꽃을 튀기다, 번쩍이다
sähvatama [동] 번쩍이다
säile [명] 유물, 유품, 유적
säilima [동] 남다, 머무르다
säilitama [동] 유지하다, 보존하다
säilitusaine [명] 방부제
sälk [명] 새김눈
sära [명] 번쩍임, 빛남
särama [동] 번쩍이다, 빛나다
särav [형] 밝은, 빛나는
säritus [명] [사진] 노출
särk [명] 셔츠
särts [명] 기운, 활력; särtsu täis 원기 왕성한
säsi [명] 속, 고갱이

säte [명] (법률의) 조항
sätendama [동] 반짝이다
sätestama [동] (법률을) 제정하다
sättima [동] 조정하다, 맞추다
säutsuma [동] 지껄이다
säär [명] ① 정강이 ② (바지·장화 따위의) 다리 부분
säärane [대] 그런 것, 이런 종류의 것
sääremari [명] 장딴지, 종아리
sääsk [명] [곤충] 모기
säästlik [형] 비용을 절감하는, 절약이 되는
säästma [동] 절약하다, 아끼다
säästud [명] 절약, 저축
säästupank [명] 저축 은행
söandama [동] 모험을 하다, 배짱 좋게 ~하다
söekaevandus [명] 탄광
sörkima [동] 조깅하다
sörkjooks [명] 조깅
sööbiv [형] 부식성의
söödav [형] 먹을 수 있는, 식용의
söögiisu [명] 식욕, 입맛
söögilaud [명] 식탁
söögipalve [명] (식탁에서의) 감사 기도
söögiriistad [명] 식탁용 칼붙이
söögitoru [명] [해부] 식도
söögituba [명] (가정 등의) 식당
söök [명] 음식, 식사
söökla [명] (간이) 식당
sööma [동] 먹다
söömispulgad [명] 젓가락
söör [명] 님, 씨, 귀하
sööst [명] 돌진, 뛰어들기

sööstma [동] 돌진하다, 달려들다, 뛰어들다
sööt [명] ① 먹이 ② [스포츠] 패스, 송구(送球)
söötma [동] ① 먹이를 주다 ② [스포츠] 패스하다
söövitama [동] 부식하다
söövitav [형] 부식성의
süda [명] ① [해부] 심장 ② 마음, 심정; südamelt ära rääkima 마음 속에 있는 것을 털어놓다 ③ mul on süda paha 나는 속이 좋지 않다
südameatakk [명] [병리] 심장마비
südamelöök [명] 심장의 고동
südamesõber [명] 절친한 친구
südametu [형] 무정한, 냉혹한
südametunnistus [명] 양심
südametunnistuseta [형] 파렴치한
südamik [명] 핵심, 중심
südamlik [형] 인정 있는, 마음이 따뜻한
südasuvi [명] 한여름
südaöö [명] 자정, 한밤중
südikus [명] 용기
sügama [동] 긁다
sügav [형] 깊은; sügavas unes 깊이 잠들어
sügavik [명] 심연, 깊은 곳
sügavmõtteline [형] 깊은, 심도 있는
sügavus [명] 깊이
sügelema [동] 가렵다
sügelus [명] 가려움
sügis [명] 가을
süld [명] [길이의 단위] 길, 패덤
sülearvuti [명] 랩톱 컴퓨터
sülelema [동] 꼭 껴안다
sülem [명] 무리, 떼

sületäis [명] 한 아름
sülg [명] 침, 타액
süli [명] 무릎 (앉았을 때 허리에서 무릎마디까지)
sülitama [동] 침을 뱉다
sümbol [명] 상징, 심벌
sümboolne [형] 상징적인, 표상하는
sümfoonia [명] [음악] 교향곡
sümmeetria [명] (좌우) 대칭
sümmeetriline [형] (좌우) 대칭적인
sümpaatia [명] ① 공감, 동감, 호감 ② 동정, 연민
sümpaatne [형] 호감이 가는, 마음에 드는
sümptom [명] 징후, 징조
sünagoog [명] 시나고그, 유대 교회[회당]
sünd [명] 탄생, 출생
sündikaat [명] 신디케이트, 기업 합동
sündima [동] 태어나다, 탄생[출생]하다
sündmus [명] 사건, 행사, 일어난 일
sündmusterohke [형] 사건 많은, 다사(多事)한
sündmustik [명] (일·사건의) 전말, 귀추
sündroom [명] [병리] 증후군
sündsus [명] 예절 바름, 점잖음, 교양 있음
sündsusetu [형] 버릇없는, 점잖치 못한, 교양 없는
sünge [형] 음침한, 음울한
sünkroniseerima [동] 동시에 일어나다, 동시성을 가지다
sünkroontõlge [명] 동시통역
sünniaasta [명] 생년(生年), 태어난 해
sünniaeg [명] 생년월일, 태어난 날
sünnikoht [명] 출생지, 태어난 곳
sünnipäev [명] 생일
sünnipärane [형] 타고난, 선천적인
sünnis [형] 적절한, 알맞은

sünnitama [동] (아이를) 낳다, 출산하다
sünnitus [명] 출산, 분만, 해산
sünonüüm [명] 동의어, 유의어
süntaks [명] [언어] 구문론, 통사론
süntees [명] 종합, 통합, 합성
sünteesima [동] 종합하다, 합성하다
sünteetika [명] 합성물
sünteetiline [형] 합성의, 인조의
sürrealism [명] 초현실주의
süsihappegaas [명] [화학] 이산화탄소
süsinik [명] [화학] 탄소
süst [명] ① 주입, 주사 ② 카누, 카약
süstal [명] 주사기
süsteem [명] 체계, 조직, 시스템
süstemaatiline [형] 체계적인, 조직적인
süstik [명] ① (베틀의) 북 ② 우주 왕복선
süstima [동] 주입하다, 주사하다
süžee [명] (이야기의) 줄거리, 플롯
sütik [명] (폭약 등의) 신관(信管), 뇌관, 도화선
sütitama [동] 불을 붙이다, 발화시키다
sütitav [형] 불태우는
süttima [동] 불붙다, 발화하다
süttiv [형] 타기 쉬운, 가연성의
süvend [명] 공동(空洞), 움푹한 곳
süvendama [동] 깊게 하다, 심화[악화]시키다
süvenema [동] 깊어지다, 심화[악화]되다
süü [명] 잘못, 과오, 죄
süüalune [명] [법률] 피고인
süüde [명] 점화, 발화
süüdi [형] (~의) 죄[잘못]가 있는; süüdi mõistma 유죄 판결
    을 내리다; süüdi olema (~의) 죄가 있다, 유죄다; süüdi

tunnistama 유죄를 인정하다
süüdimõistmine [명] 유죄 판결
süüdistaja [명] 검찰관, 검사, 기소자
süüdistama [동] 고발[고소]하다, 죄를 묻다[추궁하다]
süüdistatav [명] 피고인
süüdistav [형] 죄를 묻는[추궁하는]
süüdistus [명] 고발, 고소; süüdistust esitama 고발[고소]하다, (~에게) 죄를 묻다
süüdlaslik [형] 죄가 있는, 유죄의
süümepiin [명] 양심의 가책
süütama [동] 불을 붙이다
süüteküünal [명] (자동차 등의) 점화 장치
süütu [형] ① 무죄의, 결백한; 악의 없는; süütu vale 악의 없는 거짓말 ② 처녀의
süütus [명] 무죄, 결백
süütõendid [명] (죄를 범했다는) 증거
süüvima [동] 깊이 들어가다

Š

šaakal [명] [동물] 자칼
šabloon [명] 형판(型板)
šaht [명] (광산의) 갱(坑)
šampanja [명] 샴페인
šampinjon [명] [균류] 샴피뇽 (송이과 버섯의 일종)
šampoon [명] 샴푸
šampoonima [동] 샴푸로 머리를 감다
šantaaž [명] 공갈, 갈취
šantažeerima [동] 공갈하다, 갈취하다
šarlatan [명] 돌팔이, 협잡꾼
šatään [형] 갈색 머리의
šerri [명] 셰리 (스페인 원산의 백포도주)
šiffer [명] 암호
šifreerima [동] 암호화하다
šikk [형] 맵시 있는, 세련된
šilling [명] [화폐 단위] 실링
šimpans [명] [동물] 침팬지
šlakk [명] (타고 남은) 재
šokeerima [동] 충격을 주다, 쇼킹하게 만들다
šokeeriv [형] 충격적인, 쇼킹한
šokk [명] 충격, 쇼크
šokolaad [명] 초콜릿
Šotimaa [명] 스코틀랜드
šrift [명] 활자, 폰트
Šveits [명] 스위스
šveitsi [형] 스위스의

šveitslane [명] 스위스 사람

Z

zombi [명] 좀비 (되살아난 시체)
zooloogia [명] 동물학
zooloogiline [형] 동물학(상)의

Ž

žanr [명] (예술 작품 등의) 장르
žargoon [명] (특정 집단의) 은어, 전문어
želatiin [명] 젤라틴
želee [명] 젤리
žest [명] 제스처, 몸짓
žestikuleerima [동] 제스처[몸짓]로 나타내다
žiiro [명] 지로제(制), 은행[우편] 대체 제도
žongleerima [동] 공 따위로 곡예를 하다, 저글링하다
žonglöör [명] 저글러 (공을 저글링하는 사람)
žürii [명] 배심원

T

ta = tema
taamal [부] 저쪽에, 저 너머에
taanduma [동] 물러나다, 후퇴하다
taani [형] 덴마크의; taani keel 덴마크어 — [명] T- 덴마크
taanlane [명] 덴마크 사람
taaruma [동] 동요하다, 흔들리다, 비틀거리다
taasavama [동] 다시 열다, 재개하다
taaselustama [동] 소생시키다
taasesitama [동] 재생하다
taasilmuma [동] 재현하다, 다시 나타나다
taaskohtumine [명] 재결합
taaslooma [동] 다시 만들다, 재현하다
taastama [동] 복구하다, 회복시키다
taastekitama [동] 재생하다
taastekitav [형] 재생의
taastuma [동] 회복하다
taastuv [형] 재생 가능한
taat [명] [소아어] 아빠
tabalukk [명] 맹꽁이자물쇠
tabama [동] ① 맞히다, 명중시키다 ② 탐지하다, 간파하다 ③ 잡다, 포착하다; (마음 등을) 사로잡다
tabamus [명] 맞히기, 명중
tabel [명] 도표, 차트
tablett [명] 정제, 알약
tabloid [명] 타블로이드판 신문
tabu [명] 터부, 금기

taburet [명] (낮은) 대(臺)
taevakeha [명] 천체(天體)
taevalik [형] ① 하늘의, 창공의 ② 천국의, 이 세상 것이 아닌
taevalikkus [명] 더없는 기쁨, 지복(至福)
taevas [명] 하늘, 창공; taeva pärast! 제발, 아무쪼록; taevani kiitma 찬양하다
taevasina [명] 하늘색
taga [부] 뒤에; taga ajama 뒤쫓다; mis on selle taga? 그 뒤에는 무엇이 있는가, 그것의 배경[원인]은 무엇인가?; k-ell on viis minutit taga 그 시계는 5분 늦다; taga kiusama 괴롭히다
tagaajamine [명] 추적, 뒤쫓기
tagaiste [명] 뒷자리
tagaja [명] 보증인
tagajalad [명] 뒷다리
tagajärg [명] (뒤따르는) 결과, 영향; tagajärgede eest vastutama 결과를 감수하다
tagakülg [명] 뒤쪽, 뒷면
tagama [동] 보증하다, 보장하다
tagamõte [명] 속뜻
tagandama [동] 쫓아내다, 제거하다
taganema [동] 물러나다, 후퇴하다
tagant [후] ① 뒤로부터 ② ~마다 (한번씩); kongress toimub viie aasta tagant 회의는 5년에 한번씩 열린다
tagaosa [명] 뒤, 후방
tagaotsitav [형] 지명 수배의
tagapõhi [명] 배경
tagasi [부] ① 뒤로; 도로, 다시, 원래대로; tagasi asetama 제자리에 놓다, 되돌리다; tagasi astuma 뒤로 물러나다; tagasi hoidma 억제하다; tagasi jõudma 돌아오다; tagasi keerama (시곗바늘 따위를) 되돌리다, 되감다; tagasi ke-

rima (테이프를) 되감다; tagasi kutsuma 도로 부르다; t-agasi lükkama 뒤엎다; tagasi maksma 갚다, 상환하다; tagasi nõudma 반환을 요구하다; tagasi pöörduma 되돌아가다; tagasi saama 되찾다, 회수하다; tagasi saatma 돌려보내다, 되돌리다; tagasi tulema[minema] 돌아오다[가다]; tagasi tõmbuma 물러서다; tagasi tõrjuma 격퇴하다, 물리치다; tagasi vaadates 되돌아보면, 회고해보니 ② (시간적으로) 이전에

tagasihoidlik [형] 겸손한
tagasihoidlikkus [명] 겸손
tagasikäik [명] 되돌아감, 전도(轉倒)
tagasilangus [명] 후퇴, 퇴보
tagasilöök [명] 역행, 후퇴
tagasimakse [명] 상환, 반제(返濟)
tagasipõrge [명] 되튐
tagasipööre [명] U턴
tagasiside [명] 반응, 피드백
tagasitulek [명] 되돌아옴, 귀환
tagasiulatuv [형] 회고의, 소급의
tagastama [동] 되돌려 주다, 갚다
tagatis [명] 보증
tagavara [명] 저장, 비축, 예비해[남겨] 둠
tagavararatas [명] 스페어타이어
taglas [명] [항해] 삭구(索具)
taguma [동] 치다, 두드리다
tagumik [명] 뒤쪽, 후부(後部); 엉덩이
tagumine [형] 뒤쪽의, 후방의
tagurdama [동] 거꾸로 하다, 후진시키다
tagurlane [명] 반동주의자
·tagurlik [형] 반동의
tagurpidi [부] 뒤로, 엎어

tagurpidikäik [명] (자동차의) 후진
tagurpidine [형] 거꾸로의, 반대의, 역(逆)의
taha [부] 뒤에, 뒤처져; mu kell jääb taha 내 시계는 늦게 간다
tahavaatepeegel [명] (자동차의) 백미러
tahe [명] 의지, 결단
tahk [명] (사물의) 면, 양상
tahke [형] 굳은, 딱딱한
tahkestama [동] 굳어지게 하다
tahkus [명] 굳음, 딱딱함
tahm [명] 때, 그을음
tahmane [형] 때묻은
taht [명] (양초의) 심지
tahtejõud [명] 의지력, 결단력
tahteline [형] 자유 의지에 의한
tahtlik [형] 고의적인, 의도적인
tahtlus [명] 의지, 의향
tahtma [동] ~하고 싶다; mis sa minust tahad? 넌 나한테 무엇을 바라고 있니?
tahumatu [형] 거친
tahvel [명] 판; (초콜릿 따위의) 바
tai [형] 타이의, 태국의; tai keel 태국어 — [명] T- 타이, 태국
taibukas [형] 영리한, 재치 있는
taibukus [명] 총명, 재치
taifuun [명] 태풍
tailane [명] 타이[태국] 사람
taim [명] 식물
taimelava [명] 묘상(苗床), 종묘장
taimer [명] 타이머, 시간 기록 장치
taimestik [명] (한 지방 특유의) 식물상

taimetoiduline [형] 초식성(草食性)의
taimetoitlane [명] 채식주의자
tainas [명] 가루 반죽
taip [명] 이해력, 지능
taipama [동] 이해하다, 파악하다
Taiwan [명] 타이완, 대만
taju [명] 지각, 인식
tajuma [동] 지각하다, 인식하다
takerduma [동] ① 빠지다, 걸려들다 ② 말을 더듬거리다
takistama [동] 가로막다, 방해하다
takistus [명] 장벽, 방해
takseerima [동] 사정하다, 평가하다
takso [명] 택시
taksojuht [명] 택시 운전 기사
taktika [명] 전술
taktitu [형] 재치[요령] 없는
taktitundeline [형] 재치 있는
taktitunne [명] 재치, 기지
taktitus [명] 재치[요령]가 없음
tala [명] 들보, 도리
talaar [명] 예복, 가운
tald [명] ① 발바닥 ② (신발의) 밑창
taldrik [명] (평평한) 접시
taldrikualus [명] 식탁용 매트
taldrikud [명] [음악] 심벌즈
talent [명] (타고난) 재능
talje [명] 허리
tall [명] ① 마구간 ② 새끼 양(羊)
talletama [동] 모아두다, 비축하다
taltsas [형] 길든; 온순한, 유순한, 잘 따르는
taltsutama [동] 길들이다

taltsutamatu [형] 길들지 않은, 제멋대로 하는
talu [명] 농장
taluma [동] 참다, 견디다, 인내하다
talumaja [명] 농가
talumatu [형] 참을 수 없는
talundus [명] 농업, 농장 경영
talunik [명] 농부
talupoeg [명] 영세 농민, 소작농
talutama [동] 이끌다, 인도하다
taluvus [명] 참을성, 인내
talv [명] 겨울
talveuni [명] 겨울잠, 동면
talvituma [동] 겨울을 나다, 월동하다; 동면하다
tamburiin [명] [음악] 탬버린
tamm [명] ① [식물] 오크 (떡갈나무류) ② 둑; 댐
tammetõru [명] 도토리
tammistama [동] 댐으로 (물의 흐름을) 막다
tammuma [동] 쿵쿵 밟다
tampoon [명] [의학] 탐폰 (지혈용)
tangens [명] [수학] 탄젠트
tangid [명] (족)집게
tango [명] 탱고 (춤)
tank [명] [군사] 탱크
tanker [명] 탱커, 유조선
tankima [동] 연료를 공급하다
tankla [명] 주유소
tanklaev [명] 탱커, 유조선
tants [명] 춤, 댄스
tantsima [동] 춤추다
tantsusaal [명] 무도실, 댄스홀
taoline [형] (~와) 비슷한, 그와 같은

taotlema [동] 노력하다, 애쓰다
taotlus [명] 노력, 애씀
tapalava [명] 비계, 발판
tapamaja [명] 도살장
tapatalgud [명] 도살; 학살
tapeet [명] 벽지(壁紙)
tapeetima [동] 벽지를 바르다
tapja [명] 살해자, 킬러
tapma [동] 죽이다, 살해하다
tara [명] 울타리
tarandik [명] 우리, 울로 둘러싼 구역
tarastama [동] 울타리를 두르다
tarbekaup [명] 상품, 소비재
tarbepuit [명] 재목, 목재
tarbetu [형] 불필요한, 쓸모없는
tarbija [명] 소비자
tarbijahinnaindeks [명] [경제] 소매 물가 지수
tarbima [동] 이용하다, 소비하다
tardkivim [명] [광물] 화산암
tarduma [동] 얼다
tardumus [명] 무감각, 마비
tariif [명] 세금, 세율(稅率)
tark [형] 영리한, 총명한, 지혜로운
tarkpea [명] 신동(神童)
tarkus [명] 지혜, 총명
tarkusehammas [명] 사랑니
tarkvara [명] [컴퓨터] 소프트웨어
tarmukas [형] 원기 왕성한, 정력적인
tarmukus [명] 원기, 활기, 정력, 힘
tarne [명] 공급; 배달
tarnija [명] 공급자

tarnima [동] 공급하다; 배달하다
tarretis [명] 젤리
taru [명] 벌집, 벌통
tarve [명] 필요, 요구
tarvik [명] 부속품
tarvis [부] 필요하여; on tarvis töö kohe lõpetada 일을 즉시 끝내야 할 필요가 있다
tasa [부] ① 조용히, 차분하게 ② 맞먹어
tasakaal [명] 균형, 평형
tasakaalukas [형] 균형 잡힌, 평형을 이룬; 안정된
tasakaalustama [동] 균형을 잡다, 평형을 이루게 하다; 안정되게 하다
tasakaalutus [명] 불균형, 불안정
tasakesi [부] 차분하게, 부드럽게
tasandama [동] 고르다, 평평하게 하다
tasandik [명] 평지
tasane [형] ① 차분한, 부드러운 ② 고른, 평평한
tasapisi [부] 조금씩, 점차
tase [명] 수준, 레벨, 정도
tasku [명] 주머니
taskulamp [명] 손전등, 회중 전등
taskuraha [명] 용돈
taskurätik [명] 손수건
taskuvaras [명] 소매치기
tass [명] 컵, 잔
tassima [동] ① 나르다, 운반하다 ② 끌다, 당기다
tasu [명] 보수, 지불
tasuma [동] 값을 치르다[지불하다]
tasuta [형] 무료의, 공짜의
tatar [명] [식물] 메밀
tatsama [동] 터벅터벅 걷다

taud [명] 역병(疫病), 전염병
taunima [동] 비난하다
taust [명] 배경
taustmuusika [명] 배경 음악
tava [명] 관습
tavaline [형] 일상적인, 보통의
tavaliselt [부] 일상적으로, 보통
tavand [명] 의식, 의례
tavapärane [형] 관습적인, 전통적인
tavatsema [동] 습관적으로 즐기다
tavatu [형] 보통이 아닌, 상궤에서 벗어난
te = teie
teada — teada saama 알아내다; minu teada 내가 아는 바로는
teadaanne [명] 진술, 발표
teade [명] 통지, 통보, 공고, 알림
teadetetahvel [명] 게시판, 공고판
teadlane [명] (과)학자, 연구자
teadlik [형] (~을) 알고 있는
teadma [동] 알다; ma tean seda lugu täpselt 나는 이 이야기를 잘 알고 있다
teadmatus [명] 무지, 모름
teadmishimuline [형] 알고 싶어하는
teadus [명] 학문, 과학; 학식
teaduskond [명] (대학의) 학부
teaduskraad [명] 학위
teaduslik [형] 학문의; 과학적인
teadustaja [명] (TV 프로그램 등의) 사회자; 아나운서
teadustama [동] (TV 프로그램 등에서) 사회를 보다
teadvus [명] 의식, 알고 있음; teadvust kaotama 의식을 잃다; teadvusele tulema 의식을 되찾다
teadvusetu [형] 의식을 잃은

teatama [동] 알리다, 통보[고지]하다, 발표하다, 보고하다
teatepulk [명] [육상] (릴레이용) 배턴
teater [명] 극장
teatmeteos [명] 참고서, 참고 도서
teatmik [명] 안내서, 편람
teatraalne [형] 극장의, 연극의
teatrilava [명] (극장의) 무대, 스테이지
teatud [형] (어느) 일정한; teatud mõttes 어떤 의미에서는; teatud määral [piirini] 어느 정도까지는
teavitaja [명] 통지자, 보도자, 알리는 사람
teavitama [동] 알리다, 통지하다
teda [대] 그(녀)를
tee^1 [명] 길, 도로; 루트; teed andma 길을 내주다; teed juhatama 길을 안내하다; teed rajama 선구자; teed sillutama 길을 닦다; teele asuma 출발하다, 길을 떠나다; teelt eksima 길을 잃다
tee^2 [명] 차(茶)
teejuht [명] 길 안내자, 가이드
teekaaslane [명] 길동무
teekann [명] 찻주전자, 티포트
teekond [명] 여행, 길을 떠남
teelusikas [명] 찻숟가락, 티스푼
teema [명] 주제, 문제, 화제, 이슈
teemant [명] 다이아몬드
teene [명] 호의; teenet osutama (~에게) 호의를 보이다, (~의) 부탁 따위를 들어주다
teener [명] 하인, 종
teenijanna [명] 하녀, 여종
teenima [동] ① 돈을 벌다 ② 섬기다, 시중들다
teenindama [동] 섬기다, 봉사하다, 시중들다
teenindus [명] 섬김, 봉사, 시중들기

teenistuskäik [명] 경력, 이력
teenistuslik [형] 공무(公務)의
teenused [명] (편의를 제공하는) 설비, 시설
teerada [명] 길, 트랙
tees [명] 명제(命題)
teeserviis [명] 찻잔[다구(茶具)] 한 벌
teesklema [동] ~인 체하다, 가장하다
teesklus [명] 가장, ~인 체하기
teesulg [명] (도로상의) 바리케이드
teetanus [명] [병리] 파상풍
teetass [명] 찻잔
teetähis [명] 도로 표지
tegelaskuju [명] (연극의) 역(役)
tegelema [동] 다루다, 처리[실행]하다; (어떤 일에) 종사하다
tegelik [형] 사실상의, 실제상의
tegelikkus [명] 현실(성), 리얼리티
tegelikult [부] 실제로, 사실상
tegema [동] (실행)하다; mis sa seal teed? 거기서 무얼 하고 있니?; tegemata jätma 소홀히 하다, 빠뜨리다; tegemata tööd 처리하지 않은 채 놔두다; siin on tegemist rahaga 돈이 문제다
tegev [형] 활동적인, 활동 중인
tegevdirektor [명] (회사의) 사장
tegevteenistus [명] 현역(現役)
tegevus [명] 활동, 실행, 수행; tegevuses 일하고 있어, 집무 중에
tegevusetu [형] 게으른; 수동적인
tegevuskava [명] (실행) 계획
tegevuskoht [명] (실행) 장소
tegevusnimi [명] [문법] 부정사(不定詞)
tegevuspaik [명] (사건 등의) 장소, 현장

tegu [명] 행동, 행위
tegumood [명] [문법] (동사의) 태(態)
tegur [명] ① 요인, 요소 ② [수학] 약수
tegusõna [명] [문법] 동사
tagutsema [동] 행동하다, 작용하다
teguviis [명] 행동, 실행
tehas [명] 공장
tehing [명] 거래, 업무; tehingut sõlmima 거래를 매듭짓다
tehis- [형] 인공의, 인위의
tehismaterjal [명] 합성물, 인조 물질
tehnik [명] 기술자
tehnika [명] 기술
tehniline [형] 기술의, 기술적인
tehnoloogia [명] (과학) 기술, 테크놀로지
tehnoloogiline [형] 과학 기술의
teie [대] ① 너희는, 당신은; teie teenistuses 당신의 필요대로 ② 너희[당신]의 것
teine [대] ① 다른, 또 하나의; keegi teine peab sinna minema 누군가 다른 사람이 거기에 가야 한다; mul on kaks õde: üks on abielus, teine aga vallaline 나에겐 자매가 둘 있는데, 한 명은 결혼했고 다른 한 명은 독신이다 ② 제2의; teise koha võitis Eesti võistleja 2위는 에스토니아 선수였다 ③ teine aste [수학] 제곱, 평방; teine jõulupüha 복싱데이, 크리스마스 선물의 날; teine (ees)nimi (성과 퍼스트네임 사이의) 중간 이름; teise nimega 일명 ~, 별명은 ~
teineteist [대] 서로, 상호간에
teip [명] (접착용) 테이프
teipima [동] 테이프로 감다
teisejärguline [형] 부차적인, 지엽적인; 2류의
teiseks [부] 부차적으로, 둘째로

teisend [명] (원형에 대한) 이형(異形), 변형
teisendama [동] 변경하다, 수정하다
teisik [명] 꼭 닮은 것
teisipäev [명] 화요일
teisiti [부] 그렇지 않으면, 다른 방법으로는
teismeline [명] 십대, 청소년 — [형] 십대의, 청소년의
teivas [명] 장대
teivashüpe [명] [육상] 장대높이뛰기
tekitama [동] 생기게 하다, 발생시키다, 불러 일으키다
tekk [명] ① [항해] 갑판, 덱 ② 담요, 모포
tekkima [동] 생기다, 발생하다; tulekahju tekkis hooletusest 화재는 부주의 때문에 일어났다
teksapüksid [명] 진[데님] 바지
teksariie [명] 데님
tekst [명] 본문, 텍스트
tekstiil [명] 직물, 피륙
tekstitöötlus [명] [컴퓨터] 워드 프로세싱
tekstuur [명] 직물
telefon [명] 전화; telefoni teel 전화상으로; telefoni vastu võtma 전화를 받다
telefonihelin [명] 전화 벨 소리
telefonikaabel [명] 전화선
telefonikaart [명] 전화 카드
telefonikabiin [명] 공중전화 박스
telefonikeskjaam [명] 전화 교환국
telefonikõne [명] 전화를 걺, 통화
telefoninumber [명] 전화번호
telefoniraamat [명] 전화번호부
telefonist [명] 전화 교환수
telegraaf [명] 전신, 전보
telegramm [명] 전보, 전신; telegrammi saatma 전보를 치다

telekas [명] 텔레비전 수상기
telekommunikatsioon [명] (원거리) 전기 통신, 텔레코뮤니케이션
teleks [명] 텔렉스, (국제) 가입 전신
teleobjektiiv [명] [사진] 망원 렌즈
telepaatia [명] 텔레파시
telesaade [명] TV 프로그램[방송]
teleskoop [명] 망원경
televaataja [명] (TV 등을) 보는 사람
televiisor [명] 텔레비전 (수상기)
televisioon [명] 텔레비전, TV; televisioonis 텔레비전에서
telg [명] 축, 굴대
telk [명] 텐트, 천막
teller [명] 출납계원
tellija [명] 구독자
tellima [동] 주문하다; 예약하다; 구독하다
tellimus [명] 주문; tellimust esitama 주문하다
tellingud [명] 발판, 비계
telliskivi [명] 벽돌
tema [대] ① 그는, 그녀는 ② 그의 것, 그녀의 것
tembeldama [동] 도장[스탬프]을 찍다
tempel^1 [명] 도장, 스탬프
tempel^2 [명] 사원, 신전, 성당
temperament [명] 기질, 성질
temperatuur [명] 온도
tempo [명] 속도, 빠르기, 템포, 페이스
tendents [명] 경향, 추세
tennis [명] [스포츠] 테니스
tenor [명] [음악] 테너
teoloogia [명] 신학(神學)
teooria [명] 이론, 학설

teoreem [명] 정리(定理), 일반 원리
teoreetiline [형] 이론상의
teos [명] 작품, 저작
teostama [동] 실행하다, 실현하다, 성취하다
teostuma [동] 실현되다
teostus [명] 실현
teotama [동] 욕보이다, 망신을 주다, 모독하다
teovõimetu [형] 할 수 없는, 불가능한
teppima [동] 꿰매다
tera [명] ① (칼 따위의) 날 ② 낟알, 입자
teraapia [명] 요법, 치료(법)
terane [형] 영리한, 총명한
teras [명] 강철
terav [형] ① 날카로운, 뾰족한 ② (음조 따위가) 높은 ③ 신랄한, 통렬한 ④ (음식이) 매운
teravik [명] 뾰족한 끝, 첨단
teravili [명] 곡식, 곡물, 곡류
teravmeelne [형] 재치 있는
teravnema [동] 날카로워지다
tere [감] 안녕하세요?; (아침 인사로) tere hommikust; (낮 인사로) tere päevast; (저녁 인사로) tere õhtust; tere tulemast 환영합니다, 잘 오셨어요
teritaja [명] 가는[깎는] 것
teritama [동] 갈다, 깎다, 날카롭게 하다
termiit [명] [곤충] 흰개미
termiline [형] [물리] 열(熱)의
termin [명] (전문) 용어
terminal [명] 터미널, 역
termomeeter [명] 온도계
termos [명] 보온병
terrass [명] 테라스; 베란다

territoorium [명] 영토, 영지
terror [명] (심한) 공포
terrorism [명] 테러리즘
terrorist [명] 테러리스트
terve [형] ① 건강한; 건전한; terveks saama 건강을 회복하다; terve mõistus 제정신, 양식(良識) ② 무사한, 안전한 ③ 전체의; terve aasta 일년 내내; terves maailmas 전세계에
tervenisti [부] 전적으로
tervik [명] 전체, 전부
terviklik [형] 전체의, 완전한
terviklikkus [명] 완전한 상태
tervis [명] 건강; ma joon teie terviseks! 당신의 건강을 위하여 건배!; terviseks! 건배!
tervisejooks [명] 조깅
tervisekaart [명] 진료 기록
tervisekeskus [명] 의료 센터
terviseks [감] ① 건배!; terviseks jooma (~을) 위하여 축배를 들다 ② (재채기하는 사람에게) 신의 가호가 있기를!
tervishoid [명] 위생
tervislik [형] 건강에 좋은
tervitama [동] 인사하다
tervitus [명] 인사, 안부 묻기
tesaurus [명] (유의어 등의) 사전
test [명] (학교에서의) 시험, 고사
testament [명] 유언(장), 유서
tibu [명] 새새끼, 병아리
tibutama [동] 이슬비가 내리다
tige [형] 화를 잘 내는, 심술궂은
tigu [명] [동물] 달팽이
tihe [형] ① 두꺼운 ② 밀집한; (교통 따위가) 번잡한, 붐비는

③ (일정 따위가) 빡빡한
tihedalt [부] 밀집하여
tihedus [명] 밀도; 두께
tihendama [동] 압착하다, 농후하게 하다
tihke [형] 농후한
tihti [부] 자주, 종종
tiib [명] 날개; 익(翼)
tiibklaver [명] 그랜드피아노
tiiger [명] [동물] 호랑이
tiik [명] 연못, 호수
tiirane [형] 호색의, 음란한
tiirlema [동] 선회[회전]하다
tiitel [명] 제목, 표제, 타이틀
tiiter [명] (영화 등의) 자막
tikand [명] 자수(刺繡)
tikker [명] [식물] 구스베리, 서양까치밥나무(의 열매)
tikkima [동] 수놓다
tiksuma [동] (시계 따위가) 똑딱거리다
tikutoos [명] 성냥갑
tila [명] 주둥이, 입
tilisema [동] 딸랑딸랑 울리다
tilk [명] (액체의) 방울
tilkuma [동] 똑똑 떨어지다
tilkuv [형] (콧물 따위가) 흐르는
till [명] ① [식물] 딜 (미나릿과 식물) ② (속어로) 음경, 남근
tilluke [형] 조그마한
timukas [명] 사형 집행인
tina [명] [화학] 주석
tindikala [명] [동물] 오징어
tindiprinter [명] [컴퓨터] 잉크젯 프린터
tingima [동] 값을 깎다, 에누리하다

tingimus [명] 조건, 조항; tingimusel (~이라는) 조건으로
tingimuslik [형] 조건부의
tingimusteta [형] 무조건의
tingiv [형] tingiv kõneviis [문법] 조건법
tingmärk [명] 기호, 부호, 심벌
tint [명] 잉크
tipp [명] 꼭대기, 정점, 정상
tippkohtumine [명] (국가의) 정상, 수뇌
tipptund [명] 러시아워
tiraaž [명] 발행 부수
tirel [명] 공중제비, 재주넘기
tirima [동] (잡아·끌어)당기다
tisler [명] 소목장이, 목수
tissid [명] 유방, 젖
tituleerima [동] 칭호를 주다
toas [부] 실내에서
toateenija [명] (호텔 등의) 여종업원
tobe [형] 어리석은, 멍청한
tobu [명] 바보, 멍청이
toekas [형] 억센, 튼튼한
toestama [동] 받치다, 지지하다
toetama [동] ① 지지하다, 편들다, 옹호하다 ② (금전적으로) 원조하다, 후원하다
toetuma [동] (~에) 의지하다, 기대다; (~의) 도움을 받다
toetus [명] 후원, 원조; 후원금, 수당, 장려금
tohman [명] 바보, 얼간이
tohoh [감] 이크, 아이고!
tohtima [동] ~해도 좋다; kas ma tohin siia jääda? 여기에 남아도 좋습니까?; siin ei tohi suitsetada 여기선 금연입니다
tohutu [형] 거대한, 막대한

toibuma [동] 회복하다
toibutama [동] 회복시키다
toiduaine [명] 식료품
toidukaubad [명] 식료 잡화류
toidumürgitus [명] 식중독
toidupood [명] 식료품점
toiduvalmistamine [명] 요리, 음식 만들기
toiduvarud [명] 식량 (공급량)
toime [명] 영향(력), 작용, 효과; toime panema 실행하다; toime tulema 처리하다
toimetaja [명] 편집자
toimetama [동] ① 편집하다 ② 처리하다, 행하다
toimetus [명] 편집부원
toimik [명] (일건) 서류, 파일
toimima [동] 기능하다, 수행하다, 작용하다
toiming [명] 처리, 실행, 작용
toimkond [명] 위원회
toimuma [동] (일이) 일어나다, 행해지다; eile toimus kohutav õnnetus 어제 끔찍한 사고가 발생했다
toimumispaik [명] 행위[사건]의 현장, 발생지
toit [명] 음식, 먹을 것
toitaine [명] 영양분
toiteallikas [명] 전원, 전력 공급 장치
toitev [형] 자양분이 되는, 영양을 공급하는
toitlustama [동] 음식물을 조달하다
toitma [동] 먹이다, 영양을 공급하다
toituma [동] (~을 먹이로) 먹다
toksiline [형] 유독한, 독성이 있는
tola [명] 얼간이, 멍청이
tolerantne [형] 관대한, 아량이 있는
tolerantsus [명] 관용, 관대, 아량

tolgendama [동] 어슬렁거리다, 서성거리다
tolknema [동] 어슬렁거리다, 서성거리다
toll [명] ① 관세 ② [길이의 단위] 인치
tolleaegne [형] 그때의, 그 당시의
tollimaks [명] 세금, 관세
tolli(lõivu)vaba [형] 면세(免稅)의
tolm [명] 먼지
tolmuimeja [명] 진공청소기
tolmune [형] 먼지투성이의, 먼지가 많은
tomat [명] [식물] 토마토
tomp [명] 덩어리, 덩이
toniseeriv [형] 원기를 돋우는
tonn [명] [무게의 단위] 톤 (t)
tonnaaž [명] 용적 톤수
tont [명] 유령, 악령
too [대] 저것, 그것
toober [명] 큰 통
toodang [명] 생산, 산출
toode [명] 생산품, 제품
tool [명] 의자
tooma [동] 가져오다; külalised tõid lapsele kingituse 손님들은 아이에게 (줄) 선물을 가져왔다
toon [명] 음조(音調), 어조(語調), 톤
toonekurg [명] [조류] 황새
toonik [명] 강장제
toonima [동] 색조를 띠게 하다, 엷게 물들이다
toonitama [동] 강조하다, 강세를 두다
toor- [형] 날것의, 생(生)~
toores [형] ① 날것의, 가공하지 않은; 덜 익은 ② 거친, 조야한
toormaterjal [명] 원료, 원자재

toos [명] 상자, 케이스, 박스
toost [명] 토스트
tootja [명] 생산자, 제작자
tootlik [형] 생산성이 높은, 많이 생산하는
tootlikkus [명] 생산성[력], 생산적임
tootma [동] 생산하다, 산출하다, 제작하다
topelt [부] 두 배로
toppama [동] 멈추다, 움직이지 않게 되다
tore [형] 좋은, 멋진, 훌륭한
toredus [명] 화려함, 찬란함
toretsev [형] 화려한
torge [명] 찌르기, 찌름
torisema [동] 투덜거리다, 불평하다
torisev [형] 성미 까다로운
torkama [동] (쿡) 찌르다
torkima [동] 찌르다, 쑤시다
torkiv [형] 찌르는, 쑤시는
torm [명] 폭풍
tormakas [형] 성마른, 성격이 거친
tormama [동] 달려들다, 덤비다, 쇄도하다
tormijooks [명] 쇄도; 습격
tormiline [형] 휘몰아치는; 거친, 사나운
tormilisus [명] 휘몰아침; 거칢, 사나움
tormine [형] 사나운, 격렬한, 거친
tormitsema [동] 휘몰아치다, 광포하다
torn [명] 탑; (교회 등의) 첨탑
tornaado [명] [기상] 토네이도
tornmaja [명] 고층 빌딩
torpeedo [명] [군사] 어뢰
torso [명] [미술] 토르소
tort [명] 케이크; 파이

toru [명] 튜브, 파이프, 관
torujas [형] 튜브[관] 모양의
torujuhe [명] 파이프라인
torulukksepp [명] 배관공
torupill [명] [음악] 백파이프
torustik [명] 배관(配管)
tosin [명] 1다스, 12개
totaalne [형] 전체의; 전적인
totter [형] 어리석은, 지각 없는
traageldama [동] 가봉(假縫)하다, 시침질하다
traagiline [형] 비극의, 비극적인
traal(noot) [명] 트롤망, 저인망
traalima [동] 트롤[저인망] 어업을 하다
traallaev [명] 트롤[저인망] 어선
traatvõrk [명] 철망
traav [명] 빠른 걸음, 속보
traavima [동] 빨리 걷다, 속보로 가다
traditsioon [명] 전통, 관습
traditsiooniline [형] 전통적인
trafo [명] [전기] 변압기, 트랜스
tragöödia [명] 비극
trahter [명] (선)술집
trahv [명] 벌금
trahvima [동] 벌금을 물리다
traksid [명] (바지의) 멜빵
trakt [명] [해부] 관(管), ~계(系), 도(道)
traktaat [명] 소책자
traktor [명] 트랙터
trallitama [동] 흥겹게 놀다[즐기다]
tramm [명] 시가 전차
trampima [동] 밟다

trampliin [명] 트램폴린 (그 위에서 점프가 가능한 운동 기구)
transiit [명] 통과, 통행; 운송, 운반
transistor [명] [전자] 트랜지스터
transitiivne [형] [문법] 타동(사)의
transleerima [동] (방송으로) 중계하다
transplantaat [명] [외과] (기관·조직의) 이식
transpordivahend [명] 교통수단
transport [명] 수송 기관
transportima [동] 나르다, 운반하다, 수송하다
transportöör [명] 운반인
transs [명] 황홀, 무아지경
trauma [명] ① 상처, 외상(外傷), 트라우마 ② 사고
traumapunkt [명] 응급실
treener [명] 코치, 트레이너, 지도자
treenima [동] 지도하다, 가르치다, 코치하다, 연습시키다, 훈련시키다
treening [명] 연습, 훈련, 트레이닝
trekk [명] 트랙, 코스
trell [명] ① 드릴, 천공기 ② 막대, 바
trellid [명] 격자, 창살
trend [명] 유행의 스타일, 트렌드
trendikas [형] 최신 유행의, 유행을 따르는
trenn [명] 연습, 훈련, 트레이닝
trepikoda [명] 계단, 층계
trepikäsipuu [명] 계단의 난간
trepp [명] 계단, 층계; trepist alla 아래층으로; trepist üles 위층으로
triblama [동] [스포츠] (공을) 드리블하다
tribunal [명] 법정, 법관석
tribuut [명] 공물, 세(稅)
tribüün [명] 대(臺), 단(壇)

trigonomeetria [명] 삼각법
triibuline [형] 줄무늬가 있는
triikima [동] 다림질하다
triikraud [명] 다리미
triip [명] 줄(무늬)
triivima [동] 떠돌다, 떠다니다
triiviv [형] 떠도는
trikk [명] (교묘한) 속임수, 트릭
trikoo [명] 수영복
triljon [명] 1조(兆)
trio [명] 3인조, 트리오
tripp [명] 끈, (매다는) 줄
triumf [명] 승리; 대성공
triumfeerima [동] 승리를 얻다; 성공하다
triumfeeriv [형] 승리를 얻은; 성공한
triviaalne [형] 하찮은, 사소한, 별것 아닌
trobikond [명] 무리, 떼, 일군(一群)
trofee [명] 트로피, 상
tromboon [명] [음악] 트롬본
trompet [명] [음악] 트럼펫
troon [명] 왕좌, 옥좌; 왕위; troonile astuma 왕위에 오르다; troonilt tõukama 폐위하다; troonist loobuma 왕위를 버리다, 퇴위하다
troopika [명] 열대지방
troopiline [형] 열대지방의
troost [명] 위로, 위안
troostitu [형] 불행한, 위안이 없는, 낙담되는
trots [명] 도전, 반항
trotsima [동] 도전하다, 번서다
trotslik [형] 도전하는, 번서는
trumm [명] 북, 드럼

trummar [명] 북치는 사람, 드러머
trummel [명] 북, 드럼
trummeldama [동] 둥둥 치다[두드리다]
trummipulk [명] 북채
trump [명] [카드놀이] 으뜸패
trust [명] [경제] 트러스트, 기업 합동
truu [형] 충실한, 성실한, 신의가 두터운
truudus [명] 충실, 성실
truudusetu [형] 불충한, 충실[성실]하지 않은
truudusetus [명] 불충
trööst [명] 위로, 위안
trügima [동] (난폭하게) 밀치다, 떼밀다, 밀고 나아가다
trükikoda [명] 인쇄소
trükikunst [명] 인쇄술
trükipress [명] 인쇄기
trükk [명] (인쇄물의) 판(版)
trükkal [명] 인쇄업자
trükkima [동] 인쇄하다
tsaar [명] 차르, (러시아의) 황제
tsellofaan [명] 셀로판
tselluliit [명] [의학] 셀룰라이트
tselluloid [명] 셀룰로이드
tselluloos [명] [화학] 셀룰로오스, 섬유소
tsement [명] 시멘트
tsementima [동] 시멘트를 바르다
tsenseerima [동] 검열하다
tsensor [명] 검열관
tsensuur [명] 검열
tsentner [명] 약 50kg에 해당하는 무게의 단위
tsentraliseerima [동] 집중시키다, 중심에 모으다
tsentrism [명] [정치] 온건파

tseremoonia [명] 의식, 예식, 식(式)
tseremooniameister [명] (식(式)의) 사회자, 진행자
tsink [명] [화학] 아연
tsirkus [명] 서커스, 곡예
tsistern [명] 물 탱크, 수조
tsitaat [명] 인용(문)
tsiteerima [동] 인용하다
tsitruseline [명] [식물] 감귤류
tsiviil- [형] 일반 시민의, 민간의
tsiviilne [형] 일반 시민의, 민간의
tsiviilõigus [명] 민법
tsivilisatsioon [명] 문명
tsiviliseerima [동] 문명화하다
tsoon [명] 지대, 지역, 구역, 존
tsunft [명] 동업 조합, 길드
T-särk [명] 티셔츠
tsüaniid [명] [화학] 시안화물, 청산염
tsükkel [명] 사이클, 주기
tsüklon [명] [기상] 사이클론, (인도양의) 열대성 저기압
tšehh [명] 체코 사람
tšehhi [형] 체코의; tšehhi keel 체코어 ― [명] T- 체코
tšekiraamat [명] 수표장
tšekk [명] 수표
tšellist [명] 첼리스트, 첼로 연주자
tšello [명] [음악] 첼로
tšempion [명] 챔피언
tšiili [형] 칠레의 ― [명] T- 칠레
tšiillane [명] 칠레 사람
tualett [명] 화장실
tualettlaud [명] 화장대, 경대
tualettpaber [명] 화장지

tuba [명] 방, 침실
tubakas [명] 담배
tuberkuloos [명] [병리] 결핵
tubli [형] 좋은, 훌륭한, 괜찮은; tubli olema 일을 잘[훌륭하게] 처리하다 — [감] 잘했어, 잘됐어
tugev [형] 강한, 힘찬, 세찬; (목소리 따위가) 큰, 우렁찬
tugevatoimeline [형] 억센, 거친
tugevdama [동] 강하게 하다, 강화하다
tugevnema [동] 강해지다, 강화되다
tugevus [명] 힘(참), 강함, 억셈
tugi [명] 지지대, 받침대
tugitool [명] 안락의자
tuhandes [형] 1천번째의
tuhandik [명] 1천번째
tuhar [명] 궁둥이
tuhastama [동] 태우다, 소각하다
tuhat [수] 천, 1000
tuhatoos [명] 재떨이
tuhk [명] (타고 남은) 재
tuhkur [명] [동물] 흰족제비, 페렛
tuhm [형] 희미한, 약한, 흐린, 뚜렷하지 않은
tuhmuma [동] 희미하게[약하게·흐리게] 하다
tuhnima [동] 마구[샅샅이] 뒤지다
tuigerdama [동] 비틀거리다
tuiklema [동] 맥이 뛰다, 고동하다
tuiksoon [명] [해부] 동맥
tuikuma [동] 비틀거리다
tuim [형] 둔한, 무딘
tuimastama [동] 둔하게[무디게] 하다
tuimasti [명] 마취제
tuimastus [명] [의학] 마취

tuimus [명] 무감각, 둔감
tuju [명] ① 기분, 심정 ② 변덕
tujukas [형] 변덕스러운
tukastama [동] (꾸벅꾸벅) 졸다
tukkuma [동] (꾸벅꾸벅) 졸다
tuksatus [명] 고동, 맥박
tuksuma [동] 고동치다, 두근거리다, 맥이 뛰다
tulekindel [형] 내화성(耐火性)의, 방화(防火)의
tulekivi [명] 부싯돌
tulekustuti [명] 소화기(消火器)
tulem [명] 세입, 수입
tulema [동] ① 오다, 가다; tule meiega kaasa! 우리와 함께 가자!; tuli sügis 가을이 왔다 ② ~해야 하다; kui palju tuleb mul maksta? 제가 얼마를 내야 하죠?
tulemus [명] 결과, 성과
tulenema [동] (~한) 결과가 되다, (~의) 결과로 일어나다
tuleohtlik [형] 불타기 쉬운, 가연성의
tuletama [동] 추론하다, 결론을 이끌어내다
tuletikk [명] 성냥
tuletis [명] [언어] 파생어
tuletorn [명] 등대
tuletõrjeauto [명] 소방차
tuletõrjedepoo [명] 소방서
tuletõrjuja [명] 소방관
tulevane [형] 장래의, 장차의, 오는
tulevik [명] 미래, 장래
tulevärk [명] 불꽃놀이
tuli [명] 불, 불꽃; tuld kohendama 불이 잘 붙게 하다; tuld kustutama 불을 끄다; tuld! 불이야!
tulihingeline [형] 열렬한, 타오르는
tulikuum [형] 뜨겁게 달아오른

tuline [형] 뜨거운
tulirelv [명] 화기(火器)
tulistama [동] (화기(火器)를) 쏘다, 발사하다, 사격하다
tulnukas [명] 외계인, 우주인
tulp [명] ① [식물] 튤립 ② 막대, 장대, 기둥
tulu [명] 이익, 수익, 수입; 세입
tulumaks [명] 소득세
tulus [형] 이익[벌이]이 되는, 수지맞는
tulusaaja [명] 수익자, 이익을 보는 사람
tulutoov [형] 이익[벌이]이 되는
tulutu [형] 무익한, 무효의
tulv [명] 넘쳐 흐름
tulvama [동] 넘쳐 흐르다
tulvavesi [명] 홍수
tume [형] 어두운; 음침한; (색깔 따위가) 짙은
tumm [형] 말 못하는, 벙어리의; 무성(無聲)의
tund [명] ① 한 시간; ma töötan kaheksa tundi päevas 나는 하루에 8시간 일한다 ② (학교의) 수업 시간; lapsed olid eesti keele tunnis 아이들은 에스토니아어 수업을 받고 있었다
tundeline [형] 감정적인, 감수성이 예민한
tunderõhk [명] 강조
tundetu [형] 냉담한, 무감각한, 무감정의
tundetulv [명] (감정의) 고조
tundlik [형] 민감한, 감수성이 예민한
tundlikkus [명] 민감, 감수성
tundma [동] ① 느끼다, 감지하다; ma tundsin külma, janu ja valu 나는 추위와 갈증, 그리고 고통을 느꼈다; ma tunnen ennast hästi 나는 기분이 좋다 ② 알다, 알고 있다; ma tunnen teda juba kaua 나는 그를 오래 전부터 알고 있다

tundmatu [형] 모르는, 미지의, 낯선 — [명] 모르는 사람, 낯선 사람
tundra [명] [지리] 툰드라
tunduma [동] ~인 듯하다, ~하게 생각되다; mulle tundub, et me peame varsti lahkuma 이제 가야할 것 같다
tunduvalt [부] 아주, 상당히
tuneesia [형] 튀니지의 — [명] T- 튀니지
tuneeslane [명] 튀니지 사람
tung [명] (~하도록) 몰아댐
tungiv [형] 절박한, 긴급한, 꼭 해야 하는
tunglema [동] 밀어 닥치다, 밀치며 모여들다
tungraud [명] (자동차의) 잭
tunked [명] 작업복
tunne [명] 느낌; 감정
tunnel [명] 지하도, 터널
tunnimees [명] [군사] 보초, 초병
tunniplaan [명] 시간표, 계획표
tunnistaja [명] 증인
tunnistama [동] ① 인정하다 ② 증언하다, 입증하다
tunnistus [명] ① (법정에서의) 증언; tunnistust andma 증언하다 ② (학교의) 리포트, 과제물 ③ 증서, 면허증
tunnus [명] (나타나는) 특성, 특질
tunnustama [동] 인정하다, 수용하다, 받아들이다
tunnustus [명] 인정, 수용
tuntud [형] 잘 알려진
tupik [명] 막다른 곳
tupp [명] ① 칼집 (칼을 꽂는 도구) ② [해부] 질
tupsutama [동] 가볍게 두드리다
turban [명] 터번
turbiin [명] [기계] 터빈
turbulentne [형] 휘몰아치는, 소용돌이치는

turbulents [명] 난류(亂流)
turg [명] 시장(市場)
turi [명] 목덜미
turism [명] 관광
turist [명] 관광객
turistiklass [명] (탈것의) 2등
turnee [명] 관광 여행, 투어
turniir [명] 토너먼트
turritama [동] 곤두서다
tursk [명] [어류] 대구
turske [형] 억센, 강건한, 튼튼한
tursunud [형] [병리] 충혈[울혈]된
turundus [명] 마케팅
turustama [동] (팔려고) 시장에 내놓다
turvaline [형] 안전한
turvaliselt [부] 안전하게
turvalisus [명] 안전
turvama [동] (안전하게) 지키다, 보호하다
turvamees [명] 경비원; 보디가드
turvapadi [명] (자동차의) 에어백
turvas [명] 토탄(土炭)
turvavöö [명] (좌석의) 안전벨트
tusane [형] 샐쭉한, 지르퉁한
tusatsema [동] 샐쭉해지다, 지르퉁해지다
tušš [명] 잉크
tutt [명] (장식용) 술
tuttav [형] (~을) (잘) 아는; tuttav olema (~을) (잘) 알다; tuttavaks saama 만나다, 알게 되다; tuttavaks tegema 소개하다, 알게 하다 — [명] 알고 있음
tuttavlik [형] 익숙한, 편한
tutvuma [동] 알게 되다; me tutvusime omavahel 우리는 서

로 알게 되었다, 아는 사이가 되었다
tutvus [명] 알고 있음
tutvustama [동] 소개하다, 알게 하다
tutvustus [명] 소개
tuuba [명] [음악] 튜바
tuuker [명] 잠수부, 다이버
tuul [명] 바람(風)
tuulama [동] 바람에 날리다
tuule- [형] 바람의
tuuleenergia [명] 풍력(風力)
tuuleiil [명] 한바탕 부는 바람, 돌풍
tuulekaitse [명] 바람막이
tuulekeeris [명] 회오리바람
tuuleklaas [명] (자동차의 바람막이용) 전면 유리
tuulelipp [명] 바람개비, 풍향계
tuulelohe [명] (공중에 날리는) 연
tuulepuhang [명] 질풍, 돌풍, 큰바람
tuulerõuged [명] [병리] 수두(水痘), 작은마마
tuuletõmbus [명] 틈새 바람, 외풍, 통풍
tuuleveski [명] 풍차
tuuline [형] 바람 부는
tuulispask [명] 회오리바람
tuulutama [동] 통풍하다, 공기[바람]를 통하다
tuulutus [명] 통풍, 환기
tuum [명] 핵(核); 요점, 골자
tuum(a)- [형] 원자의, 핵의
tuumaelektrijaam [명] 원자력 발전소
tuumaenergia [명] 원자력, 핵에너지
tuumalõhkepea [명] 핵탄두
tuumapomm [명] 원자폭탄
tuumareaktor [명] 원자로

tuumarelv [명] 핵무기
tuumik [명] 핵심
tuuner [명] 튜너
tuunikala [명] [어류] 참치, 다랑어
tuupima [동] 열심히 공부하다
tuupur [명] 공붓벌레
tuur [명] 한판 승부, 라운드
tuuseldama [동] 치다, 때리다
tuututama [동] 경적 따위를 울리다
tuvastama [동] 확인하다, 확정하다
tuvi [명] [조류] 비둘기
tviid [명] 트위드 (직물의 일종)
tõbi [명] 병, 앓음
tõbine [형] 아픈, 건강하지 못한
tõbras [명] 더러운[짐승 같은] 놈
tõde [명] 참, 진실(성)
tõdema [동] 분명히 알게 되다
tõeline [형] 참된, 진실된, 진짜의, 사실의, 정말의
tõeliselt [부] 정말, 진짜, 참으로
tõelisus [명] 진실성, 진짜임, 참됨
tõend [명] 증거, 단서, 근거
tõendama [동] 증명하다, 입증하다, 확실성을 보장하다
tõendus [명] 증거
tõene [형] 참된, 진실된, 옳은
tõenäoline [형] 그럴듯한, 정말 같은
tõenäoliselt [부] 아마
tõenäosus [명] 가능성, 그럴듯함
tõepoolest [부] 정말, 진짜, 참으로, 확실히
tõepärane [형] 참된, 진정한, 진짜의
tõestama [동] 증명하다, 입증하다
tõesti [부] 정말, 진짜, 참으로

tõhus [형] 효율적인, 생산적인
tõke [명] ① 장벽, 장애물 ② [육상] 허들
tõkestama [동] (가로)막다, 방해하다, 저지하다; 금지하다
tõkestatud [형] (가로)막힌, 차단된
tõkestus [명] (가로)막음, 차단, 저지; 금지
tõkkepuu [명] 가로장, 가로막는[저지하는] 막대
tõld [명] 마차
tõlge [명] 해석, 번역
tõlgendaja [명] 해석[번역]하는 사람
tõlgendama [동] 해석하다, 번역하다
tõlk [명] 해석[번역]하는 사람
tõlkija [명] 해석[번역]하는 사람
tõlkima [동] 해석하다, 번역하다
tõmbama [동] ① (끌어)당기다 ② (차(茶) 따위를) 끓이다 ③ tõmba uttu! (속어로) 꺼져!
tõmblema [동] 홱 움직이다, 경련을 일으키다
tõmblukk [명] 지퍼
tõmblus [명] 홱 움직임, 경련
tõmmis [명] 추출물
tõmmu [형] 거무스름한, 가무잡잡한
tõotama [동] 맹세하다, 서약하다
tõotus [명] 맹세, 서약
tõre [형] 뿌루퉁한, 퉁명스러운
tõrelema [동] 꾸짖다
tõrges [형] 마음대로 되지 않는, 다루기 힘든
tõrjuma [동] (타격 등을) 막다, 받아넘기다
tõrksus [명] 마음대로 되지 않음, 다루기 힘듦
tõrs [명] 큰 통
tõrv [명] 타르, 피치
tõrvik [명] 횃불
tõsi [명] 진실

tõsidus [명] 진지함
tõsielufilm [명] 다큐멘터리, 기록물
tõsimeelne [형] 진실한, 진심의
tõsine [형] 진지한, 심각한; tõsiselt võtma 진지하게[심각하게] 받아들이다
tõstatama [동] (이의를) 제기하다
tõstesild [명] 들어올리는 다리(橋)
tõstma [동] 들어올리다; 높이다
tõstmine [명] [스포츠] 역도
tõstuk [명] 엘리베이터
tõuaretus [명] (동물의) 사육
tõug [명] 종족, 계통
tõuge [명] 밀기, 밀치기
tõuk [명] 구더기; 쐐기벌레
tõukama [동] 밀다, 밀치다, 떠밀다
tõukeratas [명] 스쿠터
tõuklema [동] 밀치다, 떠밀다
tõus [명] ① 오름, 상승; (임금 등의) 인상 ② (바다의) 만조(滿潮); tõus ja mõõn 조수의 간만
tõusev [형] 오르는, 상승하는
tõusma [동] 오르다, 상승하다, 증가하다
tõusuvesi [명] 만조(滿潮)
täbar [형] 괴까다로운
tädi [명] 아주머니
tähe- [형] 별(星)의
tähelepanek [명] (주의 깊은) 관찰
tähelepanelik [형] 주의 깊은, 세심한
tähelepanematus [명] 간과, 빠뜨리고 못 봄
tähelepanu [명] 주목, 주의; tähelepanu! 주목해 주세요!; tähele panema 주의하다, 주시하다; tähelepanu all hoidma 주의 깊게 지켜보다; tähelepanu juhtima 이목을 끌다; tä-

helepanu keskpunktis olema 주목[각광] 받고 있다; tähelepanu pöörama 주목하다, 주의를 기울이다
tähelepanuväärne [형] 주목할 만한, 두드러진, 눈에 띄는
tähelepanuväärselt [부] 주목할 만하게, 두드러져, 눈에 띄게
tähendama [동] 의미하다, 뜻하다, 나타내다; tähendab, te olete nõus? 찬성하는 겁니까?
tähendus [명] 의미, 뜻, 취지
tähestik [명] 알파벳, 자모
tähetorn [명] 천문대
tähine [형] (하늘에) 별이 총총한
tähis [명] 표시, 마크, 사인; (길의) 이정표
tähistama [동] 표시하다, 명시하다, 나타내다
tähk [명] [식물] 이삭
tähn [명] 반점, 얼룩
täht [명] ① 별(星) ② 문자, 글자
tähtaeg [명] (마감) 기한, 만기(滿期); tähtajaline hoius (보통) 예금 계좌; tähtaja ületanud 지불 기한이 넘은, 미불(未拂)의
tähtis [형] 중요한, 중대한; pole tähtis! 신경 쓰지 마, 중요한 일도 아닌데 뭐; tähtis tegelane 중요 인물, 거물
tähtkuju [명] 별자리
tähtsaim [형] 주요한, 으뜸가는
tähtsus [명] 중요성
tähtsusetu [형] 중요하지[대수롭지] 않은, 사소한; tähtsusetu inimene 별것 아닌 녀석
tähttäheline [형] 글자대로의
täi [명] [곤충] 이
täide [부] täide minema 이뤄지다, 실현되다; täide viima 이행[실행]하다, 실시[집행]하다
täidesaatev [형] 실행[집행]하는
täidesaatja [명] [법률] 집행인
täidis [명] 속에 채워 넣는 것

täielik [형] 전적인, 완전한; täielikult haaratud 몰두한; täielikult pühenduma 완전히 사로잡히다
täiend [명] 보충, 보완
täiend- [형] 보충하는, 보완적인
täiendama [동] ① 보충하다, 채워넣다 ② [컴퓨터] 업그레이드 하다
täienema [동] 향상하다, 개선하다
täies [형] täies hoos 한창 진행 중인; täies jõus 원기왕성한; täies koosseisus 전원(全員)이 다 모여
täiesti [부] 완전히, 전적으로, 아주; täiesti ilma rahata 돈이 전혀 없어; täiesti nõutu 어찌할 바를 모르고; täiesti paljalt 전라(全裸)로; täiesti salajaselt 극비(極秘)로; täiesti uus 갓 만들어진, 아주 새것의 — [감] 절대로
täimuna [명] 서캐 (이의 알)
täis [형] ① 가득한, 충만한, 꽉 찬; täis puhuma 부풀다; täis saama 가득 차다 ② 술에 취한
täisealine [형] 어른이 된, 성년(成年)에 이른 — [명] 어른, 성인, 성년
täishäälik [명] [언어] 모음
täiskarsklane [명] 절대 금주주의자
täiskasvanu [명] 어른, 성인
täiskasvanud [형] (사람이) 어른의, 성년에 이른; (동식물이) 다 자란
täiskiilutud [형] 꽉 들어찬, 빽빽한
täiskiirusel [부] 전속력으로
täiskohaga [부] 전시간제로
täiskuu [명] 보름달
täismajutus [명] 세 끼 식사가 딸린 숙박
täismõõduline [형] 실물 크기의
täisnurk [명] [기하] 직각, 90도
täispiim [명] (지방분을 빼지 않은) 전유(全乳)

täispikk [형] (영화 따위가) 전체 길이의
täistera- [형] 밀기울을 빼지 않은 밀가루의
täitematerjal [명] 속을 채우는 것
täitesulepea [명] 만년필
täitev- [형] 집행[실행]하는, 관리[경영]의
täitma [동] ① (속을) 채우다, 채워 넣다 ② (약속·법률 따위를) 지키다, 이행하다
täitmatus [명] 대식, 폭식
täituma [동] ① 가득 차다, 충만해지다 ② 이뤄지다, 실현되다
täiuslik [형] 흠[결함] 없는, 완전한, 이상적인
täiustama [동] 향상하다, 개선하다, 완벽에 가깝게 하다
täke [명] 새김눈, 움푹 팬 곳
täkestama [동] 새기다, 움푹 패게 하다
täkk [명] 종마(種馬)
täna [부] 오늘; täna nädala pärast 다음 주의 오늘
tänama [동] 감사하다, 고마워하다
tänamatu [형] 감사할 줄 모르는, 배은망덕의
tänan [감] 감사합니다; tänan (sind) südamest 정말 고맙소
tänane [형] 오늘의; tänane päev 오늘; tänane õhtu 오늘 저녁; tänane öö 오늘 밤
tänapäev [명] 오늘; 현재
tänapäeval [부] 요즘
tänapäevane [형] 현대의, 최신의
tänav [명] 거리, 가로; tänaval 거리에서, 거리를 떠돌아
tänavalaps [명] 집 없는 아이, 부랑아
tänavamuusik [명] 거리의 악사
tänitama [동] 고함치다
tänu [명] 감사, 사의 — (~의) 덕분에
tänulik [형] 고맙게 여기는, 감사하는; tänulik olema 감사하다, 고마운 마음을 갖다
tänulikkus [명] 감사

tänumeel [명] 감사하는 마음, 사의
tänupüha [명] [기독교] 추수감사절
tänuväärne [형] 감사할 만한
täpe [명] 작은 점
täpiline [형] 점이 찍힌
täpipealt [부] 꼭, 바로, 딱 맞춰서
täpne [형] ① 정확한, 꼭[딱] ~한 ② (특징 따위가) 명확히 나
    타난, 상세한; täpsed andmed 세부 내용[정보]
täpp [명] 점(點)
täppisteadus [명] 정밀 과학
täpselt [부] 정확히, 꼭, 딱; täpselt kell kümme 10시 정각에;
    täpselt keskel 정중앙에, 한복판에; täpselt kümne seku-
    ndiga 10초 플랫에, 정확히 10초 동안; täpselt määrama
    정확하게 지적하다; täpselt tabama 정확히 맞히다, 명중시
    키다
täpsus [명] 정확성
täpsustama [동] 정확하게[상세하게] ~하다
tärgeldama [동] 풀을 먹이다, 빳빳하게 하다
tärin [명] 덜걱거림
täring [명] 주사위
täristama [동] 덜걱거리다
tärkama [동] (~으로부터) 생겨나다, 발생하다
tärklis [명] 녹말; (세탁용) 풀
tärn [명] 별표, 애스터리스크
tärpentin [명] 테레빈
tätoveerima [동] 문신하다
tääk [명] 총검
tögama [동] 놀리다, 희롱하다
töntsakas [형] 땅딸막한
töö [명] 일, 근로, 노동, 작업, 근무, 업무; 직장; tööl 일하고
    있어, 직장에서; tööd lõpetama 일을 끝내다; tööle asuma

일을 시작하다, 일에 착수하다; tööle võtma 고용하다; töölt lahkuma 일[직장]을 그만두다; töölt vallandama 해고하다
tööandja [명] 고용주, 사용자
töödejuhataja [명] (일꾼들의) 십장, 직장(職長)
töögraafik [명] 작업 스케줄
tööhõive [명] 고용
tööjõud [명] 인력, 노동력
töökaaslane [명] 직장 동료, 동료 근로자
töökas [형] 열심히 일하는, 근면한
töökatkestus [명] 파업
töökindel [형] 의지할 만한
töökoda [명] 작업장, 일터, 직장
töökoht [명] 직위, (직장 내) 지위
töökorras [형] 작동하는, (잘) 돌아가는
töökus [명] 열심히 일함, 근면
tööline [명] 일꾼, 근로자
töölisklass [명] 노동 계급
töönarkomaan [명] 일중독자, 워커홀릭
tööosavus [명] (일하는) 솜씨, 기량
tööpind [명] 데스크톱 컴퓨터
tööpuudus [명] 실직, 실업 상태
tööpäev [명] 근무일
tööriist [명] 도구, 기구, 용구
tööriistakauplus [명] 철물점
tööstur [명] 산업가, 제조업자
tööstus [명] 산업, 공업
tööstuskool [명] 직업 학교
tööstuslik [형] 산업의, 공업의
tööstuspiirkond [명] 공업 단지
tööstusrevolutsioon [명] [역사] 산업혁명

töötaja [명] 일꾼, 근로자
töötama [동] ① 일하다, 근무하다; (일을) 수행하다; töötamast lakkama (기업 등이) 문을 닫다 ② 작동하다, 기능하다
töötasu [명] 임금, 봉급, 급료
töötav [형] 일하는
töötlema [동] 가공하다, 처리하다
töötlemata [형] 가공[처리]되지 않은, 생(生)~
töötlus [명] [컴퓨터] 처리
töötu [형] 실직[실업] 상태의; töötu abiraha 실업 수당; töötu abirahast elama 실업 수당을 받고 있다
tööturg [명] 노동 시장
töötus [명] 실직, 실업 (상태)
töövahetus [명] (일의) 순번, 교대
töövaidlus [명] 노동 쟁의
töövihik [명] 업무록
töövõimeline [형] 능률적인
töövõtja [명] 고용인, 직원, 종업원
tüdinud [형] 화가 난, 진절머리가 난
tüdruk [명] 소녀, 처녀
tüdruksõber [명] 여자 친구, 걸프렌드
tühermaa [명] 불모지, 버려진 땅
tühi [형] ① (텅) 빈, 비어 있는, 공허한; (장소가) 점유되지 않은; tühjaks jooksma 닳다, 다 되다, 쇠하다; tühjaks jooma 마셔버리다, 잔을 비우다; tühjaks laadima [전기] 방전하다; tühja kõhu peale 배가 고파, 공복(空腹)으로 ② tühjaks minema i) (타이어가) 펑크나다 ii) (배터리가) 닳다
tühik [명] 빈 곳, 틈
tühine [형] 보잘것없는, 시시한, 하찮은
tühipaljas [형] 단지 ~에 불과한; tühipaljas jutt 겉말, 말뿐인 이야기
tühistama [동] 취소하다, 무효로 하다

tühjendama [동] 비우다; 정리하다, 제거하다; (일정 지역을) 소개(疏開)하다
tühjendus [명] 비우기; 정리, 제거
tühjendusmüük [명] 창고 정리 (염가) 판매
tühjenema [동] 비다, 비워지다
tühjus [명] 텅 빔; 빈 곳; tühjusse vahtima 허공을 쳐다보다
tükeldama [동] 자르다, 썰다, 분할하다
tükike [명] 조금, 소량
tükitöö [명] 삯일
tükk [명] 한 개; 조각, 단편; tükk leiba 빵 한 조각
tülgastama [동] 구역질 나게 하다
tülgastav [형] 구역질 나는, 메스꺼운
tüli [명] (말)다툼, 불화; tüli norima (~에게) 싸움을 걸다; t-ülis (~와) 사이가 틀어져
tülikas [형] 말썽인, 방해[폐]가 되는
tülinoriv [형] 싸우기 좋아하는
tülitama [동] 괴롭히다, 못살게 굴다, 폐를 끼치다
tülitsema [동] 다투다, 싸우다, (~와) 말다툼하다
tüliõun [명] 불화의 원인, 분쟁의 씨앗
tülpinud [형] 진저리가 난
tünn [명] 큰 통
türann [명] 폭군, 압제자
türannia [명] 폭정, 학정, 전제 정치
türanniseerima [동] 폭정을 하다, 압제하다, (약자 등을) 괴롭히다
türgi [형] 터키의; türgi keel 터키어; türgi uba 콩깍지 — [명] T- 터키
türkiissinine [형] 청록색의 — [명] 청록색
türklane [명] 터키 사람
tüse [형] 뚱뚱한, 덩치 큰
tüsistus [명] 복잡화, 세분화

tüssama [동] 속이다, 기만하다
tütar [명] 딸
tütarfirma [명] 자회사(子會社)
tütarlaps [명] 소녀, 여자 아이
tütarlapselik [형] 소녀의, 소녀다운
tütrepoeg [명] 외손자
tütretütar [명] 외손녀
tüvi [명] (초목의) 줄기, 대
tüügas [명] 그루터기
tüümian [명] [식물] 타임, 백리향
tüüne [형] 조용한, 차분한
tüünelt [부] 조용히, 차분하게
tüüp [명] 타입, 유형, 종류
tüüpiline [형] 전형적인
tüür [명] (배의) 키
tüürima [동] 키를 잡다
tüürimees [명] (배의) 키잡이
tüürpoord [명] [항해] 우현(右舷)
tüütama [동] 괴롭히다, 못살게 굴다
tüütu [형] 귀찮은, 성가신, 지겨운; tüütult käituma 골칫거리다, 성가시다
tüütus [명] 폐, 귀찮음, 성가심, 지겨움

U

uba [명] [식물] 콩
udar [명] (소 따위의) 젖통
ude [명] 보풀, 솜털
udu [명] 안개; 안개처럼 흐린 것
udujutt [명] 허풍
udulatern [명] 안개등(燈)
udune [형] 안개 낀
udusuled [명] (새의) 솜털
uduvihm [명] 이슬비, 보슬비
uduvine [명] 엷은 안개
uhiuus [형] 아주 새로운, 신품의
uhke [형] 자랑할 만한, 고급스러운, 호화로운
uhkeldama [동] 자랑하다, 과시하다
uhtma [동] 씻어내다
uim [명] ① 멍한 상태 ② [동물] 지느러미
uimane [형] 멍한, 어지러운
uimasti [명] 마약; uimasteid tarvitama 마약에 탐닉하다
uimastikaubitseja [명] 마약 밀매자
uimastisõltlane [명] 마약 중독
uinak [명] 선잠, 졸기; uinakut tegema 선잠을 자다, 졸다
uinuma [동] 잠들다
uinutama [동] (달래어) 재우다
uisk [명] 스케이트
uisustaadion [명] 스케이트장
uisutama [동] 스케이트를 타다
uitama [동] 헤매다, 배회하다, 돌아다니다

uje [명] 수줍어하는, 부끄러워하는
ujula [명] 수영장, 풀
ujuma [동] 수영하다; 물에 떠다니다
ujumislestad [명] (스킨다이버용) 물갈퀴, 오리발
ujumispüksid [명] 수영 팬츠
ujumistrikoo [명] 수영복
ujutama [동] 물에 떠다니다; 헤엄치다
ukraina [형] 우크라이나의; ukraina keel 우크라이나어 ― [명] U- 우크라이나
ukrainlane [명] 우크라이나 사람
uks [명] 문(門)
ukseava [명] 문간, 현관, 출입구
uksehoidja [명] 도어맨, 현관 안내인
uksekell [명] (문간의) 초인종
ukselink [명] 문 손잡이
ukselävi [명] (현관문 밖의) 단(段)
ulatama [동] (~으로) 뻗치다; ta ulatas mulle käe 그는 나에게 손을 뻗쳤다; palun ulata mulle suhkrut 나에게 설탕을 건네 주세요
ulatuma [동] (~으로) 뻗다; (~에) 이르다, 도달하다; ta hääl ei ulatu kaugele 그녀의 목소리는 멀리 이르지 못한다
ulatus [명] 범위, 스케일
ulatuslik [형] 광범위한
ulguma [동] (개 따위가) 짖다
ulme [명] 공상 과학 소설
ultimaatum [명] 최후의 말[제언]
ulualune [명] 숙박소, 쉴 곳
uluk [명] 사냥한 짐승
ulukiliha [명] 사냥한 짐승의 고기
umbes [부] 약, 대략, ~ 정도 ― [형] 꽉 찬
umbisikuline [형] [문법] 비인칭의

umbmäärane [형] [문법] 부정(不定)의
umbne [형] 통풍이 안 되는, 공기가 답답한
umbrohi [명] 잡초
umbropsu [부] 닥치는 대로, 되는 대로
umbtänav [명] 막다른 골목
umbusaldama [동] 믿지 않다, 불신하다
umbusk [명] 믿지 않음, 불신
umbusklik [형] 의심하는, 의심 많은, 믿지 않는
ummik [명] 막다름, 궁지, 교착 상태
ummistama [동] 쑤셔 넣다, 가득 채워 막히게 하다
ummistuma [동] (꽉) 막히다
ummistunud [형] (꽉) 막힌
ummistus [명] (꽉) 막힘
unelaul [명] 자장가
unenägu [명] 꿈
unetus [명] 불면증
ungari [형] 헝가리의; ungari keel 헝가리어 ― [명] U- 헝가리
ungarlane [명] 헝가리 사람
uni [명] ① 꿈 ② 잠, 수면
unikaalne [형] 유일무이한, 독특한
unine [형] 잠이 오는, 졸리는
unistama [동] 꿈을 꾸다; 몽상에 잠기다
unistus [명] 꿈; 몽상
universaalne [형] 보편적인, 전반적인, 일반적인
universum [명] 우주, 천지만물
univorm [명] 제복, 유니폼
unts [명] [무게의 단위] 온스
unustama [동] 잊다, 망각하다
unustamatu [형] 잊을 수 없는
uppuma [동] 물에 빠지다, 침수되다

upsakas [형] 주제넘은, 건방진; 자만심이 강한
uputama [동] 물에 빠지게 하다, 침수되게[범람하게] 하다
uputus [명] 큰물, 범람
uraan [명] [화학] 우라늄
urg [명] (들짐승의) 굴
urgas [명] 소굴, 작고 초라한 장소
urgitsema [동] 뒤지다, 쑤시다
uriin [명] 소변, 오줌
urin [명] 으르렁거리는 소리
urisema [동] 으르렁거리다
urn [명] 항아리, 단지
uruguay [형] 우루과이의 — [명] U- 우루과이
uruguaylane [명] 우루과이 사람
usaldama [동] 믿다, 신용하다, 신임하다; 믿고 맡기다
usaldamatus [명] 믿지 않음, 불신
usaldav [형] 믿는, 신용하는
usaldus [명] 믿음, 신용, 신임
usaldusalune [명] 믿을 만한 친구
usaldusmees [명] 피신탁인, 수탁자
usaldustelefon [명] 상담 전화
usaldusväärne [형] 믿을 만한, 신뢰가 가는; 권위[명망] 있는
usk [명] 믿음; 신앙
usklik [형] 종교적인, 신앙심이 깊은
uskmatu [형] 의심 많은, (잘) 믿지 않는
uskuma [동] 믿다; ta usub jumalasse 그녀는 신을 믿는다; ma usun, et sa ei valetanud 나는 네가 거짓말하지 않았다고 믿는다[생각한다]
uskumatu [형] 믿을 수 없는
uskumus [명] 믿음
uss [명] (기어다니는) 벌레 종류
ussripik [명] [해부] 충수(蟲垂), 맹장

ussripikupõletik [명] [병리] 충수염, 맹장염
ustav [형] 충실한, 진실된, 충성스러운, 성실한
ustavus [명] 충실, 충성, 성실
usulahk [명] 분파, 종파, 파벌
usuline [형] 종교(상)의, 종교적인
usund [명] 종교
usutav [형] 믿을 만한, 신뢰할 수 있는
usutavus [명] 믿을 만함, 신빙성
usuteadus [명] 신학(神學)
usutlema [동] 질문하다, 면접하다
utoopia [명] 유토피아, 이상향
utt [명] 암양(羊)
uudis [명] 소식, 뉴스, 새로운 일; uudiste erisaade 뉴스 속보; uudiste kokkuvõte 뉴스 요약
uudishimu [명] 호기심
uudishimulik [형] 호기심 많은, 캐묻기 좋아하는
uudisteagentuur [명] 통신사
uudne [형] 새로운, 신규의
uuendama [동] 새롭게 하다, 혁신하다, 쇄신하다, 개혁하다
uuendus [명] 혁신, 쇄신, 개혁
uuenduslik [형] 혁신적인
uuesti [부] 새로이, 다시
uuestisünd [명] 재생, 소생, 다시 태어남
uure [명] 홈, 팬 곳
uurija [명] 조사하는 사람
uurima [동] 연구하다, 조사하다
uurimus [명] 연구, 조사
uuristama [동] (홈 따위를) 파다; 침식하다
uus [형] 새로운; head uut aastat! 새해를 축하합니다!
uusaasta [명] 1월 1일, 새해 첫날
uuslavastus [명] (연극의) 재(再)공연

uustulnukas [명] 새로 온 사람, 신출내기, 초심자
uvertüür [명] [음악] 서곡, 전주곡

V

vaade [명] 광경, 풍경, 조망
vaadiõlu [명] 생맥주
vaagen [명] ① 접시, 사발 ② [해부] 골반
vaakum [명] 진공(眞空)
vaakumpakend [명] 진공 포장
vaal [명] [동물] 고래
vaap [명] 에나멜; 유약
vaarikas [명] [식물] 나무딸기, 라즈베리
vaaruma [동] 비틀거리다
vaas [명] 꽃병
vaat [명] 큰 통
vaatama [동] (처다[바라])보다; vaata ette! (앞을) 잘 봐!
vaatamata [부] (~에도) 불구하고
vaateaken [명] 가게의 진열창
vaatemäng [명] 구경거리, 쇼
vaatenurk [명] 관점, 시각, 견해, 경향
vaatepilt [명] 광경, 장면
vaateväli [명] 시야, 시계(視界)
vaatlema [동] 관찰하다, 지켜보다, 응시하다
vaatus [명] [연극] 막
vaba [형] ① 자유로운; vaba aeg 자유 시간, 여가; vaba päev (일을) 쉬는 날; "Vaba sissepääs" 자유 입장 ② (장소 따위가) 비어 있는, 점유되지 않은; "Vabu kohti ei ole" 빈 자리 없음 ③ (복장 따위가) 형식에 구애받지 않는, 캐주얼한 ④ vabas õhus 야외에서, 탁 트인 공간에서
vabaajakeskus [명] 레저 센터

vabadus [명] 자유
vabakaubandus [명] 자유 무역
vabakutseline [형] 자유 계약의, 프리랜서의
vabakäik [명] (자동차의) 기어 중립
vabameelne [형] 자유주의의, 개방적인
vabamüürlane [명] 프리메이슨 회원
vabamüürlus [명] 프리메이슨단
vabandama [동] ① 용서하다; vabandage 실례합니다; vabandage mind 죄송합니다 ② 사과하다
vabandus [명] 변명, 구실; (palun) vabandust! 미안합니다
vabanema [동] 자유를 얻다, 풀려나다
vabariik [명] 공화국
vabariiklane [명] 공화주의자
vabariiklik [형] 공화국의
vabastama [동] ① 자유를 주다, 놓아주다, 풀어주다, 해방[석방]하다 ② (의무 따위를) 면제하다 ③ (장소를) 비우다 ④ (죄를) 씻다
vabastiil [명] [스포츠] 자유형
vabastus [명] 해방, 석방, 자유화; (의무 따위의) 면제
vabatahtlik [형] 자유 의지에 의한 — [명] 자원자
vabaõhu- [형] 야외의, 실외의
vabaõhuüritus [명] 야외 축제
vabisema [동] (벌벌) 떨다
vabrik [명] 공장, 제작소
vabrikant [명] 기업가, 제조업자
vadistama [동] 재잘거리다, 지껄이다
vaeglugemine [명] [병리] 난독증
vaegur [명] 병자, 병약자
vaen [명] 적의, 악의
vaene [형] 가난한, 무일푼의
vaenlane [명] 적, 반대자

vaenulik [형] 적대적인, 적의를 가진
vaenulikkus [명] 적의, 적대
vaesus [명] 가난, 궁핍
vaev [명] 고생, 고역, 고충, 힘든 일; vaeva nägema 고생하다, 무리하다
vaevaline [형] 고된, 힘든
vaevalt [부] 거의 ~없다; vaevalt me enam kunagi kohtume 우리가 다시 만날 일은 아마 없을 것이다
vaevama [동] 괴롭히다, 힘들게 하다, 걱정[수고]을 끼치다
vaevarikas [형] 힘든, 어려운
vaevatasu [명] 팁
vaevu [부] 겨우, 간신히, 가까스로; vaevu läbi saama 겨우 ~하다
vaevuma [동] 고생하다, (~을 하는) 고통[괴로움]을 당하다
vaevus [명] 병, 질병
vaga [형] 독실한, 경건한
vagadus [명] 독실, 경건
vagel [명] 구더기
vagiina [명] [해부] 질(膣)
vagu [명] 홈, 고랑
vagun [명] (철도의) 객차, 차량
vagunisaatja [명] (기차의) 차장
vagur [형] 순한, 조용한
vaha [명] 밀랍(蜜蠟), 초
vahariie [명] 유포(油布)
vahatama [동] 초를 칠하다
vahe[1] [명] 차이, 구별, 차별; vaeht tegema 구별하다, 차별하다
vahe[2] [형] 날카로운, 예리한
vahe-[3] [형] 중간의, 도중의
vaheaeg [명] (중간의) 쉬는 시간; (공연의) 막간; (학교의) 방

학
vahekohtunik [명] 심판(원)
vahekord [명] 관계, 사이
vahekäik [명] 통로, 복도
vahel [부] 때때로, 이따금 — [후] ~ 사이에, 가운데; Läti asub Eesti ja Leedu vahel 라트비아는 에스토니아와 리투아니아의 사이에 있다
vaheldama [동] 번갈아 일어나다, 교체하다
vahelduv [형] 번갈아 하는, 교대의
vahelduvvool [명] [전기] 교류
vahele [후] ~ 사이에, 가운데; laps istus vanemate vahele 그 아이는 부모 사이에 앉았다; jäägu see jutt meie kahe vahele 이 이야기는 우리 둘만의 비밀로 하자 — vahele astuma 사이에 들다, 끼어들다; vahele panema 끼워넣다; vahele segama 끼어들다, 간섭하다, 참견하다; vahele ütlema 말로 거들다[참견하다]
vahelehüüe [명] 갑자기 소리를 지름
vahelesegaja [명] 끼어드는[참견 잘하는] 사람
vahelt [후] ~ 사이로부터; laps tõusis vanemate vahelt üles ja tuli minu juurde 부모 사이에 있던 아이가 일어나 나한테 왔다
vahemaa [명] 간격, 틈, 거리
vahemaandumisteta [형] 논스톱의, 도중에 정거하지 않는
Vahemeri [명] 지중해
vahemik [명] (중간의) 간격, 틈
vahemälu [명] [컴퓨터] 캐시 기억 장치
vahemäng [명] [음악] 간주곡
vahend [명] ① 도구 ② 수단, 방법; ta kasutas kõiki võimalikke vahendeid 그는 가능한 모든 수단을 다 동원했다
vahendaja [명] 중재인, 중개자
vahendama [동] 중재하다

vahepeal [부] 그 사이에, 그러는 동안에
vahepealne [형] 중간의, 중도의
vahepeatus [명] 도중하차; vahepeatust tegema 도중에 하차하다
vaher [명] [식물] 단풍나무
vaherahu [명] 휴전, 정전(停戰)
vahesein [명] 칸막이벽
vahest [부] 아마, 어쩌면
vahetama [동] ① 바꾸다, 변화시키다, 전환하다 ② 맞바꾸다, 교환하다
vahetu [형] 직접적인
vahetund [명] (중간에) 쉬는 시간
vahetus [명] 교환; (작업의) 교대
vahetuskurss [명] 환율
vahetusraha [명] 잔돈
vahistama [동] 체포하다, 구금하다
vaht^1 [명] 거품
vaht^2 [명] 감시인
vahtima [동] 응시하다, 빤히 보다
vahtkummi [명] 기포 고무
vahukoor [명] 휘핑 크림
vahupintsel [명] 면도솔
vahustama [동] (요리할 때) 휘젓다
vahutama [동] 거품을 내다
vahutav [형] 거품이 이는
vahuvein [명] 발포주, 거품이 이는 음료
vahva [형] 멋진, 훌륭한
vahvel [명] 와플; 웨이퍼
vai [명] 못; 말뚝
vaibuma [동] 줄다, 없어지다, 가라앉다
vaid [부] 다만, 단지, 그저 — [접] (~이) 아니라; poiss ei

läinud koju, vaid sõprade poole 소년은 집에 돌아가지 않고 친구네 집에 갔다
vaidlema [동] 논(쟁)하다
vaidlus [명] 논쟁, 토론
vaidlustama [동] 논(쟁)하다
vaigistama [동] 진정시키다, 가라앉히다
vaik [명] 나무진, 수지(樹脂)
vaikelu [명] [미술] 정물화
vaikima [동] 조용히 하다, 침묵하다
vaikiv [형] 조용한, 침묵하는, 무언의
vaikne [형] 조용한, 차분한; Vaikne ookean 태평양
vaikus [명] 조용함, 차분함
vaim [명] 영(靈); 정신
vaimne [형] 정신적인; 영적인
vaimuhaige [형] 제정신이 아닌, 정신병에 걸린
vaimuhaigla [명] 정신병원
vaimukas [형] 재치있는
vaimukus [명] 재치, 위트
vaimulik [형] 성직자의; 영적인 — [명] 성직자
vaimulikkond [명] 성직자들
vaimustama [동] 열광하게 하다, 황홀하게 하다
vaimustav [형] 열광시키는, 황홀하게 하는
vaip [명] 깔개, 카페트
vaist [명] 본능, 직관, 직감
vaistlik [형] 본능적인, 직관적인
vaja [부] (~이) 필요하여, ~할 필요가 있어; mul on vaja eesti keele õpikut 나는 에스토니아어 교과서가 필요하다; on vaja, et te kiiresti lahkuksite 너희들이 곧 떠나야 할 필요가 있다, 너희들은 빨리 떠나야 한다
vajadus [명] 필요, 소용, 요구
vajakajäämine [명] 결점, 단점, 부족함, 불충분함

vajalik [형] 필요한, 요구되는
vajama [동] 필요하다, 요구되다
vajuma [동] (~에) 가라앉다, 푹 빠지다; teadlane vajus mõtetesse 학자는 깊은 생각에 잠겼다
vajutama [동] 누르다, 밀다
vakants [명] 텅 빔, 공(空)
vaktsiin [명] [의학] 백신
vaktsineerima [동] 백신 접종을 하다
valama [동] 쏟다; (눈물 따위를) 흘리다
valamu [명] 대야, 수반(水盤), 세면기
valang [명] 쏟아져 나옴, 쇄도, 홍수
vald [명] 교구(敎區)
valdaja [명] 소유자, 보유자
valdama [동] ① 잘 알고 있다, (~에) 정통하다 ② 갖고 있다, 소유[보유]하고 있다
valdav [형] 우세한, 유력한, 세력 있는, 널리 행해지는
valdkond [명] 영역, 터
valdus [명] ① 잘 알고 있음, (~에) 정통함 ② 소유, 보유
vale [명] 거짓말 — [형] 거짓의, 그릇된, 잘못된, 틀린
valelik [형] 속이는, 기만적인, 거짓의
valem [명] 공식, 식(式)
valestart [명] (경주에서의) 부정 출발
valesti [부] 그릇되게, 잘못되어, 틀리게; valesti aru saama 오해하다, 잘못 알다; valesti arvestama 잘못 계산하다; valesti hindama 잘못 판단하다; valesti laulma (노래할 때) 음정이 틀리다; valesti tõlgendama 오역(誤譯)하다
valetaja [명] 거짓말쟁이
valetama [동] 거짓말하다
valevanne [명] 서약을 깨뜨림
valge [형] ① 흰, 하얀, 백색의 ② (빛으로) 밝혀진
valgekraeline [형] 사무직의, 화이트칼라의

Valgevene [명] 벨라루스
valgeveresus [명] [병리] 백혈병
valguma [동] 흘러나오다, 새다
valgus [명] 빛; 일광(日光); 밝음
valgusfoor [명] 교통 신호등
valguskoopia [명] 사진 복사
valgustama [동] 밝히다, 빛을 비추다, 조명하다
valgusti [명] 등불, 조명 기구
valgustundlik [형] 빛에 민감한, 감광도가 높은
valgustus [명] ① 빛을 비춤, 조명 ② [사진] 노출
vali [형] ① (소리가) 큰 ② 엄한, 엄격한
valija [명] 투표자
valijaskond [명] 선거권자, 유권자, 선거인
valik [명] (취사) 선택
valikuline [형] 선택적인, 가리는; 배타적인
valima [동] ① 고르다, 선택하다, 뽑다 ② 선거하다, 투표하다
　③ 다이얼을 돌리다
valimatu [형] 무차별의, 이것저것 가리지 않는
valimised [명] 선거, 투표
valimiskast [명] 투표함
valimisringkond [명] (집합적으로) 선거권자, 유권자
valimissedel [명] 투표 용지
valing [명] 억수 같이 쏟아짐, 빗발침
valitseja [명] 지배자, 통치자
valitsema [동] 지배하다, 통치하다, 다스리다
valitsus [명] 정부, 내각
valiv [형] 이것저것 가리는, 까다로운
valjad [명] 재갈, 고삐
valjuhääldi [명] 스피커, 확성기
valjuhäälne [형] (소리가) 큰
valjusti [부] 큰 소리로

valk [명] 단백질
vall [명] 벽; 담
vallaline [형] 미혼의, 독신의
vallandama [동] ① 놓아주다, 방출하다 ② 해고하다
vallas- [형] [컴퓨터] 오프라인의
vallasvara [명] 동산(動産)
vallatlema [동] 장난하다, 까불며 놀다
vallatu [형] 장난치는, 까부는, 개구쟁이의
vallavalitsus [명] 지방 자치 정부
vallikraav [명] 해자(垓字), 외호(外壕)
vallutaja [명] 정복자
vallutama [동] 정복하다, 침입하다, 점령하다, 덮치다, 제압하다, 압도하다
vallutus [명] 정복
valm [명] 우화(寓話)
valmima [동] 완성되다; 성숙하다, 무르익다
valmis [형] ① 준비된 ② (~을 할) 마음이 있는; ma olen valmis teid aitama 나는 당신을 도울 생각이 있습니다 ③ 성숙한, 무르익은 ④ 이용[입수] 가능한
valmisolek [명] 준비가 되어 있음
valmistama [동] 준비하다; (먹을 것을) 마련하다
valmistoit [명] 테이크아웃 음식, 가게에서 먹지 않고 가져가는 음식
valmistuma [동] 준비되다
valss [명] 왈츠
valu [명] 고통, 아픔
valukoda [명] 주조소(鑄造所)
valulik [형] 아픈, 쓰린
valuraha [명] 벌금, 배상금
valus [형] 고통을 주는, 아프게 하는
valusalt [부] 고통스럽게, 쓰라리게

valutama [동] 고통을 주다, 아프게 하다
valutu [형] 고통이 없는, 아프지 않은
valuuta [명] 통화(通貨)
valuutavahetus [명] 환전(換錢)
valuvaigisti [명] 진통제
valvama [동] 주의 깊게 지키다, 경계하다
valvas [형] 주의 깊게 지키는, 경계하는
valve [명] 경계, 감시; valvel 빈틈없이 경계하여
valvekord [명] (경계·감시의) 직무, 근무
valvur [명] 지키는[경계하는] 사람, 감시인
vampiir [명] 흡혈귀, 뱀파이어
vana [형] ① 오래된, 낡은, 옛것의 ② 늙은, 나이 든
vana-aastaõhtu [명] 12월 31일 저녁
vanadekodu [명] 양로원
vanadus [명] 노령, 노년
vanaema [명] 할머니
vanaisa [명] 할아버지
vanakraam [명] 고물, 쓸데없는 물건, 허섭스레기
vanakraamikauplus [명] 고물상
vanaldane [형] 나이가 지긋한
vanamoeline [형] 케케묵은, 고루한, 구식의
vananaistesuvi [명] (늦가을의) 봄날 같은 화창한 날씨
vananema [동] 늙다, 나이가 들다
vanapaber [명] 헌 종이
vanaraud [명] 고철, 파쇠
vanasti [부] 옛날에, 예전에
vanasõna [명] 속담, 전해 내려오는 말
vanatädi [명] 대고모(大姑母)
vanatüdruk [명] 노처녀
vanavanaema [명] 증조할머니
vanavanaisa [명] 증조할아버지

vanavanemad [명] 조부모
vandaal [명] (예술·문화·공공시설 등의) 고의적 파괴자
vandaalitsema [동] (예술·문화·공공시설 등을) 고의적으로 파괴하다
vandalism [명] (예술·문화·공공시설 등의) 고의적 파괴
vandeadvokaat [명] 법정 변호사
vandekohtunik [명] 배심원
vandekohus [명] 배심원단
vandenõu [명] 음모, 모의, 책략
vandesõna [명] 저주, 악담, 욕설
vandetõotus [명] 맹세, 서약
vanduma [동] ① (~을 두고) 맹세하다 ② 저주하다, 악담하다, 욕하다
vanem [형] 나이가 더 많은, 더 늙은 — [명] ① 연장자 ② (복수형으로) vanemad 부모
vanemõde [명] 수간호사
vang [명] ① 죄수 ② 포로
vangistama [동] 가두다, 투옥하다
vangistus [명] 감금, 투옥
vangivalvur [명] 간수, 교도관
vangla [명] 감옥, 교도소
vangutama [동] (머리를) 흔들다
vanik [명] 화환(花環)
vanill [명] [식물] 바닐라
vanim [형] 나이가 가장 많은, 가장 늙은
vanker [명] ① 마차 ② [체스] 루크, 성장(城將)
vankuma [동] 비틀거리다, 동요하다
vankumatu [형] 확고한, 단호한
vankuv [형] 흔들리는, 동요하는
vann [명] 욕조, 목욕통
vanne [명] 맹세, 서약

vannitama [동] 목욕시키다
vannituba [명] 욕실
vanur [명] 노인, 노령자
vanus [명] 나이, 연령
vapp [명] 문장(紋章)
vapper [형] 용감한, 대담한
vaprus [명] 용감, 대담
vapustama [동] 충격[쇼크]을 주다
vapustav [형] 충격적인, 쇼킹한; 대단한, 지독한
vara^1 [명] 재산, 자산, 재물, 부(富)
vara^2 [부] 곧, 머지않아
varahoidja [명] 회계원, 재무 관리자
varajane [형] 이른, 시기상조의
varakamber [명] 금고, 귀중품 보관실, 보물 창고
varaküps [형] 조숙한
varandus [명] ① 재산, 자산 ② 보물
varane [형] (시기가) 이른
varas [명] 도둑
varastama [동] (좀도둑·소매치기 등도 포함하여) 훔치다, 도둑질하다
varb [명] 막대, 바
varbaed [명] 난간, 울
varblane [명] [조류] 참새
varem [부] 이전에, 사전에; varem või hiljem 조만간
vares [명] [조류] 까마귀
vargus [명] 절도, 도둑질
vari [명] ① 그림자 ② (전등의) 갓
variant [명] 이형(異形), 변형, 버전
varieeruma [동] 바뀌다, 변화하다, 달라지다
varietee [명] 변화(가 많음), 다양성
varikatus [명] 햇볕 가리개 (차양 따위)

varing [명] 붕괴, 와해, 무너짐
varitsema [동] 숨어 기다리다, 잠복하다, 몰래 뒤를 밟다
varitsus [명] 매복, 잠복
varjama [동] ① 숨기다, 감추다, 가리다, 덮다 ② 위장하다
varjend [명] 은신처
varjualune [명] 쉴 곳, 오두막
varjuline [형] 수상한, 의심스러운
varjuma [동] 숨다, 은신하다
varjund [명] 기미, 티; 엷은 빛깔
varjunimi [명] 별명, 가명, 아호
varjupaik [명] 피난처, 은신처, 도피처
varjutama [동] 흐리게[그늘지게] 하다
varras [명] 막대; 바늘
varrukas [명] (옷의) 소매
vars [명] ① (초목의) 줄기, 대 ② (도구의) 자루, 손잡이
varss [명] 망아지
varsti [부] 곧, 머지않아
varu [명] 비축물, 재고
varukoopia [명] 백업 카피
varuma [동] 쌓아 두다, 축적하다, 비축하다
varundama [동] [컴퓨터] 백업하다
varuosa [명] 예비 부품
varustaja [명] 공급자, 납품인
varustama [동] 공급하다, 제공하다, 갖추어 주다
varustus [명] 장비, 장치, 도구 따위의 한 벌
varuväljapääs [명] 비상구
varvas [명] 발가락
vasak [형/명] 왼쪽(의), 좌측(의)
vasakpoolne [형] ① 왼편의, 좌측의 ② [정치] 좌익의
vasakul(e) [부] 왼쪽에, 왼편에, 좌측에
vasar [명] 망치, 해머

vasardama [동] (망치 따위로) 치다, 두드리다
vasektoomia [명] [의학] 정관 절제술
vasikaliha [명] 송아지 고기
vasikas [명] 송아지
vask [명] 구리, 동(銅)
vaskmünt [명] 동전
vastama [동] ① 대답하다, 응답하다 ② (요건·기준을) 충족시키다
vastamisi [부] 마주보고
vastand [명] 반대, 역(逆)
vastandama [동] (~에) 반대하다, (~와) 대조를 이루다
vastandlik [형] (~에) 반대되는, 반대하는
vastandlikkus [명] 상위, 불일치
vastanduma [동] (~에) 반대되다, 대비[대립]되다
vastane [명] 반대자, 상대편 — [형] 반대하는, 거스르는
vastas [후] 반대편에, 맞은편에; ma elan kiriku vastas 나는 교회 맞은편에 살고 있다 — [부] 맞이하여, 마중 나와; ta käis mul jaamas vastas 그녀가 나를 역까지 마중 나왔다
vastaspool [명] 반대편, 다른 쪽
vastastikku [부] 서로; 마주보고
vastastikmõju [명] 상호 작용
vastastikune [형] 상호의, 서로간의
vastav [형] 적절한, 상응하는; vastavuses olema (~에) 맞다, 부합하다
vastavalt [부] (~에) 따라서
vastik [형] 불쾌한, 넌더리나게 하는
vastikus [명] (아주) 싫음, 역겨움, 불쾌감; vastikust tekitama 역겹게 하다, 불쾌감을 주다
vastsündinud [형] 갓 태어난, 신생의
vastu [부] (~에) 대항하여, 반대하여; (~을) 거슬러; vastu hakkama 저항하다, 벋서다; vastu olema 반대하다, 거스르

다; vastu pidama 버티다; vastu tulema (바람·희망 따위에) (부)응하다; vastu võtma 받아들이다; vastu väitma 반대하다, 이의를 제기하다 — [후] (~에) 대해서; juba keskkoolis tekkis tal huvi eesti keele vastu 이미 중학교 때부터 그는 에스토니아어에 (대해) 흥미를 갖게 되었다; see on hea rohi peavalu vastu 이것은 두통에 잘 듣는 약이다
vastukaal [명] 평형추, 균형을 이루게 하는 것
vastukäiv [형] 상충되는, 불일치하는
vastukäivus [명] 모순, 상충, 불일치
vastumeelne [형] 싫은, 불쾌한, 역겨운
vastumeelsus [명] 싫음, 불쾌함, 역겨움
vastumürk [명] 해독제
vastuolu [명] 상위, 불일치
vastuoluline [형] 모순되는, 불일치하는
vastupandamatu [형] 저항할 수 없는, 압도적인
vastupanu [명] 저항
vastupidav [형] 오래 견디는, 내구력이 있는, 튼튼한
vastupidi [부] 반대로, 거꾸로
vastupidine [형] 반대의, 거꾸로의
vastupäeva [형] 반시계 방향의
vasturünnak [명] 역습, 반격
vastus [명] 대답, 응답
vastuseis [명] 반대, 저항
vastutama [동] (~에) 책임이 있다
vastutav [형] (~에) 책임이 있는, 책임져야 할
vastutoime [명] 반응
vastutulelik [형] 잘[기꺼이] 도와주는
vastutus [명] 책임(이 있음); vastutust kandma 책임을 지다
vastutuskindlustus [명] 제3자 보험
vastutustundetu [형] 무책임한, 책임지지 않는

vastutustundlik [형] 양심적인, 성실한
vastuvõetamatu [형] 마음에 들지 않는
vastuvõetav [형] 받아들일[용인할] 만한, 괜찮은
vastuvõtja [명] 받아들이는 사람; 응접원
vastuvõtlik [형] (잘) 받아들이는, 수용하는
vastuvõtt [명] 받아들임; 응접
vastuväide [명] 반대, 이의 제기
vateerima [동] (속을 넣어) 누비다
Vatikan [명] 바티칸, 교황청
vatrama [동] 지껄이다
vatt [명] ① 솜 ② [전기] 와트
veatu [형] 결점[흠] 없는
vedama [동] ① 나르다, 옮기다, 운반하다, 수송하다 ② 행운을 만나다, 횡재하다
vedel [형] 액체의; 유동성이 있는, 흐르는
vedeldama [동] 액화(液化)하다
vedelema [동] 빈둥거리다
vedelik [명] 액체, 유동체
vedru [명] 스프링, 용수철, 태엽
vedu [명] 운반, 수송
vedur [명] 기관차
veealune [형] 수면하의, 수중의
veeb [명] [컴퓨터] 웹
veebileht [명] [컴퓨터] 웹 페이지
veebiportaal [명] [컴퓨터] 포털사이트
veebruar [명] 2월
veekeeris [명] 소용돌이
veekindel [형] 방수의, 물이 새어들지 못하는
veel [부] 아직, 또, 더욱, 게다가; ta proovis veel kord 그는 한 번 더 (시도)해봤다
veelahe [명] [지리] 분수계(分水界)

veen [명] [해부] 정맥
veenduma [동] 확신하다
veendumus [명] 확신, 신념
veendunud [형] 확신하는, 신념을 가진
veenev [형] 납득시키는, 설득하는
veenma [동] 납득시키다, 설득하다
veepall [명] [스포츠] 수구(水球)
veer [명] 가장자리, 언저리
veerand [명] 4분의 1
veerandfinaal [명] [스포츠] 준준결승
veerandnoot [명] [음악] 4분음표
veerandtund [명] 15분
veerem [명] (철도의) 차량
veerema [동] 굴리다, 회전시키다
veeretama [동] ① 굴리다 ② 떠넘기다, 전가하다
veerg [명] (신문 등의) 칼럼
veerima [동] 철자하다, 맞춤법에 따라 쓰다
veesuusk [명] 수상 스키
veetee [명] 물길, 수로
veetlema [동] 마음을 끌다, 매혹하다
veetlev [형] 마음을 끄는, 매력적인, 매혹적인
veetlus [명] 마음을 끎, 매력, 매혹
veetma [동] (시간을) 보내다
veeuputus [명] 홍수, 범람
Veevalaja [명] [천문] 물병자리
veevärk [명] 수도, 급수 시설
vehkima [동] 휘두르다, 흔들다
vehklemine [명] [스포츠] 펜싱
veider [형] 이상한, 괴상한, 기묘한, 괴팍한
veiderdama [동] 익살을 부리다
veidi [부] 약간, 조금, 살짝

veidrik [명] 별난 사람, 괴짜
veidrus [명] 기벽(奇癖), 괴벽
vein [명] 와인, 포도주
veiseliha [명] 쇠고기
velvet [명] 벨벳, 우단
vemp [명] 짓궂은 장난
vend [명] (남자) 형제
vendlus [명] 형제간임; 동료간임
vene [형] 러시아의; vene keel 러시아어
venelane [명] 러시아 사람
Venemaa [명] 러시아
Venezia [명] 베네치아 (이탈리아의 도시)
venezuela [형] 베네수엘라의 — [명] V- 베네수엘라
venezuellane [명] 베네수엘라 사람
venima [동] 끌다, 늘이다, 뻗치다
venitama [동] 잡아당기다, 잡아끌다; (이야기 따위를) 질질 끌다
venitus [명] 뻗침, 팽팽함; (근육의) 뼘
veniv [형] 뻗치는, 늘어나는
vennalik [형] 형제의, 형제로서의, 형제다운
vennanaine [명] 형수, 제수
vennapoeg [명] 조카 (남자 형제의 아들)
vennas [명] 놈, 녀석
vennaskond [명] 협회, 조합
vennastuma [동] 형제처럼 친하게 지내다
vennatütar [명] 조카딸 (남자 형제의 딸)
ventilaator [명] 환풍기
ventilatsioon [명] 환기, 통풍
ventileerima [동] 환기하다, 통풍이 되게 하다
veoauto [명] 트럭, 화물차
veojõud [명] 견인력, 끄는 힘

veoleht [명] 물품 배달 인수증
veondus [명] 운송, 수송
veos [명] 화물, 짐
veranda [명] 베란다
verb [명] [문법] 동사
verbaalne [형] 말로 나타낸, 구두(口頭)의
verdtarretav [형] 소름 끼치는, 오싹해지는
veregrupp [명] 혈액형
verejanuline [형] 피에 굶주린, 살벌한, 잔인한
verejooks [명] 출혈
verekoer [명] 블러드하운드 (경찰견(犬)의 일종)
verelible [명] [해부] 혈구
vereringe [명] 피의 흐름, 혈류(血流)
vererõhk [명] 혈압
veresaun [명] 유혈 참사, 대량 학살
veresoon [명] 혈관
veretu [형] 무혈의, 피를 보지 않는
verevalamine [명] 피 흘림, 유혈
vereülekanne [명] [의학] 수혈(輸血)
veri [명] 피, 혈액
verine [형] 피투성이의, 유혈의
veritsema [동] 피를 흘리다
verivaen [명] 숙원(宿怨)
versioon [명] 이형(異形), 버전
verstapost [명] 이정표
vertikaalne [형] 수직의, 곧추선
vesi [명] 물; vette kastma 물에 담그다; vette laskma (배를) 진수(進水)시키다; vette vajuma 물에 잠기다[가라앉다]
vesiliiv [형] 유사(流砂), 표사(漂砂)
vesilik [명] [동물] 영원 (도롱뇽과)
vesine [형] 물 같은, 젖은

vesinik [명] [화학] 수소
vesiroos [명] [식물] 수련(睡蓮)
vesiveski [명] 물방앗간
veski [명] 방앗간, 제분소
vest [명] 양복 조끼
vestern [명] 서부극
vestibüül [명] 로비; 현관 홀
vestlema [동] 잡담하다, 지껄이다, 재잘거리다
vestlus [명] 대화, 잡담, 이야기하기
vestlussaade [명] 토크 쇼
vestmik [명] (여행자용) 외국어 회화 표현집
vetelpäästja [명] 안전[구명] 요원
veteran [명] 노련가, 베테랑
veterinaar [명] 수의사
vetikas [명] [식물] 조류(藻類), 말
veto [명] 거부권, 비토
vetruv [형] 탄력[신축성]이 있는
vetruvus [명] 탄력[신축성](이 있음)
vettehüpe [명] [수영] 다이빙
vettima [동] 물에 잠기게 하다, 흠뻑 젖게 하다
vettpidav [형] 방수의, 물이 새어 들어오지 않는
viadukt [명] 고가교(橋)
vibraator [명] 진동기
vibratsioon [명] 진동, 떨림
vibreerima [동] 진동하다, 떨리다
vibu [명] 활
vibupüss [명] 석궁(石弓)
vibusport [명] [스포츠] 양궁
vibutama [동] 흔들다
video(makk) [명] 비디오 리코더
videofilm [명] 비디오 영화

videokaamera [명] 비디오 카메라, 캠코더
videokassett [명] 비디오카세트
videolint [명] 비디오테이프
videomäng [명] 비디오 게임
videosalvestama [동] 비디오테이프에 녹화하다
videvik [명] 땅거미, 황혼
Vietnam [명] 베트남
vietnami [형] 베트남의; vietnami keel 베트남어
vietnamlane [명] 베트남 사람
viga [명] ① 잘못, 틀림, 실수, 에러, 흠; 결점, 단점 ② [스포츠] 반칙, 파울
vigane [형] 장애[결점]가 있는
vigastama [동] 다치게 하다, 상처를 입히다
vigastus [명] 해, 손상, 상처
vigiil [명] 철야 기도
vigur [명] 계략, 책략, 트릭
viha [명] 화, 분노; 적의; viha pidama 원한을 품다
vihahoog [명] 화, 분노
vihane [형] 화가 난, 노한, 성난
vihastama [동] 화가 나다; 화나게 하다
vihastav [형] 격분시키는
vihavaen [명] 불화, 숙원
vihin [명] 윙[핑]하는 소리
vihisema [동] 윙[핑]하며 움직이다
vihjama [동] 암시하다, 넌지시 알리다
vihje [명] 암시, 넌지시 알림
vihkama [동] 미워하다
vihm [명] 비(雨)
vihmamantel [명] 비옷, 우비, 방수 코트
vihmamets [명] 우림(雨林)
vihmane [형] 비가 오는

vihmapiisk [명] 빗방울
vihmasadu [명] 강우(降雨)
vihmauss [명] [동물] 지렁이
vihmavaling [명] 호우, 쏟아지는 비
vihmavari [명] 우산
vihmutama [동] 비가 쏟아지다
vihmuti [명] 스프링클러, 살수 장치
viibe [명] (흔드는) 몸짓, 제스처
viibima [동] (떠나지 않고) 남아 있다, 머물러 있다
viibimine [명] (떠나지 않고) 남아 있음, 머물러 있기
viibutama [동] (손가락 따위를) 흔들다
viide [명] 참고, 참조
viiekümnendik [명] 50분의 1
viiekümnes [형] 제50의, 50번째의
viiendik [명] 5분의 1
viies [형] 제5의, 다섯 번째의
viieteistkümnendik [명] 15분의 1
viieteistkümnes [형] 제15의, 15번째의
viievõistlus [명] [스포츠] 5종 경기
viigiline [형] 대등한; 비긴, 무승부의
viigimari [명] [식물] 무화과
viigistama [동] 대등하게 하다; 비기다, 승부가 나지 않다
viik [명] [스포츠] 무승부
viiking [명] [역사] 바이킹
viil [명] ① (쇠붙이를 가는) 줄 ② (얇은) 조각
viilima [동] ① 줄로 다듬다 ② (일을) 회피하다
viilutama [동] 얇게 썰다
viima [동] ① (~으로) 가지고 가다 ② (~으로) 이끌다, 인도하다
viimaks [부] 결국, 마지막에는
viimane [형] ① 최후의, 최종의, 마지막의; 나중의; viimane

müügikuupäev (제품의) 판매 유효 기간 ② 최근의; viimasel ajal 최근에 ③ viimasel minutil 꼭 맞는 시간에, 마침 알맞은 때에
viimati [부] 최후로, 마지막에
viimistlema [동] 다듬다, 수정하다
viimistlus [명] 다듬기, 수정
viimne [형] 최종의, 종국의
viimnepäev [명] 최후의 심판일
viin^1 [명] 보드카; 증류주(酒)
Viin^2 [명] 빈, 비엔나 (오스트리아의 수도)
viinamari [명] [식물] 포도
viinamarjaistandus [명] 포도원, 포도밭
viinapuu [명] 포도 덩굴[나무]
viinavabrik [명] 증류주 양조장
viipama [동] 손짓·몸짓으로[손 따위를 흔들어] 신호하다
viipekeel [명] 손짓[몸짓] 언어, 수화(手話)
viirastus [명] 유령, 망령
viirpapagoi [명] [조류] 잉꼬
viiruk [명] 향(香), 유향(乳香)
viirus [명] 바이러스
viirustõrje- [형] 항(抗)바이러스성의
viis^1 [명] 곡조, 가락, 선율
viis^2 [수] 다섯 (5)
viisa [명] 비자, 사증(査證)
viisakas [형] 예의 바른, 정중한
viisakus [명] 예의 바름, 정중함
viiskümmend [수] 오십 (50)
viisnurk [명] 오각형
viisteist [수] 십오 (15)
viitama [동] 가리키다, 지시하다; 나타내 보이다
viiul [명] [음악] 바이올린

viiuldaja [명] 바이올리니스트, 바이올린 연주자
viiulipoogen [명] 바이올린의 활
viivitama [동] 꾸물거리다, 지체하다
viivitamatu [형] 즉시의, 지체 없는
viivitus [명] 지체, 정체
vikaar [명] 교구 목사
vikerkaar [명] 무지개
viks^1 [명] 윤내는 약 (구두약 따위)
viks^2 [형] 유능한, 능률적인
viksima [동] 윤[광택]을 내다
viktoriin [명] 퀴즈
vildakas [형] 한쪽으로 기운
vildakus [명] 경사, 기울기
vile^1 [형] 기진맥진한
vile^2 [명] 기적, 경적
vilepill [명] 피리 종류
vilets [형] 형편없는, 쓰레기 같은
vilgas [형] 활발한, 활기찬
vilin [명] 휙[핑] 소리
vilistama [동] 휙[핑] 소리를 내다
vilistlane [명] 졸업생
viljaait [명] 곡물 창고, 곡창 지대
viljakas [형] (토지가) 비옥한, 기름진; 열매를 많이 맺는
viljakus [명] 비옥함, 기름짐
viljalõikus [명] 수확, 추수
viljapuuaed [명] 과수원
viljastama [동] 비옥하게[기름지게] 하다
viljatera [명] 곡물, 곡류
viljatu [형] (토지가) 불모의, 메마른
viljelus [명] 경작, 재배
vilksatus [명] 깜박임

vilkuma [동] 깜박이다
vill [명] ① 물집, 수포 ② 양털, 양모, 울
villa [명] 저택, 빌라
villak [명] 양털, 양모
villakhiir [명] [동물] 친칠라
villane [형] 양모의, 모직의
villima [동] 병에 담다
vilt [명] 펠트, 모전(毛氈)
viltu [부] 한쪽으로 기울어져
viltune [형] 한쪽으로 기울어진
vilu [형] 시원한
vilumatu [형] 경험이 없는, 미숙한
vilumus [명] 숙달, 숙련, 능숙
vilunud [형] 숙달된, 숙련된, 능숙한
vimm [명] 악의, 적의, 원한
vimpel [명] 드리우는 기(旗)
vine [명] 옅은 안개
vineer [명] 베니어판, 합판
ving [명] 연기, 김
vingerdama [동] 꿈틀거리다, 몸부림치다
vingerpuss [명] 짓궂은 장난; vingerpussi mängima (~에게) 장난을 치다
vingugaas [명] [화학] 일산화탄소
vinguma [동] 낑낑대다, 투덜거리다
vinn^1 [명] 윈치, 권양기
vinn^2 [명] 여드름, 뾰루지
vinnama [동] (들어)올리다
vint [명] ① 나사산, 나삿니 ② [조류] 되새
vintis [형] (술에) 취한
vintpüss [명] 라이플총, 선조총(旋條銃)
vints [명] 윈치, 권양기

vintske [형] (고기 따위가) 질긴, 잘 씹히지 않는
vinüül [명] [화학] 비닐기(基), 비닐
violetne [형] 보라색의
vioola [명] [음악] 비올라
viperus [명] (사소한) 사고, 고장
virguma [동] 깨어나다, 일어나다, 활기를 띠다
virgutama [동] 소생하다, 활기를 띠게 하다, 일어나게 하다
viril [형] 찡그린
virin [명] 불평
virisema [동] 불평하다
virn [명] (쌓아 올린) 더미, 퇴적
virnastama [동] 쌓아 올리다
virsik [명] [식물] 복숭아
virtuaalmaailm [명] [컴퓨터] 사이버스페이스
virtuaalne [형] 가상(假想)의
virutama [동] 치다, 때리다
virvendama [동] 너울거리다, 물결 따위가 일어나다
virvendus [명] 너울거림, 잔물결
visa [형] 끈기 있는, 악착같은
visadus [명] 끈기, 완강
visand [명] 초안, 스케치, 개설(概說)
visandama [동] 초안을 잡다, 스케치하다, 개설하다
vise [명] 던지기
visiit [명] 방문, 들르기
viskama [동] 던지다
viski [명] 위스키
visklema [동] 뒹굴다
viskoosne [형] 점착성의, 찐득찐득한
viskuma [동] 솟아오르다, 날아오르다
vispel [명] (요리용) 휘젓는 기구
vispeldama [동] (요리할 때) 휘젓다

vist [부] 아마, 생각건대; hakkab vist lund sadama 눈이 내리기 시작할 것 같다
vistrik [명] 여드름, 뾰루지
visuaalne [형] 시각적인
visualiseerima [동] 시각화하다, 눈에 보이게 하다
vitaalne [형] 생명의, 생명에 관한
vitaalsus [명] 생명력
vitamiin [명] 비타민
vits [명] 가는 막대, 회초리
vohav [동] (숲 따위가) 무성한, 우거진
vohmima [동] 게걸스럽게 먹다
vokaal [명] [언어] 모음
vokk [명] 물레
volang [명] (스커트 따위의) 주름 장식
volikiri [명] 위임장
volikogu [명] 지방 자치구 의회
volinik [명] (권한 따위를) 위임받은 자, (권한 행사의) 대리인
volitama [동] (권한 따위를) 위임하다, 대리하게 하다
volitus [명] (권한의) 위임, 대리
volt [명] ① 주름, 접힌 곳 ② [전기] 볼트 (전압의 단위)
vooder [명] 안감, 패드
vooderdama [동] 안감을 대다
voodi [명] 침대
voodikate [명] 침대 커버
voodilina [명] 침대 시트
voodiriided [명] 침구; 리넨 제품
voog [명] 넘쳐 흐름
voogama [동] 넘쳐 흐르다
vool [명] ① 흐름; 급류 ② [전기] 전류
voolama [동] 흐르다
voolavus [명] 잘 흐름, 유동성

voolik [명] 호스, 관
voolima [동] (깎아서) 형상을 만들다
voolujooneline [형] 유선형의, 날씬한
voolukatkestus [명] 정전(停電)
vooluring [명] [전기] 회로
vooluvõrk [명] [전기] (전자관의) 그리드
voorus [명] 덕, 미덕
vooskeem [명] [컴퓨터] 순서도
vops [명] 찰싹 때리기
vorm [명] 틀, 주형(鑄型)
vormel [명] (일정한) 형식
vormiline [형] 형식상의, 형식적인
vormima [동] 형성하다, 모양을 만들다
vormindama [동] [컴퓨터] 포맷을 지정하다
vorming [명] 포맷
vormiroog [명] 캐서롤 (냄비 요리의 일종)
vormistama [동] [법률] 집행하다, 처분하다
vormistamata [형] 집행되지[처분되지] 않은
vormitu [형] 일정한 형태가 없는, 흐느적거리는
vorst [명] 소시지
vrakk [명] 난파, 파선
vudima [동] 서둘러 가다
vuhin [명] 윙 소리
vuhisema [동] 윙 소리를 내다
vulgaarne [형] 상스러운, 비속한
vulgaarsus [명] 상스러움, 비속함
vulin [명] 콸콸 나오는 소리
vulisema [동] 콸콸 나오다, 졸졸 흐르다
vulkaan [명] 화산(火山)
vulva [명] 음문, 외음부
vuntsid [명] 콧수염

vurin [명] 씽 소리
vurisema [동] 씽 소리를 내다
vurr [명] 팽이
vurrud [명] 구레나룻
vusserdama [동] 서투르게 하다, 실수하다
võbin [명] 떨림, 진동
võbisema [동] 떨리다, 진동하다
võhik [명] 비전문가, 문외한
võhiklik [형] 비전문가의, 문외한의, (특정 분야에 대해) 잘 모르는
võhiklikkus [명] 비전문성, 문외한임, (특정 분야에 대해) 잘 모름
võhk [명] (동물의) 엄니
võhm [명] 원기, 정력, 에너지, 힘
võhumõõk [명] [식물] 붓꽃, 아이리스
või¹ [명] 버터
või² [접] 또는, 혹은, 그렇지 않으면; tule täna või homme 오늘이나 (아니면) 내일 와 — [감] (놀라움의 표현으로) 아!; või nii! 아, 그렇습니까!
võib-olla [부] 아마, 혹시, 어쩌면
võidma [동] (기름 따위를) 펴 바르다
võidujooks [명] [스포츠] 경주
võidukas [형] 이긴, 승리를 거둔
võidurelvastumine [명] 군비 확장 경쟁
võidurõõm [명] 승리의 기쁨
võidurõõmus [형] 승리하여 의기양양한
võidusõiduhobune [명] 경주마(馬)
võidusõidurada [명] 경주로, 트랙
võidusõit [명] [스포츠] 경주
võidutsema [동] 승리하다
võie [명] ① 연고 ② 빵에 바르는 것 (버터 따위)

võigas [형] 소름 끼치는, 무시무시한
võilill [명] [식물] 민들레
võim [명] 권한, 권력, 세력
võima [동] ~할 수 있다, ~할[일] 가능성이 있다; homme võib vihma sadada 내일 비가 올 지도 모른다
võimaldama [동] ~할 수 있게 하다, 허락하다
võimalik [형] 가능성이 있는, 그럴 듯한
võimalus [명] 가능성, 기회
võimas [형] 힘[세력] 있는, 강력한
võimatu [형] 참을 수 없는
võime [명] 능력, 역량
võimekus [명] 능력, 역량
võimeline [형] ~ 할 수 있는, (~할) 능력[역량]이 있는
võimendama [동] (소리를) 증폭하다
võimendi [명] [전기] 증폭기, 앰프
võimetu [형] ~ 할 수 없는, (~할) 능력[역량]이 없는
võimetus [명] 할 수 없음, 무능력
võimkond [명] 권능, 지배권
võimla [명] 체육관
võimsus [명] 힘, 세력, 파워
võimukas [형] 힘센, 강력한
võimutsev [형] 거만한, 위압적인
võistkond [명] (경기 따위를 하는) 팀
võistleja [명] 경쟁자, 라이벌, 겨루는 상대
võistlema [동] 겨루다, 경쟁하다
võistlev [형] 겨루는, 경쟁하는
võistlus [명] 겨루기, 시합, 대회
võistluslik [형] 경쟁적인
võit [명] 승리
võitleja [명] 싸우는 사람
võitlema [동] 싸우다, 투쟁하다

võitlus [명] 싸움, 투쟁
võitma [동] ① 이기다, 쳐부수다 ② 득점하다, 점수를 얻다 ③ (어려움을) 극복하다
võitmatu [형] 이길 수 없는, 무적의
võlakiri [명] 환어음
võlakohustus [명] 채무 증서
võlg [명] 빚, 부채; võlad ja kohustused 채무; võlga kus- tutama 빚을 탕감하다; võlga tasuma 채무를 변제하다; võlgu tekitama 빚을 지게 되다; võlgu ära maksma 빚을 갚다; võlgades 빚진, 부채가 있는
võlgnema [동] 빚지다
võlgnik [명] 빚진 사람, 채무자
võll [명] [기계] 축, 샤프트
võllapuu [명] 교수대(絞首臺)
võlts [형] 불성실한; 가짜의, 속임수의, 사기의, 위조의
võltsima [동] 위조하다, 가짜를 만들다
võltsing [명] 위조, 사기
võlu [명] 유혹, 매혹
võlur [명] 마법사
võluv [형] 유혹하는, 매혹하는
võlv [명] [건축] 아치 (천장)
võlvima [동] 아치 모양으로 만들다
võmm [명] 경찰관, 순경
võnge [명] 흔들림
võnkuma [동] 흔들리다, 떨리다
võpatama [동] 주춤하다, 움찔하다
võpatus [명] 주춤하기, 움찔함
võrdeline [형] 비교의, 비례하는
võrdlema [동] (~와) 비교하다, 견주다; 대조하다, 맞추어보다
võrdlemisi [부] 비교적
võrdlev [형] 비교의, 비교적인

võrdlus [명] 비교(됨), 필적
võrdne [형] (~와) 동등한
võrdselt [부] 동등하게
võrdsus [명] 동등(함)
võrdsustama [동] 동등하게 하다
võrduma [동] (~와) 맞먹다, 동등하다
võre [명] 격자(格子)
võrgukoht [명] [컴퓨터] 웹사이트
võrgustik [명] 네트워크, 망상(網狀) 조직
võrgutama [동] 현혹하다, 덫에 걸리게 하다
võrk [명] 그물, 망(網); 네트워크
võrkkest [명] [해부] (눈의) 망막
võrkkiik [명] 해먹 (달아매는 그물 침대)
võrkpall [명] [스포츠] 배구
võrrand [명] [수학] 방정식
võrse [명] 눈, 싹, 움
võrsuma [동] 싹트다, 발생하다
võrukael [명] 악한, 악당, 비열한 녀석
võsa [명] 덤불
võsu [명] (식물의) 옆가지, 새로 나온 가지
võti [명] ① 열쇠, 키 ② 단서, 실마리
võtma [동] ① 잡다, 취하다; haige võttis rohtu 환자는 약을 먹었다; ta võttis endale sekretäri 그는 비서를 고용했다 ② (시간이) 걸리다
võõranduma [동] 멀리하다
võõras [형] 낯선, 이방의 — [명] 낯선[모르는] 사람, 이방인
võõrasema [명] ① 의붓어머니, 계모 ② [식물] 팬지
võõrasisa [명] 의붓아버지, 계부
võõrastemaja [명] 여관, 여인숙
võõrustama [동] 주인으로서 손님을 접대하다
võõrutama [동] 멀리하다, 떼어놓다

väeosa [명] 군부대
väetama [동] 비료를 주다, 시비(施肥)하다
väetis [명] 비료, 거름
väga [부] 매우, 아주, 많이
vägev [형] 힘센, 강력한
vägi [명] 힘, 세력, 파워
vägistama [동] 강간하다, 성폭행하다
vägistamine [명] 강간, 성폭행
vägivald [명] 폭력
vägivaldne [형] 난폭한, 폭력적인
vähe [부] 조금, 적게
vähem [형] (더) 적은; vähemalt 적어도
vähemus [명] 소수(임)
vähendama [동] 줄이다, 감소시키다
vähendus [명] 감소
vähenema [동] 줄다, 감소하다
vähk [명] ① [병리] 암(癌) ② V- [천문] 게자리
väide [명] 주장, 진술, 단언
väike [형] 작은
väikelaps [명] 유아, 아장아장 걷는 아이
väikelapseiga [명] 유아기
väiklane [형] 마음이 좁은, 좀스러운
väimees [명] 사위
väin [명] [지리] 해협
väitekiri [명] 논문
väitlema [동] 논하다
väitlus [명] 논쟁, 토론
väitma [동] 주장하다, 단언하다, 진술하다
väle [형] 활발한, 활기찬, 민첩한
väledus [명] 활발, 민첩
välgatama [동] 반짝이다

välgumihkel [명] 라이터
väli [명] 터, 장(場), (일정한) 공간이나 지대
välimus [명] 외부, 외관
väline [형] 외부의, 바깥쪽의
välismaa [명] 외국; välismaal 외국에
välismaalane [명] 외국인
välismaine [형] 외국의
välisministeerium [명] 외무부
välisminister [명] 외무 장관
välissuhted [명] 외교 문제, 외무
välistama [동] 제외하다, 배제하다
välisvaluuta [명] 외환(外換)
välja [부] 밖에, 외부에; välja andma i) 내다, 발행하다 ii) 배반[배신]하다; välja arvama 제외하다, 배제하다; välja arvatud (~을) 제외하고(는); välja hingama (숨을) 내쉬다; välja jagama 나눠주다; välja juurima 뿌리를 뽑다, 근절하다; välja jätma 빼다, 생략하다; välja kaevama 땅을 파다, 굴착하다; välja kannatama 참다, 견디다; välja laskma 발사하다, 방출하다; välja logima [컴퓨터] 로그아웃하다; välja loosima 추첨하다; välja lülitama 연결을 끊다, 스위치를 끄다; välja mõtlema 고안하다, 만들어내다; välja nägema ~처럼 보이다; välja pressima 갈취하다; välja töötama (일을) 진척하다; välja vahetama 바꿔놓다; välja valima 골라내다, 가려내다; välja vedama 수출하다; välja vilistama 야유하다; välja viskama 내쫓다
väljaanne [명] (간행물의) 판(版)
väljaheide [명] 배설물, 대변
väljak [명] ① 광장 ② 운동 경기를 하는 공간 (축구장·테니스 코트·골프 코스 따위)
väljakannatamatu [형] 참을 수 없는, 괴로운
väljakutse [명] 도전

väljakutsuv [형] 도발하는
väljalase [명] 방출, 배출
väljalaskeava [명] 배출구
väljaminekud [명] (비용의) 지출
väljamõeldis [명] 꾸며낸 이야기, 픽션
väljapaistev [형] 걸출한, 뛰어난
väljapanek [명] 전시, 보여주기
väljapoole [부] 밖에, 너머
väljapressija [명] 갈취하는 사람, 등쳐먹는 사람
väljapääs [명] 나가는[빠지는] 곳[구멍]
väljas [부] 밖에서, 실외에서
väljaspool [부] 밖에, 너머
väljast [부] 밖에서, 밖으로부터
väljasurnud [형] 멸종된, 절멸한
väljavaade [명] 전망, 전도, 가능성
väljaviskaja [명] (극장 등의) 경비원
väljavool [명] 유출, 방출; [전기] 방전
väljavõte [명] 발췌, 추출
väljaõpe [명] 훈련, 교육, 양성, 지도
väljend [명] 구(句), 어구
väljendama [동] 말로 표현하다
väljendus [명] (말로 하는) 표현
väljendusrikas [형] (말로) 표현하는
väljuma [동] (밖으로) 나가다
väljund [명] 출력
väljundandmed [명] [컴퓨터] 출력 정보
välk [명] 번개
välklamp [명] [사진] 플래시, 섬광
vältel [부] ~ 동안에
vältima [동] 피하다, 막다
vältimatu [형] 피할 수 없는, 불가피한

vänge [형] 지독한, 고약한
vänt [명] 기인, 괴짜
värav [명] ① 대문 ② [스포츠] (구기 종목의) 골, 골라인에 세워진 문
väravavaht [명] [스포츠] (구기 종목의) 골키퍼
värbama [동] 병적에 넣다, 징집하다, 입대시키다
värdjas [명] (속어로) 녀석, 새끼
värin [명] 떨림, 흔들림
värisema [동] 떨다, 흔들리다, 진동하다
väristama [동] 흔들다, 진동하게 하다
värk [명] (가진) 물건, 소유물
värnits [명] 니스, 바니시
värske [형] ① 새로운, 새것의, 갓 ~한; (정보 따위가) 최신의 ② 신선한
värskendama [동] 새롭게 하다, 갱신하다, 일신하다
värskendus [명] 갱신, 일신
värskus [명] 새로움, 새것임
värss [명] 운문, 시(詩)
värten [명] 물렛가락, 방추
värv [명] ① 색깔, 컬러 ② 페인트, 물감
värviline [형] 색깔이 있는, 유색의
värvima [동] 색칠하다, 페인트[물감]를 칠하다
värving [명] 색조
värvipimedus [명] [병리] 색맹
värvipliiats [명] 크레용
väsima [동] 지치다, 피곤해지다
väsinud [형] 지친, 피곤한, 기진맥진한
väsitama [동] 지치게 하다
väsitav [형] 지치게 하는
väänama [동] 쥐어짜다, 비틀다
väär [형] 틀린, 맞지 않은

vääramatu [형] 절대 오류가 없는
väärarvamus [명] 잘못된 생각
vääratama [동] 실수하다; 걸려 넘어지다
väärikas [형] 위엄[품위]있는
väärikus [명] 위엄, 품위
vääriline [형] 가치 있는
väärima [동] 가치가 있다
väärisehted [명] 보석류
vääriskivi [명] 보석, 보옥
vääristama [동] 위엄[품위]있게 하다
vääritu [형] 가치 없는
väärkohtlema [동] 잘못 다루다
väärkohtlemine [명] 잘못 다룸
väärravi [명] 의료 과오
väärt [형] (~할) 가치가 있는
väärtpaberibörs [명] 증권 시장
väärtpaberid [명] 증권
väärtus [명] 가치; väärtust määrama (가치를) 평가하다
väärtusetu [형] 가치 없는
väärtushinnang [명] 가치 평가
väärtuslik [형] 가치 있는, 귀중한
väärtustama [동] 가치를 인정하다, 높이 평가하다
väävel [명] [화학] 황, 유황
vöö [명] 허리띠, 벨트, 거들
vööde [명] 지대, 존, 벨트; 대(帶)
vöödiline [형] 줄무늬가 있는, 얼룩무늬의
vöönd [명] 지대, 존, 벨트
vöör [명] [항해] 이물, 뱃머리
vööt [명] 줄, 줄무늬, 띠
vöötohatis [명] [병리] 대상포진
vöötrada [명] 횡단보도

vürts [명] 양념, 조미료
vürtsikas [형] (음식이) 향긋한, 풍미가 있는
vürtsitama [동] 양념하다, 향미를 더하다

W

Wales [명] 웨일스
walesi [형] 웨일스의; walesi keel 웨일스어
waleslane [명] 웨일스 사람
WC [명] 화장실; WC-paber 화장지; WC-pott 변기

Õ

õde [명] ① 자매 ② 간호사
õdus [형] 아늑한, 안락한, 기분 좋은
õel [형] 사악한, 악의 있는]
õelus [명] 악, 사악
õemees [명] 여자 형제의 남편 (매형이나 형부 따위)
õepoeg [명] 조카 (여자 형제의 아들)
õetütar [명] 조카딸 (여자 형제의 딸)
õgard [명] 대식가, 폭식가
õgardlik [형] 식욕이 왕성한, 많이 먹는
õgardlus [명] 대식, 폭식
õgima [동] 게걸스럽게 먹다
õgvendama [동] 똑바르게[곧게] 하다
õhendama [동] 얇게 하다
õhenema [동] 얇아지다
õhetama [동] (얼굴이) 달아오르다, 홍조를 띠다
õhetus [명] (얼굴의) 달아오름, 홍조
õhevil [형] 흥분한
õhk [명] 공기; õhku ahmima 숨이 차서 새근거리다; õhku laskma 폭발시키다, 발사하다; õhku lendama 터지다, 폭발하다; õhku tõusma (항공기가) 이륙하다; värske õhk 신선한 공기; õhus 공중에서
õhkkond [명] ① 대기(大氣), 천체를 둘러싼 기체 ② (주변) 분위기
õhkuma [동] 발산하다
õhkutõus [명] (항공기의) 이륙; (로케트의) 발사
õhtu [명] 저녁

õhtupoolik [명] 오후
õhturiietus [명] 이브닝드레스
õhtustama [동] 저녁 식사를 하다
õhtusöök [명] 저녁 식사
õhtuülikond [명] 이브닝드레스
õhu- [형] 공기의, 공기가 든
õhuava [명] 통풍구
õhujõud [명] 공군
õhuke [형] 얇은, 가는
õhukindel [형] 밀폐된, 기밀(氣密)의
õhuklapp [명] [기계] 초크 (엔진의 공기 흡입 조절 장치)
õhukonditsioneer [명] 공기 조절 장치, 에어컨
õhupall [명] 풍선
õhurõhk [명] 기압
õhurünnak [명] 공습
õhutama [동] ① 공기를 통하게 하다, 통풍이 되게 하다 ② (싸움 따위를) 일으키다
õhutemperatuur [명] 기온
õhutõrje- [형] 방공(防空)의
õiendama [동] ① 비판하다, 흠을 잡다 ② (거래 따위를) 청산하다
õieti [부] 사실은; mida te õieti tahate öelda? 도대체 무엇을 말하려는 겁니까?
õietolm [명] [식물] 꽃가루, 화분
õige [형] 옳은, 바른, 맞는, 정확한
õigeaegne [형] 때에 알맞은; 시간을 잘 지키는
õigekiri [명] (바른) 철자법
õigekirjaviga [명] 철자법상의 오류
õigesti [부] 옳게, 바르게, 적절하게
õigeusklik [형] 정설(正說)을 신봉하는, 정통파의; õigeusklik [õigeusu] kirik 정교회(正敎會)

õiglane [형] 공정한, 정의의, 바른, 한쪽으로 치우치지 않은
õiglus [명] 공정, 정의
õigsus [명] 정확(성)
õigus [명] ① (올)바름, 정의 ② 법(률) ③ 권리
õigusemõistmine [명] 사법
õiguskantsler [명] 검찰총장
õiguskord [명] 법과 질서, 치안
õigusnõustaja [명] 사무 변호사
õiguspärane [형] 올바른; 적법한
õigusrikkumine [명] 법률의 위반, 위법 행위
õigustama [동] 정당화하다, 옳다고 하다
õigustatud [형] 정당한, 정당화된
õigusteadus [명] 법학
õigustus [명] 정당화, 정당성을 입증함
õilis [형] 고결한, 숭고한
õilmitsema [동] 번영하다, 번성하다
õis [명] (과수 따위의) 꽃
õitsema [동] 꽃피다, 번영[번창]하다
õitseng [명] 번영, 번창
õitsev [형] 꽃피는, 번영[번창]하는
õlg [명] ① 짚 ② 어깨, 팔
õli [명] 기름, 오일
õline [형] 기름 묻은, 유성(油性)의
õlipuu [명] [식물] 올리브(나무)
õlitama [동] 기름을 치다[바르다], 윤활하다
õlitamine [명] 기름 치기, 윤활
õlivärv [명] 유화 물감
õllekas [명] 술집
õlletehas [명] (맥주) 양조장
õlu [명] 맥주
õmblema [동] 바느질하다, 꿰매다

õmblus [명] 바느질, 꿰매기
õmblusmasin [명] 재봉틀
õndsus [명] 더할 나위 없는 행복, 지복(至福)
õng [명] 낚싯줄
õngeritv [명] 낚싯대
õngitsema [동] 낚시하다
õnn [명] (행)운
õnnekombel [부] 운 좋게
õnneks [부] 운 좋게
õnnelik [형] 행복한; 행운의, 운이 좋은
õnnemäng [명] 도박
õnnesoov [명] 축하
õnnestuma [동] 성공하다, 성취되다
õnnetu [형] 비참한, 불행한; 운이 나쁜
õnnetus [명] 사고, 재난, 비극; 불행, 불운
õnnis [형] 더없이 행복한
õnnistama [동] 축복하다
õnnistatud [형] 축복받은
õnnistus [명] 축복
õnnitlema [동] 축하하다; nad õnnitlesid mind sünnipäeva puhul 그들은 내 생일을 축하해주었다
õpetaja [명] 선생, 교사, 지도자, 가르치는 사람
õpetama [동] 가르치다, 지도하다
õpetlane [명] 학자
õpetus [명] 가르치기, 교수, 지도
õpik [명] 교과서
õpikoda [명] 워크숍
õpilane [명] 학생
õpipoiss [명] 도제, 견습생
õppeaasta [명] 학년(도)
õppeaine [명] (학)과목

õppeasutus [명] 교육 기관
õppejõud [명] 강사
õppekava [명] 교과 과정, 커리큘럼
õppelaen [명] 학자금 대출
õppelinnak [명] 교정, 캠퍼스
õppemaks [명] 수업료
õppetool [명] 교수의 직(職)
õppetund [명] 수업, 레슨
õppima [동] 배우다, 공부하다
õppur [명] 배우는 사람, 학습자
õrn [형] ① (연)약한 ② 다정다감한, 상냥한, 부드러운
õrnalt [부] 다정하게, 부드럽게
õrnus [명] (연)약함
õrnutsema [동] 애무하다
õrritama [동] 긁히다, 괴롭히다, 짓궂게 굴다
õrs [명] (새의) 횃대
õu [명] 안뜰; õues 실외에서, 밖에서
õudne [형] 무서운, 끔찍한
õudus [명] 공포, 끔찍함
õukond [명] 궁정, 궁중
õun [명] [식물] 사과
õunapirukas [명] 애플파이
õunapuu [명] 사과나무
õõnes [형] 속이 빈, 움푹 팬
õõnestama [동] 후벼내다, 파내다
õõnsus [명] 공동(空洞)
õõs [명] 구멍, 강(腔)
õõtsuma [동] 흔들리다

Ä

ägama [동] 신음하다, 끙끙거리다
äge [형] 격렬한, 맹렬한, 심한
ägedus [명] 격렬함, 맹렬함, 심함
ähkima [동] 씨근거리다, 숨을 헐떡이다
ähmane [형] 흐릿한, 희미한, 불분명한
ähmastama [동] 흐리게 하다
ähvardama [동] 위협하다
ähvardav [형] 위협적인, (위험 따위가) 임박한
ähvardus [명] 위협
äi [명] 시아버지; 장인
äigama [동] 찰싹 때리다
äike [명] 천둥, 우레
äkiline [형] 성급한; 갑작스러운
äkki [부] 갑자기, 느닷없이
äkkrünnak [명] 급습, 전격적인 공격
äkksurm [명] 급사(急死), 돌연사
ämber [명] 양동이, 들통
ämblik [명] [동물] 거미
ämblikuvõrk [명] 거미집, 거미줄
ämm [명] 시어머니; 장모
ämmaemand [명] 조산사, 산파
äpardus [명] 사고, 재난, 불상사
ära¹ [부] (~으로부터) 떨어져서, (~에서) 벗어나; ära arvama 추측하다, 짐작하다, 이해하다; ära eksima 길을 잃다; ära harjuma (~에) 익숙해지다; ära hoidma 막다, 방지하다, 피하다; ära jätma 취소하다; ära kasutama 잘 이용하다; ä-

ra keelama 금지하다, 못하게 하다; ära kulutama 다 써버리다, 소모해버리다; ära leppima (~와) 화해하다; ära maksma 완전히 청산하다, 전액을 납입하다; ära minema 가버리다, 떠나다; ära sõitma (교통 수단 등이) 출발하다, 떠나다; ära tasuma 그만한 가치가 있다; ära teenima (~을) 받을 가치가 있다; ära tooma 모으다, 가져오다; ära tundma 인식하다, 인지하다; ära viskama 내버리다; ära ütlema 거절하다, 거부하다

ära^2 [소사] ~하지 마(시오)!; ärge mind unustage! 나를 잊지 말아주세요!

äraandja [명] 배반자, 반역자
äraandlik [형] 배반하는, 반역하는
ärakiri [명] 부본, 사본
äraolek [명] 부재(不在)
ärasõit [명] (교통 수단 따위의) 출발, 발차
äratama [동] ① (잠을) 깨우다, 일으키다 ② (기억을) 되살리다
äratasuv [형] ~할 가치가 있는
ärateenitult [부] 당연히, 마땅히
äratuskell [명] 자명종, 알람 시계
äravool [명] 배출구
äravoolutoru [명] 배수관
ärev [형] 몹시 흥분한
ärevus [명] 흥분, 놀람, 동요
ärgas [형] 잘 지키는, 경계하는
äri [명] ① 상업, 사업, 실업, 비즈니스 ② 가게, 상점
äriklass [명] (비행기 등의) 비즈니스석
ärimees [명] 실업가, 사업가, 비즈니스맨
ärinaine [명] 여자 사업가
äripartner [명] 사업상의 동료, 비즈니스 파트너
ärisaladus [명] 영업상의 비밀
ärisuhted [명] 거래

äritsema [동] 불법 거래를 하다
ärkama [동] (잠에서) 깨다, 일어나다
ärklituba [명] 옥탑, 다락방
ärkvel [형] 깨어 있는, 방심하지 않는
ärplema [동] 뽐내다, 허세 부리다
ärritama [동] 짜증나게[화나게] 하다, 괴롭히다
ärrituma [동] 화가 나다, 열 받다
ärtu [명] [카드놀이] 하트의 패
äsja [부] 최근에, 바로 얼마 전에, 막[갓] ~하여; äsja abiellunu 신혼의; äsja surnud 최근에 죽은, 고(故)~ ; äsja sündinud 갓 태어난, 신생(新生)의
äss [명] [카드놀이] 에이스
ässitama [동] 부추기다, 선동하다
äädikas [명] 식초
äär [명] 가장자리, 언저리, 모서리, 가
äärde [후] (~의) 옆에, 곁에
ääreala [명] 변두리, 주변 지역
äärel [부] (~의) 가장자리에
äärelinn [명] 교외, 도시의 변두리 지역
ääremaa [명] 오지(奧地)
ääres [후] (~의) 옆에, 곁에
äärest [후] (~의) 옆[곁]으로부터
ääretu [형] 막대한, 굉장한, 극도의
ääristama [동] 테를 두르다
äärmine [형] 극도의, 아주 ~한
äärmiselt [부] 대단히, 매우, 극도로
äärmus [명] 극단, 극도
äärmuslik [형] 극도의, 아주 ~한

Ö

öine [형] 밤을 새는, 밤새의, 야간의; öine vahetus (주야 교대제의) 야간 근무
ökoloog [명] 생태학자
ökoloogia [명] 생태학
ökoloogiline [형] 생태학의, 생태학적인
ökonoomika [명] 경제학
ökonoomiline [형] 경제학의, 경제상의
ökonoomne [형] 경제적인, 절약하는
ökosüstem [명] 생태계
öö [명] 밤, 야간; öösel 밤에, 야간에
ööbik [명] [조류] 나이팅게일
ööbima [동] 밤을 지내다[보내다]
ööbimisvõimalus [명] 숙박 설비
ööelu [명] (환락가 등에서의) 밤의 생활[유흥]
öökima [동] 토하다
ööklubi [명] 나이트클럽
öökull [명] [조류] 올빼미
öökülm [명] (밤에 내리는) 서리
ööliblikas [명] [곤충] 나방
ööpäev [명] 하루, 밤낮, 24시간
ööpäevaringne [형] 24시간 연속[무휴(無休)]의
öösärk [명] (여자용) 잠옷

Ü

üdi [명] [해부] 골수
ühehäälne [형] 만장일치의
üheinimesevoodi [명] 1인용 침대, 싱글베드
ühekordne [형] 1회성의, 1회용의
üheksa [수] 아홉 (9)
üheksakümmend [수] 구십 (90)
üheksakümnendik [명] 90분의 1
üheksakümnes [형] 제90의, 90번째의
üheksandik [명] 9분의 1
üheksas [형] 제9의, 9번째의
üheksateist [수] 십구 (19)
üheksateistkümnendik [명] 19분의 1
üheksateistkümnes [형] 제19의, 19번째의
ühend [명] 혼합물, 합성물
ühendama [동] 결합[통합]하다, 합치다; 연결하다, 접속하다
Ühendkuningriik [명] 연합 왕국, 영국 (United Kingdom)
Ühendriikide [형] 미합중국의, 아메리카의
ühendriiklane [명] 미(합중)국 사람
ühendtegusõna [명] [문법] 구동사
ühendus [명] ① 연결, 결합, 접속, 접촉; ühenduses (~와) 접촉하여; ühendust võtma (~와) 연락[접촉]하다; ühendust saama (전화 따위로) 연락이 닿다 ② 결합, 연합, 통합; 통합된 조직체, 그룹, 블록
üheotsapilet [명] 편도 승차권
ühepajatoit [명] 스튜 (요리)
ühepoolne [형] 일방적인

üheskoos [부] 함께, 공동으로
ühesugune [형] 동일한, 같은 (종류의)
ühesuunaline [형] 한쪽 길의
ühesõnaga [부] 짧게 말해, 요약하면, 요컨대
ühetaoline [형] 균일한, 균등한
ühetasane [형] 같은 높이의, 동일 평면의
üheteistkümnendik [명] 11분의 1
üheteistkümnes [형] 제11의, 11번째의
ühevärviline [형] 단색의, 단조로운
üheülbaline [형] 단조로운, 변화 따위가 없는
ühik [명] (측정 따위의) 단위, 유니트
ühilduma [동] 일치하다, 같아지다
ühildumine [명] 일치
ühilduv [형] 일치하는
ühine [형] 공통의, 공동의
ühinema [동] ① 결합[통합]되다, 합쳐지다, 합병되다, 하나가 되다 ② (강이나 길 따위가) 한 곳에서 만나다, 합쳐지다
ühing [명] 단체, 조합, 협회
ühis- [형] 연합한, 공동의
ühisarve [명] 공동 예금 계좌
ühiselamu [명] 공동 주택, (대학) 기숙사
ühisettevõte [명] 공동 사업체, 합작 회사
ühiskassa [명] 공동 자금
ühiskond [명] 사회, 공동체
ühiskondlik [형] 사회의, 공동체의
ühiskordne [명] [수학] 공배수; väikseim ühiskordne 최소공배수
ühislaul [명] 단조로운 노래
ühisnimetaja [명] [수학] 공통 분모
ühisomand [명] 공동 소유권
ühistegur [명] [수학] 공약수; suurim ühistegur 최대공약수

ühistu [명] 협동조합
ühisturg [명] 공동 시장
ühteaegu [부] 양쪽 다 (같이)
ühtekokku [부] 전체적으로
ühtekuuluvus [명] 같이 함, 연대
ühtemoodi [부] 같게, 동등하게
ühtesobimatu [형] 서로 맞지 않는, 양립할 수 없는
ühtesobiv [형] 서로 맞는, 양립 가능한
ühtesobivus [명] 서로 맞음, 일치, 양립 가능
ühtima [동] 맞다, 일치하다
ühtimatu [형] 서로 맞지 않는, 조화되지 않는
ühtivus [명] 일치
ühtlane [형] 균등한, 고른
ühtlaselt [부] 균등하게, 고르게; ühtlaselt jaotama 고르게 하다
ühtlustama [동] 균등하게[한결같게] 하다, 고르다
ühtne [형] 단일의, 통합된
ühtsus [명] 단일, 통합, 하나됨
üks [수] 하나 (1); ta lõpetas töö kell üks 그는 일을 1시에 끝냈다; ühel häälel 만장일치로; ühel meelel olema 마음[의견]이 하나된[일치된] 상태다; üks hetk! 잠시만요!; üks ja seesama 동일한 — [대] 누군가, 어떤; ühel (ilusal) päeval 어느날; ühel õhtul 저녁엔, 저녁이 되면
ükshaaval [부] 하나씩
üksi [부] 혼자서, 단독으로
üksik [형] 개인의; 외로운, 쓸쓸한, 고독한 — [명] 개인, 한 사람
üksikasjad [명] 상세한 내용, 세부 사항; üksikasjadesse laskuma 세부적으로 들어가다
üksikasjalik [형] 상세한, 세부적인
üksikisik [명] 개인
üksikmäng [명] [스포츠] 단식 경기

üksildane [형] 외딴, 고립된, 인적 없는 곳에 위치한
üksildus [명] 외딴[고립된] 곳에 있음
ükski [대] ei ükski 아무도[어느 누구도] ~ 않다
ükskord [부] 한번; ükskord ammu 옛날옛적에
ükskõik [부] 무엇이든지 (상관 없이); ükskõik kes 누구라도 (좋으니), 누가 됐던지; ükskõik kuidas 어떻게 해서라도; ükskõik kumb 어느 쪽이든지; ükskõik kus 어디든지; ükskõik millal 언제든지; ükskõik mis 무엇이든지; mul ükskõik 난 아무래도 좋아, 상관 없어
ükskõikne [형] 무관심한, 태연한; ükskõikne pilk 무심코 바라보기
ükskõiksus [명] 무관심, 태연함, 어떻게 되든 상관 없음
üksluine [형] 단조로운, 지루한, 재미없는
üksluisus [명] 단조로움, 지루함, 재미없음
üksmeel [명] (만장)일치, 합의, 조화, 한마음
üksmeelne [형] (만장)일치의, 합의에 이른, 조화된
üksnes [부] 단지, 오직, 오로지 ~뿐
ükssarvik [명] [전설] 유니콘, 일각수(一角獸)
üksteist^1 [수] 십일 (11)
üksteist^2 [대] 서로, 상호
üksus [명] 단위, 항목
ülakorrus [명] 2층, 위층; ülakorrusel(e) 2층[위층]으로
ülal [부] 위(쪽으)로; ülal pidama 떠받치다
ülalmainitud [형] 위에 언급한, 상기(上記)한
ülalpidamine [명] 생계, 살림, 부양
ülane [명] [식물] 아네모네
ülaosa [명] 위쪽, 윗부분
ülaosata [형] (옷 따위가) 토플리스의
ülbe [형] 건방진, 거만한
ülbus [명] 거만, 오만
üld- [형] 일반적인, 총체적인, 종합적인, 전반적인

üldarst [명] 일반 개업의(醫)
üldhariduskool [명] 종합 학교
üldine [형] 일반적인, 총체적인, 종합적인, 전반적인
üldinfo(rmatsioon) [명] (공표되는) 일반 정보
üldiselt [부] 일반적으로, 전반적으로; üldiselt öeldes 일반적으로 말해서
üldistama [동] 일반화하다
üldistus [명] 일반화
üldjuhul [부] 대개, 일반적으로
üldkulud [명] 일반 비용, 총경비
üldlevinud [형] 세상 일반의, 널리 퍼져 있는
üldrahvuslik [형] 전국적인
üldse [부] üldse (mitte) 조금도 ~ 아니다; ta ei oska eesti keelt üldse 그는 에스토니아어를 전혀 하지 못한다
üldsumma [명] 총계
üldsus [명] 공중(公衆), 일반[세상] 사람들
üldtuntud [형] 잘 알려진
üle [부] (한도 따위를) 넘어서, 지나쳐서; 건너서; jõgi tõusis üle kallaste 강물이 강둑 너머로 넘쳤다; ülesanne käis mul üle jõu 그 업무는 나의 능력 밖의 일이었다; üle ajama 넘치다; üle andma 넘겨주다, 건네다; üle astuma 지나치게 가다, 넘어가다; üle hindama 과대 평가하다; üle elama (더 오래) 살아남다; üle kandma i) 이월하다 ii) (자금 따위를) 이체하다, 송금하다 iii) (라디오·TV 따위로) 방송하다; üle kavaldama 보다 나은 꾀를 써서 이기다, 상대의 허를 찌르다; üle keskmise 평균 이상; üle kogu maailma 전세계에; üle kontrollima 재점검하다; üle koormama 과중한 부담을 주다; üle kuulama 심문하다; üle lugema 다시 세다; üle lööma (누구한테서 무엇을) 훔치다; üle minema i) 다른 쪽으로 넘어가다 ii) (한도 따위를) 초과하다 iii) 성호(聖號)를 긋다; üle mõistuse 이해할 수 있는 범위

를 넘어; üle olema 초월하다, 능가하다; üle parda 배 밖으로; üle saama (손실 따위에서[를]) 회복하다, 극복하다; üle töötama 과로하다; üle ujutama 범람하다, 물에 잠기다; üle vaatama 면밀하게 살피다[조사하다]; üle viima 옮기다, 이동시키다; üle võtma 떠맡다
üleannetu [형] 장난이 심한
üleannetus [명] (못된) 장난
ülearu [부] 너무, 지나치게
ülearune [형] 여분의, 남아도는
üledoos [명] (약 따위의) 과량 복용
üleeile [부] 그저께
ülehelikiirus [명] 초음속
ülehomme [부] 모레
ülejooksik [명] 변절자, 배반자
ülejooksmine [명] 변절, 배반
ülejääk [명] 나머지, 잉여, 과잉
ülejäänud [형] 남은, 나머지의
ülekaal [명] 우세, 패권; ülekaalus olema (보다) 우세하다, 압도하다
ülekaalukas [형] 우세한, 탁월한
ülekaaluline [형] 과체중의
ülekanne [명] ① (자금 따위의) 이체 ② (라디오・TV를 통한) 전파 발신, 방송
ülekohtune [형] 부정한, 부당한, 불공정한, 잘못된
ülekohus [명] 부정, 부당, 불공정; ülekohut tegema 부당한 행위를 하다
ülekoormus [명] 과도한 부담
ülekulu [명] 과도한 지출
ülekuulamine [명] 심문
ülekäigurada [명] 횡단보도
üleküllastama [동] (차고 넘치도록) 한껏 만족시키다, 포화시

키다
üleküllus [명] 차고 넘침
üleliigne [형] 남아도는
üleloomulik [형] 초자연적인
ülelugemine [명] 다시 세기
ülem [형] 상위의, 고위의 ─ [명] 지배자, 지도자, 장(長)
ülemaailmne [형] 전세계적인
ülemeelik [형] 기운 좋은, 활발한
ülemine [형] 윗부분의, 상부의
üleminek [명] 변화, 변동, 이동
ülemkiht [명] (사회의) 상류 계급, 상류층
ülemkohus [명] 최고 법원, 대법원
ülemteener [명] 집사, 하인의 우두머리
ülemus [명] 장(長), 보스, 상사
ülemvõim [명] 패권, 지배권
ülemäär [명] 초과, 과잉, 잉여
ülemäärane [형] 과도한, 과잉의
ülendama [동] 높이다
üleni [부] 전적으로, 완전히
üleolek [명] 우월, 우위
üleolev [형] 우월한, 우위에 있는
ülepeakaela [부] 성급하게, 무분별하게, 허둥지둥
ülepingutatud [형] (부자연스러울 정도로) 지나치게 애쓴[노력한]
ülepäeviti [부] 하루 걸러서, 이틀마다
ülerahvastatud [형] 사람이 너무 많이 몰린, 초만원의
üleriigiline [형] 전국적인
üles [부] 위로, 위쪽으로; üles ajama 올리다, 일으키다; üles andma (경찰 등에) 넘기다; üles ehitama (올려) 짓다, 세우다; üles kaaluma 무게가 더 나가다; üles kasvatama 키우다, 양육하다; üles keerama 감아 올리다; üles kerkima 튀

어 나오다; üles kiitma 극구 칭찬하다; üles kirjutama 적어 놓다; üles korjama 집어 들다; üles kruvima (물가 따위를) 올리다; üles kütma 흥분시키다; üles lööma (외모 등을) 다듬다, 꾸미다; üles minema 오르다, 올라가다; üles märkima 표를 하다, 기록하다; üles näitama 보이다, 전시하다; üles otsima 찾아내다, 색출하다; üles pooma 교수형에 처하다; üles puhuma 부풀다, 팽창하다; üles riputama 걸다, 매달다; üles ronima (기어)오르다; üles seadma 세우다, 설치하다; üles sulama 서리[얼음]이 녹다; üles tunnistama 자백하다, 실토하다; üles tõstma (위로) 올리다; üles tõusma i) 일어나다 ii) 반란을 일으키다; üles äratama (남을 잠에서) 깨우다; üles ärritama 흥분시키다; üles ütlema 고장나다, 나빠지다
üles-alla [부] 위아래로
ülesanne [명] 할 일, 맡은 일, 임무, 과제
ülesehitus [명] 구성, 건설
üleskruvitud [형] 너무 긴장한, 신경을 곤두세운
ülesminek [명] 오름, 올라감, 상승
ülesmäge [부] 언덕 위로
ülesmärkimine [명] 표시, 기입
ülespoole [부] 위로, 위쪽으로
ülespoomine [명] 교수형, 교살
ülespuhumine [명] 과장, 부풀리기
ülespuhutud [형] 과장하는, 부풀리는
ülesronimine [명] (기어)오르기
ülestunnistus [명] 자백, 실토
ülestõstmine [명] 들어올리기, 높이기
ülestõus [명] 반란, 봉기
ülestõusmispüha [명] [기독교] 부활절
ülestähendus [명] 기록
ülesäritatud [형] (사진의) 노출 과도의

ülesütlemine [명] 고장, 기능 부전, 나빠짐
ületama [동] ① 초월하다, 넘어서다, 능가하다, (~보다) 낫다 ② (길을) 건너다
ületamatu [형] 능가할 수 없는, 이겨내기 어려운
ületunnitöö [명] 시간 외[초과] 근무
üleujutus [명] 범람, 넘침
ülev [형] 장엄한, 존귀한
ülevaade [명] 개관, 통람; ülevaadet andma 개관하다
ülevaataja [명] 개관하는 사람
ülevaatus [명] (철저한) 조사
üleval [부] 위에, 위로; 일어나[깨어] 있어
ülevoolav [형] 분출하는, 쏟아져 흐르는
ülevõim [명] 패권, 지배권
üleväsinud [형] 완전히 지친
üleöö [부] 밤새(도록)
üleüldine [형] 전반적인
üliharva [부] 아주 드물게
ülihea [형] 아주 탁월한, 최정상의
ülikond [명] 슈트, 정장
ülikool [명] 대학교; ülikooli astuma 대학에 입학하다; ülikooli lõpetama 대학을 졸업하다; ülikooli lõpetanu 대학 졸업
ülikõrgsagedus [명] [통신] 초단파
ülim [형] 최고의, 최상의; ülimalt 극도로; ülimalt naljakas 아주 신나는; ülimalt vaimustav 기분을 몹시 들뜨게 하는; ülimalt veider 아주 기이한
ülirõõmus [형] 몹시 기쁜
ülisalajane [형] 일급 비밀의
ülistama [동] 찬양하다, 격찬하다
ülisuur [형] 아주 큰, 과도한, 지나친
ülitundlik [형] 몹시 민감한[까다로운]
ülitäpne [형] 몹시 꼼꼼한

ülivõrre [명] [문법] 최상급
üliväga [부] 몹시, 매우, 심하게
üliõpilane [명] 대학생
üllas [형] 고귀한
üllatama [동] 놀라게 하다
üllatav [형] 놀라게 하는
üllatus [명] 놀람
üllitama [동] 출판하다
üllitis [명] 출판
ümar [형] 둥그스름한
ümaraken [명] 현창(舷窓)
ümardama [동] 둥글게 하다
ümarsulg [명] 괄호
ümber [부] 다시; 반대로; 돌아; ümber ajama 넘어뜨리다; ümber hindama 재평가하다; ümber istutama 이식(移植)하다; ümber kirjutama 옮겨 쓰다; ümber korraldama 재조정하다, 개편하다; ümber kujundama 변형시키다; ümber lükkama 뒤엎다; ümber lülituma 바꾸다, 변경하다; ümber minema 뒤집히다, 전복하다; ümber mõtlema 마음을 고쳐먹다, 달리 생각해보다; ümber nurga 모퉁이를 돌다; ümber otsustades 다시 생각해보니; ümber paigutama 움직이다, 이동시키다; ümber piirama 봉쇄하다; ümber pöörama 뒤집다; ümber suunama 전환하다; ümber sõnastama 바꿔 말하다 — [전] (~의) 주위를 돌아; lapsed jooksid ümber maja 아이들은 집 주위를 뛰어다녔다 — [후] (~의) 주위에, (~을) 둘러싸고; nad istusid laua ümber ja ajasid juttu 그들은 테이블에 둘러앉아 이야기를 했다
ümberasustatu [명] 난민
ümberistumine [명] (비행기 따위의) 기착(寄着)
ümberkorraldus [명] 재조정, 개편

ümberkujundamine [명] 변형
ümberlõikamine [명] (종교・관습상의) 할례
ümberlülitus [명] 바꾸기, 변경
ümbermõõt [명] (2차원 도형의) 주변(의 길이)
ümberpaigutamine [명] 이동, 자리바꿈, 재배치
ümberpööramine [명] 뒤집기, 반전(反轉), 전도(轉倒)
ümberpööratud [형] 뒤집힌, 역(逆)의
ümberringi [부] (전면에) 걸쳐서
ümbersuunamine [명] 전환
ümbersõnastus [명] 바꿔 말하기
ümbrik [명] 봉투
ümbris [명] 싸개, 포장지; (책 따위의) 커버, 재킷
ümbritsema [동] 싸다; 둘러싸다
ümbritsev [형] 둘러싸는
ümbrus [명] 주변, 주위, 부근
ümin [명] (웅얼대는) 낮은 소리
ümisema [동] 낮은 소리를 내다
ümmargune [형] 둥근, 원형의
üpris [부] 꽤, 상당히; üpris hästi 상당히 잘
üritama [동] 해보다, 시도하다
üritus [명] 일, 행사
ürt [명] 허브
üsk [명] [해부] 자궁
üsna [부] 꽤, 상당히, 비교적; üsna palju 꽤 많이
ütlema [동] 말하다, 이야기하다
ütlus [명] 말하기
üür [명] 임대, 임차
üürike [형] 잠깐 동안의, (시간이) 어느덧 지나가는
üürikorter [명] 숙소, 셋방
üüriline [명] 숙박인, 세든 사람
üürima [동] 임대[임차]하다

üüriraha [명] 임대료, 임차료
üürnik [명] 세든 사람

부록

■ 명사와 형용사의 어형 변화 유형

주격 단수형	속격 단수형	부분격 단/복수형	복수형 접사
puu	puu	puud, puid	-de-, -it-
koi	koi	koid, koisid	-de-
pesa	pesa	pesa, pesasid	-de-
seminar	seminari	seminari, seminarisid	-de-
kõne	kõne	kõnet, kõnesid	-de-
tubli	tubli	tublit, tublisid	-de-
aasta	aasta	aastat, aastaid	-te-
number	numbri	numbrit, numbreid	-te-
õpik	õpiku	õpikut, õpikuid	-te-
soolane	soolase	soolast, soolaseid	-te-
tööline	töölise	töölist, töölisi	-te-
raudne	raudse	raudset, raudseid	-te-
jalg	jala	jalga, jalgu	-de-
maastik	maastiku	maastikku, maastikke	-de-, -e-
rida	rea	rida, ridu	-de-
jõgi	jõe	jõge, jõgesid	-de-
sõber	sõbra	sõpra, sõpru	-de-
keel	keele	keelt, keeli	-te-
käsi	käe	kätt, käsi	-te-
uus	uue	uut, uusi	-te-
tütar	tütre	tütart, tütreid	-de-
hammas	hamba	hammast, hambaid	-te-
mõte	mõtte	mõtet, mõtteid	-te-
liige	liikme	liiget, liikmeid	-te-

Eesti-Korea Sõnaraamat

에스토니아어-한국어 사전

2010년 · 9월 5일 초판 인쇄
2010년 · 9월 10일 초판 발행
편   저 · 유 성 호
발 행 인 · 서 덕 일
발 행 처 · 도서출판 문예림
등   록 · 1962년 7월 12일(제2-110호)
주   소 · 서울시 광진구 군자동 1-13호
　　　　 문예하우스 101호
전화 Tel:02) 499-1281~2
팩스 Fax:02) 499-1283
http://www.bookmoon.co.kr
E-mail:book1281@hanmail.net
ISBN 978-89-7482-561-4 (13790)

정가35,000원(한정부수)

■ 잘못된 책은 구입하신 서점에서 교환하여 드립니다.
■ 인지는 저자와 협의에 의해 생략합니다